本书得到重庆师范大学博士科研启动基金、重庆师范大学2010年学术专著出版基金资助

朱子《尚书》学研究

陈良中◎著

人民出版社

目　录

序　一

　　良中的博士论文,经精心修改将付梓出版,要我给他写个序。从良中第一次向我索序,到今天我收到他的"最后通牒"——"弟子与学校签订的出版基金月底就要到期了,深知老师工作繁冗,不得已催促老师拨冗赐序……",大约已有一年之久。迟迟不动笔,忙,当然是一个理由。其实在我内心深处一个更重要的原因,还是因为我觉得我很难写出一篇像样的序来。

　　良中对《尚书》有特别的情结。他的硕士论文研究的就是《尚书》。投到我的门下时,我曾经建议他改换一个我比较熟悉的课题进行研究。我对他说:"《尚书》我不懂,我恐怕无法指导你的论文。"但是,我发现很难改变他的初衷。当然,我应该尊重他的选择。直到他拿出了论文的初稿,我才发现他的坚持是有道理的,他对《尚书》的研究,确实已超出了一般博士生对自己研究课题所把握的广度与深度。所以,他很顺利地以优秀的成绩通过了论文答辩。

　　毕业以后,良中依然在《书》学的研究领域艰难跋涉。为了学业上的精进,他想继续深造。他给我打电话说,想去扬州大学钱宗武先生门下做博士后研究。我当即表示赞同,我说,你算是选对了门庭。宗武兄是我的老朋友,他的《书》学研究独步海内,他其实才是良中最合适的导师。现在摆在诸位读者面前的这本《朱子〈尚书〉学研究》,就是他在钱先生的指导下,又经过数年打磨而完成的作品。

　　在朱子庞大的学术体系中,《书》学是一个比较特别的系统。朱子遍注群经,却独独没有涉及《书》。但是,我们可以从他的书信、语类及其他论著中看到,他对《书》有非常系统而深入的研究与思考。就我的浅见,朱子对《书》学的思考,大致有以下几个特点:

　　一,把《书》学纳入他整个道学体系中加以研究与整合,赋予了《书》学新的内涵与解读。二,把《书》学放在整个宋代学术史与道学发展史的视野中予以关照,有梳理、有辨析、有拨正、有发展。尤其是对北宋时期以王安石为代表的新学的剖析与反拨,可谓用心良苦而振聋发聩,很值得关注与深入研究。

三,朱子的《书》学研究,与其群经研究、注释的方法与理路是一脉相承的,却又表现出不同的特性与尝试。所以,他在《书》学的训诂、章句、义理等领域依然有其独特的贡献。尤其在辨伪的问题上,他的成就远远超出了时代的意义。

四,朱子并无《书》学专著,而是委托他的弟子蔡沈完成了对《书》的集注。这是一个很奇特的学术现象。南宋以降,历代学者们对这一问题展开了十分热烈的讨论与研究,见仁见智,莫衷一是。但这恰恰是朱子留给我们的一笔有趣的学术遗产,恐怕依然是值得我们继续探讨的课题。

可喜的是,良中的大作对这些问题都做出了回答。他的研究是深入的,是持之有故的,是别开生面的。我认为,他的这一成果,对朱子学与《书》学研究具有开拓视野的意义。一方面,它必将唤起朱子学的学者们对朱子《书》学研究的重新关注与兴趣;另一方面,它也为传统的《书》学研究打开了另一扇门。

所以,《朱子〈尚书〉学研究》的出版,实在是值得庆贺的事情。

此为序。

朱杰人

2011 年 12 月 4 日于沪上桑榆非晚斋

序　二

　　岁在己丑，陈君良中自长江之头山城重庆，风尘仆仆，来到长江之尾淮左广陵，既相见，示余其博士学位论文《朱子〈尚书〉学研究》。余即展阅，匆匆一过，真知灼见，时见篇什，清风徐来，胜意缤纷，唯觉目怡神爽。遂与促膝倾心，抵掌长谈。陈君读博授业于沪上朱杰人先生。杰人先生为朱子嫡裔，朱学正脉，饱学耆宿，亦为余之故交。陈君乃衣钵传人，当根柢深厚，余心许之。复见其衣着朴素，谈吐平实，虽模样敦厚，然眉宇间舒展勃勃英气，知其既具农家子弟本色，坚韧执著，又备巴山蜀水孕育之郁郁灵秀。呜呼，余带博士后弟子有年，彼时顿感冥冥之中，天降此生，与余同好，偕余同行。余即应允以"宋代《尚书》学"为题进行合作研究，陈君良中亦成为余第一位入室博士后弟子。

　　春秋代序，忽忽年余，余每每叮嘱陈君可先以《朱子〈尚书〉学研究》付梓。君退而奋发，心如止水，如琢如磨，如切如磋，反复斟酌已成之书，数易其稿，不负厚望，终作春芹之献。余喜不自禁，欣然是序。

　　《朱子〈尚书〉学研究》最应值得称道者乃选择了学术史和《尚书》学史无人涉足之学术话题，反映了作者敏锐之问题意识和强烈之创新思维。

　　宋代是中国传统文化发展之巅峰期，陈寅恪先生曾盛赞"华夏文明历数千载演进，盛极于赵宋之世"。[1] 宋代也是中国学术研究之转型期，"儒家之学，从魏、晋直至唐代，经过释、道之渲染，也就哲学化了"。[2] 儒学研究之哲学化催生了宋代理学。理学终结了玄学对经学之改造，一举扭转儒学之式微颓势，理学大家通过经解完成对社会秩序、人伦秩序和价值体系之重构，亦产生了全新之诠释理念和诠释方法。新的哲学思潮、学术研究理念和学术研究方法催发学术争鸣，学术勃兴。赵宋是继先秦诸子时代以后又一个不断涌现思

---

[1]　陈寅恪：《邓广铭〈宋史职官志考证〉序》，《金明馆丛稿二编》，生活·读书·新知三联书店2009年第2版，第277页。

[2]　杨东莼：《中国学术史讲话》，江苏教育出版社2005年版，第152页。

想巨人和学术大师之时代。

《尚书》作为治世之典、修身之则，是宋学认同儒学重建道统学统最重要之经典，因而宋人特别重视《书经》之研究，宋末学者成申之著《四百家〈尚书〉集解》，所集解之绝大多数是宋人《书》说。据《崇文总目》、《郡斋读书志》、《直斋书录解题》、《文献通考》、《经义考》、《中国丛书综录》及各种书目之历代补编、宋以降正史之艺文志或经籍志、中外各大图书馆馆藏古籍目录等资料统计，宋代《书》学著述有四百余种，数倍于宋前《书》学著述之总和。宋代硕学通儒几乎皆有《书》说，然而，作为宋学之中坚，朱子未有《尚书》专著。众所周知，朱子体大精深之学术体系不仅是宋学巅峰时期之代表，也是宋代学术文化转型之标志。朱子经解何为选择性地缺失《尚书》，朱子何为于《书》述而不作，朱子述《书》是否构成学术体系，朱子《尚书》学有何特点，朱子之学与《书集传》有无关联，等等。数不清的学术之谜，是《尚书》学史研究绕不开的话题，也是学术史研究之盲区。朱子《尚书》学研究实乃艰难之选题，无疑亟须敢为天下先之学术勇气，无论是资料之收集，还是论述之深入展开，皆有相当难度。作者以朱子《文集》和《语类》为点，以浩博之共时和历时文献为面，耙梳整比，钩隐索微，穷源及委，全面、系统、深入、详细地探讨诸多问题，创获颇丰，在《尚书》学史和学术史研究领域有筚路蓝缕、披荆斩棘、开启山林之功。

《朱子〈尚书〉学研究》展示了宏观之学术视野，反映了作者比较完善之知识架构。

朱子《尚书》学研究涉及经学、史学、文献学、训诂学、思想史诸多学科领域，要求研究者必须经过各学科系统之学术训练，具备各学科相关之专业知识。朱子《尚书》学成果丰赡，多称可圈可点。诸如：作者研究朱子《尚书》学特点，置特定研究话题于广阔之学术背景下展开，通过与前代同代《书》学研究之具体比较，考察朱子之思想和成就，确定其于《尚书》学史之地位和影响。作者认为自唐代韩愈引发以至宋代形成之疑经思潮，"不仅为朱子提供了丰富的文献证据，还在学术思想上营建了一种普遍认同感，使朱子改经不会遭受来自于学界质疑和政治打击的双重压力。"深刻阐释了宋代学术思潮和朱子《尚书》学之互动，准确揭示了朱子《尚书》学特征形成之学术背景，识见卓尔不群。

作者还运用历史学方法，确定宋代《尚书》学之分期，建立研究朱子《尚书》学形成与发展可资比对之历史坐标系。作者析分宋代《尚书》学为四期：

王安石《尚书新义》颁行之前为第一期。其后至宋高宗朝六十余年为第二期，《尚书》研究主要是围绕王安石《书》学展开论争，理学逐渐成为主流。再其后至蔡沈《书集传》出现之前为第三期，诸派争流，各以其思想浸润《尚书》，著述大盛。蔡沈《书集传》出为第四期，众流归一，拥蔡成为主流。这种以专书作为专经研究分期之方式是一种创造。庚寅初春，凤凰出版社印行蔡沈《书集传》整理标点本，余于"前言"亦述及宋代《尚书》学分期。余析分宋代《尚书》学为三个阶段。第一阶段为北宋前期即太祖、太宗和真宗三朝，《书》学研究主流之理念和方法一承汉唐旧制，专于章句训诂，坚持注不破经，疏不破注之解经原则。皮锡瑞评述中肯："经学自唐至宋代，已陵夷衰落矣，然笃守古义，无取新奇，各承师传，不凭胸臆，犹汉唐注疏之遗也。"①第二阶段为北宋仁宗至南宋高宗朝，《书》学研究伴随宋学之形成发展，新风日盛。怀疑传注，甚或怀疑经典本身，诉求回归原典，完善经典，弃传求经，义理解经。先是庆历学人非前人所及，疑经惑传，标新立异；后继以荆公新学，主张以义理之学取代注疏之学，不囿成说，自由解经，发明经旨，以经术辅翼变法。第三阶段为南宋孝宗朝至理宗朝，《书》学研究之主流开始注重汉学宋学之结合，既注重章句注疏又注重义理阐发。这一阶段《书》学研究可谓千帆竞发、百舸争流。晦庵理学、东莱史学、象山心学、永嘉功利学，各家各派，驰骋己说，辩论相激，蔚为大观。当然，也有无家无派汇集经说性质之著述。"六经注我，我注六经"是各派《书》说共同之诠释宗旨和价值取向。朱子《尚书》学是这一阶段《尚书》研究之主流。君我分期虽粗细不同，实则大同小异。

《朱子〈尚书〉学研究》还成功应用了思想史方法和阐释学方法，极大加强了论证的理论色彩和论辩力。作者每立一论则前后瞻顾，力图在宏观脉络中显明论题演进之源流。诸如，论朱子义理与训诂相结合之方法，以宋代儒者不重训诂之空虚为前提设论。回归汉学与对宋学流弊批评之学史价值，从思想史脉络梳理了朱子改易经典引发之后世臆改经书之学术问题。论述训诂与义理结合而生发之细节与整体之循环，阐释之历史性问题则是阐释学理论之合理应用。作者自觉之方法论意识比较鲜明，对西方哲学方法之应用以朱子《尚书》学文献为坚实基础，而绝非用西方观念肢解朱子思想。

《朱子〈尚书〉学研究》识断准确，评述公允，采用材料亦能反映学术前沿。

---

① （清）皮锡瑞：《经学历史》，中华书局1959年版，第49页。

　　《朱子〈尚书〉学研究》之第一章《宋代学风与宋代〈尚书〉学》对赵宋一代影响巨大之名家《书》解进行评述，胸有丘壑，目光老辣，深中肯綮。诸如：王安石乃政治家解经之典型，其《尚书新义》以"一道德，成习俗"①为主旨，解《书》渗入刑名法术之说以羽翼变法，极力宣扬一己政见，并以主流意识形态主导当时人才诠选，极大限度地实现了经学通经致用之工具理性价值。苏轼解经为文学家解经之范式，经解与政治疏离。林之奇是经学家解经之代表，其《尚书全解》引理学思想入《尚书》，把儒家人性论及道统思想融入了《书》学之中，对王安石新学之批评展现了当时理学与王安石新学争夺思想阵地之较量，完成了对王安石《尚书新义》之理论批判，成为王安石新学掌控《尚书》解读向理学思想主宰《尚书》解读之关键。朱子解经是哲学家解经，朱子借《书》学对社会改造进行了全面思考，把解经作为修身、淑世、护教之工具。作者对诸家《书》说分疏前做出断语，有助于学界认识诸家《书》学特色。

　　《朱子〈尚书〉学研究》之第六章《朱子〈书〉学影响》梳理了朱子之后《尚书》疑辨脉络及研究多门径之开启，其视野涉及刚刚问世之《清华大学藏战国竹简（一）》，以清华简之《金縢》论述了今文《尚书》之传布流变，以《尹诰》篇确证了传世孔传古文《尚书》之伪，展示了敏锐之学术眼光和开阔之学术视野。

　　作者系文献学出身，不尚空言，论从史出，信而有征，资料翔实，考辨详明，所有观点都有坚实证据。《朱子〈尚书〉学研究》全面梳理了所有相关朱熹《尚书》学之资料，通过对大量资料进行分析整理，提出问题、解决问题，内容充实，态度客观，功力扎实。例如朱子对宋代四家《书》学之评价，谓"苏氏伤于简，林氏伤于繁，王氏伤于凿，吕氏伤于巧"②。朱子一字评是否符合诸家实际以及所谓"简"、"繁"、"凿"、"巧"意旨如何，作者通过勾陈诸家《尚书》著述，对此一问题做出了很好回答，使学界可以具体地认识四家《书》学特质及朱子评价之精确。再如，朱子解《尚书》之原则与方法，朱子对《尚书》之辨伪及训诂义理成就，朱子《尚书》学与蔡沈《书集传》之异同，皆以翔实之资料立论，强化了朱子《尚书》学这一命题之合理性和理据性。

　　《朱子〈尚书〉学研究》还通过梳理朱子《书》学与其思想体系之内在逻辑

---

① 李焘：《续资治通鉴长编》卷二百二十，中华书局 2004 年第 2 版，第 5334 页。按：中书省所言与王安石《乞改科条制》内容相同，当本王安石所奏。

② 朱熹：《晦庵先生朱文公文集·续集》卷三，第 4717 页。

关系,总结朱子以理学思想改造《尚书》经典命题内涵及汉学宋学相交融之解经方法,以"十六字心传"和"皇极"之具体解读,指出《尚书》作为一个整体在朱子思想建构中之意义,矫正了以往只关注《大禹谟》之偏弊,探讨了朱熹解经之方法和价值取向,揭示经典现代化可借鉴之途径,具有极强之理论意义和现实意义。

当然,《朱子〈尚书〉学研究》亦非十全十美,尚有可商之处。诸如,朱子无《书》学专著,却有"朱子《尚书》学","朱子《尚书》学"这一学术研究命题还需更多的学理依据;斟酌诸说,取精用弘,如何从学术术语到推理论证,确立范式,建立系统,仍需作者修订时思考;附录乃正文之互证和补充,如何使二者水乳交融,作者或在正文部分还可拓展新的内容。唯有瑕疵方为自然之玉,瑕不掩瑜,《朱子〈尚书〉学研究》璞玉之美,可为学界共鉴。

《朱子〈尚书〉学研究》为"宋代《尚书》学"研究计划之重心,"宋代《尚书》学"是"断代《尚书》学史"研究计划之重要一环。马士远君《周秦〈尚书〉学研究》已饮誉学林,其"两汉《尚书》学"正在研究中,程兴丽和赵晓东分别以"魏晋南北朝《尚书》学"和"隋唐《尚书》学"作为博士学位论文选题,我们期待"宋代《尚书》学"能光前裕后。门下诸生,唯良中君自硕士学位论文至博士学位论文再至博士后研究计划,一直专治《尚书》,孜孜不倦,存亡继绝,搜寻辑佚,其拥有宋代《尚书》学第一手资料之丰富与珍贵,或莫出其右。且其年届不惑,富于春秋,不务声华,潜心向学,讷言敏行,用力勤劬,必能青出于蓝而胜于蓝,余有所望也。

斯为序。序于瘦西湖畔蚁巢之上。岁在辛卯,榴花正红,云蒸霞蔚。

钱宗武

前　言

宋代是中国传统文化发展的极盛期,陈寅恪曾盛赞"华夏民族之文化,历数千载之演进,造极于赵宋之世"。① 宋代亦是中国学术研究的转型期,自日人内藤湖南及京都学派提出著名的"近代说",以"近世"称宋元明时期渐成学界共识,中唐以来"新禅宗运动(六祖惠能为开始)、新文学运动(古文运动)、新儒家运动(韩愈、李翱),这三个运动共同推动了中国文化的新发展,这三个运动的发展持续到北宋,形成了主导宋以后中国文化的主要形态。"② 思想新动表明了中国思想文化开始出现了转型。政治上,安史之乱后的混乱局面及宋代南北政权的鼎立。文化上,六朝以来佛教、道教势力渐盛,儒学逐渐衰微,士人佞佛习道成为普遍风习。又加上宋代科举名额的大量增加,士阶层逐渐庞大。面对强大成熟的佛教、道教的挑战和严峻的社会问题,通过解经实现其对宇宙秩序、人伦之序和价值系统的重建,通过重整"道统"来确立社会对儒家思想的认同就成为时代文化主题。

在唐宋转型过程中,朱子学是推动这种转型的关键一环。朱子以经典诠释为基础建构了体大思精的理学体系,其思想从受到宋理宗推崇始,逐渐成为中国近世以来的主流意识形态,无论是国家还是民间教育,朱子学都是主体。朱子学还泽及东亚,并进而成为东亚文化圈的文化标志。以朱子学为核心的宋明理学研究成为我们民族认同的重要途径以及域外认识亚洲的一种可能渠道。

历代学人对朱子学的学习研究层出不穷,从文本疏释到专题论述,呈现出多种研究形态。而专题研究上,有对朱子哲学、思想、史学、文学、文献学、《四书》学、《易》学、《诗经》学、朱子学的学术背景、朱子哲学价值意义探源以及生

---

① 陈寅恪:《邓广铭〈宋史职官志考证〉序》,《金明馆丛稿二编》,生活·读书·新知三联书店2009年第2版,第277页。

② 陈来:《宋明理学序》,华东师范大学出版社2004年版,第8页。

平行事等的多向度研究。朱子《尚书》是其思想建构的重要内容,其一生遍注群经,但于《尚书》一经未能成书,学界对朱子《尚书》学关注不够,往往只论其大略,许多问题不得而详。

《尚书》是宋代学者借以重建道统、学统谱系,应对佛老挑战的重要思想资源。风云际会,因而宋代《尚书》学极其繁荣,宋末学者成申之著《四百家〈尚书〉集解》,所集解的绝大多数是宋人《书》说。据各种书目及其补编、宋以降各史的艺文志或经籍志、各大图书馆藏古籍目录书以及宋人别集等资料统计,宋代《书》学著述有 212 种,《二典解》、《洪范》、《禹贡》及《无逸》解,诸经总义 140 余部(有的不涉及《尚书》,然无从稽考)。有学者认为有五百余种①,数倍于宋前《书》学著述的总和。宋代《尚书》学是《尚书》学史上重要的一环,是古学向近世文化转化的关键,而朱子《尚书》学又是这一转化的核心。

宋代《尚书》学主要是围绕王安石《书》学和朱子《书》学的论争展开的。其发展可分为四个时期②:神宗熙宁八年王安石《尚书新义》颁行以前为第一期,学术研究仍是在汉唐学术思维影响下做惯性运动,《书》学研究主流的理念和方法承汉唐旧制,专于章句训诂,坚持注不破经,疏不破注的解经原则。皮锡瑞云:"经学自唐至宋代,已陵夷衰落矣,然笃守古义,无取新奇,各承师传,不凭胸臆,犹汉唐注疏之遗也。"③这一阶段《书》学著述传世者仅有胡瑗《洪范口义》、曾巩《书经说》(乃曾氏后裔曾兴仁辑录其《书》说而成)和刘敞《书小传》(见《公是七经小传》)。刘敞疑经改经,渐开义理解经新风,宋学特色开始显现。然此一阶段无《尚书》专著,在《尚书》学史上影响有限。胡瑗、刘敞可为此一阶段代表。

熙宁八年王安石《尚书新义》出现到宋高宗朝结束为第二期,此一时期《书》学研究伴随宋学的形成发展。疑古惑经,诉求回归原典,义理解经,颠覆

① 王小红:《宋代〈尚书〉学文献及其特点》,《图书与情报》2007 年第 6 期。按:关于宋代《尚书》著作的统计有几个问题应当注意:一是同书异名现象,容易导致重复计数。一是单篇文章,如对《洪范》、《禹贡》篇幅较长且有复杂思想的文章的研究,应当计数,如胡瑗《洪范口义》。仅寥寥数语论及《尚书》者不当列入统计,一是宋代学者策论中稍涉《尚书》之说,一是后人汇集宋人《尚书》杂说,如曾巩《书说》,是否计数,应当审慎。

② 按:笔者以有影响的专著断限,目的在于更清楚地解释专经研究在时代中的演进,由于各经研究与时代学术风气并不是平行的,或前或后,宋代经学以《春秋》研究为风向,开启了新的学风。其后是《易经》、《诗经》,最后是《尚书》。以帝王断限或可观一代学风之大势,然不能明一经之内在演进。

③ 皮锡瑞:《经学历史》,中华书局 2004 年版,第 49 页。

了疏不破注的汉学传统。王应麟曾指出："自汉儒至庆历间,谈经者守故训而不凿,《七经小传》出而稍尚新奇矣。至《三经新义》行,视汉儒之学若土梗。"①《尚书》研究以《尚书新义》为中心形成了两大政营,支持者与反对者歧为二途,各著书辩争,围绕《尚书》阐释展开了激烈的思想斗争,苏轼《书传》、二程《二典解》、林之奇《尚书全解》均是反对派代表著作。这一阶段《书》学研究的明显特点是经学直接介入时代思想政治。

孝宗朝至蔡沈《书集传》颁行(1209 年完成,1247 年蔡抗上奏朝廷)前为第三期,这时是《尚书》研究比较繁荣的时期,理学、心学、浙学诸派辩争,各援经典以申己说。《书》学研究的主流开始注重汉学宋学的结合,既注重章句注疏又注重义理阐发。这一阶段《书》学研究可谓千帆竞发,百舸争流。晦庵理学、东莱史学、象山心学、永嘉功利学,各家各派驰骋己说,辩论相激,蔚为大观。当然,也有无家无派汇集经说性质的著述。

其后为第四期,蔡沈《书集传》成为南宋《书》学的转掠点,此前众水分流,是书出而大有众流归一之势,形成以《书集传》为中心的局面,拥护与反对者形成两大政营。此一时期理学解《书》成为范式。

本书拟以朱子《书》学为研究重心,剖析朱子《尚书》学的学术渊源及学术背景,理清朱子《书》学与其思想体系的内在逻辑关系。以朱子《书》学为核心,探讨朱子解经的方法及价值取向,揭示经典现代化可资借鉴的路径,进而阐明朱子《书》学在《尚书》学史及中国学术史上的地位。

朱子于《尚书》一经付之阙如,这不仅与《尚书》文本的复杂,《尚书》在朱子思想中的地位有关,也与朱子晚年境遇及学术取向相关。朱子思想的发展成熟期以归本伊洛为职志,其学术的核心工作是重建儒学理论大厦以恢复其一统地位。对理学家文献整理阐释是其思想工作核心,以《四书》为核心的经学著作阐释,围绕"中和说"进行的心性论、修养论的探索,完成了儒家性与天道理论的建构以及道统谱系的建立,确立了"格物致知"为重心的敬知双修的修养论,真正建立起了一个可以抗衡佛老的庞大而精密的理论体系,完成了对佛老的批判,为儒家重新夺回了思想阵线。此一阶段,《尚书》作为帝王谱系和"心性论"建构的依据被重视和阐释。晚年庆元党禁严重限制了朱子的学术活动,朱子语赵蕃云:"近读经书不得,却看些古文章,识得古人用意处。然

---

① 　王应麟:《困学纪闻》卷八《经说》,上海古籍出版社 2008 年版,第 1094—1095 页。

亦觉转喉触讳,不敢下笔注解,但时发一笑耳。"①动辄得咎并牵连门生故旧的氛围使他三缄其口,党禁迫使他不得不放弃一些正常的学术活动,而把所有的精力放在整顿现实人生的礼学上。朱子最终未能完成《书集传》而托付门人蔡沈。

庆元五年(1199 年)冬,蔡沈始至考亭与朱子详细讨论《书集传》②,第二年朱子辞世。朱子殁后十年(嘉定己巳 1209 年)撰成《书集传》,朱子思想在理宗朝渐成主流意识,因而其《书》学思想影响深远,此后《书》学著述成就之评价多以之为准。学人多奉蔡沈《书集传》为朱子《书》学要著,为理学家《书》学之正统。蔡沈《书集传》乃南宋《书》学的转捩点,何乔新曰:"自汉以来,《书传》非一,安国之注类多穿凿,颖达之疏惟详制度。朱子所取四家,而王安石伤于凿,吕祖谦伤于巧,苏轼伤于略,林之奇伤于繁。至蔡氏《集传》出,别今古文之有无,辨《大序》《小序》之讹舛,而后二帝三王之大经大法粲然于世焉。"③对以前《书》学著述一概指斥,盛赞《蔡传》。时人黄震云:"经解惟《书》最多,至蔡九峰参合诸儒要说,尝经朱文公订正,其释文义既视汉唐为精,其发指趣又视诸家为的,《书经》至是而大明如揭日月矣",④对《蔡传》给予了高度评价。吕光洵序黄度《尚书说》云:"宋诸儒治《尚书》者言人人殊,盖数十余家,吴氏、王氏、吕氏、苏氏最著,九峰蔡氏得紫阳朱子之学,作《集传》,学者尤宗之,于是诸家言《尚书》者不复行于世。"⑤道出了《蔡传》之巨大影响,可见《蔡传》一出很快就成为了《书》学之尊主。

朱门弟子秉朱子理学思想纷纷著书立说,除蔡沈外,有《尚书》专著者 15人,可见此派学术之盛。从朱子门人及再传《书》学著作来看,此派成果最丰,可以说是南宋中后期《书》学中最重要的一派。元仁宗皇庆二年(1313 年)十一月,诏三年八月取士,规定"经义一道,各治一经,《诗》以朱氏为主,《尚书》

---

① 朱熹:《晦庵先生朱文公文集·续集》卷六《与赵昌甫》第一书,朱杰人、严佐之、刘永翔主编:《朱子全书》第 25 册,上海古籍出版社、安徽教育出版社 2002 年版,第 4753 页。

② 朱熹:《晦庵先生朱文公文集·续集》卷三《答蔡仲默》云:"千万便拨置此来,议定《纲领》,早与下手为佳"。(第 4717 页)陈来:《朱子书信编年考证》断在庆元五年(1199 年),上海人民出版社 1989 年版,第 488 页。台湾学人许华峰《董鼎书传辑录纂注研究》定蔡沈 1120 年至考亭受《书》说。

③ 朱彝尊:《经义考》卷八十二,中华书局 1998 年版,第 456 页。

④ 朱彝尊:《经义考》卷八十二,第 456 页。

⑤ 朱彝尊:《经义考》卷八十一,第 452 页。

以蔡氏为主,《周易》以程氏、朱氏为主。"①蔡沈《书集传》已成为科举考试标准注本,成为建构时代思想的重要典籍。从此学人疏释《书集传》成为《尚书》研究一大潮流,今存最早著述是陈栎的《尚书集传纂疏》,于蔡注之下首录朱子之语,然后纂辑诸家,疏释蔡旨。踵其后董鼎《书传辑录纂注》,于蔡注之下首录朱子之语,以朱正蔡,以见朱蔡之不合。明代《书经大全》径用陈栎《尚书集传纂疏》、陈师凯《书蔡氏传旁通》。元、明二代拥蔡者均沿此一路径。

然《书集传》虽经朱子点定,在训诂、义理和注疏体例上有与《朱子语类》、朱子《文集》相背离处,尊朱者往往借朱子《语录》、《文集》之相关论述驳正蔡沈之说,蔡沈《书集传》是否代表了朱子的《书》学思想?这基本上成为了《书集传》问世后《书》学之一大论争主题。《尚书》学界多以注疏为体式,在对蔡氏《书集传》的疏解中援朱驳蔡。反对《蔡传》之作南宋不多,宋末元初渐兴,德兴人张葆舒作《尚书蔡传订误》,黄景昌作《尚书蔡氏传正误》,程直方作《蔡传辨疑》,余芑舒作《读蔡传疑》、《书传解》,递相诘难。尊朱学的金履祥著《尚书表注》,所论亦与《蔡传》立异。元代陈栎著《书传折衷》,自序云:"掇朱子大旨及诸家之得经本意者句释于下,异同之说,低一字折衷之,语录所载及他可采之说与夫未尽之蕴皆列于是,惟以正大明白为主,一毫穿凿奇异悉去之。"②明代刘三吾等撰《书传会选》,纠正蔡说凡六十六条。马明衡《尚书疑义》、袁仁《尚书砭蔡传》、陈泰交《尚书注考》均质疑《蔡传》。明代赵枢生之评价可以作为反蔡一派的代表,曰:"昔人言:'明经者诸儒,害经者亦诸儒'。以今观之,《书·蔡氏传》为尤甚。盖殷盘周诰,诘屈诡晦,已自不可知,况秦火之后,又多断简残编,脱文讹字。今必欲以常理恒言释之,故多勉强附会。"③矛头直指蔡沈强解《尚书》穿凿附会,其间大旨皆以朱子《书》学精神为指导。

宋理宗对朱子思想的推崇,朱子思想逐渐成为社会主流意识,朱子学便成为学界关注的焦点,四库馆臣的看法颇具代表性,《四库总目提要》正式著录《尚书》著作提要58部(兼附录),成于《蔡传》之后的41部,《提要》涉及《蔡传》的有22部,多强调不株守《蔡传》的优点。《尚书》类存目78种,成于《蔡

---

① 宋濂:《元史》卷八十一《选举志》一,中华书局1976年版,第2019页。
② 朱彝尊:《经义考》卷八十五,第468—469页。
③ 朱彝尊:《经义考》卷八十二,第456页。

传》之后的 77 部，其中 33 部《提要》以对《蔡传》考订之是非为优劣。四库馆臣之说有鲜明的尊朱倾向，其说影响深远，成为了今天学界对朱子《书》学和《蔡传》的基本认识。四库馆臣一以朱子《书》说为准的评论诸家是非得失，所列数十部驳《蔡传》之作，主要是对蔡氏的修正，从根本精神上并未背离《蔡传》精神。

朱子《书》学影响最大者乃其开启的疑辨之风，赵孟𫖮《书今古文集注》首先分开编排今古文《尚书》，遂启吴澄《书纂言》专释今文，明代梅鷟《尚书谱》、《尚书考异》从史实和文献证据两方面揭示古文之伪。至清阎若璩《尚书古文疏证》详列证据，证成古文之伪。其后疑辨《古文尚书》余波荡漾，皆启自朱子。

朱子之后不管是援朱驳蔡，还是疑辨《古文尚书》，都是直接承继朱子《书》学精神，均可以看作对朱子《尚书》学的一种研究，只是这种方式与现代学术专题研究路径完全不同而已。

对朱子《书》学以问题为核心的研究近代以来才得以展开。钱穆《朱子新学案》、《朱子学提纲》论朱子经学涉及《尚书》部分，书中阐述了朱子以为《尚书》多不可信，朱子辨《尚书》今古文同异，解《书》慎阙其疑及博取众家的态度。钱氏著述涉及朱子学之庞大体系，朱子《书》学要在于疏释其大略，以材料整理呈现为详，论断为略。刘起釪先生《尚书学史》、《尚书源流及传本考》阐述了朱子对《古文尚书》、《书序》、《书大序》、伪《孔安国传》的疑辨，以及以理学解经在学术史上的贡献及影响，刘先生介绍元、明至清初《尚书》学基本以尊蔡与驳蔡为叙述主线。是书所涉内容庞大，对朱子《书》学陈其大略，未至精详。蔡方鹿先生《朱熹经学与中国经学》一书体大思精，论述了朱子疑辨《尚书》之外，详述历了朱子以义理解《书》探求圣贤之心，以及其《书》学对《尚书》辨伪的影响及在理学史上的地位。蔡先生对朱子《书》学多精辟之说，然是书涉及朱子所有经学著述，于朱子《书》学研究之具体面向犹待深化。台湾学人蔡根祥先生《宋代尚书学案》专列"晦翁尚书学案"一章，从朱子《书》学之渊源、治《尚书》之观念与方法、辨《尚书》篇章之伪迹、疑经改经、《尚书》学中之义里、《尚书》学之新说、《尚书》学之影响及评价等诸方面论列朱子《书》学成就，材料翔实，考论颇精，可谓专门之学。

而关于朱子《尚书》学的论文有：李学勤先生《朱子的尚书学》①一文论述

---

① 《朱子学刊》第 1 辑，黄山书社 1989 年版。

了朱子以《尚书》为圣人言行,不当作史料看,读《书》当"求圣人之心";倡以义理解《书》,故有改动经文之举;从文体角度对《书序》、《孔传》的怀疑。此数点前人皆有论列,李先生认为朱子推重古文《尚书》是对思孟学派的承接①,从思想史角度发掘了朱子思想的脉络,乃其独得之见。蔡方鹿先生《朱熹〈尚书〉学的影响和地位》②论文成果收入其《朱熹经学与中国经学》一书中。诸家所论多同,只是详略有别,主要集中在朱子义理解《书》、疑辨《尚书》及对后世影响诸方面。

　　就朱子学来讲,其《书》学关系到他整个理论体系的核心——心性论、道统思想和政治哲学,对佛老思想的批叛、对当时思想路线的争夺以及对中国近世思想文化都有深远影响。朱子怎样通过对《尚书》中重要概念、命题以及关键性词汇的重新阐释赋予了建构其理学思想的功能,其心性论之建构虽着眼于《大禹谟》"十六字心传"的阐释,而事实上朱子《文集》、《语类》及《四书集注》、《太极图说解》、《西铭解》等专著中对此一问题之相关论述乃为一个有机体,共同支撑此一理论。而心性论之建构又直接牵连着朱子之道统思想和政治哲学,以及时代士人肩负之对佛老思想的批叛、对当时思想路线的争夺,关系着中国学术思想变迁之大趋势。

　　就《尚书》学来讲,朱子无《尚书》专著,但他对《尚书》的研究成果却开辟了后来《尚书》学发展的方向。朱子命群弟子集注《尚书》,其《文集》中有注《尚书》数篇,在资料、方法和体例上都为蔡沈《书集传》奠定了坚实的基础。朱子关于"皇极辨"、"心传说"、"道统论"诸解会通了《四书》,使《五经》与《四书》成为一个系统。朱子未完成《尚书》注的原因,蔡沈继承朱子《尚书》学的因由,朱蔡注《书》的异同,朱子注《书》的方法及价值取向等等诸多问题学界几乎无人涉及。朱子《书》学疑辨的完成最终完成了以《五经》为核心的传统文化体系的彻底清算,使以《五经》为代表的古典时代过渡到了以《四书》为代表的近世社会,影响中国文化尤巨。朱子解《书》在治学方法上兼宗汉宋,开辟出了汉学与宋学融合的治学路径,推动了传统学术的发展。朱子对训诂的重视,要求恢复故经原貌的经学思想对清代朴学有深远影响,清代学人对

① 按:1987 年 6 月台湾《辅仁国文学报》第 3 期汪惠敏先生《宋代之尚书学》,1988 年 5 月台湾大学中文研究所硕士刘人鹏先生论文《陈第之学术》附录《论朱子未尝疑古文尚书伪作》均未见原文,内容不详。

② 《天府新论》2003 年第 4 期。

训诂之重视、对汉学之钩沉均可见朱子学的影子。朱子以理学思想解《书》，为古老的经典输入了新鲜的血液，启示了经典现代化的必由路径，真实再现了经学经世致用的本质及可能的途径，揭示了传统思想资源对于一个民族的深远意义。朱子《书》学潜藏的方法论及深厚的学术史、思想史价值的深入发掘，必然为重建民族精神、当代核心价值观念提供巨大的思想支持。要全面研究朱子学，这些问题就必须作出很好的回答，本书的撰写就是力图就以上诸多问题作出解答。

本书以朱子《书》学为研究重心，旨在理清朱子《书》学与其思想体系的内在逻辑关系。耙梳《朱子语类》、《文集》以及朱子其他著述中所有论述《尚书》之文字，以翔实的材料探究其《书》学之特色、成就以及对后世的影响。以朱子《书》学为核心，探讨朱子解经的方法及价值取向，揭示经典现代化可借鉴的路径，进而阐明朱子《书》学在《尚书》学史及中国学术史上的地位。通过对朱子一生学术的梳理，断其学术价值取向。

第一章　宋代学风与宋代《尚书》学

宋代学人多承韩愈以来疑古惑经思想,打破了株守传注的汉唐学风,在中国学术史上开辟了重义理的宋学方法,这一方法的成熟是以朱子《四书章句集注》为代表的。宋代《尚书》学亦沿此一路径开拓出了新的研究领域和方法,对韩愈以来的疑古惑经思潮的追溯无疑有助于我们更好地理解朱子《尚书》学得以展开的学术背景。

第一节　两宋疑古思潮与朱子治经

唐代中期社会危机加深,儒者要求重建思想的一统局面,有识之士开始呼吁复兴儒学,而反对佛、道对思想阵地的侵夺。韩愈首先大力反对佛教,力图振兴儒学,从而带来了学术上的新风。他高唱"《春秋》三传束高阁,犹抱遗经究始终"①,首先打破了株守章句传注的僵化学风,一时学者开始了对汉、唐以来注疏的怀疑。大历时,啖助、陆淳、赵匡等治《春秋》,以经驳传,大力反对当时习传忘经的风气,疑传之习一时盛行。《新唐书·啖助传》曰:

> 大历时,(啖)助、(赵)匡、(陆)质以《春秋》,施士匄以《诗》,仲子陵、袁彝、韦彤、韦茝以《礼》,柴广成以《易》,强蒙以《论语》皆自名其学。②

所谓"自名其学"乃是在注疏之外别开生面,自为一家之言,与当时株守传注之习大异其趣。《新唐书·啖助传赞》亦曰:

①　按:此乃韩愈评论卢仝《春秋摘微》舍三传以求经义的解经方法(韩愈:《韩昌黎全集》卷五《寄卢仝》,中国书店1991年版,第79页)。
②　欧阳修、宋祁等撰:《新唐书》卷二百,中华书局1975年版,第5707页。

1

啖助在唐,名治《春秋》,摭讪三家,不本所承,自用名学,凭私臆断,尊之曰"孔子意也"。赵、陆从而唱之,遂显于时。①

啖助治《春秋》舍弃《三传》,"凭私臆断"以求经义,影响颇大。陆淳踵其后,其《春秋纂例》卷一"《三传》得失议第二"云:

予观《左氏传》……广采当时文籍,故兼与子产、晏子及诸国卿佐家传并卜书及杂占书、纵横家小说、讽谏等杂在其中,故叙事虽多,释意殊少,是非交错,混然难证。……《公羊》、《谷梁》,初亦口授。后人据其大义,散配经文,故多乖谬,失其纲统。……《谷梁》意深,《公羊》辞辨,随文解释,往往钩深,但以守文坚滞,泥难不通,比附日月,曲生条例,义有不合,亦复强通,踳驳不伦,或至矛盾,不近圣人夷旷之体也……《二传》穿凿,悉以褒贬言之,是故繁碎甚于《左氏》。②

陆氏认为《左传》取材驳杂,"叙事虽多,释意殊少,是非交错,混然难证",非解经之体。而《谷梁》、《公羊》随文释义,钩深索隐,又曲生条例,义有不合,亦复强通,"踳驳不伦,或至矛盾",对《三传》痛加指斥,认为《三传》不足明圣人之意,这在当时是具有极大的开拓精神的。由《春秋》学始,从此引发了怀疑传注的新学风。晁公武评论陆淳《春秋微旨》、《春秋辨疑》说:

予尝学《春秋》,阅古今诸儒之说多矣。大抵啖、赵以前学者,皆专门名家,苟有不通,宁言经误,其失也固陋;啖、赵以后,学者喜援经以击传,其或未明,则凭私臆决,其失也穿凿。③

晁氏把啖、赵等人作为《春秋》学之转关人物,对他们在学术上的影响进行了客观评价,其前则固守注疏,失于鄙陋。其后则以经击传,凭私臆断。四库馆臣对二人之后《春秋》学评论曰:"自啖助、赵匡倡废传解经之说,使人人

---

① 《新唐书》卷二百,第5708页。

② 陆淳:《春秋纂例》卷一,文渊阁《四库全书》经部第140册,第381页。

③ 晁公武著,孙猛校证:《郡斋读书志校证》卷三,上海古籍出版社1990年版,第109页。

各以臆见私相揣度，务为新奇以相胜，而《春秋》以荒。"①无疑啖、赵等人的思想对其后学术有积极和消极的双面影响。

但这一怀疑传注的风气并未能成为当时学术主流，直至宋初，官学依旧沿袭汉唐注疏，皮锡瑞《经学历史》第八章《经学变古时代》曰："经学自唐以至宋初，已陵夷衰微矣。然独守古义，无取新奇；各承师传，不凭胸臆；犹汉、唐注疏之遗也。"②科举考试仍以《五经正义》取士。雍熙二年（985 年），宋太宗明令："私以经义相教者，斥出科场。"③景德二年（1005 年），王旦作试官，试题为"当仁不让于师"，李迪落韵，贾边释"师"为"众"，自立新说。结果贾边黜落，而取李迪。《续资治通鉴长编》卷五十九云：

> 先是，迪与贾边皆有声场屋，及礼部奏名，而两人皆不与。考官取其文观之，迪赋落韵，边论"当仁不让于师"，以师为众，与注疏异，特奏令就御试。参知政事王旦议落韵者，失于不详审耳；舍注疏而立异论，辄不可许，恐士子从今放荡无所准的。遂取迪而黜边。当时朝论，大率如此。④

王旦认为贾边"舍注疏而立异论"，不黜落则"恐士子从今放荡无所准的"，开启私意解经的恶劣风气。其实贾边释义乃以《尔雅·释诂》为据，不为异论。《文献通考》卷三十《选举考》三亦载此事。由此可窥宋初经学株守《注疏》之一斑，朝廷为求思想的一统，极力压制"舍注疏而立异论"的士子。

宋初官学虽株守传注，但得风气之先者却沿着中唐学者开辟的疑经道路继续前进而渐蔚为大观，凡当时有所成就的学者无不在努力摆脱僵化的传注知识体系，对经典重新加以义理发挥，开始出现了与汉唐经学不同的风貌，经学史上宋学的大军开始登上舞台。如大儒邢昺、孙奭、柳开以及宋初三先生等解经多注重义理，开始展现出时代新风，他们是北宋经学转型时期的重要人物。《宋史·邢昺传》载云："昺在东宫及内庭，侍上讲《孝经》、《礼记》、《论

---

① （清）永瑢等撰：《四库全书总目提要》卷二十九《御纂春秋直解提要》，中华书局1965 年版，第 235 页。
② 皮锡瑞著，周予同注：《经学历史》，中华书局 2004 年版，第 156 页。
③ 李焘：《续资治通鉴长编》卷二十六，第 594 页。
④ 李焘：《续资治通鉴长编》卷五十九，第 1322 页。

语》、《书》、《易》、《诗》、《左氏传》，据传疏敷引之外，多引时事为喻，深被嘉奖。"①邢昺经筵讲经乃重义理之阐发，要通过讲经对人主有所规训。四库馆臣评其《论语疏》云："大抵剪皇氏（侃）之枝蔓，而稍傅以义理。汉学、宋学兹其转关"②，明确认定邢昺是汉学向宋学转换的关键。同时大儒孙奭亦反对章句之学，他因患章句浮长，故"常掇《五经》切于治道者，为《经典徽言》五十卷"，解经尚义理"有从奭问经者，奭为解析微旨"③，而非仅满足于章句训释。柳开（947—1001 年）亦力求破除注疏，倡导义理。石介称赞他说："六经皆自晓，不看注与疏。"④张景为柳开写的《行状》论其学术云："凡诵经籍，不从讲学，不由疏义，悉晓其大旨，注解之流，多为其指摘。"⑤柳氏自述其为学精神之《补亡先生传》又云："先生又以诸家传、解、笺、注于经者多未达其义理，常曰：吾他日终悉别为注解矣。"⑥对传注及其相应的学术方法均加以蔑弃，要求重新注释经典，其后出现了大量反映宋学特色的经注，当是这一精神的一脉相承。一时有识之士竞相开辟出了新的学术风气。

对宋代学术发展有建设性的应数三先生：孙复、石介、胡瑗。孙复（992—1057 年，因范仲淹、富弼荐，仁宗朝曾任国子监直讲）首先对当时科举考试尊奉注疏的官学提出了严厉批评，他寄书当时主管太学的范仲淹（《寄范天章书二》）云：

> 每岁礼闱设科取士，执为准的，多士较艺之际，一有违戾于注说者，即皆驳放而斥逐之。……噫！专主王弼、韩康伯之说，而求于《大易》，吾未见其能尽于《大易》者也。专守左氏、公羊、谷梁、杜预、何休、范宁之说，而求于《春秋》，吾未见其能尽于《春秋》者也。专守毛苌、郑康成之说，而求于《诗》，吾未见其能尽于《诗》者也。专守孔安国之说，而求于《书》，吾未见其能尽于《书》者也。彼数子之说既不能尽于圣人之经，而可藏于太学，行于天下哉？又后之作疏者，无所发明，但委曲踶于旧之注说而

---

① （元）脱脱等：《宋史》卷四百三十一《邢昺传》，中华书局 1985 年版，第 12800 页。
② 永瑢等：《四库全书总目提要》卷三十五《论语正义提要》，第 291 页。
③ 脱脱等：《宋史》卷四百三十一《孙奭传》，第 12807 页。
④ 石介：《徂徕石先生文集》卷二《过魏东郊》，中华书局 1984 年版，第 20 页。
⑤ 柳开：《河东先生集》卷十六，《四部丛刊》初编，第 2 页。
⑥ 柳开：《河东先生集》卷二，第 7 页。

已。……执事病注说之乱《六经》，《六经》之未明，复亦闻之矣。今执事
以内阁之崇，居太学教化之地，是开圣阐幽，芟芜夷乱，兴起斯文之秋
也。……执事亟宜上言天子，广诏天下鸿儒硕老，置于太学，俾之讲求微
义，殚精极神，参之古今，覆其归趣，取诸卓识绝见大出王、韩、左、谷、公、
杜、何、毛、范、郑、孔之右者，重为批注，俾我《六经》廓然莹然如揭日月于
上，而学者庶乎得其门而入也。如是则虞、夏、商、周之治可不日而
复矣。①

　　孙复对当时朝廷取士"一有违戾于注说者，即皆驳放而斥逐之"的做法深
为不满，由此引出了他对所有经书传注的激烈批判，上书主管太学的范仲淹目
的就是想扭转国家教育泥古不化的局面，可以说这是一篇讨伐汉唐注疏的檄
文。因注说乱《六经》而《六经》大义不明，所以，他强烈要求回到经典本文，芟
芜夷乱而开圣阐幽，在时代要求之下"重为批注"重新阐释经书大义，力图返
本以开新，建立新的经典解释系统。从某种意义来说，这也是一篇宋学登上历
史舞台的宣言。孙复所论慷慨激昂，向汉唐章句之学提出了宣战，废传求经的
思想至此已成为学界主导。其《春秋》学就具体体现了他的这一宗旨。欧阳
修为孙氏撰写的墓志云："先生治《春秋》，不惑传注，不为曲说以乱经，其言简
易，明于诸侯、大夫功罪，以考时之盛衰，而推见王道之治乱。得见经之本义为
多。"②对其治学特点与贡献有很高的评价。四库馆臣批评孙氏《春秋尊王发
微》云："过于深求而反失《春秋》之本旨者，实自复始。……后来说《春秋》
者，深文锻炼之学，大抵用此书为根柢。"③又曰："自孙复倡为有贬无褒之说，
说《春秋》者必事事求其所以贬，求其所以贬而不得，则煅炼周内以成其罪，而
《春秋》益荒。"④从四库馆臣的批评中，也可以反观其不依傍注疏的开拓
之功。

　　孙复弟子石介(1005—1045 年)沿师之学风，倡导解经遵从经典本文，而
反对株守传注。其《上范思远书》云："士建中，其人能通明经术，不由注疏之

① 孙复:《孙明复小集》，影印文渊阁《四库全书》集部第 29 册，第 171—172 页。
② 欧阳修:《欧阳修全集·孙明复先生墓志铭》，中国书店 1986 年版，第 194 页。
③ 永瑢等:《四库全书总目提要》卷二十六，第 214 页。
④ 永瑢等:《四库全书总目提要》卷二十九《御纂春秋直解提要》，第 235 页。

说。"①盛赞士建中不为株守章句的学风。其《与张洞进士书》又云："左氏、公羊氏、谷梁氏或亲孔子,或去孔子未远,亦不能尽得圣人之意。至汉大儒董仲舒、刘向、晋杜预、唐孔颖达,虽探讨甚勤,终亦不能至《春秋》之蕴。……明远始受业于子望,又传道于泰山孙先生,得《春秋》最精。近见所为《论》十数篇,甚善,黜三家之异同而独会于经,予固已拳拳服膺矣。"②从他对二人推崇的言论中,我们不难明白他力求依托经典文本阐发经典义理,而坚决反对死守章句训诂的思想。清万斯同云:"宋孙复之学传于石介,皆卓然自立一家,宋代说经实滥觞于二子。"③以二先生为宋学的开端,对二人在学术史上的地位作出了极高的评价。

胡瑗(993—1057 年)有《周易口义》十二卷(乃宋倪天隐述其师胡瑗之说而成)。四库馆臣云:"是书在宋时固以义理说《易》之宗也。"④又有《洪范口义》两卷,解《洪范》以五事配庶征,此本经文所有,批评伏生《大传》以下,京房、刘向等"以阴阳灾异附会其文",而宋儒又"流为象数之学,惟图书同异之是辨",经义愈不能明。胡瑗则发明天人合一之旨,如谓"天锡洪范"为"锡自帝尧",不取神龟负文之瑞。谓五行次第为箕子所陈,不辨《洛书》本文之多寡。谓五福六极之应通于四海,不当指一身而言。定皇极为九畴之本,而《洪范》之要归于建中出治。四库馆臣赞其能"驳正注疏,自抒心得","以经注经,特为精确","辞虽平近而深得圣人立训之要"。⑤ 胡氏著述一以义理为宗,具有极强的求实精神。又对历代注疏多有驳正,以经解经,颇能得经典之大义。

三先生以弘道为职志,均教授太学,广授门徒,他们怀疑注疏的学术取向广为流布,到仁宗朝,鄙薄章句注疏遂蔚然成风。《宋史·石介传》云:"入为国子监直讲,学者从之甚众,太学由此益盛。"⑥《胡瑗传》云:"瑗既居太学,其徒益众,太学至不能容,取旁官舍处之。"⑦于此可见他们学术思想有着深远的影响。朱子曰:"至永叔(欧阳修)、原父(刘敞)、孙明复诸公,始自出议论,如

① 石介:《徂徕集》卷十三,中华书局 1984 年版,第 152 页。
② 石介:《徂徕集》卷十四,第 164 页。
③ 永瑢等:《四库全书总目提要》卷五十八《儒林宗派提要》,第 528 页。
④ 永瑢等:《四库全书总目提要》卷二,第 5 页。
⑤ 永瑢等:《四库全书总目提要》卷十一,第 90 页。
⑥ 脱脱等:《宋史》卷四百三十二,第 12833 页。
⑦ 脱脱等:《宋史》卷四百三十二,第 12837 页。

李泰伯(觏)文字亦自好。此是运数将开,理义渐欲复明于世故也。"①朱子论宋学之始亦以为诸先生之功。也正如《困学纪闻》卷八《经说》云:"自汉儒至于庆历间,谈经者守训故而不凿。《七经小传》出而稍尚新奇矣,至《三经义》行,视汉儒之学若土梗。"刘敞、王安石对其时学风之变影响颇巨。王应麟又引陆游语曰:"自庆历后,诸儒发明经旨,非前人所及,然排《系辞》(指欧阳修),毁《周礼》(指欧阳修、苏轼、苏辙),疑《孟子》(指李觏、司马光),讥《书》之《胤征》、《顾命》(指苏轼),黜《诗》之《序》(指晁说之),不难于议经,况传注乎!"②学者疑经之风大行。皮锡瑞总结说"此皆庆历及庆历稍后人,可见其时风实然,亦不独究刘敞、王安石矣。"③疑经无疑在当时已形成一种思潮,与其时儒学复兴运动相互呼应,二者共同促进,开辟出了新的学术风气和治学方法。

应当提及的是三先生能显名于当时,讲学于太学,与范仲淹(989—1052年)的提携密切相关。范仲淹与其后欧阳修是当时新学风的倡导者、推动者,有引领众贤之功。

庆历时期,学界领袖欧阳修(1007—1072年)著有《诗本义》、《易童子问》,以其著作大大推动了疑古惑经学术风气的繁荣发展。其《春秋或问》云:"经不待传而通者十七八,因传而惑者十五六。"④《春秋论》又云:"孔子之于经,三子之于传,有所不同,则学者宁舍经而从传,不信孔子而信三子。甚哉,其惑也!"⑤对传注提出了激烈批评,提倡本经文以求经义。《易或问》云:"《十翼》之说,不知起于何人,自秦汉以来大儒君子不论也。"⑥反对孔子作《十翼》之说,其《易童子问》"第三"曰:

> 《系辞》非圣人之作乎?曰:何独《系辞》焉,《文言》、《说卦》而下皆非圣人之作。而众说淆乱亦非一人之言也。……若余者可谓不量力矣,邈然远出诸儒之后,而学无师授之传,其勇于敢为而决于不疑者,以圣人

---

① 朱熹:《朱子语类》卷八十,朱杰人、严佐之、刘永翔主编:《朱子全书》第17册,上海古籍出版社、安徽教育出版社2002年版,第2763—2764页。
② 王应麟:《困学纪闻》卷八,上海古籍出版社2008年版,第1095页。
③ 皮锡瑞:《经学历史》第八章《经学变古时期》,第156页。
④ 欧阳修:《欧阳修全集》,第135页。
⑤ 欧阳修:《欧阳修全集》,第131页。
⑥ 欧阳修:《欧阳修全集》,第130页。

之经尚在,可以质也。①

欧阳修以为《十翼》非出于一人,其疑经的基础是"圣人之经尚在",经传简繁不一,又传有害经义处,于此他提出了以经驳传思想。《诗谱补亡后序》曰:"予疑毛、郑之失既多,然不敢轻为改易者,意其为说不止于《笺》《传》,而恨己不得尽见二家之书,未能遍通其旨。"②欧阳修批评了《传》《笺》之失,但其"不敢轻为改易"的态度是谨慎的。欧阳修整理经书,订传注之误,大扇疑经之风,影响其后巨大。朱子对欧阳修学术有公允的评价,曰:

> 公尝谓:"世之学者,好以新意传注诸经,而常力诋先儒。先儒于经不能无失,而其所得者固多矣。正其失可也,力诋之不可也。"其语在《诗谱后序》。又谓:"前儒注诸经,唯其所得之多,故能独出诸家而行于后世。而后之学者,各持好胜之心,务欲掩人而扬己,故不止正其所失,虽其是者,一切易以己说,欲尽废前人而自成一家。于是至于以是为非,牵强为说,多所乖缪,则并其书不为人所取,此学者之大患也。"故公作《诗本义》止百余篇而已,其余二百篇无所改易,曰毛、郑之说是也,复何云乎?又其作《易童子问》,正王弼之失者才数十事耳。其极论《系辞》非圣人之书,然亦多使学者择取其是而舍其非可也;便以为圣人之作,不敢取舍而尽信之,则不可也。其公心通论常如此。③

欧阳氏虽怀疑传注,但以学者之公心,不故为高论,诋诬前贤往哲,又不盲从经书。他对当时学者好以新意传注诸经而力诋先儒,以是为非,牵强为说的做法提出了严厉批评,其治学态度是客观的。楼钥对欧阳修的《诗本义》大加称赞云:

> 由汉以至本朝千余年间,号为通经者不过经述毛、郑,莫详于孔颖达之疏,不敢以一语违忤,二家自不相侔者,皆曲为说以通之。……惟欧阳

---

① 欧阳修:《欧阳修全集》,第 568 页。
② 欧阳修:《欧阳修全集》,第 286 页。
③ 朱熹:《晦庵先生朱文公文集》卷七十一《考欧阳文忠公事迹》,第 3431 页。

公《本义》之作,始有以开百世之惑,曾不轻议二家之短长,而能指其不然,以深持诗人之意。其后王文公、苏文定公、伊川程先生各著其说,更相发明,愈益昭著,其实自欧阳氏发之。①

楼钥批评孔颖达虽毛、郑"二家自不相侔者,皆曲为说以通之"的疏不破注的解经方法,指出欧阳修《诗本义》破注疏之误以"开百世之惑",对他学术的开拓之功作了高度评价,四库馆臣亦云:

> 自唐以来,说《诗》者莫敢议毛、郑,虽老师宿儒亦谨守《小序》。至宋而新义日增,旧说几废。推原所始,实发于修。然修之言曰……先儒于经不能无失,而所得固已多矣。尽其说而理有不通,然后以论正之。是修作是书,本出于和气平心,以意逆志。故其立论未尝轻议二家,而亦不曲徇二家。其所训释,往往得诗人之本志。②

宋代经学新义日增而旧说几废,"推原所始,实发于修",四库馆臣把疑《诗》之风托始于欧阳修。然欧阳氏所论犹能"和气平心,以意逆志",不轻议、不曲徇毛、郑。而"后之学者,或务立新奇,自矜神解。至于王柏之流,乃并疑及圣经,使《周南》、《召南》俱遭删窜,则变本加厉之过,固不得以滥觞之始归咎于修矣。"③踵其后者变本加厉,几废旧说,远离欧阳氏经学精神,而其疑经负面影响显明,《孝经刊误提要》云:

> 是朱子诋毁此书已非一日,特不欲自居于改经,故托之胡宏、汪应辰耳。欧阳修《诗本义》曰:"删《诗》云者,非止全篇删去也,或篇删其章,或章删其句,或句删其字。引《唐棣》、《君子偕老》、《节南山》三诗为证。"朱子盖阴用是例也。④

从文献整理训释的角度来看,改易经文以就己意的做法是应当避免的。

---

① 朱彝尊:《经义考》卷一百零四,中华书局 1998 年版,第 563 页。
② 欧阳修:《诗本义》书前《提要》,影印文渊阁《四库全书》经部 64 册,第 181—182 页。
③ 永瑢等:《四库全书总目提要》卷十五《诗本义提要》,第 122 页。
④ 永瑢等:《四库全书总目提要》卷三十二《孝经刊误提要》,第 265 页。

但在欧阳修看来,所谓经古文不足为训,因为"自秦之焚书,六经尽矣。至汉而出者,皆其残脱颠倒,或传之老师昏耄之说,或取之冢墓屋壁之间,是以学者不明,异说纷起。况乎《周礼》,其出最后,然其为书备矣。"①所以,删改经文在欧阳修这里是以经书残脱颠倒的历史事实为基础的,但他篡改古经的做法是不足为训的。宋学流弊,欧阳氏当难脱其咎。

刘敞(1019—1068 年)于宋儒疑古惑经风气亦颇有影响,其谓"前汉诸儒不肯为左氏学者,为其是非缪于圣人也。故曰:'左氏不传《春秋》,此无疑矣。'"②又谓礼非醇经,乃后人所"杂编",多含"六国秦汉之制"。③ 而其《书小传》疑经改经,多自出新意,如云《尧典》"申命羲叔,宅南交",本盖言"宅南,曰交趾",是后人传写脱两字致误。谓《九共》九篇,共当作丘,古文丘与共相近,故误。又谓《无逸》"此厥不听,人乃训之"、"此厥不听,人乃或诪张为幻",此两"听"字,皆当作德字,字形相似,故误尔。谓"笙镛以间,鸟兽跄跄"为古者制乐或法于鸟,或法于兽。其声清扬而短闻者,皆法之鸟也;其声宏浊而远闻者,皆法之兽也。于《泰誓》篇批评"观兵示弱"之说。又谓《武成》简策错乱,并重定其次序。④ 刘敞之说,多有改经之弊,但皆自出新意。吴曾《能改斋漫录》云:"庆历以前,学者尚文辞,多守章句注疏之学,至刘原甫为《七经小传》,始异诸儒之说。王荆公修《经义》,盖本于原甫。"⑤《七经小传提要》评论刘敞学术说:"好以己意改经,变先儒淳实之风者,实自敞始。……考所著《弟子记》,排斥安石不一而足,实与新学介然异趣。且安石刚愎,亦非肯步趋于敞者。谓敞之说经开南宋臆断之弊,敞不得辞。"⑥对刘敞臆改经书、穿凿附会带来的恶劣影响给予了严厉的指责。《春秋传提要》亦云:"考正《书·武成》实始于敞,则宋代改经之例,敞导其先,宜其视改传为固然矣"。⑦ 指出了刘氏臆改经书的流弊。然刘敞治经疑传而不废传,态度还是比较客观的,四库

---

① 欧阳修:《欧阳修全集·问进士策》,第 326 页。
② 刘敞:《春秋权衡》卷一,影印文渊阁《四库全书》经部 141 册,第 172 页。
③ 刘敞:《公是集》卷四十六,影印文渊阁《四库全书》集部 34 册,第 807 页。
④ 刘敞:《公是先生七经小传》,纳兰性德《通志堂经解》第 16 册,第 513—514 页。
⑤ 吴曾:《能改斋漫录》卷二,中华书局 1960 年版,第 28 页。
⑥ 永瑢等:《四库总目提要》卷三十三,第 270 页。按:王安石《三经新义》最后成于熙宁八年(1075 年),敞卒于熙宁元年(1068 年),四库馆臣云:"所著《弟子记》,排斥安石不一而足"这一说法有误。
⑦ 永瑢等:《四库总目提要》卷二十六,第 215 页。

馆臣论其《春秋传》云：

> 论其大致，则得经意者为多。盖北宋以来，出新意解《春秋》者，自孙复与敞始。复沿啖、赵之余波，几于尽废《三传》。敞则不尽从传，亦不尽废传，故所训释为远胜于复焉。①

刘敞治《春秋》多得经义，对传注有辨证吸收，四库馆臣之论折衷是非，评价颇为公允。《春秋传原序》云：

> 原父为《春秋》，知经而不废传，亦不尽泥传，据义考例以折衷之，经传更相发明，虽间有未然，而渊源已正。今学者治经不精，而苏（子由）、孙（莘老）之学近而易明，故皆信之。而刘以难入，或诋以为用意太过，出于穿凿，彼盖不知经，无怪其然也。②

论者对刘敞经学甚为推崇，于此亦可观刘敞治经对注疏亦有所取，态度较孙复客观，后学之流弊与刘氏治经精神盖有天渊之别。

在疑古惑经风起云涌之时，王安石（1021—1086 年）以行政手段，对注疏体系进行了颠覆。《宋史·王安石传》云："安石训释《诗》、《书》、《周礼》，既成，颁之学宫，天下号曰'新义'……主司纯用以取士，士莫得自名一说。先儒传注，一切废不用。黜《春秋》之书，不使列于学官，至戏目为'断烂朝报'。"③ 在提倡一己新说时极力反对传注，王安石于《书〈洪范传〉后》云：

> 孔子没，道日以衰熄，浸淫至于汉，而传注之家作。为师则有讲而无应，为弟子则有读而无问……岂特无问，又将无思……历年以千数，而圣人之经卒于不明，而学者莫能资其言以施于世也。予悲夫《洪范》者，武王之所以虚心而问，与箕子之所以悉意而言，为传注者汩之，以至于今冥冥也，于是为作传以通其意。呜呼！学者不知古之所以教，而蔽于传注之

---

① 《四库总目提要》卷二十六，第 215 页。
② 刘敞：《春秋传原序》，影印文渊阁《四库全书》经部 141 册，第 364 页。
③ （元）脱脱等：《宋史》卷三百二十七，第 10550 页。

学也久矣。①

王安石对师法、家法及章句之学大加挞伐,要求重新阐释经典。王安石《三经新义》就肩负着重新阐释经典探寻儒家道义的任务,这是一个以《周礼》为中心的新经学体系,这一体系是对传统《五经》系统的颠覆。

洛学领袖程颐(1033—1107 年)亦有疑经之作,其《易传》不注《系辞》、《说卦》、《杂卦》,专言义理,著《易传》。四库馆臣云:

> 其书但解上下经及《彖》、《象》、《文言》,用王弼注本。以《序卦》分置诸卦之首,用李鼎祚《周易集解》例。惟《系辞传》、《说卦传》、《杂卦传》无注。②

对《周易》经传内容顺序进行了重新调整。程氏又改定《大学》、次序《尚书·武成》,都是有意要重建经典文本。

熙宁二年(1069 年)六月,司马光(1019—1086 年)上《论风俗札子》云:

> 新进后生口传耳剽,读《易》未识卦爻,已谓《十翼》非孔子之言;读《礼》未知篇数,已谓《周官》为战国之书;读《诗》未尽《周南》、《召南》,已谓毛、郑为章句之学;读《春秋》未知十二公,已谓《三传》可束之高阁。循守注疏者谓之腐儒,穿凿臆说者谓之精义。③

这段文字生动地概括了当时疑古惑经的新学风,虽司马光对此大加斥责,不难见其时对各经的怀疑已成为共识,经书传注面临被颠覆的危险。由此亦可知宋学已展现出自己独特的面貌,已卓异于汉唐注疏之学。

再从受到质疑的内容看,各经自有偏重。《易经》一书,唐徐勣《周易新义》始臆改经文,其后,陆希声又以"《易经》文字古今谬误,又撰《证》一卷",④自出机杼,臆断经文是非。宋初王昭素深受徐氏影响,大胆以己意改经。其时

---

① 王安石:《王文公文集》卷三十三,上海人民出版社 1974 年版,第 400 页。
② 永瑢等:《四库总目提要》卷二《伊川易传提要》,第 6 页。
③ 司马光:《温国文正司马公文集》卷四十五,《四部丛刊》本,第 9—10 页。
④ 朱彝尊:《经义考》卷十五,第 94 页。

还有郭京《周易举正》，范谔昌《易证坠简》都沿袭此风，但都依违注疏。至胡瑗《周易口义》出，则不复依傍，自出新解。苏轼、程颐各著《易传》，对经文多所改易，这种改易引发了学者对经典文本整体的重新思考，恢复古《易》的著作开始出现。最早改编《古易》的是王洙，陈振孙云：

> 《古易》十二卷，出翰林学士睢阳王洙原叔家。上、下《经》惟载《爻辞》，外《卦辞》一，《象辞》二，《大象》三，《小象》四，《文言》五，《上系》六，《下系》七，《说卦》八，《序卦》九，《杂卦》十。①

以《卦辞》为《传》，合《象辞》为一，重建经传体系。邵博云："古《易》：《卦爻》一，《象》二，《象》三，《文言》四，《系辞》五，《说卦》六，《序卦》七，《杂卦》八。其次第不相杂也。……予家藏大父康节手写《百源易》，实古《易》也。"②是邵雍亦有改本。北宋第一部有影响的《古易》是由吕大防编订的，书成于元丰五年（1082 年），刻于成都郡学。书分上下二篇，《象传》、《象传》依经之上下亦各分二篇，《系辞》上下二篇，《文言》《说卦》《序卦》《杂卦》各一篇。其后晁以道定《古周易》八卷，卦爻第一，《象》第二，《象》第三，均不分上下。《文言》第四，《系辞》第五（不分上下），《说卦》第六，《序卦》第七，《杂卦》第八。南宋有薛季宣《古文周易》十二篇，分《古易经》二篇，《象》《象》《系》《文言》《说卦》《序卦》《杂卦》总十篇。吕祖谦依吕大防次序编定《古易》十二篇，朱子又以吕祖谦《古易》为底本著《周易本义》，把《易》当作占卜之书③，打破了《周易正义》建立起来的以义理解《易》的正统观念，确立了此后数百年象数《易》学的地位。④

对《诗经》的怀疑集中在废《序》问题上。《诗经》废《序》运动也肇始于唐，《诗序提要》云："以为子夏不序《诗》者，韩愈也。"宋人于此基础上对《诗序》继续提出质疑，"以为诗人所自制者，王安石也。以《小序》为国史之旧文，以《大序》为孔子作者，明道程子也。以首句为孔子所题者，王得臣也。以为《毛传》初行尚未有《序》，门人互相传授，各记其师说者，曹粹中也。以为村野

---

① 陈振孙：《直斋书录解题》卷一，上海古籍出版社 1987 年版，第 1—2 页。
② 邵溥：《邵氏闻见后录》卷五，第 37 页。按：百源在苏门山下，康节读《易》之地。
③ 王铁：《宋代易学》第二章《宋代易学的疑经、改经之风》，上海古籍出版社 2005 年版。
④ 王铁：《宋代易学》，第 209 页。

妄人所作,昌言排击而不顾者,则倡之者郑樵、王质,和之者朱子也。"① 唐成伯玙《毛诗指说》于《小序》唯取首句,"定《诗序》首句为子夏所传,其下为毛苌所续,实伯玙此书发其端,则决别疑似,于说《诗》亦深有功矣"。② 苏辙《诗集传》以《诗》之《小序》反复繁重,疑为毛公之学,卫宏之所集录,因惟存其发端一言,而以下余文悉从删汰。"南宋之初最攻《序》者郑樵",③ 郑氏作《诗辨妄》"恃其才辩,无故而发难端。南渡诸儒,始以掊击毛、郑为能事",④ 要求彻底废弃《诗序》。由韩愈的子夏不序《诗》,到朱子的废《序》不用,这是对《诗序》疑辨的必然结果。《诗序提要》云:"录朱子之《辨说》,著门户所由分,盖数百年朋党之争兹其发端矣。"⑤ 尊《序》与废《序》就成为《诗》学一大焦点,朱子论《诗》废《序》,开启其后数百年学术之争端。

对《尚书》的怀疑滥觞于刘知己的《史通》之《疑古》、《惑经》篇,他就史实对《尚书》所载加以怀疑,但还不是怀疑经典本身。至宋,学术思辨的风气很浓,很多学者突破了注疏的禁锢,锐意创新,开始了对《尚书》的疑辨。龚鼎臣认为《书》本无百篇,《洪范》错简,指出:"《洪范》九畴宜皆有所说,独八政载其八事,其五纪亦然,疑'王省惟岁'以下所说岁月日星及星日月之行,则有冬有夏,当在历数字下。况有冬有夏乃似历法。其'五皇极,皇建其有极',当续以'无偏无党'以下,则大中之法备。如'敛时五福',当在'五福'、'六极'之后,乃是说福极之意尔。此汉儒所得,错乱不能细考,以访于伏生之类之人,使后世为不完书,皆汉儒之罪也。"⑥"《舜典》后有《汨作》、《九共》、《稾饫》十一篇,孔安国以为亡篇,疑其非亡也,乃孔子所删去者尔。"⑦ 对《尚书》相关问题提出质疑。

王安石解经具有极强的疑辨精神,《宋史·王安石传》云:"安石训释《诗》、《书》、《周礼》,既成,颁之学宫,天下号曰'新义'……主司纯用以取士,士莫得自名一说。先儒传注,一切废不用。黜《春秋》之书,不使列于学官,至

---

① 永瑢等:《四库全书总目提要》卷十五《诗序提要》,第119页。
② 永瑢等:《四库全书总目提要》卷十五《毛诗指说提要》,第121页。
③ 永瑢等:《四库全书总目提要》卷十五《诗补传提要》,第122页。
④ 永瑢等:《四库全书总目提要》卷十五《毛诗正义提要》,第120页。
⑤ 永瑢等:《四库全书总目提要》卷十五《诗序提要》,第119页。
⑥ 龚鼎臣:《东原录》,文渊阁《四库全书》子部第168册,第558页。
⑦ 龚鼎臣:《东原录》,文渊阁《四库全书》子部第168册,第557页。

戏目为'断烂朝报'"。①王安石怀疑传注并进而怀疑经典本文，对圣经的权威提出了严峻挑战，他把正君臣之纲、一名分之守的《春秋》目为"断烂朝报"，对五经体系提出了大胆挑战，其思想是相当激进的。尤其值得注意的是王安石《三经新义》潜在地破坏了《五经》系统，弃《易》、《春秋》不用，而以《周礼》为核心重建立了一个新经典体系。在经学时代，王安石这种以破坏传统来建立新体系的做法本身就潜藏着被倾覆的危机。后来，这一体系由于自身的缺陷及反对阵营的强大而退出了历史舞台，被《四书》新经典体系取而代之当在情理之中。王安石著《尚书新义》②蔑弃传注，如解《洪范》以"庶征"所谓"若"者，不当训"顺"，当训"如"，谓"人君之五事，如天之雨、旸、寒、燠、风而已。大意言天人不相干，虽有变异，不足畏也。"③朱子评论云："《洪范》庶征……如荆公又却要一齐都不消说感应，但把'若'字做'如、似'字义说，做譬喻说了，也不得。荆公固是也说道此事不足验，然而人主自当谨戒。如汉儒必然之说固不可，如荆公全不相关之说亦不可。"④指出王安石此说破除汉儒感应说的严重政治后果当使人主不知警戒，导致君权横肆。王氏此说，一时学者多斥责之，但其唯物精神实较汉儒天人感应、阴阳灾异之论要高明得多。朱子相信象数之学，弟子蔡沈沿方术之路开辟"演洪范"一派，较王安石唯物精神实有距离。王氏此说打破了统治中国千余年的天人感应的神权政治思想，把政治重

---

① 《宋史》卷三百二十七，中华书局1985年版，第10550页。

② 按：《尚书新义》修撰的工作主要是王雱负责，宋蔡绦论及《尚书新义》修撰，辞云："王元泽奉诏修《三经义》，时王丞相介甫为之提举。盖以相臣之重，所以假命于其子也。吾后见鲁公与文正公二父相与谈往事，则每云：《诗》、《书》盖出元泽暨诸门弟子手。"（蔡绦《铁围山丛谈》卷四，按绦为蔡京之季子）王荆公《书义序》记载了修书之始末，云："熙宁二年，臣某以尚书入侍，遂与政。而子雱实嗣讲事，有旨为之说以献。八年下其说太学，班焉。……又命训其义，兼明天下后世，而臣父子以区区所闻，承乏与荣焉。"（王安石：《王文公文集》，上海人民出版社1974年版，第428页）吕惠卿熙宁八年九月上札云："自置局以来，先检讨官分定篇目，大抵以讲义为本，其所删润，具如圣旨。草创既就，臣即略为论次……每数篇已，即送安石详定，一句一字如有未安，必加点窜，再令修改如安石意，然后缮写……而安石又以相臣董其事，意有未安，留加笔削，不为稽缓。而修写进呈，得旨刊布几及千本。刊印《经义》在六月十九日。"（《续资治通鉴长编》卷二百六十八，第6565—6566页）此札详述了《诗经新义》修撰情况，实际工作虽由吕惠卿等人负责，但一句一字均经安石详定，意有未安，"必加点窜，再令修改如安石意，然后缮写"，其义理工作是出自荆公之手。由此可以推知《尚书新义》的撰修亦当如是。训辞虽出于众人之手，但经义训释实际是由荆公把关的。故把《尚书新义》归于荆公名下当不为过。

③ 晁公武著，孙猛校证：《郡斋读书志校证》卷一，上海古籍出版社1990年版，第55页。

④ 朱熹：《朱子语类》卷七十九，第2713—2714页。

心转向了人事,可以说是革命性的转关,惜乎其影响未远。又《书洪范传后》一文阐明了他对汉唐以来传注的观点,云:"予悲夫《洪范》者,武王之所以虚心而问,与箕子之所以悉意而言,为传注者汨之,以至于今冥冥也,于是为作传以通其意。呜呼!学者不知古之所以教,而蔽于传注之学也久矣。"①这里虽是针对《洪范》而发,但确实表明了他对汉唐以来传注的怀疑。王安石不注《康诰》篇首"惟三月"至"乃洪大诰治"四十八字,元陈栎曰"王氏安石于此章无解"。② 至苏轼则明确指为《洛诰》篇首文字,朱子、蔡沈从其说。王氏这一疑辨精神贯穿了他所有经学著作,对此后学风有着深远影响。朱子遍疑群经,激进态度同于王安石,但他却没有颠覆《五经》固有体系,破坏传统文化的根基,而是建构了一个新的经典系统——《四书》体系,王安石《三经新义》当有以启之。

苏轼作《书传》盖有激于以往传注的谬误,欲矫古今之失而成一家之言。苏轼谪居黄州时《与滕达道书》第二十一书云:"某闲废无所用心,专治经书。一二年间,欲了却《论语》、《书》、《易》,……虽拙学,然自谓颇正古今之误,粗有益于世,瞑目无憾。"③据此可知其解经要在于正古今传注之误,与当时弃传注而守遗经的态度是一致的。其子苏过《大人生日(一)》诗:"云何困积毁,抑未泯斯文。欲救微言绝,先惩百氏纷。韦编收断简,鲁壁出余焚。论斥诸儒陋,功逾绛帐勤。"④明确表述了东坡经学著述的目的,欲"惩百氏纷"、"斥诸儒陋"而驳斥异端杂说、批评古今《书》解之误,欲"救微言绝"而探求儒学真精神,力振儒学之颓弊。苏轼疑经具体表现为遗弃传注而另寻新解。如解《酒诰》"群饮,汝勿佚,尽执拘以归于周,予其杀",谓周公所诫非为"群聚饮酒",而是儆"谋为大奸者",认为"群饮盖亦当时之法,有群聚饮酒,谋为大奸者,其详不可得而闻矣。如今之法有曰'夜聚晓散者,皆死罪',盖聚而为妖逆者也。使后世不知其详而徒闻其名,凡民夜相过者辄杀之,可乎?"⑤析以人情事理,确为独见。解《多方》篇综论《大诰》、《康诰》、《酒诰》、《梓材》、《召诰》、《洛诰》、《多士》、《多方》,指出此八篇"虽所诰不一,然大略以殷人不心服周而作也。"接着分析周初形势,谓周取殷之易是因为"方纣之虐,人如在膏火中,归

---

① 王安石:《王文公文集》卷三十三,第400页。
② 陈栎:《书集传纂疏》卷四,纳兰性德《通志堂经解》第6册,广陵书社2007年版,第75页。
③ 苏轼:《苏轼文集》卷五十一,中华书局1986年版,第1482页。
④ 苏过著,舒大刚、蒋宗许等校注:《斜川集校注》卷二,巴蜀书社1996年版,第84页。
⑤ 苏轼:《东坡书传》卷十二,《丛书集成》初编,中华书局1991年版,第413页。

周如流，不暇念先王之德"，安殷之难是因为"汤已下七王之德深矣，……天下粗定，人自膏火中出，即念殷先七王如父母，虽以武王、周公之圣相继抚之而莫能禁也"，进而提出"使周无周公，则殷之复兴也必矣"①的论断，可谓入情入理，见识卓著。《君牙》篇谓"予读穆王之书一篇，然后知周德之衰有以也"，谓"终穆王之世，君弑而贼不讨也，而王初无愤耻之意，乃欲以车辙马迹周于天下"，又云"《君牙》、《伯冏》二书，皆无哀痛恻怛之语，但曰'嗣先人宅丕后'而已，足以见无道之情。非祭公谋父以《祈招》之诗收王之放心，则王不复矣。《吕刑》有哀敬之情，盖在感悔之后，时已耄矣。"②批评穆王失道。论康王释斩衰而服衮冕"受顾命，见诸侯"、"君臣皆冕服"为非礼③。发前人之所未发。他如论《召诰》"越厥后王后民，兹服厥命厥终，智藏瘝在"认为殷之后王后民至于今犹服用先辈福禄，他们内心"终不忘报怨以复国也。如武庚蓄谋以伺隙者多矣，其智藏于中，其病则在也。夫，夫人也，犹曰人人也。各抱持其妇子以哀痛呼天，徂往其逃亡，解出其囚执以叛我者盖有之矣。王其可不大畏乎！"④其说与《注疏》大异，《传》云："贤智隐藏，瘝病者在位，言无良臣"，"困于虐政，夫知保抱其子、携持其妻以哀号呼天告冤，无辜往其逃亡，出见执杀，无地自容，所以穷。"⑤苏轼所解新颖，与古注大相径庭，但考上下文实《传》为得经本义。羲和贰于羿忠于夏也，《胤征》之挟天子令诸侯，谓胤"无以加羲和之罪，乃取军法一切之政而为有司沈湎失职之罚是文致其罪，非实事也。"⑥《说命下》以"既乃遁于荒野"解为"甘盘遁去，隐于荒野"，反对"武丁遁于荒野"之旧说（按《无逸》云"其在高宗，时旧劳于外"，故当以武丁为是），又谓甘盘配食武丁庙⑦。新意迭出，不复依傍，读之确能启人深思。却难免故为新奇高论之讥。苏轼长于文，故解《书》关注行文，注重把握文章意脉，有的可谓发千古之秘，这最能体现他不迷信圣经的精神。一是推求文意改字解经。《皋陶谟》"思曰赞赞襄哉"解云："曰当作日"。⑧　他结合《益稷》篇禹言"予思日孜

---

① 苏轼：《东坡书传》卷十五，第 499—501 页。
② 苏轼：《东坡书传》卷十八，第 585 页。
③ 苏轼：《东坡书传》卷十七，第 571 页。
④ 苏轼：《东坡书传》卷十三，第 431 页。
⑤ 孔颖达：《尚书正义》卷十五，《十三经注疏》（附阮元校勘记），中华书局 1980 年版，第 212 页。
⑥ 苏轼：《东坡书传》卷六，第 185 页。
⑦ 苏轼：《东坡书传》卷八，第 271 页。
⑧ 苏轼：《东坡书传》卷三，第 88 页。

孜"为解,云:"'思日孜孜'者,亦犹皋陶之'思日赞赞襄哉'也。其言皆相因之辞,予是以知'曰'之当为'日'也。"①此句《传》曰:"我未有所知,未能思致于善,徒亦赞奏上古行事而言之。"《正义》引郑玄说云:"赞,明也。襄之言畅,言我未有所知所思,徒赞明帝德,畅我忠言而已。"②都按"曰"作解,不如苏解明畅。一是对《尚书》窜简脱漏的论断。认为"织皮昆仑、析枝、渠搜、西戎即叙"是错简,又如以《舜典》"八音克谐,无相夺伦,神人以和。夔曰:于予击石拊石,百兽率舞"为"《益稷》之文",认为《大禹谟》"禹曰:俞,如何?"其间必有阙文,又以《康诰》自"惟三月哉生魄"至"乃洪大诰治"是《洛诰》之文,当在《洛诰》"周公拜手稽首"之前还指出《梓材》篇前后内容不连贯。这些议论多为学人认可,是疑传到疑经的发展,充分展现了苏轼不迷信古经的实事求是之风。朱子解《书》多承苏轼所改订经文,并在苏轼基础上有所发展。

晁以道(按晁以道元丰五年进士,名说之,开封人,少慕司马光为人,故自号景迂)有《书传》、《洪范传》,其说多与世儒异。……其对《尧典》、《舜典》、《禹贡》、《洪范》、《吕刑》、《甘誓》、《盘庚》、《酒诰》、《费誓》诸篇都有质疑。晁氏云:

> 此经(指《尚书》)遭秦火煨烬之后,孔壁朽折之余,孔安国初以隶篆推科斗。既而古今文字错出东京,乃取正于杜林……明皇帝诏卫包悉以今文易之,其去本几何其远矣!今之学者尽信不疑,殆如手授于洙、泗间,不亦惑乎?③

指出《尚书》经秦火、朽折、隶变、卫包以楷书易隶古定等变故,与原初文本相去甚远,学者不当尽信不疑。洪迈对《泰誓》一篇提出怀疑,云:

> 孔安国《古文尚书》,自汉以来,不列于学官,故《左氏传》所引者,杜预辄注为《逸书》。刘向《说苑·臣术篇》一章云:"《泰誓》曰:'附下而罔上者死,附上而罔下者刑。与闻国政而无益于民者退,在上位而不能进贤者逐。'此所以劝善而黜恶也。"……今之《泰誓》,初未尝有此语也。汉宣帝

---

① 苏轼:《东坡书传》卷四,第90页。
② 孔颖达:《尚书注疏》卷三,第186页。
③ 洪迈:《容斋三笔》卷一,上海古籍出版社1996年版,第420页。按:"既而古今文字错出东京,乃取正于杜林"标点应为"既而古今文字错出,东京乃取正于杜林",原书误。

时,河内女子得《泰誓》一篇献之,然年月不与《序》相应,又不与《左传》、《国语》、《孟子》众书所引《泰誓》同,马、郑、王肃诸儒皆疑之,今不复可考。①

洪迈从传承,古书引用文句与今本的比较以及《泰誓》篇的获得几方面致疑,可谓理据充足。但最早对《尚书》进行全面辨析的则是吴棫《书裨传》,陈振孙《直斋书录解题》卷二云:

《书裨传》十三卷(按《宋史·艺文志》作十二卷)……首卷举要曰《总说》,曰《书序》,曰《君辨》,曰《臣辨》,曰《考异》,曰《诂训》,曰《差牙》,曰《孔传》,凡八篇。考据详博。②

对《尚书》的疑辨已抓住了宏纲大目。郑樵撰有《书辨讹》七卷,"其目曰《纠谬》四,《阙疑》一,《复古》二。"③从其目可知郑樵以今本《尚书》非古书原貌。可惜二书亡佚,不能考见其具体内容。

可考文献中,朱子之前林之奇《尚书全解》疑经最卓著者,全面地提出了今、古文《尚书》差异的怀疑,《尚书全解自序》云:"夫五十八篇皆帝王所定之书,有坦然明白而易晓者,有艰深聱牙而难晓者,如《汤誓》、《汤诰》均成汤时诰令,如《说命》、《高宗肜日》均高宗时语言,如《蔡仲之命》、《微子之命》、《康诰》皆周公诰命,然而艰易显晦迥然不同者。盖有伏生之《书》,有孔壁续出之《书》。其文易晓不烦训诂可通者,如《大禹谟》、《胤征》、《五子之歌》、《仲虺之诰》、《汤诰》、《伊训》、《太甲》三篇、《咸有一德》、《说命》三篇、《泰誓》三篇、《武成》、《旅獒》、《微子之命》、《蔡仲之命》、《周官》、《君陈》、《毕命》、《君牙》、《冏命》,此二十五篇皆孔壁续出,其文易晓。余乃伏生之《书》,多艰深聱牙不可易通。"④在吴才老观点基础上⑤,林之奇全面考察了今、古文《尚书》篇目,证成其说并给予了

---

① 洪迈:《容斋续笔》卷一《泰誓四语》,第220—221页。
② 陈振孙:《直斋书录解题》卷二,第30页。
③ 陈振孙:《直斋书录解题》卷二,第30页。
④ 本书引用《尚书全解》文字用《通志堂经解》本,所论仅取《洛诰》篇以前林之奇自著者为据。
⑤ 吴澄:《书纂言》目录云:"吴才老曰:增多之《书》皆文从字顺,非若伏生之《书》诘曲聱牙。夫四代之《书》作者不一,乃至一人之手而定为二体,其亦难言矣。"(《通志堂经解》第6册,第459页)阎若璩云:"《古文尚书》首发难于吴才老"。(阎若璩著,黄怀信、吕翊欣校点:《尚书古文疏证》卷五下,上海古籍出版社2010年版,第301页)

充实,做出了古文易晓,今文艰深聱牙的论断,这是开风气之先的,引领了其后《书》学研究方向。林之奇此说为朱子直接吸收采纳,《朱子语类》中多处论及此说。林之奇解经在训诂上多与《注疏》立异,此亦其疑辨之一大特色。如解《禹贡》"海物惟错",以为"错"是"治玉之石",非"错杂"之义①。于"阳鸟攸居"条反对以"阳鸟"为鸿雁的传统解释,认为当是地名②。《胤征》"先时者杀无赦,不及时者杀无赦"反对先儒所谓羲和昏迷天象之说,谓"先时者,谓先前师期而进,是邀功也……嗜利轻进,不可以不诛也,故杀无赦。不及时者,谓后期而至,是逗留也。"③《泰誓中》林氏批评以"仁人"为微子的旧说,他说如果真这样,则是"微子预亡其国,为名教之罪人,安得为仁人乎?"④又以《立政》篇之"三俊"为常伯、常任、准人⑤。以上所解都未尝依傍前人,皆能自出新意。书中如此处甚多,今举一斑以见全豹。

其后,吕祖谦《书说》更多地表现出对古学的尊信,解《书小序》,以《小序》为孔子所作,并以此作为解《书》的依据。《东莱书说》还解《逸书序》。吕氏认为《尚书》为孔子编纂,《书序》为孔子所作,故解《书》重寻圣人微言大义,体现出宋儒信古的一面。更有甚者是以《公羊传》探寻《春秋》笔法的方法解《书》,以探求圣经之微言大义。这样做的根源在于吕祖谦尊从《书序》为孔子所作的传统说法,并以此为解经依据,这与他尊《诗序》的精神是一致的,大概出于来自中原文献之家对文献的必要尊重,在无证据的前提下,对传统说法采取了谨慎的信从态度。在疑古思潮大兴的宋代,这种精神无疑自有其价值。他认为《小序》为孔子作,所以,每以《春秋》笔法求《尚书》之意旨。此乃背离本师《尚书全解》宗旨。⑥《秦誓》篇解云:"秦穆因杞子之间潜师袭郑,书法宜曰'袭',不宜曰'伐'。师未加郑,移兵灭滑,书法宜曰'滑',不宜曰'郑'。正其出师之名曰伐,发其谋也。正其受兵之国曰郑,诛其心也。兵端发于郑而加

---

① 林之奇:《尚书全解》卷八,第359页。
② 林之奇云:"古之地名取诸鸟兽之名,如虎牢、犬邱之类多矣。《左氏》昭公二十年'公如死鸟。'杜元凯释曰:'死鸟,卫地。'以是观之,安知阳鸟之非地名乎?"(《尚书全解》卷八,第361页)
③ 林之奇:《尚书全解》卷十三,第392页。
④ 林之奇:《尚书全解》卷二十二,第449页。
⑤ 林之奇:《尚书全解》卷三十五,第548页。
⑥ 林之奇:《尚书全解·汤誓》云:"《书序》本自为一篇,盖是历代史官相传以为《书》之总目","欲以《春秋》褒贬之义而求之,皆过论也。"(卷十四,第394页)

于滑,晋何预焉？晋襄公帅师败诸崤,乘人之隙者,人亦乘之,出乎尔者反乎尔者也。还归作《秦誓》,伤于外者,反于家,动心忍性将以进于二帝三王之治者,此其阶也。始终予夺,立义之精如此。"所谓书法是对《春秋》笔法的借用,我们从吕氏解经用语可以明确看到对《公》、《谷》的效仿。吕氏进而明确提出"《书》之《序》,《春秋》之策,其同一笔乎!"①吕祖谦标举书法就明确表达了他解《书》的方法与目的,其要在于探究《书》之书法及圣人之微言大义。但事实是《尚书》并无吕氏所谓书法,其师林之奇对此一解经方法有深刻批评。② 他如《多方》篇解"呜呼！王若曰……罔可念听"一章云:"又此篇之始'周公曰'、'王若曰'复语相承,《书》无此体也。至于此章先'呜呼'而后'王若曰',《书》亦无此体也。周公居圣人之变,史官预忧来世传疑袭误,盖有窃之为口实者矣。故于周公诰命之终篇,发新例二,著周公实未尝称王,所以别嫌明微,而谨万世之防也。"③此处所云新例、云变例,都是仿《春秋》书法而论。《书说》中此类论述犹多。④"周公曰"、"王若曰"复语相承是周公托成王以发诰命,"呜呼"乃感叹之辞,实无深意于其间,吕氏借此以论君臣之大防,实在有些深文周纳的味道。吕氏解《书》不仅义理上力求圣贤微言大义,还在解经语言形式上仿《公羊》传《春秋》之体,自设问答,寻绎圣经大义。如《多方》篇议

① 时澜:《增修东莱书说》卷三十五,《通志堂经解》第6册,第148—149页。
② 如林之奇:《尚书全解》卷十四《汤誓》篇论云:"《书序》本自为一篇,盖是历代史官相传以为《书》之总目,吾夫子因而讨论是正之,以与五十八篇共垂于不朽,其文多因史官之旧,故其篇次亦有相为首尾者,不必叙其本篇之意。如此篇之序曰:'伊尹相汤伐桀,升自陑,遂与桀战于鸣条之野',篇内全无此意,盖以上篇之序曰:'伊尹去亳适夏,既丑有夏,复归于亳。'故此《序》与上文相接……首尾相因之辞,皆是史官序事之体,而说者乃以若此类者皆圣人之深旨,至欲以《春秋》褒贬之义而求之,皆过论也。"(第394页)林氏反对以《春秋》褒贬之义解《书》的观点于《尚书全解》中常见。
③ 时澜:《增修东莱书说》卷二十八,第125页。
④ 他例如解《洛诰序》"召公既相宅,周公往营成周,使来告卜,作《洛诰》"云:"若如《书序》之凡例,当云:'召公既相宅,周公往营成周,使来告卜,归于宗周,作《洛诰》。'今乃于告卜之下即书作《洛诰》,不复著其时,何哉？盖本周公之志而言之也。卜定则都邑定,都邑定则受朝会。迁商民而周之基业定,周之基业定则周公之去志亦定。当使人卜之时,告归虽未形于言而精诚至意实与之俱往矣。孔子深见于此心,故变例而书,略作诰之时而发作诰之志也。"(卷二十三,第110页)《多士》"惟三月,周公初于新邑洛,用告商王士"解云:"《序》言殷顽民,贱之也,所以指其实。史言商王士,贵之也,所以开其善。《序》盖孔子之公笔,史则周公之恩意也。"(卷二十四,第114页)《蔡仲之命序》解云:"呜呼！孔子序《书》,何其深见周公之心也！"(卷二十七,第122页)《康王之诰序》解云:"此孔子之书法也。"(卷三十二,第138页)

论云：

> 先曰惟五月丁亥，王来自奄，至于宗周，何也？示有所统君臣之大义也。先曰"周公曰"，而复曰"王若曰"，何也？明周公传王命，而非周公之命也。周公之命诰终于此篇，故发例于终以见《大诰》、《康诰》、《多士》诸篇凡称"王曰"者，无非周公传成王之命也。汉儒乃谓周公尝居摄称王，以启王莽之乱，其亦未尝深考于此邪！……主于殷民而遍告四方，何也？三监之叛，淮夷与奄相顾而起，则其驱扇者广矣，今虽平殄，然余邪遗疾犹或在人肺腑，恐其有时而发也。于是涣汗大号，历叙天命之公，古今之变，征诛安集之本末，俾四国多方咸与闻之，大破其疑而深绝其根者，盖在于是。兵寝四十余年之盛，其亦训诰之助欤？①

这种问答式解经方式是《公羊传》中最常见的形式，吕氏的模仿是明显的。这反映了吕氏对传统说法的尊重，其治经带有家法的意味，经学思想相对于朱子疑辨精神则显得保守。朱子论吕氏解经云："吕家之学，重于守旧，更不论理。"②对学侣吕氏泥古不化颇有微词。吕祖谦探寻圣人微言大义的解经方法彰显的是他对传统孔子序《书》说的尊信，而朱子的批评是以他不信《书序》为前提的。这与他们在对待《诗经》上尊《序》与反《序》所反映出的两人经学思想的不同是一致的。

宋儒注《书》多不采《大序》，王安石是否注《书大序》无文献可考。苏、林、吕三家均不注《书大序》，此乃宋人弃传从经之习，亦或对《书大序》有怀疑。朱子之前，吴棫所著《书裨传》有《书序》一篇，当是疑《序》之作，然是书亡佚，不可考。朱子之前《尚书》诸家注均尊信《小序》之文。王安石《尚书新义》置《小序》于各篇经文之首，并为训义，一仿《尚书正义》体例。《尧典》③、《禹贡》、《盘庚》、《洪范》、《召诰》、《君奭》诸篇序文的训解犹存文献之中。《逸书》小序，亦有训解。苏轼《书传》解《小序》，并以《小序》为孔子作，如《伊训》篇云："伊尹称汤以训，故孔子叙《书》，亦以汤为首。"④又《高宗肜日》云：

---

① 时澜：《增修东莱先生书说》卷二十八，第 124 页。
② 朱熹：《朱子语类》卷六十二，第 2033 页。
③ 朱熹：《朱子语类》卷七十八曰："荆公解'聪明文思'处，牵合《洪范》之五事。"（第 2636 页）
④ 苏轼：《东坡书传》卷七，第 205 页。

"《书》曰'越有雊雉'足矣,而孔子又记其雊于耳,非以耳为祥乎?"①《费誓》云:"伯禽生而富贵安佚,始侯于鲁,遇难而能济,达于政,练于兵,皆见于《费誓》。见周公教子之有方也。孔子叙《书》,盖取此也。"②书中反复陈述孔子叙《书》之意,遵从了传统说法,并以此为基础探求圣人之大义。这一点吕祖谦表现得最突出。《东莱书说》解《书小序》,以《小序》为孔子所作,并以此作为解《书》的依据。《东莱书说》还解《逸书序》。吕氏认为《尚书》为孔子编纂,《书序》为孔子所作,故解《书》重寻圣人微言大义。《东莱书说》尊《书小序》,以《春秋》义理之法解《书》,对传统说法采取尊信态度。在宋代疑古惑经的大背景下,吕祖谦经学思想则显得相对保守,吕氏在保留古学方面亦有其价值。他们疑经与信古交织,是疑经初期应有的现象。而林之奇《尚书全解》尊信《小序》并为之作注,但他提出《书序》为历代史官所作,否定为孔子所作的传统说法。如《汤誓》篇云:"《书序》本自为一篇,盖是历代史官相传以为《书》之总目,吾夫子因而讨论是正之。"③认为《书》古已有之,疑信参半。他极力反对"以《春秋》褒贬之义"求《书》之大义的解经方法。对《逸书序》阙而不论,云:"自《汩作》至《亳姑》凡四十有六篇,皆《逸书》也。其书既逸,则其序之义不可以强通"。④ 林之奇对《书序》有普遍的怀疑。朱子始集《小序》为一篇置于经文之末,开启了废《序》解《书》的先河,这是对诸家疑辨《书序》的兼综并蓄,是《书》学的一大发展。

朱子解《书大序》,在《大序》的注解中较全面集中地阐述了他对《尚书》基本问题的看法,避免了论述的枝蔓,在体例上与诸家弃《大序》不用较长。其疑《大序》、《小序》、《古文尚书》、《孔传》,对《尚书》学有关内容的疑辨已系统化,开启了其后声势浩大的疑古辨伪运动。《书疑提要》概括云:"《尚书》一经疑古文者自吴棫、朱子始,并今文而疑之者自赵汝谈始,改定《洪范》自龚鼎臣始,改定《武成》自刘敞始,其并全经而移易补缀之者则自柏始。"⑤对宋儒疑辨《尚书》之演进作出了全面概括。

汉唐章句之学式微,宋学异军突起,以疑辨的新风横扫经学寰宇。宋代风

---

① 苏轼:《东坡书传》卷八,第 278 页。
② 苏轼:《东坡书传》卷二十,第 625 页。
③ 林之奇:《尚书全解》卷十四,第 394 页。
④ 林之奇:《尚书全解》卷三,第 331 页。
⑤ 永瑢等:《四库全书总目提要》卷十三《书疑提要》,第 107 页。

起云涌的疑古惑经思潮,源自唐代《春秋》学对《三传》的怀疑。此风一开,便引发了学人对所有经书的怀疑。疑古惑经大致经历了疑传到疑经,臆改经文到对经书文本整体的质疑,最后重建经典体系这样一个过程,是一个由涓流汇成沧溟的过程。这一运动至朱子而集其大成,其经学疑辨主要内容有《易》分三圣《易》,力图恢复《古易》原貌。《诗》黜《诗序》,重以文学解《诗》。朱子《仪礼经传通解》以《仪礼》为经,杂取《周礼》、《礼记》等书而成一编。《孝经》分经传而删经文。在《书》学方面,始于吴棫的疑经,至朱子而系统化。朱子总《小序》为一编,置于经文之末,对《大序》、《小序》、《孔安国传》、《古文尚书》的怀疑为其后《书》学研究者所祖述,其在《尚书》学史上具有继往开来的重要贡献。朱子治经专主经本文,而力倡经传相分,对《五经》进行了一次全面的整理,意在重建经典文本。无疑唐以来的疑古惑经思潮为朱子提供了丰富的文献和思想资源。宋儒对汉唐注疏到诸经本文都提出了他们的怀疑,打破了注疏的僵化体系,为儒学的发展开启了新的路径。朱子能重建儒家经典体系,是以其前疑经成就为基础的。疑经思潮不仅为朱子提供了丰富的文献证据,还在学术思想上营建了一种普遍认同感,使朱子改经不会遭受来自于学界质疑和政治打击的双重压力。回顾一下汉代师法家法背景下古文经的曲折发展,我们就能清楚认识这一点。朱子归纳整理了各家学说,对儒家经典进行了大规模的整理,重新建构了儒家新的经典系统,影响中国传统社会后期尤巨。

有一点需要指出,那就是这种重构经典的活动在很大程度上源于对经典及圣人人格的完美诉求,有着学人改造现实的强烈担待精神,不应简单视为轻浮学风所致,但不能否认确有宋学末流为疑经而疑经的现象。在朱子的重构下,儒学知识体系和重心发生了巨大变化,以《四书》为核心的新知识系统代替了传统《五经》的统治地位,《四书》严密的体系符合了时代的需求,在思想史上有取代《五经》的必然。在疑古惑经的大学术背景下研讨朱子《尚书》学的内容及成就,有利于我们全面了解朱子思想和更深入地理解朱子解经的价值取向。

第二节　宋代《尚书》学概述

宋代学人在疑古惑经的风潮下,蔑弃汉学,对汉唐以来儒家经典重新加以自己的解说,以争儒学正统,因而宋代经学著作大盛。在《尚书》方面,宋学各派著述都蔚为大观,见于各种书目著录者有数百部。宋末成申之著有《四百家〈尚书〉集解》,所集虽非全为宋人著作,于此亦可见宋代《尚书》著述之概貌(按汉唐以来《尚书》著作约七十余种)。再加上当时雕版印刷的盛行①,书籍较以前容易得到,这大大扩展了读书人的视野,也为学人著述提供了便利。

宋代学者为应对佛老挑战,借助经典的当代解读重建道统、学统谱系,《尚书》成为重要的思想资源。风云际会,因而宋代《尚书》学极其繁荣,宋末学者成申之著《四百家〈尚书〉集解》,所集解的绝大多数是宋人《书》说。据《崇文总目》、《郡斋读书志》、《直斋书录解题》、《文献通考》、《经义考》、《中国丛书综录》及各种书目的历代补编、宋以降各史的艺文志或经籍志、中外各大图书馆藏古籍目录书等资料统计,宋代《书》学著述有 212 种,单篇著述 66 种,五经总义类 142 种,其中部分涉及《尚书》。有学者认为有五百余种,②数倍于宋前《书》学著述的总和。宋代《尚书》学是《尚书》学史上重要的一环,是古学向近世学术转化的关键。

宏观来看,宋代《尚书》学主要是围绕王安石《书》学和朱子《书》学的论争展开的,其发展可分为四个时期③。神宗熙宁八年《尚书新义》颁行以前为第一期,此时经学处于五代凋敝之后的恢复发展中,学术研究仍是在汉唐学术思维影响下做惯性运动,《书》学研究主流的理念和方法承汉唐旧制,专于章句训诂,坚持注不破经,疏不破注的解经原则。皮锡瑞云:"经学自唐至宋代,已陵夷衰落矣,然笃守古义,无取新奇,各承师传,不凭胸臆,犹汉唐注疏之遗

---

① 《宋史》卷四百三十一《邢昺传》载:"景德二年(1005 年)夏,上幸国子监,阅库书,问昺经版几何,昺曰:国初不及四千,今十余万,经、传、正义皆具。臣少从师业儒时,经具有疏者百无一二,盖力不能传写,今板本大备,士庶家皆有之,斯乃儒者逢辰之幸也"。(第 12798 页)

② 王小红:《宋代〈尚书〉学文献及其特点》,《图书与情报》2007 年第 6 期。按:关于宋代《尚书》著作的统计有几个问题应当注意:一是同书异名现象,容易导致重复计数。一是单篇文章,如对《洪范》、《禹贡》篇幅较长且有复杂思想的文章的研究,应当计数,如胡瑗《洪范口义》。仅寥寥数语不当列入统计,一是宋代学者有关《尚书》策论,一是后人汇集宋人《尚书》杂说,可能不当计入。

③ 按:笔者以有影响的专著断限,目的在于更清楚地解释专经研究在时代中的演进,由于各经研究与时代学术风气演变并不是平行的,或前或后,宋代经学以《春秋》研究为风向,开启了新的学风。其后是《易经》、《诗经》,最后是《尚书》。以帝王年号断限或可观一代学风之大势,然不能明一经之内在演进。

也。"①刘敞疑经改经，渐开义理解经新风，宋学特色开始显现。

《书》学著述见于文献者有：胡旦《尚书演圣通论》七卷②。崔颐正当有《尚书》讲义，《宋史》本传载"（真宗）翌日召颐正于苑中，说《尚书·大禹谟》，赐以牙绯。自是日令赴御书院待对，说《尚书》至十卷。"③但未见记载不载。杨绘有《书九意》一卷，为《断尧》、《虞书》、《夏书》、《禅让》、《稽古》、《商书》、《周书》、《费誓》、《秦誓意》凡九篇。④ 胡瑗《洪范口义》两卷、《尚书全解》二十八卷。⑤ 张景，字晦叔，公安人，著《书说》（卷不详）。⑥ 袁默，字思正，无锡人。嘉佑（1057—1063 年）进士。有《尚书解》。⑦ 以上二人《宋史》不载。范雍，字伯仁，河阳人。仁宗时进《尚书四代图》一卷。⑧ 谢景平，皇佑（仁宗年号，1049—1054 年）中进士，仕终秘书丞，有《书传说》。⑨ 乐敦逸《尚书略义》，《通志》载为一卷。⑩ 黄君俞，字廷金，莆田人，治平四年（1067 年）进士，历官崇文院校书，改馆阁校勘，著《尚书关言》，《通志》载为三卷。⑪ 尹恭初《尚书新修义疏》，《宋史·艺文志》载为二十六卷。⑫ 吴孜有《尚书大义》三卷，见《宋史·艺文志》。⑬ 孜会稽人，从安定胡瑗学，驰名嘉佑、治平间。⑭ 胡氏在当时颇有影响，今可见诸家所引数条。范镇著《正书》，志传不载，莫详其篇目。⑮ 曾巩《书经说》，今残存于北京大学藏《罗卷汇编》丛书，乃后裔曾兴仁

① 皮锡瑞：《经学历史》，第 49 页。
② 脱脱：《宋史》卷二百二《艺文志》，第 5042 页。
③ 脱脱：《宋史》，第 12822 页。
④ 晁公武著，孙猛校证：《郡斋读书志校证》，第 56 页。按：杨绘字元素，绵竹人，皇佑初（仁宗年号，1049—1054 年）进士第二。
⑤ 《宋史》卷二百二《艺文志》，第 5042 页。胡瑗生平见《宋史》本传。按：朱子以为"胡安定《书解》未必是安定所注，《行实》之类不载。但言行录上有少许，不多，不见有全部。专破古说，似不是胡平日意。又间引东坡说，东坡不及见安定，必是伪书。"（《朱子全书·朱子语类》卷七十八，第 2637 页）
⑥ 朱彝尊：《经义考》卷七十九，第 437 页。
⑦ 朱彝尊：《经义考》卷七十九，第 437 页。
⑧ 朱彝尊：《经义考》卷七十九，第 437 页。
⑨ 脱脱等：《宋史》卷二百九十五《谢绛传》，第 9847 页。
⑩ 郑樵：《通志·艺文略》，中华书局 1995 年版，第 1461 页。
⑪ 朱彝尊：《经义考》卷七十九，第 437 页。
⑫ 脱脱等：《宋史》卷二百二《艺文志》，第 5042 页。
⑬ 脱脱等：《宋史·艺文志》，第 5043 页。
⑭ 朱彝尊：《经义考》卷七十九，第 437 页。
⑮ 朱彝尊：《经义考》卷七十九，第 438 页。

辑录其《书》说而成。刘敞著有《书小传》，见存于《七经小传》中。北宋王安石之前治《尚书》见于书目者凡十五家，有影响的有吴孜和刘敞。以上只胡瑗《洪范口义》、曾巩《书经说》（残）、刘敞《书小传》尚存，余皆亡佚了。此一时期无有深远影响之《尚书》专著，在《尚书》学史上影响有限。胡瑗、刘敞可为此一阶段代表。

熙宁八年左右，王安石《尚书新义》颁行到宋高宗朝结束为第二期，此一时期《书》学研究伴随宋学的形成发展。北宋《尚书》学以王安石《尚书新义》为转捩点，王安石之前新风渐开，但尚无对学术史产生深刻影响的著述。至王安石以行政手段统一经术，以经术辅翼变法，反对者风起云涌，一时经学形成两大阵营，支持者与反对者歧为二途，各著书辩争，围绕《尚书》阐释展开了激烈的思想斗争。这一阶段《书》学研究的明显特点是经学直接介入时代思想政治斗争。

支持王安石新学者蔡卞有《尚书解》（卞为王安石女婿，应当是遵从新学的）。陆佃著有《二典义》一卷，陈振孙云："为王氏学，长于考订，待制游其孙也"。[①] 张纲撰《尚书讲义》，《宋史·艺文志》载为二十卷。纲政和（宋徽宗年号，1111—1118 年）时及第，仕三朝，绍兴末与政，此书为学官时（政和四年至七年）所作。祖述荆公之说。洪葳作《行状》曰："于《五经》尤精于《书》，每因讲解著为义说，皆探微索隐，伦类通贯，其言无一不与圣人契。自是后学潜心此经者争传颂之，诸家之说虽充栋汗牛，束之高阁矣。"[②] 对该书评价甚高，可见南宋之初新学仍是受欢迎的。但反对新学的学者有不同评价，汪应辰《驳张纲谥文定奏状》云："臣窃以王安石训释经义，穿凿傅会，专以济其刑名法术之说。……纲作《书解》，掇拾安石绪余，敷衍而润饰之。"[③] 张氏实修王学，今诸家所引可得 5 万余字[④]可为明证。王氏新学主宰科场六十余年，绍兴二十六年（1156 年）六月乙酉，秘书省正字兼实录院检讨官叶谦亨面对，言"向者朝论专尚程颐之学，有立说稍异者皆不在选，前日大臣则阴佑王安石而取其说，稍涉程学者一切摈弃……愿诏有司精择而博取，不拘一家之说，使学者无偏曲

① 陈振孙：《直斋书录解题》卷二，第 30 页。
② 朱彝尊：《经义考》卷八十，第 443 页。
③ 朱熹：《朱子语类》卷七十八，第 2637 页。按：笔者著有《张纲〈书〉学资料辑佚及价值研究》（待刊）一文详论此一问题。
④ 笔者《宋代〈尚书〉学研究》一书有专节详细讨论。

之弊,则学术正而人才出矣。上曰:'赵鼎主程颐,秦桧尚安石,诚为偏曲,卿所言极当'。于是降旨行下"。① 秦桧主王学,秦在相位十九年,②可知南宋高宗朝王安石新学仍占据着主导地位。王安石学术一统天下六十余年,祖述之作当不止此,但文献不足,无法稽考。

而反对王氏新学者特众,政见和学术思想与王安石不同的蜀党首领苏轼著有《书传》十三卷。晁公武曰:"熙宁以后专用王氏之说进退多士,此书驳异其说为多"。③ 苏轼对王安石的批评是隐晦的。洛党领袖程颐撰《书说》一卷,乃门人记其讲解《尚书》之说四十余篇,大抵是以理学思想解《尚书》,但未能传下来。又撰有《尧典、舜典解义》一卷,专以其理学思想解《书》,见存于《程氏经说》。程颐高足杨时著有《书义辨疑》一卷,"其书专攻王雱之失"。④杨时还著有《尚书讲义》一卷,犹存于《龟山集》中。杨时弟子王居正"以所论王安石父子之言不合于道者,裒得四十二篇,名曰《辨学》"。⑤ 撰《书辨学》十三卷,《辨学外集》一卷,专驳王氏之失。从学杨时之张九成,字子韶,有《尚书详说》五十卷,原书不存,诸家称引犹可辑录 15 万余字,可窥其《书》学之大概。⑥ 陈振孙云"大抵援引详博,文义澜翻,似乎少简严而务欲开广后学之见闻,使不堕于浅狭,故读之者亦往往有得焉。"⑦张子韶还著有《书传统论》六卷,载《横浦集》中,自《尧典》至《秦誓》各为论一篇。张九成《书》学思想根本上是宗理学的,对王安石《书》学亦多有吸收。⑧ 还有守旧派大臣文彦博撰有《二典义》,见《潞公文集》卷三十一,《尚书解》(只解《尧典》、《舜典》、《大禹谟》、《皋陶谟》、《益稷》、《伊训》、《洪范》、《无逸》、《立政》、《周官》十篇,诸篇

---

① 李心传:《建炎以来系年要录》卷一百七十三,文渊阁《四库全书》第 327 册,上海古籍出版社 1992 年版,第 434 页。

② 脱脱等:《宋史》卷四百七十三"两据相位,凡十九年"(第 13764 页)。宋徐自明《宋宰辅编年录》卷十六云:"秦桧自绍兴八年三月拜右仆射,十一年六月加左仆射,十二年九月加太师,至是年(绍兴二十五年)十月卒,独相十八年"。(文渊阁《四库全书》史部 354 册,第 612—613 页)

③ 晁公武著,孙猛校证:《郡斋读书志校证》卷一,第 58 页。

④ 晁公武著,孙猛校证:《郡斋读书志校证》卷一,第 58 页。

⑤ 《宋史》卷三百八十一本传,第 11736 页。

⑥ 详参陈良中:《张九成〈书〉学思想脞说》,《重庆师范大学学报》2011 年第 3 期。

⑦ 《直斋书录解题》卷二称为《无垢尚书详说》,第 31 页。

⑧ 详参陈良中:《张九成〈书〉学思想脞说》,《重庆师范大学学报》2011 年第 3 期。

大意犹存其文集中）。孙谔撰《洪范会传》一卷，"其说多本先儒，颇攻王氏之失"。① 守旧派还有范纯仁字尧夫，范仲淹子，亦反对新法，"作《尚书解》以进，曰：'其言皆尧、舜、禹、汤、文、武之事也。治天下无以易此，愿深究而力行之。'"②是书力驳王安石新说，今存《文集》中。晁说之，字以道，澶州人，元丰五年（1082年）进士，有《书传》、《书论》、《洪范小传》（今存《景迂生集》），其说多与世儒异。③ 曾肇，字子开，南丰人，治平四年（1067年）进士，元祐党人，有《尚书讲义》八卷。吕大临，字与叔，师事程正叔，著《书传》十三卷。张庭坚著有《书义》，"广安人。元祐进士，官右正言，讼司马光、吕公著之冤，论蔡京、章惇之罪，荐苏轼、苏辙之贤，忤执政意，谪官"。④ 孙觉著《尚书解》十三卷，⑤《书义十述》一卷⑥。孔武仲，坐元祐党夺职，有《书说》十三卷。⑦ 他们在政见上都反王安石新法，其学术倾向应当是反新学的。南宋初有：陈鹏飞，字少南，永嘉人，绍兴十二年（1142年）进士，著《书解》三十卷。《经义考》云："绍兴时太学始建，陈鹏飞为博士，发明理学，为《陈博士书解》。"⑧当是反王安石之学的，其说今可辑录近万字。

以上诸书除苏轼《书传》、程颐《尧典、舜典解义》、文彦博《尚书解》《二典义》、范纯仁《尚书解》、晁说之《洪范小传》、张纲《尚书讲义》、杨时《尚书讲义》，其余均已亡佚，然重要著述均存留下来了，犹可以观当时反王安石思想斗争之概貌。

北宋王安石之后《尚书》著述不明其态度的有：汪革，字信民，临川人，绍圣四年（1097年）试礼部第一，著《尚书解义》四十一卷。⑨ 叶梦得著《书传》，

---

① 晁公武著，孙猛校证：《郡斋读书志校证》卷十，第454—455页。

② 脱脱等：《宋史》卷三百一十四《范纯仁传》，第10283页。

③ 永瑢等：《四库全书总目提要》卷九十二《儒言提要》云："少慕司马光为人，光晚号迂叟，说之因自号曰景迂。"（第779页）其著《景迂生集》、《晁氏客语》、《儒言》，多攻荆公学术。晁公武《郡斋读书志》卷十著录《儒言》云："其书盖辨正王安石之学违僻者。"（第455页）以此推之，其《尚书》著述当是反王学的。

④ 朱彝尊：《经义考》卷七十九，第439页。

⑤ 晁公武著，孙猛校证：《郡斋读书志校证》，第56页。

⑥ 郑樵：《通志·艺文略》，第1461页。

⑦ 朱彝尊：《经义考》卷七十九，第438页。

⑧《经义考》卷八十，第446页。

⑨《经义考》卷八十，第447页。按：生平见《直斋书录解题》卷十七，第520页。按：汪氏1097年举进士，卒年才四十，以此推知其生当在北宋。《经义考》置于南宋，误。

陈振孙载为十卷,马端临《文献通考》亦载为十卷,然其《自序》载为二十卷,云:"自世尚经术,博士业《书》者十常三四,然第守一说,莫能自致其思。余窃悲之。因参总数家,推原帝王之治,论其世,察其人,以质其所言,更相研究,折衷其是非,颇自纪辑。起宣和辛丑(1121年)春,迄绍兴丁巳(1137年)夏,凡一有八年,为书二十卷十三万余言,授中子模以俟后之君子。六月壬申序。"是书大抵以十卷本为常,然久已亡佚。今日本存有二十卷本《新雕石林先生尚书传》,宋绍兴乙卯(1159年)东阳魏十三郎书铺刊本,卷一至卷四藏于日本静冈清见寺,卷五至卷二十藏于日大东急记念文库。卷首有绍兴间叶梦得《石林尚书传序》①,其语与《文献通考》所载同。陈振孙评论叶氏曰:"《书》与《春秋》之学,视诸儒最为精详。"②黄预,字几先,龙溪人,为监察御史,以直忤蔡京,贬卒。有《书解》,卷不详。曾旼《尚书讲义》,《宋史·艺文志》载为三十卷。王应麟曰:"曾旼,字彦和,为《书解》,朱文公、吕成公皆取之"。③ 朱子曰:"曾彦和,熙、丰后人,解《禹贡》。林少颖、吴才老甚取之。"④诸家称引可辑数条。吴棫,字才老,建安人,宣和六年(1124年)进士第⑤,有《书裨传》。陈振孙《直斋书录解题》卷二云:"《书裨传》十三卷……首卷举要:曰《总说》、曰《书序》、曰《君辨》、曰《臣辨》、曰《考异》、曰《诂训》、曰《差牙》、曰《孔传》,凡八篇,考据详博。"⑥以疑辨见长,开启了疑《书》先河,影响深远,然是书亡佚,仅少许材料存于时人称引之中。卞大亨,字嘉甫,著《尚书类数》,《宋史·艺文志》载为二十卷。⑦ 胡伸著有《尚书解义》,"字彦时,婺源人。入太学与汪藻齐名,登第,试学官,教授颍川。崇宁中,召为太学正,累迁国子司业,后知

---

① 严绍璗:《日藏汉籍善本书录·经部·书类》,中华书局2007年版,第45页。按:笔者多方罗致是书,然书稿修定完成时未能如愿,终成遗憾,惟俟他日。
② 陈振孙:《直斋书录解题》卷二著录为《石林书传》,第30页。按:叶梦得《自序》为二十卷(《经义考》卷七十九,第440页)。
③ 王应麟:《困学纪闻》卷二十,第2135页。
④ 朱熹:《朱子语类》卷七十八,第2638页。
⑤ 朱彝尊:《经义考》卷八十引《闽书》云:"吴棫,字才老,建安人,举重和元年(1118年)进士"(第445页),卷一百五"徐藏《序》曰:吴才老棫与藏为同里,有连其祖,后家同安。才老登宣和六年(1124年)进士第。"按:指吴棫《毛诗叶韵补音序》。当以朋友之《序》文为信(第568页)。
⑥ 陈振孙:《直斋书录解题》卷二,第30页。按:《宋史·艺文志》作十二卷。
⑦ 《经义考》卷七十九,第440页。

无为军"。① 薛肇朗著《尚书解》。雷度，字世则，临川人，有《书口义》。上官公裕著有《尚书解说》。② 此一类著述除叶梦得著《书传》仅存，余皆亡佚。

此一时期还有著者不明的著作：《尚书要记名数》，《通志》载为一卷。《尚书治要图》，《宋史·艺文志》为五卷，《通志》为一卷，"有《月令》，后汉制《中星图》、《周官九礼图》等篇，取其与《尚书》参会也"。③《尚书会解》，《通志》十三卷，《绍兴书目》三卷。《尚书新篇》一卷，《尚书新编目》五卷，《尚书解题》《宋史·艺文志》载为一卷，《尚书血脉》一卷，《古文尚书字》一卷。《经义考》云："以上五篇具见《绍兴续到阙书目》，则为北宋人所撰也。"④这些书为北宋人所撰，但都亡佚了。

王安石欲以经术统一思想，其《尚书新义》一出，便激起了学人的广泛回应，一时《书》学著述大盛，于此可见学术争鸣的必要，此后理学各派的争胜更说明了这一情况。高宗朝《书》学仍以王安石《尚书新义》居主导地位，又是理学逐渐成为主流的时期。

孝宗朝至蔡沈《书集传》颁行（1209 年完成，1247 年蔡抗上奏朝廷）前为第三期，这时是《尚书》研究比较繁荣的时期，可谓千帆竞发、百舸争流。有笃实平正的东莱史学、鼓吹功利的永嘉学派、高谈心性的象山心学、倡道武夷的朱子理学。《书》学亦依各家路数，众流喧豗，各家各派驰骋己说，《书》学著述繁多。这一阶段《书》学研究辩论相激，蔚为大观。大抵到南宋之时，学人对疑古惑经的主观武断与陵轹古人的臆断解经习气有所警戒，开始关注古注疏，尤其是朱子解经重音义训诂的作风，对宋人不重文字的学风是一种有益的矫正，对当时和以后都有深远影响。

浙东史学一派有林之奇《尚书全解》。陈振孙云："从吕紫微本中居仁学"⑤，邓均《尚书全解序》曰："抑斋陈先生为仆言闽学源流，开教甚悉。乃知始于紫薇吕公载道而南，而拙斋先生实亲承心学。拙斋著书多，而于《尚书》尤注意，即少颖先生《书解》是也。"⑥是书解始于《尧典》而止于《洛诰》，《洛

---

① 《经义考》卷七十九，第 440 页。按汪藻崇宁二年（徽宗年号，1103 年）进士，仕徽、钦、高三朝。
② 《经义考》卷七十九，第 440—441 页。按：此三书亡佚。
③ 《经义考》卷七十九，第 441 页。
④ 《经义考》卷七十九，第 441 页。
⑤ 《直斋书录解题》卷二，第 32 页。
⑥ 林之奇：《尚书全解》卷首序，第 309 页。

诰》以后非林氏所解,乃其孙林畊拾其祖遗稿及各本编撰而成。是书对王安石学术大加挞伐,成为《尚书》研究从新学向理学转化的关键。林氏弟子吕祖谦辑《书说》自《秦誓》沠《洛诰》,弟子时澜补完之,为《增修东莱书说》三十五卷。时澜,字子澜,兰溪人,师吕祖谦,淳熙辛丑(1181 年)进士。《直斋书录解题》卷二云:"《宋史·艺文志》作三十五卷……自《秦誓》以上逆为之说,然亦仅能至《洛诰》而止。世有别本全书者,其门人续成之,非东莱本书也"。① 朱彝尊云:"吕成公为林少颖门人,少颖著《书集解》,朱子谓《洛诰》以后非其所解,盖出于他人之手。成公意未安,故其《书说》始《洛诰》而终《秦誓》,以补师说之未及尔。门人不知微意,乃增修之,失成公之本怀矣。"②四库馆臣承其说云:"林少颖《书说》至《洛诰》而终,吕成公《书说》自《洛诰》而始。盖之奇受学于吕居仁,祖谦又受学于之奇。本以终始其师说为一家之学,而澜之所续则又终始祖谦一人之说也"。③ 然考成书于1180 年的黄伦《尚书精义》,其中所引林、吕二家之说遍及《尚书》五十八篇,其中林书《洛诰》后与今传本差异较大,吕书与今本几同,可证朱彝尊、四库馆臣对吕祖谦《书》说的评价不可信,吕祖谦讲稿遍及《尚书》全书。朱子《学校贡举私议》采林、吕之书④,他们在《书》学上是有创见的。时澜兄时沄著《尚书周官余论》未完稿而卒。夏僎,字符肃,号柯山,龙游人。著有《尚书详解》,原为十六卷,四库馆臣订为二十六卷,《四库总目提要》云:"僎虽博采诸家,而取于林之奇者实什之六七,盖其渊源在是矣",文献不足以理清二者授受渊源,但以此定夏僎为林氏私淑弟子当不为过。该书收罗甚富,《直斋书录解题》卷二云是书"集二孔、王、苏、陈、林、程颐、张九成及诸儒之说,便于举子。"⑤《四库总目提要》详细补出了该书所引诸家,云:"以时澜《序》及书中所引参考之:二孔者,安国、颖达之《传》、《疏》;苏者,苏轼《书传》;陈者,陈鹏飞《书解》;林者,林之奇《尚书全解》;程者,程子《书说》;张者,张九成《尚书详说》;惟王氏,澜《序》不之及,盖王雱《新经尚书义》,讳言之也。"汇集了孝宗淳熙以前有关《尚书》的重要著作,虽

---

① 《直斋书录解题》卷二,第 31 页。

② 《经义考》卷八十一,第 451 页。

③ 永瑢等:《四库全书总目提要》卷十一,第 92 页。

④ 朱熹:《晦庵先生朱文公文集》卷六十九《学校贡举私议》云:"《书》则兼取刘敞、王安石、苏轼、程颐、杨时、晁说之、叶梦得、吴棫、薛季宣、吕祖谦。"(第 3360 页)

⑤ 《直斋书录解题》卷二,第 34 页。

为科举而设,不失为《书》学要著。四库馆臣称该书:"反复条畅,深究详绎,使唐、虞三代之大经大法灿然明白,究不失为说《书》之善本。"①故至明洪武间,初定科举条式,《书》则采用夏、蔡两传。永乐中,《书经大全》出,始独用《蔡传》,夏氏之书寖微。此派还有东阳陈大猷,绍定二年(1229年)进士,撰有《尚书集传》十二卷、《尚书集传或问》二卷。《自序》称既集《书传》,复因同志问难,记其去取曲折以成《或问》。《尚书集传》学界多以为亡佚,实留存于世,《续修四库全书》和《中华再造善本》均收录该书。四库馆臣以为陈大猷尊陆学的②,事实上陈大猷更多承继了林之奇、吕祖谦《书》说。③ 林之奇、吕祖谦、夏僎、陈大猷著作皆存于世。林氏一系《书》学,秉承文献家风习,旁征博引,具有极高的文献价值,宋代《书》学,多赖此以存其一斑。

对吕祖谦学术有影响的永嘉郑伯熊著有《书说》一卷。伯熊,字景望,绍兴十五年(1145年)登第,陈亮《序》其书曰:"永嘉郑公景望与其徒读《书》之余,因为之说,其亦异乎诸儒之说矣……而余则姑与从事乎科举者诵之而已"。④《四库总目提要》云:"此乃所作《尚书讲义》,皆摘其大端而论之,凡二十九条每条各标题其目。"⑤《经义考》引云谷胡氏嘉定癸未(1211年)四月《序》曰:"自伊洛诸先生力寻坠绪,远绍正学,而敷文郑公得其传焉,探圣贤之心于千载之上,识孔子之意于百篇之中,虽不章解句释,而抽关启钥,发其精微之蕴,深切极至,要皆诸儒议论之所未及,亦可谓深于《书》者欤!"⑥郑氏本为门徒科举而撰,以理学精神说《书》,为当时学者所重。《四库总目提要》云:"盖永嘉之学自周行己倡于前,伯熊承于后,吕祖谦、陈傅良、叶适等皆奉以为宗",郑氏乃永嘉之学的开创者,在浙东学派中有深远的影响,但郑、吕主理学,与功利之学有别。永嘉学派有薛季宣,字士龙,永嘉人,著有《书古文训》十六卷,收入《通志堂经解》中。薛氏《自序》云"隶古定《书》最古,孔氏文义多本伏生之说,唐明皇帝更以正隶改定,而俗儒承诏,文多踳驳,古文是训不劳

① 《四库全书总目提要》卷十一,第92页。
② 按:《四库总目提要》卷十一云:"至论《尧典》'敬'字一条,首举'心之精神谓之圣',此《孔丛子》之语而杨简标为宗旨者。其学出慈湖,更无疑义。"(第95页)
③ 详参陈良中:《东阳陈大猷书集传学术价值谫议》,《图书情报工作》2010年第23期。
④ 陈亮:《陈亮集》卷十四,中华书局1974年版,第166页。
⑤ 《四库全书总目提要》卷十一,第91页。
⑥ 《经义考》卷八十,第447页。

乎？是正之也。"①是书集隶古定8百余字，多可征信，在《尚书》文字研究上具有巨大价值，几无人研究。谢谔，字昌国，新喻人，绍兴二十七年中进士，人称艮斋先生。著有《书解》二十卷，今不存。事迹具《宋史》本传。有人取薛、谢之作合刻为《艮斋定斋二先生书说》三十卷，佚。艮斋者，薛氏季宣。定斋者，谢氏谔。萧或有《集永嘉先生尚书精意》九卷②，佚。陈傅良，字君举，温州瑞安人，师事永嘉郑伯熊、薛季宣，乾道八年（1172年）进士，著《书抄》，朱彝尊已云"未见"，不详其内容。叶适，字正则，自号水心居士，永嘉人，淳熙五年进士（1178年）。文集《习学记言》卷五专论《尚书》，考论《小序》、《大序》、《尚书》各篇，最后为《总论》，对《尚书》很多问题都做了深入辨析。谓《书序》是旧史所述，斥汉人言《洪范》五行灾异之非，《武成》编简无错乱，不可移易，召公不说是不欲为相，皆能自出新义。最后批评理学家云："近世之学，虽曰一出于经，然而泛杂无统，洄洑失次，以今疑古，以后准前，尊舜文王而不知尧禹，以曾子子思断制处理，而皋陶伊尹所造，忽而不思，意悟难守，力践非实：凡此类当于《书》求之"。③ 对当时疑古颇有不满，又不满理学的《四书》经典体系及他们空谈性理，阐明了自己解经与理学家的不同趋向。水心门人孔元忠，字复君，著有《书纂》二卷。三传弟子刘庄孙，字正仲，宁海人，著《书传》上下篇二十卷。此上两书均亡佚。从叶适言论来看，事功学派与理学家解经取向有很大差异。永康陈亮《文集》中有《经书发题》一文论及《书经》，阐释了他对《尚书》的基本看法，④然无《尚书》著作，其于《尚书》无足论，不应列入。

　　心学代表陆象山为学倡"尊德性"，要求学者先明本心，以为"学苟知本，

---

① 薛季宣：《书古文训》（《通志堂经解》本）。按：薛氏云："《帝典》可以观美，《大禹谟》、《禹贡》可以观事，《皋陶谟》、《益稷》可以观政，《洪范》可以观度，《六誓》可以观义，《五诰》可以观仁，《甫刑》可以观戒。通斯七者，《书》之大义举矣"之说论解《书》大旨，刘起釪先生认为薛氏"所举《尚书》大义除《大禹谟》外皆属汉今文诸篇，与理学家以伪古文诸篇代表《尚书》大意者迥然不同，反映了永嘉学派自己的见解。"（刘起釪《尚书学史》，第250页）薛氏之说源于《尚书大传》而略有增益，与学派关系不大，刘先生之说有可议之处。按：薛、谢书均著录在《经义考》卷八十一。

② 《经义考》卷八十一，第453页。

③ 叶适：《习学记言序目》卷五，中华书局1997年版，第60页。

④ 陈亮：《陈亮集》卷十云："昔者圣人以道揆古今之变，取其概于道者百篇而垂万世之训。其文理密察，本末具举，盖有待于后之君子。而经生分篇析句之学，其何足以知此哉！……古之帝王独明于事物之故，发言立政，顺民之心，因时之宜，处其常而不惰，遇其变而天下安之。"（第100页）

六经皆吾注脚",反对"道问学"留情传注的支离。在治学方法上与朱子立异,与朱子有关于"皇极"的论辩,本人无经学专著。其门徒及再传则撰有《尚书》学专著。除汇总经说的陈经《尚书详解》外,有高弟杨简《五诰解》,简欲先通其难通者,故惟解《康诰》以下五篇。朱彝尊《经义考》称未见,四库馆臣从《永乐大典》辑出,分为四卷。《四库全书总目提要》云:"简受学于陆九渊,好举新民保赤之政,推本于心学。又当《字说》盛行之后,喜穿凿字义为新奇之论,措辞亦迂曲委重,未能畅所欲言。"①杨简《五诰解》对朱子之学多有批评,有鲜明的学派论证特色。杨简弟子钱时,字子是,淳安人,撰有《融堂书解》,《经义考》作八卷,原书已不存,四库馆臣采掇衷辑为二十卷,《伊训》、《梓材》、《秦誓》三篇全佚,《说命》、《吕刑》亦间有阙文,余皆篇帙完善。《宋史》云:"其学大抵发明人心,议论宏伟,指摘痛绝……其书有……《尚书演义》。"②钱时《融堂书解》前载有《尚书省札》,称为《尚书启蒙》,而《严州进状》则称《家塾尚书演义》,当为同书异名。《永乐大典》所载则皆题钱时《融堂书解》,其名又殊。《永乐大典》皆据内府宋本采入,当必无讹。钱时主表章《书序》,每篇之首皆条具大旨,其《逸书》之《序》则参考《史记》,核其时事以释篇题,复采《经典释文》、《史记集解》、《史记索隐》所引马融、郑康成说,引申其义,因仍旧说,稍失考证。《四库总目提要》评价云:"不专主一家之学","不依傍前人","不惑于曲说","能自抒心得","亦宋人经解中之特出者也"。③ 张孝直,字英甫,临川人,受学象山之门,有《尚书口义》。④ 袁燮,字和叔,自号絜斋,鄞县人,淳熙辛丑(1181 年)进士。袁燮之学出陆九渊,著有《絜斋家塾书抄》。《宋史·艺文志》作十卷,陈振孙《直斋书录解题》称为燮子乔录其家庭所闻,至《君奭》而止,是未竟之书,且非手著。四库馆臣辑为十二卷。《四库总目提要》评论云:"是编大旨在于发明本心,反复引申,颇能畅其师说,而于帝王治迹尤参酌古今,一一标举其要领。王应麟发明洛、闽之学,多与金溪殊轨,然于燮所解'儆诚无虞'诸条,特采入《困学纪闻》中,盖其理至足,则异趣者亦不能易也。"⑤

① 《四库全书总目提要》卷十一,第 93 页。
② 《宋史》卷四百〇七,第 12292—12293 页。
③ 《四库全书总目提要》卷十一,第 94 页。
④ (明)凌迪知:《万姓统谱》卷三十九,第 603 页。
⑤ 《四库全书总目提要》卷十一,第 93 页。

袁燮"思想取境较宽,其解《书》较多地受到吕祖谦、朱子的影响"①。袁燮有弟子胡谊,著有《尚书释疑》十卷。《经义考》引《宁波府志》云:"胡谊,字正之,奉化人。与兄谦师事袁燮,自号观省佚翁,传陆象山学"。② 心学一派解《书》以发明本心为宗旨,具有独特的学派特色。

理学集大成者朱子晚年始有意作《书传》,与门人讲论收集文献甚备,整理《尚书古文经》五卷,意在恢复汉代古文经篇目,《经义考》已云未见,不可得其详。又有《书说》七卷,陈振孙云:"朱熹门人黄士毅集其师说之遗,以为此书……今惟二《典》、《禹谟》、《召诰》、《洛诰》、《金滕》有解,及'九江'、'彭蠡'、'皇极'有辨,其它皆《文集》、《语录》中摘出。"③朱彝尊云:"《文公书说》黄氏所录外,又有汤氏中所辑,今不传。"④其实朱子《书》学成就在于疑辨《尚书》,开启了此后研究门径,陈振孙曰:

> 晦庵于《书》一经独无训传,每以为错简脱文处多,不可强通……又尝疑《孔安国传》恐是假书,《小序》决非孔门之旧,《安国序》决非西汉文章,至谓与《孔丛子》、《文中子》相似,则岂以其书出于东晋之世故耶?非有绝识独见不能及此。至言今文多艰涩,古文多平易,伏生背文暗诵乃偏得其所难,而安国考定于科斗古书,错乱磨灭之余,反专得其所易,此诚有不可晓者。⑤

陈氏概论了朱子《书》学之创见。朱子晚年嘱弟子蔡沈完成其《书》学集注工作,即沈之《书集传》。朱门弟子秉朱子理学思想纷纷著书立说,有《尚书》专著者十六人,两人集注单篇。邹补之《书说》,吴昶《书说》四十卷,林夔孙《尚书本义》,赵汝谈《南塘书说》三卷,陈文蔚《尚书类编》十三卷,辅广《尚书注》,黄榦《尚书说》十卷,潘柄《尚书解》六卷,李杞《谦斋书解》,孙调《龙坡书解》、《尚书发题》,徐侨《尚书括旨》十卷,董铢《尚书注》,戴蒙《书说》,冯椅《尚书辑说》,冯诚之《书传》二十卷,李相祖

① 陈良中:《宋代〈尚书〉学与学术思潮》,第190页。
② 《经义考》卷八十三,第460页。
③ 《直斋书录解题》卷二,第32页。
④ 《经义考》卷八十二,第455页。
⑤ 《直斋书录解题》卷二,第32页。

编《书说》三十卷,陈埴《禹贡辨》一卷,李方子《禹贡解》,可见此派学术之盛。

宋人阐发经典义理,屏弃注疏,至于狂妄,有识之士开始注重结合汉学以矫正宋学的空疏,出现了一批遵守章句注疏之学与义理阐发并重的著作。史浩,字直翁,明州鄞县人,绍兴十四年登进士第,事迹具《宋史》本传。淳熙十六年正月,进《尚书讲义》二十二卷,其说皆顺文演绎,颇近经幄讲章之体,其说大抵以注疏为主,参考诸儒而以己意融贯之。① 四库馆臣从《永乐大典》中辑出,分为二十卷。全书以"十六字心传"为主脑,要求正君心。黄度,字文叔,号遂初,新昌人,隆兴元年(1164年)进士。著《尚书说》七卷,《四库》收录。度作是书,其训诂一以《孔传》为主。四库馆臣评论云:"梅赜当东晋之初,去古未远,先儒旧义往往而存,注《尚书》者,要于诸家为最古,度依据其文,究胜后来之臆解",对此书颇为推许。接着又说:"至于推论三代兴衰治乱之由,与夫人心道心、精一执中、安止惟几、绥猷协一、建中建极诸义,亦皆深切著明,以义理谈经者固有取焉",②可见是书兼宗汉、宋的特色。吕光洵序曰:"夫《尚书》,帝王经世之书,传心之要也……后鲁恭王得孔壁《尚书》,孔安国受而注焉……至唐孔颖达疏益加详,并列于官取士。宋诸儒治《尚书》者,言人人殊,盖数十余家。吴氏、王氏、吕氏、苏氏最著,九峰蔡氏得紫阳朱子之学,作《集传》,学者尤宗之,于是诸家言《尚书》者不复行于世,好学之士无所参互以求自得,而《书》益难言矣。……遂初黄先生与紫阳朱子、止斋陈子、水心叶子相友善,著《诗》、《书》、《周礼说》诸书,共百余卷……幸而存者《尚书说》,其训诂多取诸孔氏,而推论三代兴衰治忽之端与夫典、谟、训、诰微辞眇义,如人心道心、精一执中、安止惟几、绥猷协一、建中建极之旨,皆明诸心,研诸虑,以其所契悟注而释之,其辞约,其义精粲然成一家言,诸儒莫尚焉。"③黄度此书训诂虽本于《孔传》,但其义理却是宋儒家数。陈经,字显之,一云字正甫,安福人,庆元中登进士,官至奉议郎,有《尚书详解》五十卷,《四库》收录。宁宗之世,蔡氏《传》初出,而此书多取古注疏,或间参以新意,与蔡氏颇有异同,每援后世之事以证古经。该书每引经文一段,则依孔义训释字句,然后以己见阐释该段大意。全书语言简洁,篇幅短小,称为详解盖自谓每字每句均有训释

---

① 《四库全书总目提要》卷十一,第91页。
② 《四库全书总目提要》卷十一,第93页。
③ 《经义考》卷八十一,第452页。

故也。又《自序》称"今日语诸友以读此书之法,当以古人之心求古人之书,吾心与是书相契而无间,然后知典、谟、训、诰、誓、命皆吾胸中之所有,亦吾日用之所能行云云,尤近于陆九渊'六经注我'之说。"①陈经当承心学一脉,但于古学尤为注重,与宋学不重训诂有别。魏了翁,字华父,邛州蒲江人,庆元五年(1199 年)登进士第。撰有《尚书要义》,原目为二十卷,《序说》一卷,今国家图书馆藏有完本。该书摘《尚书注疏》中精要之语而成,标以目次以便检阅。《尚书》文字聱牙,《注疏》又浩瀚,学者难以卒读,了翁汰去冗文,而毕撷一切考证实学之精华,使后人不病于芜杂,使该书成为"读《注疏》者之津梁"。②魏氏以《注疏》为读《尚书》的基础,对《注疏》态度是十分客观的。胡士行,庐陵人,官临江军军学教授。撰《尚书详解》十三卷,收入《四库全书》中。朱彝尊《经义考》作《初学尚书详解》,称名互异,其实一书。其解经多以《孔传》为主,而存异说于后,《孔传》有未善则引杨时、林之奇、吕祖谦、夏僎诸说补之,诸说复有所未备,则以己意解之。虽皆根据旧说,却能荟萃以成一家之言,解经笃实。所引汉晋人训诂,间有异字,如《益稷》篇引郑康成云:"黹,绂也,绂以为绣也。"③与《注疏》所载不同,可见其留心古义,不仅仅空谈名理。以上数人除史浩(1106—1194 年)生于朱子前,余则与朱子同时或稍晚,与朱子重汉唐训诂之学互相呼应。陈经承陆氏心学,义理与朱子立异,而重训诂则同。黄度与朱、吕相与为友,魏了翁为朱子后学,胡士行书中称引多理学家说,诸人当受朱子学风影响。对古义的注重无疑是对当时学者空谈性理的警醒与反动。

两宋《书》说中出现了一些具有汇集经说性质、无学派偏执的著述,极具学史价值。时人集顾临等《书》学著述为《尚书集解》十四卷,晁公武曰:"皇朝顾临、蒋之奇、姚辟、孔武仲、刘敞、王会之、周范、苏子才、朱正夫、吴孜所撰。后人集之为一编,然非完书也。"④朱彝尊云:"是书所集相传凡二十家,晁氏所未及者:司马光、王安石、黄通、杨绘、陆佃、李定、苏洵、胡瑗、张晦之、程颐。"⑤

---

① 陈经:《尚书详解》,文渊阁《四库全书》经部第 53 册,第 3 页。
② 《四库全书总目提要》卷十一《尚书要义提要》,第 95 页。
③ 《四库全书总目提要》卷十一,第 95—96 页。
④ 晁公武:《直斋书录解题》卷一,第 53—54 页。按:《直斋书录解题》著录此书书名为《尚书解》。按:顾临字子敦,会稽人,通经学,长于训诂。皇佑中举说书科,为国子监直讲,迁馆阁校勘、同知礼院。事迹具《宋史》卷三百四十四本传。
⑤ 《经义考》卷七十九,第 438 页。

乃集北宋《书》说之大成，是书当为北宋经学激烈斗争时的产物，汇集诸家，收罗广富，所集无党派歧见，极难能可贵。《四库总目》不见著录，盖已亡佚，甚为可惜。杨王集《尚书义宗》三卷，《经义考》卷七十九云："《绍兴四库续到阙书目》有之"，①以此推知当为北宋著作，亡佚。黄伦撰《尚书精义》祖述张子韶之说，荟萃诸家，依经胪载，间有同异亦两存之，不加论断，保存了宋人《书》说的梗概。《宋史·艺文志》载有是书，为十六卷。陈振孙《书录解题》有著录。朱彝尊《经义考》曰已佚。四库馆臣从《永乐大典》各韵中辑出，分为五十卷。"其所征引自汉迄宋，亦极赅博，惟编次不以时代，每条皆首引张九成之说，似即本九成所著《尚书详说》而推广之。"②该书辑有杨绘、顾临、周范、李定、司马光、张沂、上官公裕、王日休、王当、黄君愈、颜复、胡伸、王安石、王雱、张纲、张九成、孔武仲、孔文仲、陈鹏飞、孙觉、朱震、苏洵、吴孜、朱正大（顾临《集解》为朱正夫）、苏子才等人《书》说，当时著述都已散佚，遗章剩句犹得存什一于是编，其保存宋代《书》说之功不可磨灭。南宋中期罗惟一，著有《尚书集说》，杨万里《序》其书曰："吾友罗惟一允中撰《尚书集说》……大抵存其大概而通其精微，去其抵牾而合其通达，至于文义自相矛盾者则又出己见以补其缺，易其说以达其意"，所论多"先儒所未有之说而允中之所自得者也"。允中《自序》谓："去古虽远，前圣贤虽不可作，而受中秉彝，根于心者不可泯也，惟一岂敢多逊哉。"③是书集诸家之说，自孔氏《疏义》而下八九家，又加以一己之见。袁觉《袁氏家塾读书记》二十三卷，佚。陈振孙云："题四明袁觉集。未详何人。大略仿《吕氏读诗记》集诸说，或述己意于后。当亦是洁斋之族耶？"④董琮，字玉振，号复斋，鄱阳人。庆元中进士，任龙阳簿。著有《尚书集义》⑤，佚，诸家所引犹可辑录。刘甑有《青霞尚书集解》二十卷，佚⑥。此时汇总《书》说的以成申之《四百家尚书集解》⑦为最。申之眉州人，绍定（宋理

① 《经义考》卷七十九称《尚书义宗》，第441页。按：集者姓氏见《宋史·艺文志》。
② 《四库全书总目提要》卷十一《尚书精义提要》，第94页。
③ 杨万里：《诚斋集》卷八十三《罗允中〈尚书集说〉序》，文渊阁《四库全书》集部第100册，第95—96页。
④ 《直斋书录解题》卷二，第33页。
⑤ 《宋元学案·介轩学案》录为德兴人，著有《书传疏义》，第2971页。
⑥ 《经义考》卷八十三，第461页。按朱彝尊著录《宋史·艺文志》载为二十卷，《宋史》实不载是书，朱氏失考。
⑦ 朱彝尊：《曝书亭集》卷五十二《跋五百家昌黎集注》云："宋人辑书，往往以摭采之富夸人。"（《四部丛刊》初编，第5页）

宗年号,1228—1233 年)进士。① 是书《宋史·艺文志》载为五十八卷,大抵收集了其前所《书》说,可惜亡佚不存。集注之作对宋代诸家《书》说颇具保存之功,但今仅存黄伦《尚书精义》一书,此书对北宋《书》学之意义自不待言。

在众派争流中,有不明学派者。南渡后不明学派的《尚书》著作有:程瑀,字伯寓,饶州浮梁人,仕于钦宗、高宗朝,事迹具《宋史》本传。有《尚书说》。②上官愔,字仲雍,邵武人,政和二年(1112 年)进士,著《尚书小传》。③ 晁公武有《尚书诂训传》,《宋史·艺文志》载为四十六卷。④ 胡铨有《书解》四卷。事迹见《宋史》本传。王大宝,字符龟,其先居温陵,徙潮,建炎戊申(高宗年号,1128 年)登龙飞榜第二名,有《书解》。⑤ 樊光远,字茂实,钱唐人。绍兴五年(高宗年号,1135 年)进士,官福建路转运副使,有《尚书解》三卷。⑥ 李焘,字仁甫,眉州丹稜人,绍兴八年(1138 年)擢进士第,有《尚书大传杂说》、《尚书百篇图》各一卷。⑦ 徐椿年,字寿卿,永丰人,登绍兴十二年(1142 年)进士,从张九成学,著《尚书本义》。⑧ 陈知柔,字体仁,永春人,绍兴十二年(1142 年)进士,⑨著有《尚书古学并图》二卷。李舜臣,字子思,井研人,乾道二年(1166 年)进士,有《尚书小传》《宋志》四卷。⑩ 陈长方,字齐之,其先长乐人。从王蘋游,绍兴八年(1138 年)举进士⑪,授江阴教授,有《尚书传》。⑫ 刘安世《尚书解》二十卷。王庭珪《志墓》曰:"安世字世臣,安福人。绍兴十八年(1148 年)登进士第,以宣教郎知赣州雩都县,转朝奉郎致仕。"⑬程大昌,字泰之,徽州休宁人,登绍兴二十一年(1151 年)进士第,著有《书谱》,《宋

---

① 《经义考》卷八十四,第 463 页。
② 《经义考》卷八十,第 443 页。
③ (明)凌迪知:《万姓统谱》卷一百三十四,第 779 页。
④ 《宋史》卷二百〇二,第 5044 页。
⑤ 按:王大宝生平见李幼武《宋名臣言行录别集上》卷四,文渊阁《四库全书》史部第 207 册,第400 页。
⑥ 《经义考》卷八十一,第 449 页。
⑦ 《宋史》卷三百八十八,第 11914、11920 页。
⑧ 《经义考》卷八十,第 446 页。
⑨ 厉鹗:《宋诗纪事》卷四十七,上海古籍出版社 1983 年版,第 1192 页。
⑩ 《宋史》卷四百〇四,第 12223、12224 页。
⑪ 《直斋书录解题》卷十八,第 553 页。
⑫ 《经义考》卷八十,第 446 页。
⑬ 《经义考》卷八十,第 446 页。按:与北宋名臣刘安世字器之为两人,不能混淆。

史·艺文志》录为二十卷。① 陈振孙曰：“本以解经，而不尽解，有所发明，则篇为一论”。② 李经《尚书解》卷不详。朱子赞其“解《书》甚好，亦善考证。”③王十朋，字龟龄，乐清人，绍兴中举进士第一，著《尚书解》。④ 生平具《宋史》本传。张淑坚，字正卿，其先自开封迁于衢，官止承节郎，著《诗解》、《尚书解》，合三十卷。唐仲友，字与政，东阳人，登绍兴二十四年（1154 年）进士，有《书解》三十卷。⑤ 陈骙，字叔通，临海人，绍兴二十四年试春官第一，著《尚书考》二卷。⑥ 事迹具宋史本传。张浚，字德远，绵竹人，有《书》解。事迹具《宋史》本传。张栻，字敬夫，著《书说》。叶绍翁《四朝闻见录》曰：“酒之为物本以奉祭祀、供宾客，此即天之降命也。而人以酒之故，至于失德丧身，即天之降威也。释氏本恶天降威者，乃并与天之降命者去之。……释氏本恶人欲，并与天理之公者而去之。吾儒去人欲，所谓天理者昭然矣。”朱子以为此乃“儒释之分”，是解“千百年儒者所不及”。⑦ 可见是书主要阐发经典的儒学义理，反对佛、道对儒家的侵蚀。张栻弟子王炎，字晦叔，婺源人，乾道五年（1169 年）进士，治《书》。著有《尚书小传》，《宋史·艺文志》载为十八卷。⑧ 诸家所引可辑 2 万余字。宋若水，字子渊，双流县人，绍兴三十年（1160 年）梁克家榜进士及第，治《书》，有《书小传》十卷。⑨ 范浚，字茂明，兰溪人，著《书论》一篇。⑩ 朱弁，字少章，徽州婺源人，《书解》十卷。⑪ 赵敦临，字庇民，鄞县人，绍兴五年（1135 年）进士，有《尚书解》卷不详。⑫ 洪兴祖，字庆善，镇江丹阳人，著《尚书口义发题》一卷。郑樵有《书

---

① 分别见《宋史》卷四百三十三、二百〇二，第 12858、5043 页。
② 《直斋书录解题》卷二，第 31 页。
③ 朱熹：《朱子语类》卷七十八，第 2638 页。
④ 《经义考》卷八十一，第 449 页。
⑤ 《经义考》卷八十一，第 449 页。
⑥ 《宋史》卷三百九十三，第 12017 页；《经义考》卷八十一，第 453 页。
⑦ 叶绍翁：《四朝闻见录甲集》，中华书局 1989 年版，第 3 页。
⑧ 佚名：《南宋馆阁续录》卷八，第 281 页。
⑨ 佚名：《南宋馆阁续录》卷七（与陈骙《南宋馆阁录》合订本），中华书局 1998 年版，第 259 页；《经义考》卷八十一，第 453 页。
⑩ 朱彝尊：《经义考》卷八十，第 445 页。
⑪ 《宋史》卷三百七十三，第 11551、11553 页。
⑫ （元）袁桷：《延祐四明志》卷四，文渊阁《四库全书》史部第 249 册，第 395 页。

考》,写到《武成》止①,还有《书辨讹》七卷。事迹具《宋史》本传。马之纯,字师文,东阳人,隆兴元年(孝宗年号,1163年)进士,知严州,称为茂陵先生,有《尚书说》。② 诸家称引可辑录数十条。王时会著《尚书训传》。③ 宋蕴,字元发,彭山人,淳熙五年(1178年)进士,著《尚书讲义》五十卷。④ 陈舜申,字宋谟,连江人,淳熙十一年(孝宗年号,1184年)进士,有《浑灏发旨》,《宋史·艺文志》一卷。⑤ 王日休,字虚中,龙舒人,有《书解》。⑥ 孙惩有《书解》。朱子曾引用,云:"自有一本孙、曾《书解》,孙是孙惩。"⑦陈梅叟有《书说》。⑧ 许奕,字成子,简州人,庆元五年进士第一,有《尚书讲义》十卷。⑨ 应镛,字子和,兰溪人,登庆元五年(1199年)进士,有《尚书约义》,《宋史·艺文志》载为二十五卷。⑩ 戴溪,字肖望,永嘉人,淳熙五年(1178年)为别头省试第一,《书说》为开禧(1205—1207年)间著。⑪ 余橦乐平人,登绍兴第,有《尚书说》五卷。⑫ 王宗道,字与文,奉化人,嘉定元年(1208年)进士,著《书说》六卷。⑬ 洪咨夔,字舜俞,于潜人,嘉定二年(1209年)进士,有《尚书注》。⑭ 郑思忱,字景千,安溪人,有《尚书释》。思忱授《尚书》于西溪李季,辨解析精。嘉定三年(1210年)词赋首乡荐第一中第。⑮ 陈振孙,字伯玉,安吉人,著《尚书说》。袁桷曰:

---

① 郑樵:《通志》卷六十三《艺文略》第一云:"臣于是考今书之文,无妨于义者从今,有妨于义者从古,庶古今文义两不相违,曰《书考》,迨《武成》而未及终编。"(中华书局1995年版,第1458页)

② 《经义考》卷八十一,第452页。

③ 《经义考》卷八十三,第459页。

④ 《经义考》卷八十三,第459页。

⑤ 陈氏生平见《南宋馆阁续录》卷八,第296页。按:《宋史·艺文志》云《浑灏发旨》不知作者,《经义考》卷八十一载为陈舜申。

⑥ 《经义考》卷八十三,第459页。

⑦ 朱熹:《朱子语类》卷七十八,第2646页。

⑧ 《经义考》卷八十四,第463页。

⑨ 《宋史》卷四百〇六,第12267、12271页。

⑩ 《经义考》卷八十三,第460页。

⑪ 《宋史》卷四百三十四《戴溪传》云:"开禧时师溃于符离……除授参议军事。数月,召为资善堂说书,由礼部郎中凡六转为太子詹事兼秘书监。景献太子命溪讲《中庸》、《大学》,溪辞以讲读非詹事职,惧侵官。太子曰:讲退便服说书非公礼,毋嫌也。复命类《易》、《诗》、《书》、《春秋》、《论语》、《孟子》、《资治通鉴》,各为说以进。"(第12895页)

⑫ 《经义考》卷八十三,第459页。按:生平见《经义考》卷二百七十二,第1383页。

⑬ 按:生平见《经义考》卷三十三,第184页。

⑭ 《宋史》卷四百〇六,第12264页。

⑮ 李清馥:《闽中理学渊源考》卷二十七,文渊阁《四库全书》史部第218册,第348页。

"《书》有今文、古文,陈振孙掇拾援据,确然明白周密,曰直斋,有《书说》二册行世。"① 王万,字处一,浦江人,嘉定十六年(宁宗年号,1223 年)进士,有《书说》。② 刘元刚,字南夫,吉州吉水人,嘉定十六年登进士第,著《尚书演义》。③ 时少章,字天彝,金华人,宝佑癸丑(1253 年)进士④,著《尚书大义》。柴元祐⑤著《尚书解》。舒津,字通叟,奉化人。景定三年进士(1262 年),著《尚书解》。⑥ 何逢原,字文澜,分水人,咸淳(度宗年号,1266—1274 年)间官中书舍人,有《尚书通旨》。⑦ 章元崇,字德昂,歙县人,人号环溪先生,有《尚书演义》。⑧ 张震,字真父,绵竹人,⑨有《尚书小传》。姜如晦,字弥明,号月溪,有《尚书小传》。⑩ 孙泌有《尚书解》,《宋史·艺文志》五十二卷。赵若烛,字竹逸,宜春人,宝庆二年(1226 年)进士,著《书经笺注牏通》,《姓谱》作赵嗣诚。⑪ 方逢辰,字君锡,淳安人,淳祐十年(1250 年)进士第一,学者称为蛟峰先生,⑫有《尚书释传》四卷。缪主一,字天隐,永嘉人,从叶味道游,通《易》《书》《诗》三经,⑬著《书说》。邱葵⑭,字吉甫,同安人,有《书解》。梅教授《书集解》三册。陈振孙曰:"不分卷。不著名,未详何人"。⑮ 赵(失名)《尚书百篇讲解》。林希逸曰:"余读延平赵君《百篇讲解》而曰:《书》自诸传既行,句句字字毫分缕析,孰不知之?而每篇之要领则得者盖鲜,今君篇篇有解,铺叙发明,该贯首末,使夫人一览而大略皆具,非用功深密者能之乎?"⑯亡名氏《尚

---

① 《经义考》卷八十三,第 460 页。
② 《经义考》卷三十三,第 186 页。
③ 《经义考》卷八十四,第 463 页。
④ 《浙江通志》卷一百八十一,文渊阁《四库全书》史部第 282 册,第 71 页。
⑤ 黄宗羲著,全祖望补:《宋元学案·丘刘诸儒学案》为柴元裕,以为"元祐"是"殆以字近而伪",未详孰是(中华书局 1986 年版,第 2640 页)。
⑥ 《经义考》卷八十三,第 461 页。
⑦ 《经义考》卷八十四,第 463 页。
⑧ 《经义考》卷三十七,第 206 页。
⑨ 宋陈骙:《南宗馆阁录》卷七,中华书局 1998 年版,第 97 页。
⑩ 《经义考》卷八十三,第 462 页。
⑪ 《经义考》卷八十四,第 463 页。
⑫ 《经义考》卷三十五,第 195 页。
⑬ 《经义考》卷四十三,第 240 页。
⑭ 《宋元学案·北溪学案》录为丘葵《书解义》,第 2240 页。
⑮ 陈振孙:《直斋书录解题》卷二,第 33 页。
⑯ 《经义考》卷八十四,第 465 页。

书名数索至》。方时发《序》曰："孔壁之《书》，载圣人之心法，'允执厥中'、'建其有极'、曰德、曰仁、曰敬、曰诚，先贤之集传发挥无余蕴矣。此编题以《索至》，旧出于贤关，纂集独详于诸家，如《尧典》之天文，《禹贡》之地制，《洪范》五行之次序，《大诰》诸篇之官名，凡仪章、制度、服食、器用辨之必明，确乎其证也；语之必详，炳乎其文也。复而熟之，义理浑然之中条目灿然，诚有补于疏通知远之学"①，可见是一部详于名物之作。陈焕，字时可，丰城人，学者称为巏山先生，②著《书传通》。

还有生平闾里无考者数家。姚三锡著《书钞》。潘衡有《书说》。康圣任著《尚书解》。姜得平著《尚书遗意》一卷。张沂有《书说》。史孟传著《书略》十卷。史仲午，字正父，有《书说》。史渐，字鸿渐，著《书说》。刘子有《横舟尚书讲业》。杨明复，字复翁，临海人，撰《尚书畅旨》。康伯成著《书传》，《宋史·艺文志》载为一卷。杨炎正有《书辨》一卷。徐寀著《尚书申义》五十八卷。熊子真有《山斋书解》十三卷。吴时可有《樵坡书说》六卷。程穆，休宁人，著《尚书约义》。李守镛有《尚书家说》。以上不详学派之七十三家均亡佚不存。

其后为第四期，蔡沈《书集传》成为南宋《书》学的转捩点，学人多奉《蔡传》为朱子《书》学要著，为理学《书》学之正统。此前众水分流，是书出而大有众流归一之势，形成以《书集传》为中心的局面，拥护者与反对者歧为两途。何乔新曰："自汉以来，《书传》非一，安国之注类多穿凿，颖达之疏惟详制度。朱子所取四家，而王安石伤于凿，吕祖谦伤于巧，苏轼伤于略，林之奇伤于繁。至蔡氏《集传》出，别今古文之有无，辨《大序》《小序》之讹舛，而后二帝三王之大经大法粲然于世焉。"③对以前《书》学著述一概指斥，胜赞《蔡传》。时人黄震云："经解惟《书》最多，至蔡九峰参合诸儒要说，尝经朱文公订正，其释文义既视汉唐为精，其发指趣又视诸家为的，《书经》至是而大明如揭日月矣"，④对《蔡传》给予了高度评价。吕光洵序黄度《尚书说》云：

宋诸儒治《尚书》者言人人殊，盖数十余家，吴氏、王氏、吕氏、苏氏最

① 《经义考》卷八十四，第465页。
② 《经义考》卷三十八，第213页。
③ 《经义考》卷八十二，第456页。
④ 《经义考》卷八十二，第456页。

著,九峰蔡氏得紫阳朱子之学,作《集传》,学者尤宗之,于是诸家言《尚书》者不复行于世。①

吕氏道出了《蔡传》之巨大影响,虽为后人追述,要亦可见《蔡传》一出很快就成为了《书》学之宗主。此一时期理学解《书》成为范式。

朱门《书》学甚盛,再传弟子亦多有撰著。自为朱子学的黄震,字东发,慈溪人,宝佑四年(1256年)登进士第,事迹具《宋史》本传。有《黄氏日抄》,卷五专记《读尚书》日记。② 朱子私淑弟子柴中行,字与之,余干人,绍熙元年(1191年)进士,事迹具《宋史》本传。有《书集传》卷不详,佚。熊禾,字去非,号勿轩,又号退斋,建阳人,志濂、洛、关、闽之学,从游朱子门人辅广,登咸淳十年(1274年)进士,著《尚书集疏》、《尚书口义》三十卷。真德秀(1178—1239年),字景元,后更希元,浦城人。庆元五年进士(1199年),尝从詹体仁游,有《书说精义》三卷。所著《西山读书记》中有《尚书》说数条,《大学衍义》中借《尚书》阐说《大学》主旨,有大量《尚书》之说,一禀理学思想解《书》。陈普,字尚德,别号惧斋,福宁人。从游韩翼甫,韩之学出庆源辅氏(广),辅为朱门高弟。著有《尚书补微》、《书传补遗》、《书讲义》一卷③,佚。韩信同,字伯循,福宁人,陈普弟子,著《书经讲义》五百篇,又有《书集解》④,佚。戴蒙(朱子门人)子戴仔,字守镛,有《书传》,佚。戴侗,字仲达,仔弟,登淳佑第(1241—1252年),有《尚书家说》⑤,佚。董梦程,字万里,号介轩,得朱子之学于黄勉斋,登开禧进士,有《尚书训释》⑥,佚。滕铉,字和叔,婺源人,《尚书大意》,佚。方岳为之《序》曰:

吾州以经名家者多矣,《书》为最。以《书》名家者加多矣,滕为最。《书》自程大昌、王大监皆有所论著,天下所谓程泰之《禹贡图志》、王晦叔《尚书小传》者也。至溪斋先生与其弟合肥令君同登晦翁之门,学者谓之

① 《经义考》卷八十一,第452页。
② 《宋史》卷四百三十八载为一百卷(第12994页);《四库全书总目》卷九十二录为九十七卷,阙八十一、八十九两卷,存九十五卷(第786页)。
③ 《经义考》卷三十八、八十四,第212、463页。
④ 《经义考》卷四十六,第258页。
⑤ 按:戴氏兄弟生平见《万姓统谱》卷九十九,第421页。
⑥ 《经义考》卷八十三,第461页。

新安两滕,和叔渐涵于二父之渊源,披剥于百家之林薮。盖自与予别三十有五年矣,一日访予崖底,出其所著书曰《尚书大意》者,十二万言。教予曰:子亦知夫凡《书》之有大意乎,犹之木焉本而非节目也,犹之水焉原而非派别也。若《书》之大意,则一"中"而已。"允执厥中",《书》所以始;"咸中有庆",《书》所以终,以此一字读此一书,迎刃解矣。予受而读之,既请曰以"中"为《书》之大意,吾未之前闻也,子于何有所闻?曰:予闻之先君子,先君子闻之紫阳翁,紫阳翁闻之濂洛诸老,而予发其秘者也。宝佑乙卯(1255 年)重阳日。①

滕氏注《书》一依朱子《书》学宗旨,该《序》阐明了其学术之渊源。刘钦,字子时,建安人,从蔡沈学,自号"冰壶散人",终朝请大夫,卒谥忠简。有《书经衍义》②,佚。都昌陈大猷,字文献,号东斋,开庆元年(1259 年)进士,大猷受业饶鲁,鲁受业福宁黄幹,为朱子三传弟子,撰有《书传会通》十一卷③,佚。王柏,字会之,婺川金华人,师事何基,基师三山黄幹,为朱子三传弟子,事迹具《宋史》本传。著《书疑》,《宋史·艺文志》载为九卷,《通志堂经解》收录。是书臆断改经,走上了疑经的歧途。还有《书经章句》、《读书记》十卷、《尚书附传》④,佚。周敬孙,临海人,师事金华王柏,受性理之学,著有《尚书补遗》,⑤佚。从朱子门人及再传《书》学著作来看,此派成果最丰,可以说是南宋中后期《书》学中最重要的一派。

而反对《蔡传》之作南宋则不多,宋末元初张葆舒,德兴人,作《尚书蔡传订误》。黄景昌,字清远,浦江人,作《尚书蔡氏传正误》。程直方作《蔡传辨疑》,余芑舒作《读蔡传疑》、《书传解》,递相诘难。尊朱学的金履祥著《尚书表注》,所论亦与《蔡传》立异。除金氏著作犹存,余则亡佚。明代赵枢生的评价可以作为反蔡一派的代表,曰:"昔人言:'明经者诸儒,害经者亦诸儒'。以今观之,《书·蔡氏传》为尤甚。盖殷盘周诰,诘屈诡晦,已自不可知,况秦火

---

① 《经义考》卷八十三,第 460 页。
② 《经义考》卷八十三,第 461 页。
③ 《经义考》卷八十三,第 461 页。
④ 《经义考》卷八十四,第 463—464 页。
⑤ 《经义考》卷四十,第 225 页。

之后,又多断简残编,脱文讹字。今必欲以常理恒言释之,故多勉强附会。"①矛头直指蔡沈强解《尚书》,穿凿附会。②

宋代《书》学除专著外,还有许多解单篇的著述以及群经总论之作。解单篇主要集中在《洪范》、《禹贡》。研究《洪范》一为反对阴阳灾异之说,一为沿汉儒神学化方向变本加厉为演范一派,前者以靓公为代表,后者蔡沈始作俑。《经义考》卷九十五至九十六著录有三十余部。其中对《洪范》本文怀疑至于改订者有余煮《改正洪范》、龚鼎臣《改定洪范》,至王柏则分经传重新编排经文影响颇大,后贺成大《古洪范》于每畴分经传。这些窜乱古经的做法是不足为训的。研究《禹贡》者《经义考》著录有近二十家,较著名的有毛晃《禹贡指南》、程大昌《禹贡论图》四卷。傅寅《禹贡说断》、易祓《禹贡疆理记》。两宋群经总论数量繁多,见于《经义考》卷二百四十二至二百四十五著录有一百四十二部,③由于文献不足征,其间涉及《尚书》者有几不详。

另外,宋人史书及其他专著中论及虞夏商周史实必然涉及《尚书》内容,史书中如司马光《稽古录》,黄震《古今纪要》,金履祥《资治通鉴前编》中部分内容与《尚书》有关,并且完全与其《尚书注》相合,应当成为《尚书》学研究的资料。这一部分资料多被人忽略。

此一时期金朝亦有《书》学著作,金设科皆因辽、宋制,有词赋、经义、策试、律科、经童之制。金章宗明昌初,设制举宏词科以待非常之士。金世宗大定十一年(1171 年)创设女真进士科。金科举初但试策后增试论,取士之目有七。凡经,《易》则用王弼、韩康伯注,《书》用孔安国注,《诗》用毛苌注、郑玄笺,《春秋左氏传》用杜预注,《礼记》用孔颖达疏,《周礼》用郑玄注、贾公彦疏,《论语》用何晏集注、邢昺疏,《孟子》用赵岐注、孙奭疏,《孝经》用唐宗注。④ 经学一仍汉唐注疏。金代《书》学著作有:王若虚字从之,槁城人,承安二年(1197 年)经义进士,事迹具《金史》本传,著有《尚书义粹》三卷,清代张金吾从明代黄谏《书传集解》中辑出,厘为八卷,藏于常熟图书馆,其中四、五、六三卷缺失,南京图书馆藏明刊本黄谏《书传集解》辑出 220 条,合张金吾所

---

① 《经义考》卷八十二,第 456 页。
② 详参刘起釪:《尚书学史》第七章第二节,第 245—246 页。
③ 数字来源于刘起釪:《尚书学史》,第 272 页。
④ 脱脱等:《金史·选举志一》,中华书局 1975 年版,第 1131 页。

辑得 335 条,9 万余字。①《尚书义粹》虽残章断简,犹可见金源一代《书》学之旧,张金吾论其价值云:"不务为新奇可喜之论,而于帝王之德业事功,以及人心道心、建中建极诸义反复推阐,要旨深切著明,盖解经之笃实者也。"是书"不特存王氏一家之言,亦以见一朝经术大凡焉。"②吕造③著《尚书要略》。赵秉文,字周臣,磁州滏阳人,大定二十五年(1185 年)进士,兴定五年(1221 年)进《无逸直解》一篇。④ 今均亡佚。宋、金之间的学术交往,可从王若虚《尚书义粹》辑本得其大略。

从研究领域来看,宋代《尚书》学开辟出了许多新的门类。宋代金石学的兴起,出现了对《尚书》古文的收集研究,郭忠恕的《古文尚书》与薛季宣《书古文训》为代表,郭氏《古文尚书》亡佚,其成果主要保留在《汗简》中,四库馆臣谓"季宣此本又以古文笔画改为今体,奇形怪态不可辨识,较篆书之本尤为骇俗。"⑤敦煌写本出现后,二家存留之隶古定文字很多可以得到应证,可证二家所录古文是有来源的。王应麟开启了《尚书》辑佚学和专门研究,如《尚书》天文研究、帝王之《尚书》学、《马郑注古文尚书》,开启了清代辑佚之学。吴棫、郑樵、朱熹开启了疑辨《尚书》研究,成为此后《尚书》研究的一大主流。

从《书》学著述来看,宋代《书》学极其繁荣,出现了围绕王安石《书》学和朱子《书》学论争的两个中心。王安石《尚书新义》出现以后,围绕《尚书》阐释展开的激烈思想斗争成为推动学术发展的一种动力,经典阐释不仅成为经学家建构自己思想的重要方式,同时构成与时代思潮的积极互动。不同学术见解的学派相互争胜,新说层出迭见,在汉唐章句训诂之学外别开义理一途,为《书》学研究开拓了新的领域。由此可见学术争鸣对学术发展的重要意义。

从整个宋代《书》学来看,宋代学人在摆脱训诂章句束缚之后,对疏不破注的汉学方法进行了彻底颠覆,一切传注都遭到了长于理性思辨的宋人的怀疑,弃传求经、义理解经的学风大盛。在疑古惑经的思潮下,学人开始对秦火之余的经书本身产生了怀疑,一股追求经典完善的改经风气潜滋暗长。朱子

---

① 关于王若虚《尚书义粹》残存情况详参陈良中:《张金吾辑录王若虚〈尚书义粹〉校读记》,《图书情报工作》2009 年第 13 期。

② 张金吾:《辑录〈尚书义粹〉缘起》,常熟图书馆藏稿本。

③ 《金史·哀宗本纪》正大四年(1227 年)八月待制吕造进《尚书要略》,第 379 页。

④ 《金史·赵秉文传》,第 2428 页。

⑤ 永瑢等:《四库全书总目提要》卷十三,第 106 页。

之前学人对汉唐古注重视不够，解经不重训诂，在解经方法上自觉对汉唐训诂的回应是以朱子为关节的。朱子之前关注古注的有史浩，其《尚书讲义》为经幄之作，主要受形式限制。朱子在大量解经实践上，对汉学、宋学进行了全面的理性考察，在方法论及实践上进行了二者的积极融通。

从学派著述来看，自程颐以来的理学家都致力于以理学思想解《书》，林之奇、吕祖谦一系与朱子理学一脉关系密切，解经宗旨大致相同，陆九渊心学一系及永嘉功利学派《书》学著述影响有限，南宋《书》学基本上以程朱理学一系占主导。由此可见主流意识对学术的渗透及影响。从各派对《尚书》文本的阐释来看，学派思想对经书的渗透是一种共同取向，可见解经之于经学家实质是阐发自我思想的凭借。朱子以理学解《书》，会通《尚书》与《大学》、《中庸》，构建儒家道统和心性论体系就是一个显例。这无疑对我们今天经典的现代化提供了可以取资的宝贵借鉴。

第三节　经学与政治的互动

在经学时代，经典注疏绝不是案头文字，而是直接干预现实政治的手段。诸家《书》学无一例外，最为显著者乃王安石《尚书新义》，是书定为功令，直接渗入士人的精神世界，介入时代主流意识建构，影响着时代的治政思想。

熙宁四年（1071 年），王安石上《乞改科条制》①要求改革科举内容，提出以经义取士的主张，反对诗赋取士，要通过科举而使道德一于上，而习俗成于下，通过造就有用人才来改造现实社会。熙宁四年二月丁巳朔，中书言贡举新制，以"一道德，成习俗"②诏示天下。熙宁五年（1072 年）春正月戊戌，王安石"以试中学官等第进呈，且言黎估、张谔文字佳，第不合经义。上曰：'经术今

---

① 王安石云："伏以古之取士，皆本于学校，故道德一于上，而习俗成于下，其人材皆足以有为于世。自先王之泽竭，教养之法无所本，士虽有美材而无学校师友以成就之，议者之所患也。今欲追复古制以革其弊，则患于无其渐。宜先除去声病对偶之文，使学者得以专意经义，以俟朝廷兴建学校，然后讲求三代所以教育选举之法，施于天下，庶几可复古矣。"（《王文公文集》，上海人民出版社 1974 年版，第 363 页）

② 李焘：《续资治通鉴长编》卷二百二十，第 5334 页。按：中书省所言与王安石《乞改科条制》内容相同，当本王安石所奏。

人人乖异,何以一道德? 卿有所著可以班行,令学者定于一'"①神宗提出由王安石重新注释经书,并以此统一经术,也就是在国家层面提出了统一思想的要求。王安石秉承圣旨欲以《三经义》"同道德之归,一名分之守"②,由此可明王安石著《尚书新义》不仅出于纯粹的学术目的,还有其明显的政治意图。王安石要求"除去声病、对偶之文"片面追求辞藻的浮华文风,改造唐以来拘守章句的学风,以造就明习经术的治世人才,"欲变学究为秀才",但"举子专诵王氏章句而不解义,正如学究诵注疏尔",结果是"变秀才为学究"③,没能改变陈腐的学究风气。其实这在科举是士人唯一出路的时代,不管以哪家经说为主都改变不了士子死守章句的局面。王安石欲以经术造就人才的理想最终只能破灭。

王安石修《三经新义》以翼政治改革的目的,当时学者已有明确论断。当朝廷欲令学者参用王安石《三经义》之说,林之奇便上言曰:"王氏三经,率为新法地。"④朱彝尊《经义考》引宋人汪应辰语曰:"窃以王安石训识经义穿凿傅会,专以济其刑名法术之说。"⑤在当时有关《尚书》的著作中亦时有议论,如苏轼《书传》、林之奇《尚书全解》中多处阐发这一观点解,借批驳《尚书新义》对王安石新法提出了尖锐的批判,明确指出了王安石经学的政治意图。

一、《尚书新义》的思想倾向

王安石要求"一道德,成习俗",以《三经义》作为变法的理论依据。王安石《新经尚书义》备受诟病的也就是其中杂有刑名法术之学,反对者便由经义入手批评王安石解经义理不纯,瓦解其理论基础,以此作为攻击新法的手段。《益稷》篇"苗顽弗即工,帝其念哉"条,王氏谓禹言"帝念哉!"盖谓苗顽弗即功,舜"当念其罪而诛之"。舜于下文言"'皋陶方祇厥叙,方施象刑惟明'。乃所以告禹,谓汝欲我念其所以诛三苗,我当命皋陶施刑以诛之。"王安石意谓舜倡用刑服苗民,其说近于法家思想。宋夏僎云:"此说虽可喜,林之奇谓劝

---

① 李焘:《续资治通鉴长编》卷二百二十九,第5570页。
② 王安石:《王文公文集·进字说表》,第236页。
③ 陈师道:《后山谈丛》卷一(《宋元笔记小说大观》二),上海古籍出版社2001年版,第1579页。
④ 《宋史》卷四百三十三,中华书局1985年版,第12861页。
⑤ 《经义考》卷八十张纲《尚书讲义》后引文,中华书局1998年版,第443页。

人君以用刑,岂禹爱君之意? 兼当时苗之顽凶,率六师以征之犹且不服,岂皋陶象刑而能制哉? 此所谓帝念哉者,特谓洪水既平,内外皆乐于赴功,惟三苗顽凶负固不服之国,不肯就功,帝当以苗民为念,忧勤于政事,不可使有一日之慢游也。"①严厉批评了王安石"劝人君以用刑"之说,所念者当是"忧勤于政事",《论语·季氏》篇所谓"远人不服,则修文德以来之"。儒家提倡德治,反对以刑服人,子曰"为政以德,譬如北辰,居其所而众星共之"(《论语·为政》)。王安石所言是不符儒家思想的。《盘庚上》篇"起信险肤"条,王氏②曰:"造险肤者,所不待教而诛",林之奇云:"此言大害义理。夫盘庚教于民,由乃在位,则是为险肤之言者,皆教之而不忍诛也。……此盖王氏借此言簧鼓以惑天下,欲快意于一时老成之人言新法之不便者,皆欲指为造险肤之人而悉诛也",驳斥王安石"借六经之言欲以肆其不仁之祸",③对其说大加挞伐。《论语·尧曰》云:"不教而杀谓之虐,不戒视成谓之暴,慢令致期谓之贼",王安石之说欲以止"言新法之不便者"之口,但却违背儒家要义。"同而不和"对于不同意见,儒者倡导从谏如流、兼收并蓄,而不是消灭异己。王安石如此解经,为时人诟病在所难免。《梓材》篇"我有师师,司徒、司马、司空、尹、旅"条王安石曰:"先言圻父者,制殷民群饮,以政为急故也。此言'敬劳'与'罔厉杀人',故先司徒,与《酒诰》异。"林之奇斥责云:"其意盖谓此等丽于刑之人,皆当勿宥之。《康诰》之言曰'乃其速由文王作罚,刑兹无赦,不率大戛',戒康叔以为不可杀,而王氏则以为当杀。此则戒康叔以为可宥,而王氏则以为当勿宥。王氏之心术大抵如此。……其徇私意以叛经旨一至于此,不可不察也。"④对王安石经学之刑名思想提出了严厉批判,痛责其逆经叛道。

　　此上所论涉及德治与法治之争,儒家强调德治源于他们对人性本善的认识,因此,当时学者与王安石在性命论上亦有争论。《汤诰》"若有恒性"陈大

① 夏僎:《尚书详解》卷五,影印文渊阁《四库全书》经部第50册,第504页。按:此条亦见于林之奇《尚书全解》卷六,当为安石佚说。

② 按:林之奇《尚书全解》所引王姓《书》说有三:魏王肃、宋王博士和宋王安石。于王肃多直称姓名(37处),或称字王子雍(11处),只有上文引王肃之说时,为行文方便偶称王氏(2处)。王博士(6处)于林之奇书中常与王氏并引,二者不相混。引王氏(共313处)说常与程颐、刘敞、苏轼并引,并多称其穿凿乱道,可断定实指王安石。称引介甫(12处),荆公(2处)。可参程元敏:《三经新义辑考汇评(一)——尚书》详考,台湾"国立"编译馆1986年版,第257—262页。按:《尚书全解》《洛诰》以后非林之奇手著。

③ 林之奇:《尚书全解》卷十八,第423页。

④ 林之奇:《尚书全解》卷二十八,第497页。

猷解云:"王氏谓:善者,常性也;不善,非常性也。不几于善恶混乎？曰:程子谓有义理之性,有血气之性,血气之性有善有不善,义理之性无不善。常性,义理之性也;非常性,则血气之性也……则学者有变化气质之功焉。"①用理学家关于人性的理论批驳王安石"善恶混"之人性说。关于性善、性恶都源自先秦儒家,王安石此处是认为人性中有善有恶,是同于孟子所骂的异端告子思想。当时学者还批驳了王安石对"道"的认识,王安石解《大禹谟》"乃圣乃神,乃武乃文"云:"乃圣乃神,所以立道;乃武乃文,所以立事。先圣而后神,道之序也;先武而后文,事之序也。"林之奇批评说如果确如王氏之说,则是"道之外复有事,事之外复有道,既有道之序,复有事之序,使道无预于事,事无预于道。"林氏严厉指责说"此王氏患天下之术之原。"②批评王安石道器相离的观点。二程亦批评王安石不明"道",(亨仲)问:"介甫言尧行天道以治人,舜行人道以事天,如何？"答曰:"介甫自不识道字。道未始有天人之别,但在天则为天道,在地则为地道,在人则为人道。"③在中国哲学固有体系中,"道"为万物之本原,与现象世界是融和无间的,反对那种道器截然两分的观点,体用不离,道器不二,所谓"至显者莫如事,至微者莫如理,而事理一致,微显一源。"④即体即用,圣、神、文、武本称颂之语,不必有道、事的义理之分,王安石之说未免穿凿,又背离儒道,被指责在所难免。又儒家之"道"乃学术之根本,若说王安石不识"道",无异于说他本无学术,可以说这是对王安石学术的全盘否定。

二、《尚书新义》的影响及命运

《三经新义》一出,便颁行学宫,以为科举考试的标准,影响其后学术数十年。宋人陈振孙云:"王氏学独行于世者六十年,科举之士熟于此乃合程度。前辈谓如脱墼然,案其形模而出之尔。"⑤可知当时有大量为王氏之学的学者,但有著作见于书目的遗留不多。

《尚书新义》颁行以后,洛党、蜀党、守旧派都纷纷撰述批驳王安石经解,为王安石新学者则又努力捍卫。再加上被定为功令,推行科场六十余年,有广

---

① 陈大猷:《书集传或问》卷上,《通志堂经解》第6册,第182页。
② 林之奇:《尚书全解》卷四,第333页。
③ 程颢、程颐:《河南程氏遗书》卷二十二上,第282页。
④ 程颢、程颐:《河南程氏遗书》卷二十五,第323页。
⑤ 陈振孙:《直斋书录解题》卷二,第29页。

大士人群体的支持。在《尚书》学研究上可以说形成了两大阵营,但反对的一方终于因理学占据统治地位而成为主流。我们以苏轼、杨时、林之奇为代表,便可一观当时学人对新学的批判是何等严厉。

苏轼经学著述有反对王安石新学的一面。晁公武《郡斋读书志》云:"熙宁以后专用王氏之说进退多士,此书驳异其说为多。"①其时王安石新学肆行,士习胶固,《字说》穿凿之风大兴,吕祖谦《王居正行状》详细记载了当时情况,云:"熙宁中,王荆公安石以新义颁天下,其后章(惇绍圣元年为相)、蔡(京崇宁元年为相)更用事,概以王氏说律天下士,尽名老师宿儒之绪言余论为曲学,学辄摈斥。当是时内外校官非《三经义》、《字说》不登几案。他书虽世通行者,或不能举其篇秩。"②又如曾敏行《独醒杂志》所载云:"胡文定公(安国)廷试,考官初欲以魁多士,继以其引经皆古义,不用王氏说,降为第三人。"③可见当时王氏之学以官学形式风行天下。元祐三年(1088 年)二月己卯,监察御史赵挺之言:"贡举用《三经新义》取人近二十年。今闻外议,以为苏轼主文,意在矫革,若见引用《新义》,决欲黜落,请礼部贡院将举人引用《新经》与《注疏》文理通行考校,诏送贡院照会。"④苏轼主文是否真正采取了如此过激的措施不可得知,但由此可推知他对《三经新义》颇有不满。科举以哪家经义为主,这实际上涉及人才诠选政策之争。《书传》之作,确有对于王安石新学的批判,盖欲力矫当时穿凿附会之学风以救时弊。宋人王十朋《游东坡十一绝》之八云:"三等策成名烜赫,万言书就迹危疑。《易》《书》《论语》忘忧患,天下《三经》《字说》时。"⑤此诗概述了《东坡书传》创作的时代学术背景及其动机。

苏轼《书传》批驳了刑名之术,提倡慎刑,有反对新法的一面。如《胤征》"威克厥爱允济,爱克厥威允罔功",苏轼解曰:"先王之用威爱,称事当理而已","尧、舜已来常务使爱胜威"。此篇乃谓"威胜爱则事济,爱胜威则无功",这是后羿之党临敌誓师之辞,当与"申、商之言同弃不齿",而"近世儒者欲行

①　晁公武著,孙猛校证:《郡斋读书校证》卷一,第 58 页。

②　吕祖谦:《东莱集》卷九,文渊阁《四库全书》集部第 89 册,第 75 页。

③　曾敏行:《独醒杂志》卷七,上海古籍出版社 1986 年版,第 68 页。

④　李涛:《续资治通鉴长编》卷四百八,第 9925 页。

⑤　王十朋:《梅溪先生文集》后集卷十五,《四部丛刊》本,第 11 页。

猛政,辄以此借口,予不可以不辨"。① 批驳申、商之学,矛头直指新法苛政。解《盘庚上》"由乃在位,以常旧服,正法度"认为先王之旧服正法乃"蒙诵、工谏、士传言、庶人谤于市",非"民敢相聚怨诽疑,当立新法,行权政,以一切之威治之",苏轼以盘庚为仁人,其教民当以以往法度而不别造新令,行政只是正法度而"不立权政"②。苏轼反对造新法,行权政以威治民。于《大诰》篇曰:"《盘庚》、《大诰》皆违众自用者所以借口……平居无事,变乱先王之政而民不悦,则以盘庚、周公自比,此王莽所以作《大诰》也。"③批驳那种借经典以变乱先王之政的恶劣做法。解《召诰》"其惟王勿以小民淫用非彝,亦敢殄戮用乂民",认为召公之言本意是说"王勿以小民过用非法之故,亦敢于法外殄戮以治之,民自用非法,我自用法。民自过,我自不过,称罪作刑而已",反对古今说者谓"召公戒王过用非常之法,又劝王亦须果敢殄灭杀戮以为治"的说法,苏轼不胜感慨云:"呜呼! 殄灭杀戮,桀、纣之事,桀、纣犹有所不果,而召公乃劝王使果于殄戮而无疑。呜呼,儒者之叛道一至于此哉!""痛召公之意为俗儒所诬,以启后世之虐政,故具论之。"④《东坡书传》中反复告诫统治者慎杀慎刑,极力反对申、商之学,反对变乱先王法度,言辞愤激,是有激于当时政治而发的。

杨时乃理学家程颐得意门生,创理学道南一派。著有《书义辨疑》一卷,"其书专攻王雱之失"。⑤ 杨时不仅著书攻击王安石学术,而且还在政治上对王安石新学加以攻击。杨时兼国子祭酒,上言曰:"蔡京用事二十余年,蠹国害民,几危宗社……盖京以继述神宗为名,实挟安石以图身利,故推尊安石,加以王爵,配飨孔子庙庭。今日之祸,实安石有以启之。谨按安石挟管、商之术,饰六艺以文奸言,变乱祖宗法度。当时司马光已言其为害当见于数十年之后,今日之事,若合符契。其著为邪说以涂学者耳目,而故坏其心术者,不可缕数。"要求朝廷"追夺王爵,明诏中外,毁去配享之像,使邪说淫辞不为学者之

---

① 苏轼:《东坡书传》卷六,第186—187页。按:程元敏:《三经新义辑考汇评(一)——〈尚书〉》云:"今考《东坡书传》绝未称举安石之姓名,惟其讥评旧说,常及于时人:或曰'近世学者喜异而巧于凿'(宋世评安石解经伤于凿者极多,此难以殚述),或谓其人借经为猛政苛刑之口实,皆指责安石。"(台湾"国立"编译馆1986年版,第255页)

② 苏轼:《东坡书传》卷八,第236页。

③ 苏轼:《东坡书传》卷十一,第373页。

④ 苏轼:《东坡书传》卷十三,第437—438页。

⑤ 晁公武著,孙猛校证:《郡斋读书志校证》卷一,第58页。

惑。"杨时上疏论王安石经学的危害,言辞激烈,要追夺王爵,毁去配享之像,禁止其学说"使邪说淫辞不为学者之惑",但遭谏官冯澥与学官反对,时亦罢祭酒。史臣评论杨时生平功绩云:"其大者则辟王氏经学,排靖康和议,使邪说不作。"①给他以很高的评价。

林之奇著《尚书全解》对王安石大加挞伐,并在政治上对新学加以攻击。《宋史》载朝廷欲令学者参用王安石《三经义》之说,林之奇上言:"王氏三经,率为新法地。晋人以王、何清谈之罪,深于桀、纣。本朝靖康祸乱,考其端倪,王氏实负王、何之责。在孔、孟书,正所谓邪说诐行淫辞之不可训者。"②激烈批判王安石学术,并把北宋的灭亡归因于王安石变法。林之奇生活于两宋之交,当时王安石新学独行科场,林氏有激于当权者借《尚书新义》为口实误国,故作《尚书全解》阐明理学家之义理,批评王安石解经好异与穿凿,杂刑名法术之学,反对王安石新学的驳杂。林之奇《尚书全解》中批评王氏《尚书》之处特多。林之奇批判《尚书新义》,实质是对当时占统治地位的王氏新学的批判,是以经学为手段展开的思想斗争,是理学与新学的交锋,是一场争夺思想阵地的较量。

以上三家对王安石学术的批驳鲜明地表现了经学的特质,在经学时代,经学一定程度上就是政治斗争的工具,它必然以意识形态形式介入现实政治斗争中,具有极强的干政功能。王安石由于特殊的政治身份以及变法引发的政治震荡,他的经学思想最充分体现了经世致用的功能。政治成就了他的学术,同时也湮没了他的学术。围绕《尚书新义》展开的思想斗争,可见当时思想阵地的争夺是多么的激烈,当理学占据主导后,《三经新义》的消亡就在情理之中了。从时人的批判透射出王安石《尚书新义》是一部颇有创见的著述,但却终因自身的缺陷及反对派的强大而消亡。今天所能缀述者多是时人批评的一面,全貌不得而见,这不能不说是一种遗憾。

另外,吕祖谦《书说》亦有强烈的现实批判精神,吕氏解《文侯之命》篇大发议论认为平王之失,"大抵所求于人者重,而所自任者轻。延颈企踵以望诸侯之拯救,而不思自反以进强君德"。他以燕昭王"小国之君",处一隅之地,"慨然有复雠之心,而士争趋燕。乐毅自魏往,剧辛自赵往,燕始未尝有一士

---

①　《宋史》卷四百二十八《杨时传》,第 12741—12743 页。

②　《宋史》卷四百三十三《林之奇传》,第 12861 页。

也",招贤纳士而国强仇服的史实,指出平王"苟有是心则千里之外应之",斥责平王拥有大半天下而苟且偷安,不思复君父之仇,收复故疆失地。吕氏接着分析平王诰命说"平王东迁之初,大雠未报,王略未复,正君臣卧薪尝胆之时也。奔亡之余仅得苟安,乃君臣释然,遽自以为足。曰'义义和,其归视尔师,宁尔邦',兵已罢矣。曰'用赉尔秬鬯一卣,彤弓一,彤矢百,卢弓一,卢矢百,马四匹',功已报矣。曰'父往哉! 柔远能迩,惠康小民,无荒宁',教之以平世之政,军旅不复讲矣。曰'简恤尔都,用成尔显德',勉之以本邦之治,王室无复事矣。呜呼! 周之君臣如此,周其终于东乎!"①可谓入木三分。"奔亡之余仅得苟安,乃君臣释然,遽自以为足"、"兵已罢"、"教之以平世之政,军旅不复讲",平王一朝之政治与南宋初朝廷力主议和,不思复君父之仇,不思收复失地,君臣苟安,反对主战之政何其相似乃尔! 吕祖谦言辞愤激沉痛,盖有激于现实,对南宋小朝廷偏安一隅的政治表达了强烈的不满之情。

诸家通过《尚书》注解干预现实各有不同。王安石《尚书新义》是政治家解经的典型,解经中夹杂刑名之学,宣扬了自己的政治见解,并以主流意识形态形式主导着当时的人才诠选,极大可能地展现了经学通经致用的工具理性价值,直接影响当时政治。苏轼解经是文学家解经的典范,经解与政治是疏离的,他又与王安石生于同时,其经解干政又是隐讳的。林之奇《尚书全解》是经学家解经,务求理正,对王安石新学的批评展现了当时理学与王安石新学的交锋,是争夺思想阵地的较量。引理学思想入《尚书》,把儒家人性论及道统思想融入了《书》学之中,完成了对王安石《尚书新义》的理论批判,成为王安石新学掌控《尚书》解读向理学思想主宰《尚书》解读的关键。《尚书》学便肩负起了改造现实人性与社会、对抗佛老异端思想的重任。朱子解经是哲学家解经,他借《书》学对社会改造进行了全面思考,把解经作为修身、淑世、护教的工具。《二典》、《三谟》与《四书》的结合,建构了理学家道统和人性论思想,最终完成了与佛老的思想争夺。以《洪范》为核心,展开了对君主专制政治体制的批判。不管学术旨趣、政治取向如何,经学经世致用的本质属性在经学家解经之中都是一贯的。

---

① 时澜:《增修东莱书说》卷三十五,第 148 页。

第四节　理学视野下的《尚书》诠释

宋代理学逐渐占据思想阵地,程颐《二典义》、《书说》(按:《书说》不存)首先拉开了理学思想解书的序幕。程氏弟子杨时著有《书义辨疑》,虽为反王安石《尚书新义》而作,其要亦在阐发理学思想。今存第一部全面以理学思想解《书》的专著当是林之奇的《尚书全解》,林氏弟子吕祖谦踵其后,朱子集理学之大成,最后完成了《尚书》与理学的融会。

林之奇(1112—1176 年),字少颖,号拙斋,福建侯官人。林氏从学吕本中,中绍兴二十一年(1151 年)进士第,由宗正丞提举闽舶参帅议,遂祠禄家居,自称拙斋。事迹具《宋史》本传。《尚书全解》①是林之奇祠禄家居时博考诸儒之说而成,全书共四十卷②。书首有林之奇《自序》,其孙林畊淳佑庚戌(1250 年)五月《序》和邓均《序》三篇文字,分别介绍了著述主旨、成书情况(尤其是《洛诰》以后诸篇的由来)及刊刻情况。该书征引文献丰富,保留了宋人《书》学的大量资料。其贡献尤大者乃以理学思想系统解《书》。

吕祖谦《书说》为其讲学之稿。弟子时澜《增修东莱先生书说序》③阐发了东吕祖谦作《书说》的原因,其辞云:"生蒸民而理之,皆天也。纲三常五以范人事,君师赞焉,出为大纲小纪,公卿、大夫、士而等级维之,然后以化以育,以立人而天成地平而位三才。时有先后,道有升降,是以为二帝三王而虞、夏、殷、周之书作。经生袭陋,病不能窥也。……曰:'唐虞三代之气象不著于吾心,何以接典、谟、训、诰之精微?生乎百世之下,陶于风气之余而读是书,无怪乎白头而如新也。'周室既东,王迹几熄,流风善政犹有存者,于横流肆行之中有间见错出之理。辨纯于疵,识真于异,此其门邪?仲尼定《书》,历代之变具焉,由是而入可以睹禹、汤、文、武之大全矣。"吕氏说《书》,是要睹"禹、汤、文、

---

① 按:该书又名《尚书集解》,见《宋史·艺文志》、林之奇《拙斋文集》、朱彝尊《曝书亭集》(卷三十四《东莱吕氏书说序》)、《闽中理学渊源考》(卷七《文昭林拙斋先生之奇》)。此准林畊编定所名。

② 按:麻沙伪本为五十八卷(今部分材料存于黄伦《尚书精义》中),其孙林畊整理本为四十卷,《通志堂经解》准林畊本。但自《洛诰》以后非林之奇著。

③ 本书所引《东莱书说》文字采用《通志堂经解》本。

武之大全"，接"典、谟、训、诰之精微"，以探明二帝三王之心，观唐虞三代之流风善政以矫时弊。阐明三纲五常之理"以立人而天成地平而位三才"，建立合理的人伦秩序。这是理学家解经的典型路径。

一、《尚书》与理学思想的会通

林之奇生活的南宋初期正是理学蓬勃发展并逐步占领思想统治阵地的时代，理学家在对抗佛老思想时，对原始儒家极少论及的性与天道问题展开了充分的探讨，力图为现实人生提供理论依据并重振式微的儒学。林氏从学于吕本中，吕本中祖父吕希哲师从程颐，本中自幼对理学闻见习熟，少长从杨时、游酢、尹焞游，得亲承理学。林氏深得理学精髓，其《尚书》疏解中每阐发其理学思想，实现了时代精神与经典的交融。吕祖谦则生活在理学三贤桴鼓相应的时代，理学已成学术主流，其经解著作自多理学思想。

首先是气禀说之人性论探讨。理学家往往借助经典解释对人性进行探讨，林之奇《尚书全解》阐发了基于理学家气禀说与中人之性（性三品）的人性论思想。如《太甲上》"王惟庸罔念。伊尹乃言曰：'先王昧爽丕显，坐以待旦。旁求俊彦，启迪后人，无越厥命以自覆。慎乃俭德，惟怀永图。若虞机张，往省括于度则释。钦厥止，率乃祖攸行，惟朕以怿，万世有辞"一节，林氏以孔子"惟上智与下愚不移"之说论太甲品性，谓太甲实中人之性，"伊尹知其性之可移而为智，故谆谆然以诲之，则冀其改过以迁善。"从而论述了他把人性分为上智、下愚与中人之性三品的人性论观点，云"上智不可移而为愚"、"下愚不可移而为智"、"故智者而与之为恶则将移而为恶，愚者而与之为善则将移而为智，此则谓中人之性，以其可上而可下也"①。按经文本训太甲要效法先王以图长治久安而留名后世，林氏所谓"中人之性"乃借经以发挥一己义理，实与经文本旨无关，此乃循宋学之路径。程颐云："'上知'，高远之事，非中人以下所可告，盖逾涯分也。"②在程颐看来，人性是有上智、中人与下愚的差别的。又云："子曰：'君子博学于文，约之以礼，亦可以弗畔矣夫！'此非自得也，勉而能守也。'多闻择其善者而从之，多见而识之，知之次也'，以勉中人之学也。"③程氏认为只有中人才可能以教化导之向善。林之奇对人性的认识直接

---

① 林之奇：《尚书全解》卷十六，第 409 页。
② 程颢、程颐：《河南程氏遗书》卷十八，《二程集》，中华书局 1981 年版，第 207 页。
③ 程颢、程颐：《河南程氏遗书》卷六，第 95 页。

来自二程思想的影响。

关于人性的这种差异源于"气质之性",林之奇在论《洪范》"皇极畴"中对此有详尽的阐述,他认为人皆禀"天命之性"而生,初未尝有"智、愚、贤、不肖之分",但人所禀受有"气质之性"存于其间,所以论天命之性则人"凡受中于天者均一性",是无差别的,但论其气质之性则"有上智焉、有下愚焉,而于上智、下愚之间乃有中人之性焉"①。林之奇以天命之性与气质之性解释了人性差异的根源。天命之性与气质之性的说法是由程颐提出的,云:"'生之谓性',与'天命之谓性',同乎?性字不可一概论。'生之谓性',止训所禀受也。'天命之谓性',此言性之理也。今人言天性柔缓,天性刚急,俗言天成,皆生来如此,此训所禀受也。"②又云:"人生气禀,理有善恶,然不是性中元有此两物相对而生也。有自幼而善,有自幼而恶,是气禀有然也。"③程颐认为人之为人,在本质上是善的。但人禀气而生,所禀不同就产生了善恶之不同。林之奇把气禀说纳入《洪范》"皇极"思想中,形成了他独特的人性论学说,认为"下焉者自暴自弃,上之人虽设皇极以教之有所不从也,则是皇极之所教者惟中人而已。"中人可以语上,亦可以语下,修"皇极"之教,则世之中人皆可以进而为上智;不修"皇极"之教,则世之中人皆将流而为下愚。林之奇根于"性三品"的人性论,反复阐述了"皇极"之教的意义在于"诱天下中人而纳之于善"④。林之奇还借"皇极"探讨了物欲之蔽。他认为民禀受于天莫不有"皇极之道",但"因物有迁",梏于"蕞尔形体之微",至于偏陂反侧而失其固有之中,"流于物欲而不能自反"。也就是说人性是本善的,但民容易被外物移易,物欲障蔽,要恢复人性本然之善就需人君模范天下"建皇极于上",去民"偏陂反侧"⑤之性以新民。林之奇关于人性"物欲之蔽"的思想同样来自二程。⑥ 其实"皇极畴"本宣扬的是源于上帝意志的神权政治和暴力统治,与道德教化无关。⑦ 林氏之说虽背经文本旨,然而这种阐说无疑开掘出了经典的经世意义。林之奇

① 林之奇:《尚书全解》卷二十四,第 466 页。
② 程颢、程颐:《河南程氏遗书》卷二十四伊川先生语十,第 313 页。
③ 程颢、程颐:《河南程氏遗书》卷一,第 10 页。
④ 林之奇:《尚书全解》卷二十四,第 467 页。
⑤ 林之奇:《尚书全解》卷二十四,第 466 页。
⑥ 程颢、程颐:《二程遗书》卷十一云:"人心莫不有知,惟蔽于人欲则忘天德一作理也。"(第 123 页)
⑦ 详参刘起釪:《尚书校释译论》,中华书局 2005 年版,第 1207 页。

继承了二程人性论观点，并以此为基础探讨了君主教化何以可能，以及教化的阈限。这就是他反复阐述"中人之性"的价值指向。林之奇解经中理学思想的应用是圆通自如的，确实深得程氏理学阃奥。这种阐释无疑是一种合目的的创造，同时也表明理学已成为了重要的时代精神。

吕祖谦解《书》重天理人欲之辨，与林之奇为一脉相承。如《多方》论桀之纵酒云："虽闾巷之人，岂无人欲少醒，耳目清明之顷乎？此即所谓劝于帝之迪，惟其介然之蹊，旋即湮塞，所以泯然众人也。至于桀则终日昏酣，未尝发见天理，或几乎息矣"①，阐述了天理人欲为人人所共有，天理为人性善之根本，"发见天理"乃天子治天下、得天下之关键。《多士》篇解"在今后嗣王……罔非有辞于罚"云："诞罔显于天者，言纣天理昏蔽之极，其本既亡矣。况曰其有听念于先王勤劳邦家，而思所以保之乎？先言不明天理，次言不念祖宗者，盖天理犹有毫发之存，则追惟前人栉风沐雨之艰难，必不忍淫泆以荡覆之也"②，吕氏谓商纣王天理昏蔽，失其根本。同时也阐发了人的本然善性"天理"易为人欲所蒙蔽。怎样禁物欲于未发，复人之本心就成为了理学家探讨的重要课题。吕氏解《洛诰》"无若火始焰焰，厥攸灼，叙弗其绝"云："成王之初政，周公惧其私心之或萌，故严厉其辞，所以闲之于始，而禁之于未发也"③，就论述了要禁私心而恢复人之本性的问题。吕氏《书说》还进而论及保持天理（道心）的修养方法——操存涵养。《多方》云："天命至公，操则存，舍则亡。以商先王之多，基业之大，纣曾不得席其余荫，其亡忽焉。危微操舍之几，周公所以示天下深矣，岂徒曰慰解之而已哉！"④道心精微难明，只有常常操持，才能长保不失。人心危而难安，只有常持敬畏，才能得民心以保天命。《君奭》篇又云："天命不易，天难谌者。不易，盖天命之理。天命至公，不可攀援，不可倚着。古先圣王所以兢兢栗栗，若陨深渊者也。验吾心操舍之际则知之矣。"⑤《无逸》篇亦云："昔在殷王中宗，严恭寅畏，天命自度，治民祇惧，不敢荒宁。肆中宗之享国七十有五年"一节解云："严恭寅畏，盖中宗无逸之实，严则谨重，恭则降下，寅则肃庄，畏则兢业，合而言之则敬而已矣。天命自度，言中宗常以天

---

① 时澜：《增修东莱书说》卷二十八，第124—125页。
② 时澜：《增修东莱书说》卷二十四，第115页。
③ 时澜：《增修东莱书说》卷二十三，第111页。
④ 时澜：《增修东莱书说》卷二十八，第124页。
⑤ 时澜：《增修东莱书说》卷二十六，第119页。

命自律也。维天之命存于心，流行于天下，著见于祲象，内体道心之微，外观天下之公，仰因祲象之示，参验省察，不违其则，所谓以天命自律也……天人一理，既畏天命必不敢轻下民。故祗惧而不敢荒怠宴安，盖深知民之可畏而深识治民之果难也。"①指出人君当常存敬畏以操存本心，则可去其私而得天下之公，上合天心而下应民事。这里论述了操持的关键在于主敬，虽为人主而发，所论确具有普世价值，是人人修为的路径。

其次，在士大夫提倡和科举的推动下，宋代《大学》、《中庸》逐渐成为现实思想资源，《大学》之修养路径，《中庸》之终极关怀已渗透到知识群体内心世界中。② 在此大背景下，林、吕解《书》常会通三者，建构其理学思想。林之奇解《书》充分应用了《大学》思想，引《大学》格致诚正、修齐治平思想以解《皋陶谟》"慎厥身修"，③认为尧、舜之治天下，禹、皋陶、稷、契之陈谟于君，其叙"未尝不本于此"，把《大学》的修养方法作为君主修养的普遍规则。林之奇反复使用《大学》这一思想解读《尚书》，凸显了理学家修养论的现实意义。他认为《洪范》"八政"是"圣人以其正心、诚意、修身之道，达之于天下国家者"，《洪范》"始于五行以尽性，五事以践形，尽性践形以致知、格物、正心、诚意以

---

① 时澜：《增修东莱书说》卷二十五，第 117 页。

② 《宋史·张知白传》卷三百一十"仁宗即位（1022 年），进尚书右丞，为枢密副使，以工部尚书同中书门下平章事、会灵观使、集贤殿大学士。时进士唱第，赐《中庸篇》，中书上其本，乃命知白进读，至修身治家之道，必反复陈之。"按：张知白进相在天圣三年（1025 年）（第 10188页）。《宋会要辑稿》云："天圣五年（1027 年）四月二十一日赐新及第《中庸》一篇。"天圣八年（1030 年）四月四日载："赐新及第进士《大学》一篇。自后与《中庸》间赐。著为例。"（选举二之七，中华书局 1957 年版，第 4248 页）王应麟《玉海》卷三十四"天圣赐进士《中庸》"条云："天圣五年四月辛卯，赐进士王尧臣等闻喜宴于琼林苑，中使赐御诗，又人赐御书《中庸篇》各一轴。自后遂以为常。"（王应麟：《玉海》，广陵书社 2007 年版，第 635 页）又"天圣赐进士《大学篇》"条载："天圣赐进士《大学篇》，天圣八年四月丙戌赐进士王拱辰，宴于琼林苑，遣中使赐御诗及《大学篇》各一轴。自后登第者必赐《儒行》，或《中庸》《大学篇》。"（第636 页）朝廷以《学》、《庸》赐新进士，是要求他们以二书思想为修身为政之本。这种做法无疑大大提高了二书的地位，使束之高阁的经典进入了现实的思想世界，在铸造精英的灵魂时改造着现实社会。

③ 林氏谓"言人臣欲谟明弼谐以启迪人主之德，则当使人君慎厥身修。盖'古之欲明明德于天下者，物格而后知至，……自天子至于庶人，一是皆以修身为本，其本乱而末治者，否矣。其所厚者薄，而所薄者厚，未之有也。'古之所以明明德于天下始于格物、致知、正心、诚意者，凡欲以修身而已身既修矣，则扩而充之，至于家齐而后国治，国治而后天下平，无不可者。……尧、舜之治天下，禹、皋陶、稷契之陈谟于君，其叙未尝不本于此。"（卷五，第 430—431 页）

修其身"，全篇讲述的是"尽性践形"的至道。很显然林氏是用自己理学思想在重构《洪范》主旨，远非经文本旨。《大学》之修养方法成为了林之奇解《书》的重要思想资源，贯穿于《尚书全解》全书中。林之奇以《大学》为人主治天下之要道，《大学》不仅提供了修养的方法论，同时还有超越的终极追求，下学而上达，通过修身而至"止于至善"完美境界。其解《益稷》"安汝止，惟几惟康"就运用《大学》"知止章"为解，要求通过修身达至对人伦事理的圆融，这就是"内圣"的功夫。儒者修身的目的不只在独善，还要肩负"新民"的社会责任，追求"外王"的功夫。《说命下》解"惟学逊志，务时敏……惟教学半，念终始典于学"云："人之学也，岂以独善其一身而已哉！""学之始仁以成己，学之终智以成物"①，"成物"实与《大学》"新民"之纲领同一旨趣。经林氏的解读，《大学》之"三纲领"、"八条目"已完全融入到了《尚书》思想的建构之中。

吕祖谦在《书说》中承其师说，阐明了源自《大学》的明明德为治国平天下之本的思想。《多士》"我闻曰上帝引逸……罔不配天其泽"一节，吕氏解曰："明德者，治国平天下之本。而恤祀，则致敬鬼神聚其德而神明之者也。自成汤至于帝乙，圣贤之品差，亦不一矣。谓之罔不明德恤祀者，言大略不失此心，所以传世不坠也。……殷之哲王亦皆操存此心，罔敢失帝之则，无私主则无私施也。此布德行惠，所以罔不配天其泽也。苟不知操存，失其帝则，虽欲泽民亦皆私意之为，何足以配天乎！"②就是说君主常操存此心则可以明其明德，修身是君主治理家国天下的根本，也是人立世的逻辑起点。操存人之本然善性是理学家修养论之重心，而操存本心也就是《大学》"明明德"的心路历程。吕氏解《君陈》篇云："惟孝友于兄弟，自父母而达之兄弟也。克施有政，自家而达之官也。本立而生，成章而达，其序则然也。"③修齐治平，由内圣而达于外王，此乃《大学》之理路。《康王之诰》篇又云：

> 康王之论文、武，非深达君德而明仁体者不足以与此。丕平富者，覆载溥博，均平富，养至仁无外之体也。苟志于仁矣，无恶也。况文、武之仁溥博如天，何由复务昏虐乎？……盖形容文武天地发生之心，粹然专以爱育长养为事，犹孟子不嗜杀人之论也。是心也，有毫发之未尽则不得谓之

---

① 林之奇：《尚书全解》卷二十，第438页。
② 时澜：《增修东莱书说》卷二十四，第114页。
③ 时澜：《增修东莱书说》卷三十一，第135页。

底止,其至有毫发之未实则不得谓之齐壹于信。曰底至、齐信者,又所以形容是心之尽而实也。笃实则辉光,用昭明于天下表里之符也,则亦有熊罴之士、不二心之臣,保乂王家者非一人也。①

这里我们可以看到《大学》"三纲领"的影子,君主之"明明德"是天下万事之根本,明明德而无"毫发之未尽"至于"止于至善"之境,则可以新民而"昭明于天下",可以得天下善士保乂王家。吕氏的解释无疑是理学家义理的阐发。

朱子正君心、主敬涵养等思想的形成与林、吕二人思想有关。

同样,《中庸》也成为理学家解《书》的重要思想资源。② 林之奇解《大禹谟》"人心惟危,道心惟微,惟精惟一,允执厥中"云:"此尧、舜、禹三圣人相授受之际,发明其道学之要以相畀付者",把这十六字看作圣人授受天下的秘旨,并借韩愈"尧以是传之舜,舜以是传之禹,禹以是传之汤,汤以是传之文、武、周公,文、武、周公传之孔子,孔子传之孟轲,轲之死不得其传"③之说,建立起了儒家的道统谱系。他还结合《中庸》"中和"思想,展开了对儒家心性之学的探究,为道统注入了丰富内容,辞云:

> 《中庸》曰:"喜怒哀乐之未发谓之中,发而皆中节谓之和",苟于其既发而为私欲所胜,则将发而不中节矣。夫所发者既已危而不安,则未发者亦将微而难明,诚能惟精惟一以安其危,则喜怒哀乐中节而和矣。所发者既和,则未发之中亦将卓然而独存矣,故能允执厥中。此盖与《中庸》之言相为表里,自尧、舜、禹以至孔、孟所以相传者,举不出此。④

林之奇用《中庸》"中和"思想阐释了《大禹谟》"道心"、"人心",从林氏所论"所发者既已危而不安,未发者亦将微而难明"的阐释来看,他是以"已发"为人心,"未发"为道心的。他把心分为两个层面,为私欲所胜则为"人心",胜私欲则为"道心",提出了要警惕"所发"的修养论,修养要"惟精惟一"以安其

---

① 时澜:《增修东莱书说》卷三十二,第 139 页。
② 按:吕祖谦《书说》借助《中庸》思想不多,故不作论述。
③ 林之奇:《尚书全解》卷四,第 337 页。
④ 林之奇:《尚书全解》卷四,第 337 页。

人心,由所发之和而达"未发之中"而把握"道心"。林氏此说为朱子"操存涵养"心性论的建立提供了宝贵的思想资源。

林氏以《中庸》"天命之谓性,率性之谓道,修道之谓教"阐释《洪范》九畴,认为自"初一曰五行",五行运于天地之间,是发明"天地之性"、"中和之实"。自五事、八政而下则"率性之谓道,修道之谓教也"①。用《中庸》思想概括了《洪范》的全部内容,以全新的视角作出了创造性的解释,结论虽有可议之处,但却卓然可备一说。又"皇极畴"论云:"《洪范》之于五行,发明尽性之理已系于此矣,则圣人建大中以为治天下之本者既由是广而充之,至于五事敬、八政农、五纪协,则治天下之规模法度毕备矣。"②林氏引《中庸》以解《洪范》,内圣与外王思想交相辉映,形成了儒家"治天下之规模法度"。《中庸》与《尚书》思想的交融,一个远较佛老悠远的道统谱系确立起来了,同时又展开了对儒家心性理论的颇有深度的掘进。《大禹谟》"十六字心传"与《中庸》"中和"思想的交汇不仅为圣圣传心提供了可以探寻的思想轨迹,而且还为儒家道统思想提供了基本文献,表明了儒家道统绝非虚构。心性论是儒道得以承传的基础,是区分儒道与异端的标尺。儒家道统思想又是心性论的最终归宿,是改造现实人性的依据。考察朱子《中庸章句序》可见其道统学说的建构获益于林氏不小。

虽然林、吕之说颇背经旨,但理学和《大学》、《中庸》思想的灌注,确实赋予了《尚书》这部古老经典以时代思想的新鲜血液,使其常读常新。经典与经学家就在这种相互碰撞中塑造着时代精神。朱子心性论、道统谱系的建立均与林之奇、吕祖谦等理学家的积极开拓密切相关。

二、义理与象数之争

北宋《易》象数学空前发展,象数学者以《洛书》为《洪范》之本,象数就逐渐介入了《尚书》之《洪范》篇中。北宋范谔昌《大易源流图》谓"《洛书》之九畴本《河图》自然之数,虚皇极于中,而八畴分布四正四维,五行置于坎一,五事置于坤二,五纪置于巽四,五福置于离九,一以九畴之次叙陈列于《河图》之卦次。"③范氏把《洪范》九畴配于《易》之八卦,认为《易》与《洪范》同源,他的

---

① 林之奇:《尚书全解》卷二十四,第 461 页。
② 林之奇:《尚书全解》卷二十四,第 466 页。
③ 转引自王铁:《宋代易学》,上海古籍出版社 2005 年版,第 33 页。

意图不是援《易》以解《范》,而是重新引五行以解《易》。其后邵雍《皇极经世观物外篇》认为"圆者《河图》之数,方者《洛书》之文,故羲、文因之而造《易》,禹、箕叙之而作《范》也。"①从数的角度把《易》、《范》联系在一起。象数学者对《河图》、《洛书》的阐述,开启了以数演《范》的门径。象数派发展的同时,义理派亦有很大发展,理学家程颐完全以义理解《易》而反对以象数解《易》②,林之奇禀承程颐义理一脉,极力批驳了象数学的诬妄。他以《洪范》为大禹所作,"天赐禹《洪范》九畴,彝伦攸叙"就如同说"天诱其衷"。言天赐是因为"古人之语于其最重者必推于天",③反对神话传说的怪异,批驳了《河图》、《洛书》说的荒谬,对《洪范》的由来作出了历史化的解释。林氏批判以《易》之象数解《洪范》的荒唐。他认为五行畴所谓一二三四五为五行之顺序,只是"列此五者之目",与《易》之数、《洛书》本文无关。他按象数学者的逻辑推演,"一曰水至五曰土"可附会以"一二三四五为五行之生数",那么"五事其所谓一二三四五者,岂皆亦有数邪? 以至五纪、五福亦皆五物也。如五行谓可以系之于数,则此五纪、五福必皆可以数系之,以至于八政必合于八之数,三德必合于三之数。"结果必然是各畴均可以数言,无疑这一结论是难成立的。林氏驳斥说"今于其它不以数言,而独于五行则以约生其数,学者遂从而深信之,以为《洛书》之本文果如此,何其不思之甚邪!"进而林之奇阐发了《易》与《洪范》根本不存在联系的观点,解"五行畴"谓《洪范》"以五行为本",其"与《易》大衍之数变通而不穷者固已如冰炭之不相入矣,安得以数而推之乎?"④坚决反对以《易》之象数推演《洪范》,认为二者本不相类,相互牵合,必然导致牵强附会。正如《五行传》天人感应之说"牵合相从,徇其从己之见以为至当之论","失圣人之意远矣"。认为箕子所陈九畴是陈其事如此,谓《五行传》"其所以配五行、五事,大抵皆失于穿凿,非自然之理也。"矛头同样指向象数

---

① 朱熹:《易学启蒙》,朱杰人、严佐之、刘永翔主编:《朱子全书》第 1 册,第 211 页。

② 朱熹:《朱子语类》卷六十七曰:"已前解《易》,多只说象数。自程门以后,人方都作道理说了。"(第 2216 页)

③ 林之奇云:"古人之语于其最重者必推于天,典曰天叙,礼曰天秩,命曰天命,诛曰天讨,凡出于理之自然,非人之私智所能增损莫非天也。'帝乃震怒,不畀《洪范》九畴,彝伦攸斁',犹所谓天夺其魄也。'天乃锡禹《洪范》九畴,彝伦攸叙',犹所谓天诱其衷也……今世所传《洛书》五行生成之数大抵出于附会,不足信也。若以为龟背之所负有五行五事等字,则其说迂怪矣。某窃谓天乃锡禹《洪范》九畴,犹言天乃锡王勇智耳,不必求之太深也。"(卷二十四,第 460 页)

④ 林之奇:《尚书全解》卷二十四,第 463 页。

一派。象数学者相信可以通过象数了解人事吉凶、宇宙规律。林之奇却反对"明鬼尚怪",以卜筮决疑,他解《洪范》"稽疑畴",提倡践履行实,要求尽人事以合天道,反对一托于卜筮的不稽。朱子相信象数之学,弟子蔡沈草成《洪范皇极内篇》,朱子赞叹有加,并决意让蔡沈完成《书集传》传其《书》学。蔡沈《洪范皇极内篇》开启了演《范》一派,并未接受林之奇的进步思想。以九九之数演绎天地万物,推占人事吉凶,其荒谬较汉《五行传》有过之而无不及。林之奇是论,于其时代可谓卓尔不群。

　　林之奇解《书》力驳怪力乱神之说和谶纬之说。如解《禹贡》"导洛自熊耳,东北会于涧、瀍,又东会于伊,又东北入于河"一节批评禹凿龙门、辟伊阙、析城、底柱、破碣石之说"皆已甚之论"。凿山通水,非九州之民力所能堪! 不是出于人情,圣人不为。驳斥巨灵擘石的传说"乃世俗之所见"。① 林氏对大禹治水的神话传说作出理性批判,进行了历史化的解释。今天看来,林氏是缺乏历史意识的,但这一批判却彰显了他的唯物与无神论精神。解《咸有一德》"夏王弗克庸德……爰革夏正"一节,林氏指出祥瑞之说不仅使人主"不知取必于其德,而妄意符命于不可测之间",还为篡逆者提供了一种凭据,"使王莽因之而篡汉者,推其源流,皆汉儒之罪也"。② 从而阐明了人主必以德得天下,否定符瑞之说的诬妄不实与欺世愚民,其实这也潜在否定了正史所载帝王行迹之异事,褪去了帝王身上神圣的光环,其思想具有着强大的战斗精神,这种实事求是精神是值得称扬的。林之奇对神话的历史化,批评汉儒谶纬、天人感应之说,驳斥宋儒以象数解《洪范》的荒谬,都展现了他的唯物精神,其思想认识高出当时儒者远甚。朱子却相信象数《易》,这与他把《易经》看作卜筮之书有关。

　　林、吕二人引理学思想入《书》开拓了《尚书》思想空间,为古老经典融入了时代思潮。这一解经路径无疑对朱子深有启迪,为他更自如地以时代思想改造经典内涵提供了宝贵思想资源。经学家就这样在借解经建构自己思想大厦的同时,完成了经典的现代化。

---

① 林之奇:《尚书全解》卷十,第378页。
② 林之奇:《尚书全解》卷十七,第417页。

第二章 朱子论《书》考辨

朱子一生遍注群经，但作为帝王之书、政治哲学的《尚书》和正君臣纲常的《春秋》，却没有著述，实在是文化史上的一件憾事。从今存资料看，隆兴元年（1163年），朱子开始讨论《尚书》，淳熙十三年（1186年）欲作《书集传》，朱子《文集》和《语类》散见的材料中可以考见其为集注《尚书》所做的大量工作。

第一节 朱子与学侣弟子论《书》考

朱子很多著作是在与学侣弟子讨论中完成的，《朱子语类》卷七十八、七十九专记其与弟子讨论《尚书》的内容。《晦庵先生朱文公文集》卷六十五收录了他所注的《尚书》数篇，包括《书大序》、《尧典》、《舜典》、《大禹谟》（至"率百官若帝之初"）、《召诰》、《洛诰》（未完）、《金縢说》、《武成月日谱》、《考定武成次序》，其中解《书大序》、《尧典》、《舜典》、《大禹谟》数篇是标准的注疏体，提出了注《尚书》的基本体例。《召诰》、《洛诰》两篇乃材料汇编，几无论断。《金縢说》、《武成月日谱》、《考定武成次序》三篇是对《尚书》中具体问题的讨论。其他与亲旧的书信往来亦多有商讨《尚书》者。从现存材料看，朱子已做好了集注《尚书》的准备工作，收罗了大量《尚书》著作并进行了甄别。与亲旧门人的谈论中对《尚书》中大量有争议的问题进行了探讨，提出许多真知灼见。《文集》中与朱子书信往来论《尚书》者甚众，所论涉及《尚书》各个方面。

一、辨正《书序》

隆兴元年癸未（1163年）六月九日朱子《答汪尚书》第一书云："帝舜申之

之说,亦尝疑之。既而考其文,则此序乃三篇之序也。'皋陶矢厥谟',即谓《皋陶谟》篇也。'禹成厥功',即谓《大禹谟》篇也。陈九功之事,故曰成厥功也。申,重也。帝舜因皋陶陈九德而禹俞之,因复申命禹曰:'来,禹,汝亦昌言。'而禹遂陈《益稷》篇中之语,此一句序《益稷》篇也。"①论及《大禹谟序》为序《大禹谟》、《皋陶谟》、《益稷》三篇等内容,开始怀疑《书序》。讨论《书序》问题的书简有:淳熙七年庚子(1180年)正月朱子《答吕伯恭》第七十九书②云:"吴才老说《胤征》、《康诰》、《梓材》等篇,辨证极好。但已看破《小序》之失而不敢勇决。"③论吴才老看破《小序》之失而批评其犹疑。绍熙二年辛亥(1191年)朱子《答陈安卿》第二书④云:"'作新民'是成王封康叔之语,而《或问》中曰武王,何也? 此《书序》之误。……但看此与《酒诰》两篇只说文王,而不及武王,又曰'朕其弟小子封',又曰'乃寡兄勖',武王自称,犹今人云劣兄。则可见矣。'周公初基'一节是错简⑤论《康诰序》之失,认为《康诰》为武王时书。绍熙元年、二年守漳时朱子《答李尧卿》第四书⑥又云:"《康诰》小序以为成王封康叔之书,今考其词,谓康叔为弟而自称寡兄,又多述文王之德,而无一字及武王者,计乃是武王时书,而序者失之。"⑦再论《康诰序》之失。庆元三年丁巳(1197年)朱子《答孙季和》第二书⑧云:"《小序》决非孔门之旧,安国《序》亦决非西汉文章。……孔氏《书序》与《孔丛子》、《文中子》大略相似,所书孔臧不为宰相而礼赐如三公等事,皆无其实。"⑨疑大、小《序》。庆元五年己未(1199年)朱子《答廖子晦》十六书⑩"武王克商之年,《泰誓序》作十一年,经作十三年,而编年之书乃定从《序》说。乡见柯国材说,以《洪范》考之,访于箕子是十三年事,必是当年初克商时便释其囚而问之。不应十一年已克商,至两年后乃问之也。"⑪论《泰誓序》记载时间之误。朱熹绍熙元年(1190

① 朱熹:《文集》卷三十,第1292—1293页。
② 陈来:《朱子书信编年考证》,上海人民出版社1989年版,第176页。
③ 朱熹:《文集》卷三十四,第1497页。
④ 陈来:《朱子书信编年考证》,第334页。
⑤ 朱熹:《文集》卷五十七,第2729页。
⑥ 陈来:《朱子书信编年考证》,第333—334页。
⑦ 朱熹:《文集》卷五十七,第2705页。
⑧ 陈来:《朱子书信编年考证》,第426页。陈来先生疑在淳熙十一年甲辰前后(1184年)。
⑨ 朱熹:《文集》卷五十四,第2538页。
⑩ 陈来:《朱子书信编年考证》,第477—479页。
⑪ 朱熹:《文集》卷四十五,第2109页。

年)于临漳刻《书》总《书序》为一编置于经后,完成了对《书序》从单篇到系统的怀疑,这些讨论反映了朱子废《序》言《书》思想的形成经历了长达 28 年的思考,这与他废《序》言《诗》、整编《古易》力图恢复故经原貌的整个经学思想是一致的。

二、杂论《尚书》

乾道五年(1169 年)朱子《答郑景望》第一书、第三书,①辩郑氏"尧舜之世一用轻刑"说,云:"《虞书》论刑最详,而《舜典》所记尤密。其曰:'象以典刑'者,'象'如天之垂象以示人,而'典'者常也,示人以常刑。所谓墨、劓、刖、宫、大辟,五刑之正也,所以待夫元恶大憝、杀人伤人、穿窬淫放,凡罪之不可宥者也。曰'流宥五刑'者,流放窜殛之类,所以待夫罪之稍轻,虽入于五刑而情可矜、法可疑与夫亲贵勋劳而不可加以刑者也。曰'鞭作官刑','扑作教刑'者,官府学校之刑,以待夫罪之轻者也。曰'金作赎刑',罪之极轻,虽入于鞭朴之刑,而情法犹有可议者也。此五句者从重及轻,各有条理,法之正也。曰'眚灾肆赦'者,'眚'谓过误,'灾'谓不幸。若人有如此而入于当赎之刑,则亦不罚其金而直赦之也。曰'怙终贼刑'者,'怙'谓有恃,'终'谓再犯。若人有如此而入于当宥之法,则亦不宥以流而必刑之也。"②指出"夫轻重取舍之间,自有决然不易之理。其宥过非私恩,其刑故非私怒,罪疑而轻非姑息,功疑而重非过予。……此所以好生之德洽于民心而自不犯于有司,非既犯而纵舍之谓也。"③"尧舜之世一用轻刑"说可能带来尧、舜之世有宥而无刑的质疑,那么结果是杀人者不死而伤人者不刑,是圣人不忍心于元恶大憝而反忍于衔冤抱痛之良民,对经典解释包含的价值取向深有儆戒。又乾道七年辛卯(1171 年)朱子《答吴晦叔》第八书④,亦辨五刑之说。

朱子《答徐元聘》第一书云:"纣恶未盈,天命未绝,故文王犹得以三分之二而服事纣。若使文王未崩,十二三年,纣恶不悛,天命已绝,则孟津之事文王

---

① 陈来:《朱子书信编年考证》云:"第二书乃第一书之别本……此二书在乾道五年为近。"考第三书云:"此乃承前两书辩郑景望'尧舜之世一用轻刑'之说也。故当亦在本年己丑。"(上海人民出版社 1989 年版,第 59 页)按:此信见朱熹《文集》卷三十七。
② 朱熹:《文集》卷三十七,第 1627—1628 页。
③ 朱熹:《文集》卷三十七,第 1626 页。
④ 陈来先生云:"第七书前两段论刑,此书专论刑,当承其书,亦当在辛卯。"(《朱子书信编年考证》,第 84 页)

亦岂得而辞哉？以此见文、武之心未尝不同，皆无私意，视天与人而已。"又谓《泰誓》"无观政之事"，反对《尚书》"为存名教而发"，指出"圣人所行便是名教"，又谓"周公东征，不必言用权，……帅师征之，乃是正义。"马、郑东行避谤乃"鄙生腐儒不达时务之说"。又谓《君奭》召公不说，"盖以为周公归政之后不当复留，而己亦老而当去。"①此书涉及圣贤理想问题。《答董叔重》第五书谓《书·金縢》"我之弗辟，我无以告我先王"一段，"辟"朱子赞同董氏"诛辟"之说，论《微子》三仁之去就死生各出于至诚恻怛之心，论"咸有一德"云："一者其纯一而不杂，德至于纯一不杂，所谓至德也"、"归于至当无二之地，无纤毫私意人欲间杂之"，反对"君臣同德"之说，谓《书序》恐只是经师所作，但决非夫子之言耳。② 此数书涉及解《书》的价值取向。

绍熙三年壬子(1192 年)朱子《答项平父》第六书③谓"《洪范》'皇极'一章，乃九畴之本"④。绍熙五年(1194 年)朱子《答梁文叔》第二书⑤云："自'皇建其有极'以下，是总说人君正心修身、立大中至正之标准以观天下而天下化之之义；'无偏无陂'以下乃是反复赞叹。正说皇极体段；'曰皇极之敷言'以下是推本结煞一章之大意。"⑥"皇极"论诸书涉及朱子人性论及政治观。

绍熙五年甲寅后(1194 年)朱子《答董叔重》第七书⑦"曾彦和说《书》精博，旧看得不子细，不知其已有此说。……九江之说今亦只可大概而言，恐当时地入三苗，禹亦不能细考。"⑧朱子《答孙季和》第五书云："《康诰》等篇决是武王时书，却因'周公初基'以下错出数简，遂误以为成王时书。然其词以康叔为弟而自称寡兄，追诵文王而不及武王，其非周公、成王时语的甚。至于《梓材》半篇全是臣下告君之词，而亦误以为周公诰康叔而不之正也。"⑨此数书涉及《尚书》内容之考订。

---

① 朱熹：《文集》卷三十九，第 1757—1758 页。
② 朱熹：《文集》卷五十一，第 2355—2360 页。
③ 陈来：《朱子书信编年考证》，第 347 页。
④ 朱熹：《文集》卷五十四，第 2545 页。
⑤ 陈来：《朱子书信编年考证》，第 218—219 页。
⑥ 朱熹：《文集》卷四十四，第 2025 页。
⑦ 陈来：《朱子书信编年考证》，第 362 页。
⑧ 朱熹：《文集》卷五十一，第 2368 页。
⑨ 朱熹：《文集·别集》卷三，第 4885 页。

朱子《答或人》云:"《尚书》顷尝读之,苦其难而不能竟也。《注疏》、程、张之外,苏氏说亦有可观,但终是不纯粹。林少颖说《召诰》已前亦详备。闻新安有吴材老《裨传》颇有发明,却未曾见,试并考之。诸家虽或浅近,要亦不无小补,但在详择之耳。……大抵读《书》先且虚心考其文词指意所归,然后可以要其义理之所在。……惟其阙文断简、名器物色有不可考者,则无可奈何,其它在藏埋中可推而得者,切须字字句句反复消详,不可草草说过也",①此书涉及阅读研究对历代《尚书》著述的选择使用。以上诸书时间不详。朱子与友人弟子研讨了《尚书》中诸多聚讼纷纭的具体问题,可以看到朱子对《尚书》认识的逐渐成熟深化。

三、集注《尚书》资料收集者考论

朱子作《书集传》的想法始于淳熙十三年(1186 年),其《答潘文叔》第二书②提出欲仿吕祖谦《诗说》作一书解《尚书》,从此开始了《尚书》资料收集的大量工作,同时又分别委派弟子撰辑是书。绍熙元年庚戌(1190 年)春赴漳时,朱子《答吴斗南》第一书③欲得其所著《洪范论》。而《续集》卷五有《答尤(袤)尚书》,向尤袤求程侍郎《禹贡论》一书。④ 而从朱子与弟子书信内容可知,庆元年间朱子已分命弟子集注《尚书》。庆元三、四年间,朱子《答李时可》第五书⑤,提出引用材料"当以注疏为先,疏节其要者,以后只以时世为先后可

---

① 朱熹:《文集》卷六十四,第 3133 页。
② 陈来:《朱子书信编年考证》,第 245 页。按:此信见朱熹《文集》卷五十。
③ 陈来:《朱子书信编年考证》,第 311—312 页。按:此信见朱熹《文集》卷五十九。
④ 按:当为程大昌,《宋史》本传载程大昌曾权刑部侍郎。
⑤ 陈来:《朱子书信编年考证》,第 428 页。按:此信见朱子《文集》卷五十五。第七书论解《禹贡》云"冀州分为三段,颇有条理,易照管,而诸州皆只作一段,则太阔远而丛杂矣。恐皆合依冀州例,而逐句之下夹注'某人曰某地在某州某县'。其古今州县名不同,有复见者,亦并存之,以备参考。段后低一字,大书'右某州第几节',以圈隔断。而先儒有辨论通说处,即亦大字附于其下。如'逾于河'、'过九江'等处,今所取程说只有辨而无解,大是欠阙,须更子细补足。若今日自有所疑,有所断,则更低一字写之。如'治梁及岐',恐晁说为是,其余固草草。程泰之最着力说,然亦不通。盖梁山在同州,近河,犹可言河流波及,若岐山则在今凤翔府,自京兆府西去犹有六七百里,观地理图可见其地势之高且远,河水何由可及耶? 此类须载其本说而断以非是,则读者晓然矣。如无此两项,则各留一二行空纸以俟,恐后有补入者。其导山处,须以四列为四段,导水则一水为一段。段后亦如前例云'右导山第几节'、'右导水第几节',其通论疑断亦如之。如此,则庶几易看矣。所寄册子今却封,还请依此格目作一草卷,便中寄及也"(第 2614 页)。

也",①第六书云:"《书序》不须引冠篇首,但诸家所解却有相接续处,恐当作注字附于篇目之下,或低一字作传写,而于首篇明著其谬亦可"②,二书论及解《书》体例。第七书论解《禹贡》体例。由此三书可见朱子与李氏对《书说》体例的详细讨论,并给予了李氏解《书》明确指示。朱子并为李氏送去元祐《说命》、《无逸》讲义及晁以道、葛子平、程泰之、吴仁杰、蔡元定等数人之书作为资料。李时可当是承朱子之命而集注《尚书》。庆元四年戊午(1198年)③朱子《答谢成之》,论其所编《二典说》,再次提出要仿《诗传》作一书的愿望。庆元四年戊午朱子《答潘子善》第七、八、九、十书,④详论潘氏所解《尚书》诸篇训诂,考定《武成》次序,辨正颇详。又朱子《答蔡仲默》第三书云"谢诚之《书说》六卷,陈器之《书说》二卷今谩附去。"⑤可明谢、陈二人有《尚书》著作,当是承朱子命而作。《续集》卷一朱子《答黄直卿》书云:"李公晦《禹贡集解》编得稍详,今附去试看,如可用,可令人抄下一本,别发此册回来为佳。"⑥由此书简可知黄榦、李方子(字公晦)亦在帮助朱子收集整理《尚书》资料。朱子与潘子善第七、第八、第十书讨论《尚书》训解问题几及全书,辨正诸家得失,是对《尚书》较全面的探讨,当因其著述而发⑦。可见朱子命蔡沈作《书集传》前已命群弟子做了大量收集资料和集注的工作。又庆元年间朱子与蔡沈书信六通,论及蔡著《洪范传》、讨论解《书》主旨原则以及为沈送去有关《尚书》方面的材料。庆元五年末,朱子迫切希望蔡沈前来面定《书说》纲领,最终决定了他自己《书》学的传人。

　　《文集》所见与朱子书信来往论《书》者共十八人。朱子四十岁之前与友人弟子探讨《尚书》的书信绝少,论《书》书信主要在淳熙以后。朱子关于《尚书》的许多观点就是在与他人讨论中逐渐形成并完善的。由朱子《答潘文叔》

---

① 朱子:《文集》卷五十五,第2613页。
② 朱子:《文集》卷五十五,第2613页。
③ 陈来:《朱子书信编年考证》,第460页。按:此信见朱子《文集》卷五十八。
④ 陈来:《朱子书信编年考证》,第462页。按:此信见朱子《文集》卷六十。
⑤ 朱熹:《文集·续集》卷三,第4717页。按:"谢诚之"《文集》卷五十八作"谢成之"。
⑥ 按:朱子信中云:"致仕文字州府只为申省,不肯保奏。此亦但得粗伸己志……旦夕当附人去,成败得失一切任之。"(第4662页)朱子乞致仕在庆元四年末。朱子信中又邀通老(杨楫)、志仁(杨复)"春暖一过此为幸",其时当在岁末。故是书写于庆元四年末。
⑦ 朱子《答潘子善》第九书云:"《书》说(第八书)今再报去。去岁卷子(指第七书),八月间已寄往黄岩矣,不知何故未到"。从朱子书信可知二人通信专论《尚书》(朱熹:《文集》卷六十,第2920页)。

第二书言及欲仿伯恭《诗说》作一《书》解,可知朱子在淳熙十三年(1186 年)丙午已开始着手《书集传》的工作,此后收集了大量《尚书》著述资料。庆元年间开始有弟子分卷撰著,直到庆元五年(1199 年)冬始全权委命蔡沈作《书集传》。① 朱子对《书集传》的准备工作大略经历了收集材料,讲论探讨,分命弟子撰著直至最后确定人选这样一个过程。其中收集材料工作和讲论探讨是同时进行的。从时间上看,朱子最早谈论《尚书》是隆兴元年癸未(1163 年)六月九日,朱子时年三十四。朱子论《书》书信淳熙十一年(1184 年,朱子时年 55 岁)前有六通,也就是说朱子直到晚年才开始全面关注《尚书》问题。

朱子撰《书集传》的准备工作在《朱子语类》中亦可观其大略。《语类》中与朱子论《书》弟子有名姓者 72 人,记载语录者 56 人,见于七十八、七十九两卷共 380 余条语录,统计如下:辅广(绍熙五年以后闻)录 66 条,黄义刚(绍熙四年以后闻)录 42 条,万人杰(淳熙七年以后闻)录 31 条,沈僩(庆元四年以后闻)录 25 条,甘节(绍熙四年以后闻)、杨道夫(淳熙十六年以后闻)各 18 条,董铢(庆元二年以后闻)17 条,叶贺孙(绍熙二年以后闻)、黄㽦(淳熙十五年)各 13 条,吴振(庆元三年闻)12 条,廖德明(乾道九年以后闻)11 条,林夔孙(庆元三年以后闻)10 条,余大雅(淳熙五年以后闻)、吴必大(淳熙十五、十六年闻)各 9 条,郑可学(绍熙二年闻)8 条,包扬(淳熙十至十二年闻)7 条,吕焘(庆元五年闻)6 条,李方子(淳熙十五年以后闻)、汤泳(庆元元年闻。按:《语类》中胡泳录姓氏以别)、滕璘(绍熙二年闻)各 5 条,李闳祖(淳熙十五年以后闻)、吴雉(庆元四年闻)、黄卓(绍熙四年,庆元四年闻)各 4 条,林学蒙(绍熙五年以后闻)、潘时举(绍熙四年以后闻)、陈文蔚(淳熙十五年以后闻)、周谟(淳熙六年以后闻)、陈淳(庆元五年闻)、童伯羽(绍熙元年闻)、杨方(乾道六年闻)各 3 条,林赐(庆元元年以后闻)、曾祖道(庆元三年闻)、杨、杨至(绍熙四五年闻)、袭盖卿(绍熙五年从学)各 2 条,舒高(绍熙五年闻)、孙自修(绍熙五年闻)、胡泳(庆元四年闻)、黄升卿(绍熙二年闻)、吴琼(绍熙五年闻)、张洽(淳熙十四年、绍熙四年闻)、萧佐(绍熙五年闻)、杨骧(淳熙十六年、绍熙五年闻)、黄士毅(庆元二年冬至三年闻)、李杞(绍熙五年闻)、徐寓

---

① 蔡沈:《朱文公订正门人蔡九峰书集传序》云:"庆元己未冬(1199 年),先生文公令沈作《书集传》。"(北京图书馆据宋淳佑十年吕遇龙上饶郡学刻本影印本)

（绍熙元年以后闻）、郭友仁（庆元四年闻）、林子蒙①（在绍熙元年四月至二年四月朱子守漳时）、李壮祖（淳熙十五年从学）、林恪（绍熙四年闻）、王过（绍熙五年以后闻）、窦从周（淳熙十三年以后闻）、游敬仲（绍熙二年闻）、潘履孙（绍熙五年闻）、吴寿昌（淳熙十三年）各 1 条，其余有未载名者几条。②《语录姓氏》不载姓氏者有"杨"（疑为"扬"之误，即包扬）、"永"二人，亦不可考。

《语类》七十八、七十九卷还载有仅提问题的 16 人，徐孟宝（余大雅录所问三条，余淳熙六至十六年从学）、徐彦章（李壮祖录其问，李淳熙十五年从学）、李得之（李方子录所问一条，方子淳熙十五年以后从学）、汪季良（卷七十八杨道夫录其问两则，杨淳熙十六年以后从学）、刘潜夫（淳熙十六年己酉以后、绍熙五年甲寅以后闻）、任道（姓氏不详，叶贺孙录所问三条、万人杰录一条，叶所闻在绍熙二年以后）、符舜功（绍熙二至四年）、蔡行夫（绍熙三年闻）、石子余洪庆（绍熙四年闻）、林恭甫（绍熙四年从学）、江彝叟（约在绍熙四年从学）、方伯谟（多次从学）、三衢夏唐老（不详）、柳兄（龚盖卿录其问，龚绍熙五年从学）、余国秀（绍熙四年，庆元四、五年）、陈仲蔚（庆元二年始受学）。③ 朱子讲学，与门人弟子探讨了《尚书》中的大量问题，对《尚书》总体认识及各篇的论述可见朱子《书》学的丰富性及前后演进。

为简洁明了列表如下，只提问题者不录：

姓名	侍读时间	条数	姓名	侍读时间	条数	姓名	侍读时间	条数
辅广	绍熙五年（1178 年）以后闻	66	黄义刚	绍熙四年（1193 年）以后闻	42	万人杰	淳熙七年（1180 年）以后闻	31
沈僩	庆元四年（1198 年）以后闻	25	甘节	绍熙四年（1193 年）以后闻	18	杨道夫	淳熙十六年（1189 年）以后闻	18

---

① 按：陈荣捷先生认为林子蒙师事朱子于长沙（陈荣捷：《朱子门人》，台湾学生书局 1982 年版，第 144 页）。

② 按：所定时间均以《朱子语类·语录姓氏》所载为准，《语录姓氏》未载则根据相互记问推断。

③ 按：所定时间均本《朱子全书·朱子语类·语录姓氏》所载推断。

续表

姓名	侍读时间	条数	姓名	侍读时间	条数	姓名	侍读时间	条数
董铢	庆元二年（1196年）以后闻	17	叶贺孙	绍熙二年（1191年）以后闻	13	黄䇛	淳熙十五年（1188年）闻	13
吴振	庆元三年（1195年）闻	12	廖德明	乾道九年（1173年）以后闻	11	林夔孙	庆元三年（1195年）以后闻	10
余大雅	淳熙五年（1178年）以后闻	9	吴必大	淳熙十五、十六年（1189年）闻	9	郑可学	绍熙二年（1191年）闻	8
包扬	淳熙十（1183年）至十二年闻	7	吕焘	庆元五年（1199年）闻	6	李方子	淳熙十五年（1188年）以后闻	5
汤泳	庆元元年（1195年）闻	5	滕璘	绍熙二年（1191年）闻	5	李闳祖	淳熙十五年（1188年）以后闻	4
吴雉	庆元四年（1198年）闻	4	黄卓	绍熙四年（1193年）、庆元四年（1198年）	4	林学蒙	绍熙五年（1194年）以后闻	3
潘时举	绍熙四年（1193年）以后闻	3	陈文蔚	淳熙十五年（1188年）以后闻	3	周谟	淳熙六年（1179年）以后闻	3
陈淳	庆元五年闻	3	童伯羽	绍熙元年（1190年）闻	3	杨方	乾道六年（1170年）闻	3
林赐	庆元元年（1195年）以后闻	2	曾祖道	庆元三年（1197年）闻	2	杨（或为包扬）	侍读时间不详	2
杨至	绍熙四五年（1193年）闻	2	袭盖卿	绍熙五年（1194年）从学	2	舒高	绍熙五年（1194年）闻	1
孙自修	绍熙五年闻	1	胡泳	庆元四年闻	1	黄升卿	绍熙二年（1191年）闻	1
吴琮	绍熙五年闻	1	张洽	淳熙十四年、绍熙四年闻	1	萧佐	绍熙五年（1194年）闻	1

姓名	侍读时间	条数	姓名	侍读时间	条数	姓名	侍读时间	条数
杨骧	淳熙十六年（1189 年）、绍熙五年（1194 年）闻	1	黄士毅	庆元二年（1196 年）冬至三年闻	1	李杞	绍熙五年（1194 年）闻	1
徐寓	绍熙元年（1190 年）以后闻	1	郭友仁	庆元四年（1198 年）闻	1	林子蒙	在绍熙元年（1190 年）四月至二年四月	1
李壮祖	淳熙十五年（1188 年）从学	1	林恪	绍熙四年（1193 年）闻	1	王过	绍熙五年（1194 年）以后闻	1
窦从周	淳熙十三年（1186 年）以后闻	1	游敬仲	绍熙二年（1191 年）闻	1	潘履孙	绍熙五年（1194 年）闻	1
吴寿昌	淳熙十三年（1186 年）	1	永	侍读时间不详	1			

　　从时间上看,《朱子语类》所集均为朱子四十岁以后的语录①,据《语录姓氏》记载最早记《书》类语录的是杨方,所录为乾道六年(1170 年,朱子时年四十一)所闻。廖德明所闻在乾道九年(1173 年)以后,周谟所闻在淳熙六年己亥(1179 年)以后,朱子五十岁前有关《尚书》语录仅 20 条,55 岁前有 58 条,60 岁前为 92 条,其余则在绍熙至庆元年间。因此,《语类》中论《书》条目大多在朱子五十五岁以后。《尚书》思想真正完全进入朱子思想世界的时间是很晚的,朱子早期主要继承和发扬了二程道心、人心说,并融入《学》、《庸》思想中,以此建构起其他的理学思想大厦。②

① 朱熹:《朱子语类》"校点说明"云:"《朱子语类》一百四十卷,宋黎靖德辑,集九十七名弟子所记朱熹四十岁以后语录而成。"(第 1 页)
② 按:朱子绍兴三十二年(1162 年)八月上《壬午应诏封事》(《文集》卷十一)论及"十六字心传说",结合《大学》格物说,要求宋孝宗熟讲帝王之学,道统说已初具规模。隆兴元年(1163 年)《癸未垂拱奏劄一》再次论及"十六字心传说"(卷十三),淳熙八年(1181 年)《延和奏劄五》(卷十四)第三次论及此。朱子始初的"十六字心传说"基本上是一种政治思想、帝王修养论。到朱子讨论《尚书》至淳熙十六年(1189 年)定《中庸章句序》,这一学说才逐渐完善为其心性论、修养论、帝王之学的内容,并具有了普世的价值和意义。

第二节　朱子考辨历代《书》解

朱子在与亲旧弟子讨论《尚书》问题时,对历代《书》解是非得失给予了全面评价。《文集》、《语类》所载诸说,虽为讲学,亦乃资料之整理鉴定工作,这一工作对《书集传》的撰写提供了坚实的资料和思想基础。

一、考论《书》家得失

朱子论历代有影响诸家《书》说,详及王安石、苏轼、林之奇和吕祖谦四家,略及数家,本节介绍朱子所略论诸家《书》学。朱子论张栻《书说》,取其《酒诰》之善,云"南轩《酒诰》一段解天降命、天降威处,诚千百年儒者所不及。"张栻云:

> 酒之为物本以奉祭祀、供宾客,此即天之降命也。而人以酒之故,至于失德丧身,即天之降威也。释氏本恶天降威者,乃并与天之降命者去之,吾儒则不然,去其降威者而已,降威者去而天之降命者自在。如饮食而至于暴殄天物,释氏恶之而必欲食蔬茹,吾儒则不至于暴殄而已。衣服而至于穷极奢侈,释氏恶之必欲衣坏色之衣,吾儒则去其奢侈而已。至于恶淫慝而绝夫妇,吾儒则去其淫慝而已。释氏本恶人欲并与天理之公者而去之,吾儒去人欲,所谓天理者昭然矣。①

张氏以酒奉祭祀、供宾客为"天降命",以酒失德丧身为"天降威",命为合理之用,威滥用之过,这是一种创见。张氏从而论严儒释之辨,这是宋儒的核心任务,朱子取其义理之善,然从解经角度看张氏之说则显泛滥。又曾彦和《书讲义》,取其地理之说,云:"曾彦和,熙、丰后人,解《禹贡》。林少颖、吴才老甚取之。"②论李经《尚书解》云:"李经叔异,伯纪丞相(李纲)弟,解《书》甚好,亦善考证。"③称道李经《书》解之善。论吴才老《书禆传》云:"胡氏辟得吴

---

① 叶绍翁:《四朝闻见录》,中华书局1989年版,第3页。
② 《朱子语类》卷七十八,第2638页。
③ 《朱子语类》卷七十八,第2638页。

才老解经亦过当。才老于考究上极有工夫,只是义理上自是看得有不仔细。其《书解》徽州刻之。"①认同吴氏考证工夫。但朱子《答张钦夫》第一书却批评吴氏义理失当,云:"昨所惠吴才老诸书,近方得暇一观,始谓不过浅陋无取,未必能坏人心术如张子韶之甚。今乃不然,盖其设意专以世俗猜狭怨怼之心窥圣人,学者苟以其新奇而悦之,其害亦有不胜言者。道学不明,无一事是当,更无开眼处,奈何奈何?"②朱子虽赞同吴才老考据工夫,却批评他故做新奇,有害义理,颇能折衷是非。朱子《答李时可》第五书云:"西山(蔡元定)间有发明经旨处,固当附本文之下,其《统论》即附篇末也。"③朱子《答或人》书云:"《尚书》顷尝读之,苦其难而不能竟也。注疏程(颐)、张(九成)之外,苏氏(轼)说亦有可观,但终是不纯粹。林少颖说《召诰》已前亦详备。闻新安有吴材老《裨传》,颇有发明,却未曾见,试并考之。诸家虽或浅近,要亦不无小补,但在详择之耳,不可以篇帙浩汗而遽惮其烦也。"④谈及怎样读《尚书》时,朱子取宋代《书》学数家并对诸家《书》解进行了简要评价。最重要的是朱子《学校贡举私议》一文,详列了可用于科举的数家《书》说,辞云:"莫若讨论诸经之说,各立家法而皆以《注疏》为主。……《书》则兼取刘敞、王安石、苏轼、程颐、杨时、晁说之、叶梦得、吴棫、薛季宣、吕祖谦。"⑤这是朱子对《尚书》诸家注的盖棺定论,其所取诸家当是其详细审定后提出的,必有所创见能成一家之言的专著。由此亦可见朱子对其时代《书》学有深入的把握与研究。

二、《尚书》著述作者考辨

朱子还辨正当时《书》学著作之作者,是我们了解宋代《尚书》学的第一手资料。如董铢问:"世所传张纲《书解》,只是祖述荆公所说,或云是闽中林子和作,果否?"朱子回答曰:"或者说如此,但其家子孙自认是它作,张纲后来作

① 《朱子语类》卷七十八,第 2638 页。

② 朱熹:《文集》卷二十四,第 1105 页。

③ 朱熹:《文集》卷五十五,第 2613 页。

④ 朱熹:《文集》卷六十四《答或人》自此已下共十书,元题"答或人",一云其间是答刘公度(第 3133 页)。

⑤ 朱熹:《文集》卷六十九《学校贡举私议》,第 3360 页。按:指刘敞:《尚书解》、王安石:《尚书新义》、苏轼:《书传》、程颐:《书说》、杨时:《书义辩疑》、晁说之:《书传》、叶梦得:《书传》、吴棫:《书裨传》、薛季宣:《书古文训》、吕祖谦:《书说》。

参政,不知自认与否。"董铢自注云:

> 子孙自认之说,当时失于再叩。后因见汪玉山《驳张纲谥文定奏状》
> 略云:"一、《行状》云:'公讲论经旨,尤精于《书》,著为论说,探微索隐,
> 无一不与圣人契。世号《张氏书解》。'臣窃以王安石训释经义,穿凿傅
> 会,专以济其刑名法术之说。如《书义》中所谓'敢于殄戮,乃以乂民。忍
> 威不可讫,凶德不可忌'之类,皆害理教,不可以训。纲作《书解》,掇拾安
> 石绪余,敷衍而润饰之。今乃谓'其言无一不与圣人契',此岂不厚诬圣
> 人,疑误学者。"①

该条论及《张氏书解》的作者,从汪应辰《奏状》来看,《书解》作者当是张
纲。再如论胡瑗《尚书全解》云:"胡安定《书》解未必是安定所注,行实之类不
载。但言行录上有少许,不多,不见有全部。专破古说,似不是胡平日意,又间
引东坡说。东坡不及见安定,必是伪书。"②从文献、著述主旨和胡瑗生平立
论,结论有充足的证据。

从以上材料来看,朱子对其前宋人《尚书》著作进行了广泛收集整理,论
及胡瑗、刘敞、王安石、苏轼、曾彦和、程颐、杨时、晁说之、葛子平、吴仁杰、张
纲、叶梦得、吴棫、林少颖、薛季宣、史浩、张九成、程大昌、李经、吕祖谦、张栻宋
人《书》解二十一家之多,加《文集》卷六十五注《书》数篇所引《尚书》著述 45
部,可见朱子晚年用功于《尚书》甚勤。其评论诸家《书》解,考其得失,折衷是
非,如没有对《尚书》的深入研究是不可能的。朱子《书》学可谓兼罗汉唐及宋
儒诸家之说以期会归于一是。

三、《尚书古经》的整理

朱子生前整理了大量有关《尚书》的资料,并力图恢复《尚书》故书原貌,

---

① 《朱子语类》卷七十八,第 2636—2637 页。
② 《朱子语类》卷七十八吕焘录,第 2637 页。胡瑗(993—1059),苏轼(1036—1101)按苏轼《书
传》成于谪居海南时,胡瑗早已作古。苏轼《答李端叔》第三书云:"所喜者,海南了得《易》、
《书》、《论语传》数十卷。"苏轼居海南由绍圣四年(1097 年)五月至元符三年(1110 年)六
月。苏辙《栾城集》后集卷二十二《亡兄子瞻端明墓志铭》"(绍圣)四年,复以琼州别驾安置
昌化……元符三年,大赦北还,初徙廉,再徙永。"(《四部丛刊》本)

著有《书古经》四卷及《序》一卷。陈振孙云："侍讲朱熹晦庵所录,分《经》与《序》,仍为五十九篇,以存古也。"①朱彝尊《经义考》著录为《尚书古经》并曰"未见",盖已佚也。故不知此书为朱子何时整理。从现存资料看,朱子把《书序》与经文分开始于绍熙元年庚戌(1190 年),其于临漳刻四经(《书》、《诗》、《易》、《春秋》),明确表达了他恢复故经原貌的意图②,把《书序》总为一编置于经后。其《书临漳所刊四经后》论《书》云:"独诸《序》之本不先经,则赖安国之《序》而可见。故今别定此本,一以诸篇本文为经,而复合序篇于后,使览者得见圣经之旧,而不乱乎诸儒之说。"③朱子于文中还论述了今、古文《尚书》篇目,今、古文《尚书》难易不同的问题,涉及朱子对《尚书》的基本看法,可以说朱子《书》学思想已经成熟。朱子晚年手定《书》数篇,其解《大序》后加按语云:"至于诸《序》之文,或颇与经不合,而安国之《序》又绝不类西京文字,亦皆可疑。诸《序》之本不先经,则赖安国之《序》而可见,故今别定此本,一以诸篇本文为经,而复合《序》篇于后,使览者得见圣经之旧,而不乱乎诸儒之说。"④表达了与《书临漳所刊四经后》对《尚书》的同一看法。

对《尚书》疑辨工作的完成,最后形成了朱子整个的经学思想。其《书临漳所刊四经后》论《春秋》一文就鲜明地表达了他的这一思想,云:

> 《易》用吕氏本古经传十二篇,而绌《诗》、《书》之序,置之经后,以晓当世,使得复见古书之旧,而不锢于后世诸儒之说。顾三《礼》体大,未能绪正。独念《春秋》大训,圣笔所刊,不敢废塞。而河南邵氏《皇极经世》学又以《易》、《诗》、《书》、《春秋》为皇帝王霸之书,尤不可以不备,乃复出左氏经文,别为一书,以踵三经之后。其《公》、《谷》二经,所以异者,类

---

① 陈振孙:《直斋书录解题》卷二,第 27 页。
② 朱子论《书》云:"今别定此本,一以诸篇本文为经,而复合序篇于后,而不乱乎诸儒之说。"(第3889 页)论《诗》云:"《序》之本不冠于篇端,则自郑氏此说而可见。熹尝病今之读《诗》者,知有《序》而不知有《诗》也,故因其说而更定此本,以复于其初。"(第3889 页)论《易》云:"《古文周易》经传十二篇,亡友东莱吕祖谦伯恭父之所定。……《易经》本为卜筮而作,皆因吉凶以示训戒,故其言虽约,而所包甚广。夫子作《传》,亦略举其一端,以见凡例而已。然自诸儒分《经》合《传》之后,学者便文取义,往往未及玩心全经而遽执《传》之一端,以为定说,于是一卦一爻,仅为一事,而《易》之为用,反有所局,而无以通乎天下之故。"(朱熹:《文集》卷八十二,第3890 页)
③ 按:朱子明载时间为"绍熙庚戌十月壬辰新安朱熹识"(朱熹:《文集》卷八十二,第3889 页)。
④ 朱熹:《文集》卷六十五,第3154 页。

多人名地名,而非大义之所系,故不能悉具。①

朱子于此提出要对《五经》进行全面整理,提出了经传相分、尊经黜传的思想,"绌《诗》、《书》之序"置之经后,从《左传》中提出《春秋》别为一书,还要绪正《三礼》,目的是要"复见古书之旧",恢复古经原貌,学者因经以求义,探究圣经本旨,而不惑于后儒之说。

朱子晚年始系统研究《尚书》,《尚书》学思想的完成最终成就了朱子经学思想的完善,完成了对传统文化核心的《五经》系统的全面检讨。《五经》与《四书》血脉相通、相互呼应,共同构成了朱子思想大厦的有机体。如没有对《尚书》的全面清理,朱子在承继传统一面就是不完整的,而他的经学体系也是残缺的。《尚书》学的完成使朱子真正成为了传统文化及理学的集大成者,由此我们绝不能低估《尚书》学之于朱子思想的重要意义。

从以上诸方面可知朱子为著《书集传》已做了相当充分的准备工作,只可惜天命不永,为后人留下了一道文化遗憾。

第三节 朱子论宋四家《书》学

朱子在集注《尚书》的准备工作中,对古注及时人著作进行了详细研究,深谙古今注疏之得失,当时解《尚书》为其推尊者有四:王安石《尚书新义》、苏轼《书传》、林之奇《尚书全解》、吕祖谦《书说》。朱子对四家《书》说的批评,可明朱子对诸家《书》学思想的借鉴及其解经思想,可见朱子对经典阐释的深切体察。

一、《尚书新义》伤于凿

朱子云:"王氏伤于凿",②论王安石《尚书新义》可谓一语破的。结合时人评价,王安石之穿凿附会有不同情况,一是牵连他篇为说,如解《舜典》"聪

---

① 朱熹:《文集》卷八十二,第3890页。
② 朱熹:《文集·续集》卷三《答蔡仲默》,第4717页。

明文思",朱子云:"荆公解'聪明文思'处,牵合《洪范》之五事,此却是穿凿。"①又云:"《易》是荆公旧作却自好。《三经义》《诗》、《书》、《周礼》是后来作底,却不好。如《书》说'聪明文思',便要牵就五事上说。"②又如解《益稷》"予乘四载","四载"本指四种交通工具,非四年之谓,王安石却杂引《尧典》"九载,绩用弗成",《禹贡》"作十有三载乃同"③,认为大禹治水十三年才取得成功。其说虽新奇却非经文本义,可谓穿凿过甚。王安石把不相干的内容牵连在一起解说,必然导致牵强附会。

二是每字务为训释,强生分别。如解《太甲序》"不惠于阿衡",伊尹称阿衡,盖一时推尊之意,而王氏云:"保其国如阿,平其国如衡",此乃随字立义,未必得其当时所以命名之旨,犹毛氏解"尚父"曰:"可尚可父云尔"。④又如《武成》"为天下逋逃主,萃渊薮",王氏曰:"归之之谓主,萃之之谓聚,藏之之谓渊,养之之谓薮。"⑤"逋逃主,萃渊薮",盖谓纣为众恶之所归,只是强调而为重言之辞。只要体味一下原文,便知王安石之说随字立义,要非经文本义。

三是妄为义理之说。《牧誓》篇王氏云:"钺所以诛,旄所以教。黄者,信也;白者,义也。诛以信,故黄钺。教以义,故白旄。无事于诛,故左杖黄钺。有事于教,故右秉白旄",林之奇评曰"惟其喜凿故也"。接着引苏轼说,谓"黄钺以金饰也,军中指麾白则见远,王无自用钺之理,以为仪耳,故左杖黄钺。秉

---

① 《朱子语类》卷七十八《吕焘录》,第 2637 页。
② 《朱子语类》卷七十八,第 2636 页。
③ 按:《东坡书传》绝未提及安石姓名,其批评旧说时常涉及时人,或曰"近世学者喜异而巧于凿",或曰"近世儒者欲行猛政,辄以此借口",安石好穿凿为宋人公论,又证之《尚书全解》、《尚书精义》等书所引,知东坡议论确为《尚书新义》而发。详参程元敏先生《三经新义辑考汇评(一)——尚书》考证(台湾"国立"编译馆 1986 年版,第 255 页)。苏轼云:"水行乘舟,陆行乘车,泥行乘辑,山行乘樏,秦汉以来,师传如此……自秦汉以来尚矣,岂可以私意曲学镌凿附会为之哉!而或者以为鲧治水九载,兖州作十有三载乃同,禹之代鲧盖四载而成功也。世或喜其说,然详味本文'予乘四载,随山刊木',则是驾此四物以行于山林川泽之间,非以四因九通为十三载之辞也。按《书》之文鲧'九载,绩用弗成'在尧未得舜之前,而殛鲧在舜登庸历试之后,鲧殛而后禹兴,则禹治水之年,不得与鲧之九载相接,兖州之功,安得通四与九为十三乎?……反复考之,皆与《书》文乖异,《书》所云'作十有三载乃同'者,指兖州之事,非谓天下共作十三载也。近世学者喜异而巧于凿,故详辩之以解世之惑。"(《东坡书传》卷四,第 91—93 页)
④ 林之奇:《尚书全解》卷十六,第 408 页。
⑤ 林之奇:《尚书全解》卷二十三,第 453 页。

麾非右手不能,故右秉白旄。"①武王左杖黄钺,右秉白旄此事理之常,本无深意,王安石之说可谓妄相附致,强生义理。解《尧典》"钦若昊天"云:"天色可见者,苍苍而已,故于春言其色。气至夏而行,故于夏言其气。情至秋而知,故于秋言其情。冬位正乎上,故于冬言其位。"②此皆凿说也。论《君奭》篇之不同称呼,王安石曰:"此诰或曰君奭,或曰保奭,或曰君者,主王而言则曰君奭,主公事而言则曰君而已,主保事而言则曰保奭也。"其实此本随口而出的称呼,本无义理。林之奇批评云:"王氏喜为凿说,一至于此。"③并指出若按王安石此说逻辑推论,那么《康诰》篇或曰朕其弟小子封,或曰小子,或曰封,或曰小子封,或曰汝封,或曰汝之不同称呼亦当有义理于其间,诚如此则稍显荒唐。王安石认为《康王之诰》所设之物、所陈之器、所处之方皆有其义。"在东则有取于仁,在西则有取于义,以至有为道之序,有修德之序"。林之奇批评曰:"其说之凿莫此为甚!"指出其解"牵合破碎以求配于仁义道德,必非先王之本意也"。④ 在缺乏文献证据的情况下⑤,绝不可妄生义理,如此则必贻笑大方。如上所论,王安石解《书》确有好异穿凿之病,时人批驳确能一针见血,直指其要害。

当时学人对王安石《尚书新义》的评述,多指摘其穿凿之病。《宋史·王安石传》云:"安石训释《诗》、《书》、《周礼》,既成,颁之学宫,天下号曰'新义'。晚居金陵又作《字说》,多穿凿附会。其流入于佛、老。一时学者,无敢不传习,主司纯用以取士,士莫得自名一说。"⑥其实王安石解经多类《字说》,时人著述多所驳难。

朱子虽斥王安石解《书》之凿,但颇推许其阙疑原则,云:"荆公不解《洛诰》,但云:'其间煞有不可强通处,今姑择其可晓者释之。'今人多说荆公穿

---

① 林之奇:《尚书全解》卷二十三,第 452 页。
② 林之奇:《尚书全解》卷一,第 312 页。
③ 林之奇:《尚书全解》卷三十三,第 538 页。
④ 林之奇:《尚书全解》卷三十七,第 566 页。
⑤ 按:林之奇引《左传》证明古者先王制器物以行其礼仪,确有意指寓于其间,曰:"清庙茅屋,大路越席,大羹不致,粢食不凿,昭其俭也。衮冕黻珽,带裳幅舄,衡紞纮綖,昭其度也。藻率鞞鞛,鞶厉游缨,昭其数也。火龙黼黻,昭其文也。五色比象,昭其物也。锡鸾和铃,昭其声也。三辰旂旗,昭其明也。先王之意如此而已矣。"(《尚书全解》卷三十七,第 566 页)
⑥ 《宋史》卷三百二十七,第 10550 页。

凿,他却有如此处。若后来人解《书》,又却须要解尽。"①吴必大请问读诸家《书》解曰:"旧闻一士人说,《注疏》外当看苏氏、陈氏解。"朱子回答曰:"介甫解亦不可不看。"②对王安石《尚书新义》还是颇看重的,没有采取完全的否定。王安石于《洛诰》多处不解,认为该篇有脱简。朱子云:"荆公不解《洛诰》,但云:'其间煞有不可强通处,今姑择其可晓者释之。'今人多说荆公穿凿,他却有如此处。若后来人解《书》,又却须要解尽。"③十分推崇王安石阙疑的解经原则。王安石解经有疑问处则阙疑,或以为脱简,或以为窜简,或以为不可解,如《康诰》篇首"惟三月"至"乃洪大诰治"四十八字错简之说,元陈栎曰:"王氏安石于此章无解"④,盖以其与全文不类。至苏轼则明确指为《洛诰》篇首文字,朱子、蔡沈从其说。⑤ 林之奇解《大诰》"敷贲"至"不忘大功"引王安石之说后评曰:"惟王氏疑其有脱误,而不可知者宜阙之,此为得体。薛博士增广王氏之说尤为详备,曰'敷贲,敷前人受命,兹不忘大功','殷小腆诞敢纪其叙,天降威','若兄考,乃有友伐厥子,民养其劝弗救','越天棐忱,尔时罔敢易法,矧今天降戾于周邦',凡此皆《书义》疑有脱误不可知者,学者阙焉。王氏解经每不合于义者,不旁引曲取以为之说,至阙之。此王氏之所长也。""若兄考,乃有友伐厥子,民养其劝弗救",林之奇云:"诸家之说大抵迂曲,惟王氏阙之为得。""越天棐忱,尔时罔敢易法,矧今天降戾于周邦",林之奇云:"王氏以此为不可知而阙之,盖亦谨疑之义也。"⑥林之奇《尚书全解》引王石说217条⑦,赞同其说者66条,有直接评论者42条,引用而无评论者均

① 《朱子语类》卷七十八,第2636页。
② 《朱子语类》卷七十八,第2636页。
③ 《朱子语类》卷七十八,第2636页。
④ 陈栎:《书集传纂疏》卷四,《通志堂经解》第7册,第75页。
⑤ 按:关于此四十八字说法众多:金履祥、俞樾认为是《梓材》篇首文字,毛奇龄以为此与《梓材》"王曰封"至"戕败人宥"七十四字互有脱文,方苞则谓当在《多士》篇首,吴汝纶、于省吾、郭沫若以为是《大诰》文字,但林之奇、吕祖谦、夏僎、陈经、董鼎、牟庭、魏源等仍以其为《康诰》文字(刘起釪:《尚书校释译论》,中华书局2005年版,第1298—1299页)。
⑥ 林之奇:《尚书全解》卷二十七。
⑦ 按程元敏《三经新义辑考汇评——尚书》统计为224条,笔者辑录以经文为准,一节经文中引王安石说语意无间断者,概作一条。于后篇论及前篇者,如解《舜典》"敷奏以言,明试以功,车服以庸",王安石于放勋则曰"功向于王",于此则曰:"上之所报,以民功为主"(《尚书全解》卷二《舜典》)。程元敏辑为解释《尧典》"曰放勋"文,笔者不取。解《立政》"小尹,左右携仆,百司、庶府",林氏引云:"小尹,小官之正也。""百司,若司裘司服之类。庶府,泉府玉府之类。"(《尚书全解》卷三十五)笔者处理为一条。

视为认同其说，计 24 条。部分赞同者 5 条，批评者 156 条。虽多有批评，但对他这一原则却是赞赏的。元人陈栎曰："朱子所以取荆公者在此，此可为解《盘》《诰》诸篇之法。"①对王安石阙疑的解经原则进行了总结性论断，认为是解《盘》《诰》诸篇的方法。王安石解经阙疑的谨慎态度深得时人推许，成为训释经典的不二法门。朱子解《书》要求通其可通而关注训诂应当说是受到了王安石解经利弊的影响。

二、《东坡书传》伤于简

朱子对苏轼《书传》给予了极高评价。《朱子语类》载"或问：'《书》解谁者最好？莫是东坡《书》为上否？'曰：'然。'又问：'但若失之简。'曰：'亦有只消如此解者。'"②东坡解经，不是每字每句必解，而是只解其有所会心者，以疏通大意为主，一般不引述前人成说，是文学家解经之典型。朱子以"简"概括确实切中肯綮。有时在义理阐释基础上辩驳诸儒谬误，批判现实垢弊。是书有的大段经文甚至只有寥寥数语作解，故朱子《答蔡仲默》书评论云"苏氏伤于简。"③如《冏命》"王若曰：伯冏，惟予弗克于德……仆臣谀，厥后自圣。"一节一百七十余字，东坡只略云："至哉！此言可以补《说命》之缺也，孔子取于君牙、伯冏二书者，独斯言欤？"④此节论君臣之义，实在可以大加发挥，但却未于此敷衍义理，《东坡书传》中如此处不少，于此例可见《书传》"简"之一斑。《书传》虽简，但并不妨碍其价值。四库馆臣对此有精当评价，云："朱子虽有惜其太简之说，然汉代训诂文多简质，自孔、贾以后征引始繁。轼文如万斛源泉，随地涌出，非不能曼衍其词，当以解经之体词贵典要，故敛才就范，但取词达而止，未可以繁省为优劣也。"⑤四库馆臣认为解经体尚简要，苏轼"敛才就范，但取词达"，此评颇能抓住本质。

朱子认为东坡《书传》虽简，却是诸家中最好的，好在他能把握文脉，"东坡《书》解却好，他看得文势好。"⑥又能看破古注之失，"《尚书》句读王介甫、

① 陈栎：《书集传纂疏》卷四，第 73 页。
② 《朱子语类》卷七十八，第 2636 页。
③ 朱熹：《文集》续集卷三，第 4717 页。
④ 苏轼：《东坡书传》卷十八，第 587 页。
⑤ 苏轼：《书传》书前提要，影印文渊阁《四库全书》经部第 48 册，第 486 页。
⑥ 《朱子语类》卷七十八，第 2636 页。

苏子瞻整顿得数处甚是,见得古注全然错。"①东坡长于文,故解《书》关注行文,注重把握文章意脉,有的可谓发千古之秘。《禹贡》篇云:"八州皆言自某及某为某州,而冀独否。盖以余州所至而知之。"②阐冀州四至,可谓简当。解"禹敷土"曰:"敷、道、修、载、叙、乂,皆治也。"汇同训之词,有贯通之效。解"浮于济、漯,达于河"云:"顺流曰浮,因水入水曰达。"已注意到《禹贡》语例,学者执此可以通《禹贡》之训。又认为"织皮昆仑、析枝、渠搜、西戎即叙"是错简,《禹贡》之所筐皆在贡后立文,如青、徐、扬三州皆莱夷、淮夷、岛夷所筐。此云"织皮昆仑、析枝、渠搜、西戎即叙",盖言因西戎即叙而后,昆仑、析枝、渠搜三国皆筐织皮,是古语有颠倒详略之不同,其文当在"厥贡惟球琳、琅玕"之下,"浮于绩石,至于龙门、西河,会于渭、汭"三句又当在"西戎即叙"之下,以记入河水道,结雍州之末,指出"简编脱误不可不正"③。联系上下文指出"织皮"为贡品,不当与民族名放在一起,又记贡道在每州之末,此处不然,错简是可以肯定的。苏轼之说从文脉入手,确实独具慧眼。又如以《舜典》"八音克谐,无相夺伦,神人以和。夔曰:于予击石拊石,百兽率舞"为"《益稷》之文",是"简编脱误,复见于此",苏轼分析说"舜命九官之际也,无缘夔于此独称其功"④。认为夔自伐其能与其他几人谦退让官不相类,此说得于文势分析。南宋末王柏《书疑》准其说从《舜典》中删除了这段文字。《皋陶谟》"禹曰:俞,如何?"苏轼认为"此其间必有阙文",其前"允迪厥德,谟明弼谐"是史之所述,非皋陶之言,然而禹曰"俞",当是皋陶有言,禹然之且问之,但"简编脱坏而失之耳!"⑤从文脉上看,"俞"字与上下文意不连。又以《康诰》"惟三月哉生魄"至"乃洪大诰治此"篇首四十八字为《洛诰》之文,当在《洛诰》"周公拜手稽首"之前。他论述说经文明言"周公东征,二年乃克管蔡,即以殷余民封康叔,七年而复辟,营洛在复辟之岁",封康叔之时决未营洛。又《康诰》"终篇初不及营洛之事,知简编脱误也"⑥,从史实及本文分析入手,其论述是据的,可备一说。从文章内容前后不相应来看,东坡确实发掘出了《康诰》的错误,摆脱

---

① 《朱子语类》卷七十八,第2636页。
② 苏轼:《东坡书传》卷五,第110—111页。
③ 苏轼:《东坡书传》卷五,第148—149页。
④ 苏轼:《东坡书传》卷二,第49页。
⑤ 苏轼:《东坡书传》卷三,第77页。
⑥ 苏轼:《东坡书传》卷十二,第380页。

了迷信经典的束缚,但给出的答案不一定正确。《梓材》"汝若恒越曰……若兹监罔攸辟"一节后云:"自此以下,文多不类,古今解者皆随文附致,不厌人情,当以意求之乃得。"①苏轼已认识到了《梓材》篇前后内容不连贯,开启了此后学者对此篇内容原貌的研究。② 苏轼以上诸说均来自其对文脉的准确把握,体现了文士解经的特色。朱子所谓"文人之经,东坡、陈少南辈是也"。③苏轼解经每求其意会,东坡《书传》胜义多来自对经本文的考查,是对文章意脉推寻的结果。东坡《书传》对其后《书》学影响很大,朱子多从苏轼之说,《蔡传》亦多有采用,王柏《书疑》多据苏轼之论而妄自移易经文。东坡以上诸说均来自其对文脉的准确把握,体现了文学家解经的特色。

朱子又云:"《东坡书解》文义得处较多",但"尚有粘滞,是未尽透彻"④。指出苏轼解经之弊。如解《召诰》"越厥后王后民,兹服厥命厥终,智藏瘰在"云:"其后王后民至于今兹犹服用其福禄,其心终不忘报怨以复国也。如武庚蓄谋以伺隙者多矣,其智藏于中,其病则在也。夫,夫人也,犹曰人人也。各抱持其妇子以哀痛呼天,徂往其逃亡,解出其囚执以叛我者盖有之矣。王其可不大畏乎!"⑤作出了与注疏完全不同的解释。《伪孔传》解云"贤智隐藏,瘰病者在位,言无良臣","困于虐政,夫知保抱其子、携持其妻以哀号呼天告冤,无辜往其逃亡,出见执杀,无地自容,所以穷。"⑥东坡所解新颖,与古注大相径庭,但考上下文,实《传》为得经本义。朱子对东坡《书传》特点得失的批评可谓切中肯綮,其解《书》诸篇简当精确,蔡沈《书集传》亦简当,要当得苏轼之启。

三、《尚书全解》伤于繁

林氏解《书》无征不信,每立一说必旁征博引,辨正是非,态度大抵客观,

① 苏轼:《东坡书传》卷十三,第419页。
② 吴械云:"王启监"以下为错简,蔡沈以为"今王惟曰"以下为错简(蔡沈:《朱文公订正门人蔡九峰书集传》卷四,北京图书馆出版社2003年影印宋淳佑十年吕遇龙上饶郡学刻本。吴说亦见于此卷)。刘起釪先生认为"王启监"以下是半篇比较完整的文字,可能是周公对成王的说话(刘起釪:《尚书校释译论》,中华书局2005年版,第1430页)。
③ 《朱子语类》卷十一,第351—352页。
④ 《朱子语类》卷七十八,第2636页。
⑤ 苏轼:《东坡书传》卷十三,第431页。
⑥ 孔颖达:《尚书正义》卷十五,第212页。

无故意诋诬之论,充分体现了承自中原文献之家(东莱吕氏)的学术风格。但其弊正如朱子所论"林氏伤于繁"。① 梳理林书,其繁首先是发论过度敷衍义理。今取《高宗肜日》"呜呼!王司敬民,罔非天胤,典祀无丰于昵"一节以观其大略,其解云:

> 夫祖己之所以谏于高宗者,盖以其典祀丰于昵而杀其祖,遂致雊雉之变。而其进训于王,则先以天之于民降年有永有不永而以义为常,而其所行之不义而获罪于天,天以变异警惧之而不知自省,然后及于祸。其说既如是之详矣。于是终其义曰:"王司敬民,罔非天胤,典祀无丰于昵。"

此乃总括上文之意以疏通文脉,接着解曰:

> 以此度之,高宗之丰于昵祭,意者必有祈年请命之意,如汉武帝之于五畤、八神欤?故祖己先论其寿夭之理,然后及于典祀无丰于昵。盖自"惟天监下民"以下,所谓格王之心也。而"王司敬民"以下,则所谓正厥事也。呜呼,叹辞也。夫寿夭之理惟以义而为常,眉寿之年不可以祷祠而得,夭折之命不可以禳禬而延也,惟能常厥事,虽不祈年之永而自永矣。故王之所主者惟在于敬民而已。敬民,若禹训所谓"予临兆民,懔乎若朽索之驭六马"是也。王能敬民则得人主之义矣,得乎人主之义则命之有永,将至于亿万斯年而无斁,岂区区祷祠可以益其有永之年哉!年之永不永既不在于祭祀之丰杀,则其于祖祢之庙岂可致厚薄于其间?胤,嗣也。自为祖祢者,自成汤以下继世以有天下者无非天之胤嗣也。既无非天之胤嗣,则其所以祭之者国有常典,非私意所得而丰杀也。盖古者慎终追远之礼,自仁率亲,等而上之,至于祖,名曰轻。自义率祖,顺而下之,至于祢,名曰重。一轻一重,其义一也。故其所以制为祭祀之礼,莫不有常而不可易,若以祢为重从而丰之,以祖为轻从而杀之,则是知有祢而不知有祖,犹知其本而不知其根也,其为不义孰甚焉?国之祭祀既有如是之不义,则天之降灾异而雊雉之变,盖将以正王之德也。王能正厥事而常厥义,无丰于昵则足以答天命而膺有永之年矣。苟以为"天命其如台?"徒

---

① 朱熹:《文集·续集》卷三,第4717页。

私意制其丰杀,则将为天之所断弃,此实商家社稷存亡祸福之本。此祖己所以谆谆不得不恳切为高宗言之也。①

此一大段文字以"祈年请命"为主旨,实乃意必之辞,未必得《书》本意。《传》曰:"言王者主民当敬民事,民事无非天所嗣常也。祭祀有常,不当特丰于近庙,欲王因异服罪改修之。"《正义》云:"王者主民,当谨敬民事,民事无非天所继嗣以为常道者也。天以其事为常,王当继天行之。祀礼亦有常,无得丰厚于近庙,若特丰于近庙,是失于常道。高宗丰于近庙,欲王服罪改修也"。②"敬民"一意实乃祖己进说之重心,林氏不于此发挥义理,而落脚于祭祀丰杀之上,是有其用意的。虽然偏重不同,犹是着眼于解说经意。但此下一段文字则不关经书宏旨。林氏接着说:

夫《洪范》之庶征,五事之得失而验之于阴阳二气之休咎,肃、乂、哲、谋、圣则时雨、时旸、时燠、时寒、时风顺之,狂、僭、豫、急、蒙则常雨、常旸、常燠、常寒、常风顺之。盖天地之与人一气也,形于此必动于彼,未有不以类而·应之者。古之言灾异未尝不然,及汉儒董仲舒、刘向父子之徒求之太深,泥之太过,于是有识之士往往厌其说之苛细,穿凿而无大体,遂欲举其说而尽废之,谓灾异不可以类求,然亦不可尽废也。譬如人之一身五脏之气,有所偏胜于中,则疾病之征,必发见于外。如脾受邪,其征见于皮毛;如肾受邪气,其征见于齿牙。若此之类皆未尝不以类而应也。庸医不知其所本,则妄推求之于外,则有臆度而不能中。以庸医臆度而不中,遂谓五脏之气不可以类求,可乎? 汉儒之言灾异其说之流于凿,则非也。而其所以然之说,则不可废也。故苏氏谓因高宗雊雉之事而知《五行传》之未易尽废,此实至公之论。盖以《五行传》为可废者,徒恶夫俗儒之至于凿也,或者徒知其为可恶而不知不可以象类而求灾异,则亦将使人君不畏而无所戒惧。如大火则为阳气盛,如大水则为阴气盛。今曰不可以象类而求,则是大火而非阳气盛矣,大水而非阴气盛矣。又如月食则修外治,日食则修内治。今曰不可以象类而求,则是月食不必修外治,日食不必修内

① 　林之奇:《尚书全解》卷二十一,第440页。
② 　孔颖达:《尚书正义》卷十,第176页。

治矣。大抵枉不可不矫也,矫枉而至于过直,则为甚矣! 学者既无泥于汉儒灾异之说,而以此篇为信,不失乎象类而求灾异,则两得之矣。①

林氏结合《洪范》论灾异之说,批驳了《五行传》之荒谬,同时又批驳天变不足畏、天人不相应之说的危害。前说无疑是进步的,后说主要是针对王安石新学而发②。此一大段文字,乃有为而发,牵合《洪范》以批驳王安石之说,无疑游离于主题之外。是书解经如此之处比比皆是,于此可窥一斑而见全豹。

其次,议论每引后世史实以为证,颇背体尚简要之训。解《益稷》"予创若时,娶于涂山,辛壬癸甲,启呱呱而泣,予弗子,惟荒度土功。"以晋文公之事论声色嗜好不足以改易大禹治水之志云:

> 晋重耳出奔,及齐,桓公妻之,有马二十乘,公子安之。从者以为不可,将行,谋于桑下。蚕妾在其上,闻之,以告姜氏。姜氏杀之,而谓公子曰:"子有四方之志,其闻之者,吾杀之矣。"公子曰:"无之。"姜曰:"行也。怀与安,实败名。"公子不可,姜与子犯谋醉而遣之,醒以戈逐子犯。重耳之所以能成霸功者,姜氏与有力焉。盖未有沈溺于妻子之爱,而可以建大功立大节者。③

林氏引述史实过长,常常导致意脉中断。有的地方甚至引多则史实阐发观点。如解《太甲下》"无轻民事,惟难。无安厥位,惟危。慎终于始……邦其永孚于休"一节云:"海内治安,上恬下嬉,廓然无事,则往往好人之顺己而恶人之逆己,于是谄谀之言日进,而忠鲠之义不闻,此民事之所以日忘,而天位之所以日危,而德之所以不终也。"阐释义理已甚详明,至此林氏意犹未尽,复引史实为证,云:

---

① 林之奇:《尚书全解》卷二十一,第440—441页。
② 朱熹:《三朝名臣言行录》十二之三载谏议刘安世语云:"金陵用事,同朝起而攻之,金陵辟众论进言于上曰:'天变不足畏,祖宗不足法,人言不足恤。'"(第796页)南宋王称《东都事略》卷七十九亦载此语。《宋史·王安石传》云:"安石传经义出己意,辩论辄数百言,众不能诎。甚者谓天变不足畏,祖宗不足法,人言不足恤。"(卷三百二十七,第10550页)
③ 林之奇:《尚书全解》卷六,第349页。

如唐明皇即位，姚、宋为相，姚善应变以成天下之务，宋善守文以持天下之正，遂成开元之治。及其太平日久，一惑于声色玩好，尽忘其平日好贤乐善之心，于是张九龄以忠直见疏，而李林甫、杨国忠以谄佞获用，一旦渔阳窃发，四海横流而犹不悟。观其与裴士淹论宰相贤否，至宋璟曰"彼卖直以取容耳"。彼宋璟者，乃明皇初年赖其忠直以致太平者也，至其狃习于小人逊志之言，而逆耳之谏久不接于耳也，则指之为卖直而不自知。呜呼，明皇未足道也！以唐太宗之英睿，盖天锡之勇智而又躬冒矢石，跋履艰难以有天下，然至其治定功成之后，其从善纳谏之心亦寖以陵替。故魏郑公曰："陛下贞观之初导人使谏，三年以后见谏者悦而从之，比三年强勉受谏而终不平也。"夫始也导人使谏，是惟恐人之不逆其志也。及其强勉受谏而终不平，则是欲人之逊其志矣，此实溺于宴安之习，无敌国外患以徼其寅畏之心，则其好人之顺己而恶人之逆己者，是人情之常也。而非魏郑公日陈其不克终之渐以类戒之，则其至于追咎忠谏之人以为卖直取名，如明皇天宝之乱亦不难也。①

林氏每以后世史实证经以阐发一己之意，虽能以事明理，但有流于支离繁芜之病。这种大段引后世史实入注解文字之中，与一般注经著作有很大差别，正体现了承传自浙东史学的鲜明学派特色。

朱子于《文集》、《语类》中论及林之奇《尚书全解》②十余处，其书多所创获。朱子与谢成之书云："三山林少颖说亦多可取"。③ 朱子《答或人》一书又云："《尚书》顷尝读之，苦其难而不能竟也。《注疏》、程、张之外，苏氏说亦有可观，但终是不纯粹。林少颖说《召诰》已前亦详备"。④ 对林氏《书》说颇为推崇。"详备"乃林氏《书》说之特色，林之奇解《书》每详考诸家之说，辨析异同，今略举一例，以见其一斑。如解《尧典》"曰若稽古帝尧，曰放勋"云："若稽古者，孔氏（指伪孔安国）曰：'能顺考古道而行之者'。王氏云：'圣人于古有可稽者，有可若者。'李校书推本古文《书》以'曰'字为胡越之'越'，与《召诰》'越若来三月'同，此说甚善。当从李校书之说。程氏云：'若稽古者，史官之

---

① 林之奇：《尚书全解》卷十六，第 415 页。
② 按：本论文引用《尚书全解》文字用《通志堂经解》本。
③ 朱熹：《文集》卷五十八《答谢成之》，第 2754 页。
④ 朱熹：《文集》卷六十四《答或人》，第 3133 页。按：林之奇《尚书全解》直解到《召诰》。

体之辞也。史官记载前世之事,若考古某人之事言之。下篇云若稽古帝舜,若稽古大禹,若稽古皋陶,皆谓考古某人之事为如此也。'苏氏云:'史之为此书也,谓吾顺考在昔而得其为人之大凡如此。'盖此四篇若稽古某人下皆有曰字,故二公之说如此,其说比先儒为优。然而此皆《虞书》也,《虞书》谓尧为古可也,禹、皋陶其时尚存,亦谓之古可乎? 则此说不通。若从《周官》唐虞稽古之文以稽古为尧,则下加曰字,又为难说。如允迪厥德,皋陶之言也,谓若稽古皋陶曰可也。放勋、重华、文命以下非尧、舜、禹之言而加曰字,则其义不行,此说为难折,故当阙之以俟知者。"①林氏广引古注及时人之说,对所有解说都予以否定,然后申述己见,力求言必有据,务在辨明是非,明其取舍,分析细致入微。又如解《盘庚中》"鲜以不浮于天时",②凡引四家,加以辨析,又据上下文而分析疏通文意,认为"浮"当训"胜",不同意《注疏》训解,林之奇所解强调了人的主观能动性,是颇具创见的解说。《尚书全解》所引《尚书》诸家说五十余家③,基本上囊括了其前所有《尚书》要著,尤其是北宋《尚书》著述,是在对各家《书》说批判继承基础上的展开,折中诸家得失,资料丰富详实。《尚书全解》保留了大量宋人《书》说,在许多北宋《书》说亡佚的情况下,该书无疑就具有了很高的辑佚价值。

四、《东莱书说》伤于巧

朱子对学侣吕祖谦《书说》的批评主要集中在吕氏解经之"巧"上。④ 结

① 林之奇:《尚书全解》卷一,第311页。
② 孔氏曰:"浮,行也,言皆行天时"。唐孔氏谓"顺时布政,若月令之为。"王氏曰:"乘时流行,无所底滞。"此诸说皆以浮为行,其说亦通。而某窃以谓苏氏之说为胜,谓古者谓过为浮,浮之言胜也。以此敬民,故民保其后,相与忧其忧,虽有天时之灾,鲜不以人力胜之也。此其为说不惟于浮字之义为通,而且与上下文相贯。古人谓名胜实为名浮于实,而又有天人相胜之说,天之降灾于人,宜其国遂至于危败祸乱而不可救,而先后能与其民同心协力,择利而迁,是以安存而无虞,是修其人事而能胜其天时者矣(卷十九,第427页)。
③ 按:《尚书全解》所引《尚书》诸家有董仲舒、司马迁、晁错、班固、马融、郑康成、王肃、伪孔安国、皇甫谧、顾氏(彪)、孔颖达、胡博士(瑗)、胡安定、胡舍人、薛博士、曾博士、李博士、李校书、李子真、王博士、王安石、苏洵、苏轼、苏辙、张载、司马光、司马康、南丰曾舍人、林子和、陈鹏飞、杨时、林执中、周希圣、郑博士、张谏议、施博士、晁补之、郑樵、陆农师(佃)、白博士、黄博士、范内翰(祖禹)、晁补之、吕吉甫、刘执中、刘牧之、刘元甫、沈内翰(括)、张晦之、曾巩、程颐、孙元忠、孙炎、周希圣、蔡元度、潘博士等数十家。但林少颖引用称呼不一,或称字、或称官职、或称名,以至难以查考,统计中可能有个别重复。
④ 朱熹:《文集·续集》卷三《答蔡仲默》第五书云:"诸说此间亦有之,但苏氏伤于简,林氏伤于繁,王氏伤于凿,吕氏伤于巧。"(第4717页)

合吕氏《书说》，可以略探吕氏之巧。这种"巧"首先表现为以一主题解全篇，但这一主题往往不是以文本分析为基础，而是出自主观臆断的。今举《洛诰》一篇观其大略，全篇以成王留周公共治为主脑，一贯而下。《洛诰序》解云："卜定则都邑定，都邑定则受朝会。迁商民而周之基业定，周之基业定则周公之去志亦定。当使人告卜之时，告归虽未形于言而精诚至意实与之俱往矣。"周公之去志文中并无明言，此乃意必之辞，吕氏竟以此主题解读全篇。第一章云"言洛都之成，将以致告归之请也。"第二章解"以予万亿年敬天之休"谓：成王察言观色，"知周公将致告归之请"，故预以共治之请留周公。第三章"公曰已汝惟冲子……无远用戾"云："周公既举治道以诲成王，此章复申言之而致告归之请也。"第四章"王若曰公明保予冲子……罔不若时"云"成王将留周公，故先归重于公，答其诲言，称其功德，盖所以开挽留之端也。"第五章"四方迪乱……乱为四辅"解云："此章成王自谓我眇然幼冲之子，固不足以留周公，纵公不为己留，亦当为天下留，为文武留也。"第六章"王曰公定……四方其世享"云："前章就成王之身言之，此章又就周公之身言之，见其留之愈切也。"第七章"周公拜手稽首……弘朕恭"云"周公为成王而留……深以文武为言，是所以弘大我之恭，岂得而不留？"第八章"孺子来相宅……作周孚先"云："周公谓我既留，君臣之间当同用工，大立规摹。"第九章"于文王武王惠笃叙……其永观朕子怀德"云："周公既留，即告于文王、武王以秬鬯二卣。"①最后为史臣记当时祭祀之事。全篇反复阐述周公告归，成王留周公共治这一主题，分析可谓精微，但只是吕氏臆说而已，经文并未明言此义。只要仔细体认原文，不难发现吕氏之说的牵强附会，不无曲说相通之感。他如《君奭》以周公留召公为主旨贯穿全篇，以天命不可妄干为《多方》一篇之纲领都体现了这一特点。吕祖谦解《书》，注重提纲挈领，先立一主脑，然后以此为中心展开议论，此是其所长。但是《书》得于秦火之余，有的篇章是不完整的，于残篇断简中求一贯通之主旨，固不免有曲说相从之弊。又有的篇章由于文献缺乏，写作背景已经无法弄清，很难确定其主题，强作解人必然会牵强附会。

其二吕氏之"巧"重点是解《书》多臆断，没有阙疑。这是朱子批评他的重心。陈淳问："《东莱书说》如何？"朱子回答说："说得巧了。向常问他有疑处

---

① 　时澜：《增修东莱书说》卷二十三，第110—113页。

否？曰：都解得通。到两三年后再相见，曰：尽有可疑者。"①朱子明确指出吕氏解《书》的尖巧之病，"都解得通"的"巧"其实就是穿凿臆断，朱子称为"巧"是对老友的回护。《语类》林道夫录亦论及此，云："吕伯恭解《书》自《洛诰》始。某问之曰：'有解不去处否？'曰：'也无。'及数日后，谓某曰：'《书》也是有难说处，今只是强解将去尔。'要之，伯恭却是伤于巧。"②潘时举问："《书》当如何看？"朱子回答曰："且看易晓处，其它不可晓者不要强说。纵说得出，恐未必是当时本意。近世解《书》者甚众，往往皆是穿凿。如吕伯恭亦未免此也。"③朱子极力反对强作解人，指出当时《尚书》阐释中普遍存在着穿凿附会之风。朱子云："向在鹅湖，见伯恭欲解《书》，云：'且自后面解起。'今解至《洛诰》，有印本是也。其文甚闹热。某尝问伯恭，《书》有难通处否？伯恭初云：'亦无甚难通处。'数日，问，却云：'果是有难通处。'"④朱子批评吕氏穿凿尖巧之病在于作全解，无阙疑。叶绍翁《四朝闻见录》卷一亦载有朱子对吕氏《书说》的批评，云："考亭先生尝观《书说》，语门人曰：'伯恭直是说得《书》好，但《周诰》中有解说不通处只须阙疑，某亦不敢强解，伯恭却一向解去，故微有尖巧之病也。是伯恭天资高处，却是太高，所以不肯阙疑。'"⑤朱子所谓"巧"是指东莱强作解人，由于《尚书》夹杂岐周方言以及文献本身的残损，有的地方是无法解通的，要解通必然避免不了主观臆断。

吕氏这种"巧"具体体现为过求义理。一是无义理处推寻义理。如《洛诰》篇论卜洛事，谓周公先卜黎是因为地近殷民故居，商民之心也在地中。虽周公之心为众之所向，但周公不敢安其独见，所以"并列二说以听于天而已"，其实卜黎、卜洛只是选址的一种仪式，是先民的一种信仰，吕氏却认为"卜黎于先者，先人后己之心也。黎既不吉，改卜洛邑，龟乃协从。盖周公之心即天心也，无间故无违也。黎虽不及洛，然亦周公并近商郊审择面势可建别都之地，若择焉而不详，是强天之合而必龟之从己，岂圣人之心哉！"⑥剖析圣人用心，其说实在有些离谱，难免附会之讥。吕氏还认为《君奭》是周公留召公共

---

① 《朱子语类》卷七十九，第 2724 页。
② 《朱子语类》卷七十八，第 2638 页。
③ 《朱子语类》卷七十八，第 2638 页。
④ 《朱子语类》卷七十八，第 2638 页。按：朱子论及了东莱作《书说》的时间，当在鹅湖之会（1175 年 6 月）后。记载了《书说》只解《洛诰》至《秦誓》数篇。
⑤ 叶绍翁：《四朝闻见录》，中华书局 1989 年版，第 3 页。
⑥ 时澜：《增修东莱书说》卷二十三，第 110 页。

治之文,并对文中没有"召公肯留之语"作了解释,谓"召公之于周公,犹颜子之于孔子之'不违如愚',其领受之意固见于眉睫之间"①是不需明言的。吕氏这种脱离经文的义理阐释是不足为训的,同时也反映了宋儒解经的流弊。他如以《立政》篇为周公绝笔,云:"自《立政》而后周公不复有书矣,在百篇中则是篇乃周公绝笔也。为治体统固臻其极,至于反复申重之意,忠厚惇笃之诚,深长远大之虑,学者当于言外体之。"②吕说纯出臆断,并无根据。再如《顾命》解"昔君文王、武王宣重光"以为"尧、舜君臣而并,故谓之重华;文、武父子而处,故谓之重光。自古圣人相继之盛,惟此两时为然。"③解"命汝嗣训"云:"不曰嗣位而曰嗣训,训所以守位,循其本也。"④都探求过甚,未必得经文之本意。

朱子通过对当时有影响的四家《书》学之利弊得失的评价,建立了他自己的注疏准则。"他山之石,可以攻玉",朱子解经注重对他人经验教训的广泛吸取,他确实做到了解经体尚简要,既避免了当时学者脱离经文义理解经的穿凿附会及经学家解经的繁琐,又避免了文士解经传其意会的疏略。

从四家《书》说来看,宋代《书》学研究基本展现了经学由汉学向宋学转化的历程。四家无一例外都对章句注疏提出了批评,于解经中提出了许多新见。疑难字均不注音,不解《书大序》,盖对其文有疑问也,同时体现的是弃传从经的宋学风气。宋代庆历后以个性鲜明的学者为中心形成了多个学派,以王安石为中心的新学,以苏轼为中心的蜀学,以二程为中心的洛学,各学派以经为媒介展开了激烈的思想交锋,经在他们手里是批评现实的锐利武器。王安石以经学羽翼变法,经学成为政治的一种手段。苏轼、林之奇激烈批驳王安石经学义理不纯,欲以批判经学为津埭从而批驳新法,矛头直指现实政治。在宋代疑古惑经思潮下,以《传》、《疏》为核心的传统章句之学面对佛、道进占思想阵地的局面,章句之学无疑已成为记诵之学,不能成为时代意识的主流指导当时人们的现实生活,因而受到了来自经学革新内部的强大质疑,借助经典的重新阐释重建儒学的权威就成为儒者的普遍追求,以义理阐释为核心的宋学肩负

---

① 时澜:《增修东莱书说》卷二十六,第 122 页。
② 时澜:《增修东莱书说》卷二十九,第 128 页。
③ 时澜:《增修东莱书说》卷三十一,第 136 页。
④ 时澜:《增修东莱书说》卷三十一,第 138 页。

起了重建儒学的历史重任,这一点在理学家身上体现得尤为充分。四家经注无一不以驳斥异端杂学维护儒家道义为己任,均欲求儒经之大义。林之奇、吕祖谦援理学入经学,以《学》、《庸》思想解《尚书》,为古老的经学输入了时代思想的新鲜血液,使经学真正成为了时代精神的载体,《尚书》通过思想者的阐发重新焕发出了耀眼的光辉。于此亦可见理学逐渐占据南宋思想阵地的局面。天理人欲之辨,探讨了人性的本质;主敬操存之功,则为回归人善本性提供了可操作的方法,反映了理学家解经的主旨。也就是说林、吕之《书》说已融入了时代思潮,渗透着理学的精髓,成为了构建时代精神的要著。据此可以了解那个时代思想者的心路历程,更进而了解文化人的真精神。这就是学术潜藏的淑世价值,朱子《书》学无疑在精神上更多展现了理学家的一面。朱子就在这一学术大背景下登上了历史舞台,以他精湛的学术造诣,使式微的儒学重放异彩。接下来我们就具体探讨一下朱子《书》学在重铸近世精神世界的贡献。

第三章　朱子之《书》学成就

朱子之于《尚书》虽无专著,其收集资料之丰富,辨析材料之精详,为我们认识和了解《书》家之成就与不足提供了极有参考价值的材料。其对《尚书》之系统辨伪开启了其后《尚书》研究之路径,疑伪《古文尚书》就成为其后《书》学研究的重要内容。其制定《书集传》体例之谨严,并分委弟子撰著,为蔡沈《书集传》之完成奠定了坚实的基础。其以理学思想解《书》为传统文化的现代转化提供了经典范例。其所论及《尚书》者对于后来之《尚书》研究有深远的影响。

第一节　朱子论《书》引书考

朱子在《文集》、《语类》中有论《书》数卷,引用了大量文献,自先秦至当代,内容非常丰富。并且所引文献,形式不一。通过对其所引文献的考查,可以了解朱子对其前《书》学成就的扬弃,可以见其《书》解之特色。

一、《尚书》古注疏

1. 伪孔安国《尚书传》共二十次。

注解中三引"孔氏",均见《舜典》注。"月正元日,舜格于文祖"注引孔氏曰:"舜服丧三年毕,将即政,故复至文祖庙告。"① 按伪《孔传》原文为"舜服尧丧三年毕,将即政,故复至文祖庙告。"

"五服三就",孔氏以为"大罪于原野,大夫于朝,土于市"。② 朱子所引为

---

① 朱熹:《文集》卷六十五,第3168页。按:本节朱子所引诸家说除注明出自《朱子语类》外,均出自朱子《文集》卷六十五,为避免繁琐,以下不另作注。

② 朱熹:《文集》卷六十五,第3170页。

原文,评论云"不知何所据也"。

"五宅三居",孔氏以为"大罪居于四裔,次则九州之外,次则千里之外。"①按原文为"大罪四裔,次九州之外,次千里之外。"朱子引文后评论云"未见所据"。

称《传》十四次。

《召诰》"成王在丰,欲宅洛邑,使召公先相宅,作《召诰》",《传》曰:"武王克商,迁九鼎于洛邑,欲以为都,故成王居焉。"

《召诰》"惟太保先周公相宅",《传》曰:"太保,三公官名,召公也。"

《召诰》"越若来三月,惟丙午朏",《传》曰:"朏,明也,月三日明生之名。"

《召诰》"越三日戊申",《传》曰:"三月五日也"。

《召诰》"庶殷丕作",《传》曰:"大作,言劝事。"

朱子以上5条所引为《传》原文。

《召诰》"越六日乙未,王朝步自周,则至于丰",《传》曰:"于已(望)后六日乙未,成王自镐京至丰,以迁都事告文王庙。"按:《传》云:"于已望后六日二十一日,成王朝行从镐京则至于丰,以迁都之事至文王庙告文王,则告武王可知,以祖见考。"

《召诰》"若翼日乙卯",《传》曰:"翼,明也。"按《传》文为"位成之明日"。朱子说乃提炼而成。

《召诰》"越翼日戊午,乃社于新邑,牛一、羊一、豕一",《传》曰:"告立社稷之位,用太牢也。社、稷共牢。"按《传》文为:"告立社稷之位用太牢也。共工氏子曰句龙,能平水土,祀以为社。周祀后稷能殖百谷,祀以为稷。社、稷共牢。"

《洛诰》"王肇称殷礼",《传》曰:"始举殷家之礼。"按《传》云"言王当始举殷家祭祀,以礼典祀于新邑,皆次秩不在礼文者而祀之。"

朱子以上4条所引非《传》原文,均简括其词。

《召诰》"厥既得卜,则经营",《传》曰:"经营规度其城郭、郊庙、朝市之位处。"按较原文多"其"字。

《召诰》"拜手稽首,旅王若公",《传》以为"王与公俱至,文不见王,无事。"故诸侯公卿至觐于王。按后一句为朱子加。

---

① 朱熹:《文集》卷六十五,第3171页。按:所引见《尚书注疏》卷二。

《洛诰》"来相宅，其作周匹休"，《传》曰："作周以配天之美命。"按："命"字为朱子加。

《召诰》"用牲于郊，牛二"，《传》曰："告立郊社位于天，以后稷配，故牛二耳。"《传》原文为"故二牛"，与此小异。

按以上四条，朱子增词以补足语意。

《洛诰》"我卜河朔黎水，我乃卜涧水东、瀍水西，惟洛食。我乃卜瀍水东，亦惟洛食"，《传》以涧东瀍西为王城宫室宗庙所在，瀍东为成周迁殷顽民之所。按《传》无此意。《传》云："今洛阳也，将定下都，迁殷顽民，故并卜之。"此条朱子本《传》以推论。

称《孔注》一次。

《武成》"壬辰旁死魄"，《孔注》云"二日"。

称《注》一次。

《舜典》"在璇玑玉衡，以齐七政"，朱子云"《注》谓'察天文，审己当天心否'，为必然。"（辅广录）按《传》原文为"舜察天文，齐七政，以审己当天心与否。"

称孔安国一次。

《皋陶谟》"同寅协恭和衷哉"，朱子云："孔安国以'衷'为'善'，便无意思。'衷'只是'中'，便与'民受天地之中'一般。"

2.陆德明《经典释文·尚书卷》六次。

凡六引，一称名，五称陆氏。

解《大序》"古者伏羲氏之王天下也，始画八卦，造书契以代结绳之政"，明引陆德明语曰："伏羲风姓，以木德王，即太皞也。书契，刻木而书其侧，以约事也。"按《经典释文》卷三《尚书音义上》原文曰："本又作羲（按《释文》作牺），亦作戏，许皮反。《说文》云：贾侍中（奎）说此牺非古字。张楫《字诂》云：羲古字，戏今字"，"一号庖牺氏，三皇之最先，风姓，母曰华胥，以木德王，即太皞也"，"书者，文字。契者，刻木而书其侧，故曰书契也。一云以书契约其事也。郑玄云：以书书木边，言其事，刻其木，谓之书契也。"[①]由此可见，朱子的注释是集诸家之说为一炉，广泛吸取了章句之学的优点，而解说务求简尽。

_____

① 　陆德明：《经典释文》，中华书局 1983 年版，第 36 页。

朱子解《书》凡六引《经典释文》,其中解三皇五帝三王仅存其姓氏及五德终始说,隐括其文,综合诸说为释,其文云:"陆氏曰:神农,炎帝也,姜姓,以火德王。黄帝,轩辕也,姬姓,以土德王,一号有熊氏。坟,大也。少昊,金天氏,己姓,黄帝之子,以金德王。颛顼,高阳氏,姬姓,黄帝之孙,以水德王。高辛,帝喾也,黄帝之曾孙,姬姓,以木德王。唐,帝尧也,姓伊耆氏,帝喾之子,初为唐侯,后为天子,都陶,故号陶唐氏,以火德王。虞,帝舜也,姓姚氏,国号有虞,颛顼六世孙,以土德王。夏,禹有天下之号也,以金德王。商,汤有天下之号也,亦号殷,以水德王。周,文王、武王有天下之号也,以木德王。"揆,度也。"解《八索》引陆文曰:"索,求也。倚相,楚灵王时史官也"。解伏生得《书》二十余篇,引陆文曰:"即马、郑所注二十九篇是也。"他如解鲁共王、巫蛊事都是照引《释文》原文,未作丝毫改易,曰:"共王,汉景帝之子,名余。""汉武帝末征和中,江充造蛊败戾太子"。对于史实及训诂可取则直录其文,力求简洁。

3.孔颖达《尚书注疏》十次。

朱子注引为区别伪孔安国说,或称姓名孔颖达两次。

《大序》"裁二十余篇",孔颖达曰:"《泰誓》本非伏生所传,武帝之世始出而得行,史因以入于伏生所传之内,故云二十九篇也。"朱子所引非原文,乃概括为之。①

朱子于《大序》注后又引《疏》文以论《古文尚书》的承传历史云:"孔颖达曰:孔君作传,值巫蛊,不行以终。前汉诸儒知孔本五十八篇,不见孔《传》,遂有张霸之徒伪作《舜典》……二十四篇,除《九共》九篇,共为十六卷,盖亦略见百篇之序,故以伏生二十八篇者《舜典》、《益稷》、《盘庚》三篇、《康王之诰》及《泰誓》三篇共为三十四篇,并伪作二十四篇十六卷,附以求合于孔氏之五十八篇四十六卷之数也。刘向、班固、刘歆、贾逵、马融、郑玄之徒皆不见真《古文》,而误以此为古文之《书》。服虔、杜预亦不之见。至晋王肃始似窃见,而《晋书》又云郑冲以《古文》授苏愉,愉授梁柳,柳之内兄皇甫谧又从柳得之,而柳又以授臧曹,曹始授梅赜,赜乃于前晋奏上其书而施行焉。"此一大段文字乃朱子总括《尚书注疏·尧典题疏》而成,非原文。

或简称《孔疏》两次。

---

① 孔颖达:《尚书注疏序》云:"《泰誓》非伏生所传,而言二十九篇者,以司马迁在武帝之世,见《泰誓》出而得行,入于伏生所传内,故为史总之,并云伏生所出,不复曲别分析。"

《书大序》"凡五十九篇,为四十六卷",朱子云"《孔疏》同序者同卷,异序者异卷。"按:见《尚书注疏·书序疏》。

论《舜典》及篇首二十八字来历云"《孔疏》云:梅赜奏上《古文尚书孔传》之时,已失《舜典》一篇,……至姚方兴乃得古文本经,而并及《孔传》,于是始知有此二十八字,但未知其余文字同异又如何耳。"朱子乃转述《尚书正义》之文,较原文加详。

或称《疏》六次。

《召诰》"越三日庚戌,太保乃以庶殷攻位于洛汭。越五日甲寅,位成",《疏》曰"庚戌,三月七日。甲寅,三月十一日也。"

《召诰》"若翼日乙卯",《疏》曰:"十二日也。"

《召诰》"越三日丁巳,用牲于郊",《疏》又曰:"十四日也。"

《召诰》"越翼日戊午",《疏》曰:"十五日也。"

《召诰》"越七日甲子",《疏》曰:"二十一日也。"

《召诰》"王肇称殷礼",《疏》曰:"虽有损益,以其从殷而来,犹前篇之庶殷也。"按《疏》"云殷礼者,此殷礼即周公所制礼也。虽有损益,以其从殷而来,故称殷礼。犹上篇云庶殷,本其所由来。朱子乃概括为言。

二、宋代诸家《书》说

1. 刘敞《公是七经小传》两次。

《尧典》"宅南",朱子云"刘氏曰:当云'宅南,曰交趾。'"刘氏乃刘敞,其《公是七经小传》卷上云:"宅南,曰交趾。后人传写脱两字故尔。"①

《舜典》"如五器",朱子云:"刘侍讲曰:如,同也。五器,即五礼之器也。"《公是七经小传卷上》云:"如者,同也。五器者,吉凶礼乐及戎器同之,一制度也。"夏僎《尚书详解》卷二亦云:"河南刘敞不深求其故,乃谓五器为吉、凶、礼、乐、戎器。陈少南和之,乃谓:如,同也。巡狩之时,同吉、凶、礼、乐、戎器。"刘侍讲即刘敞也。②

2. 王安石《尚书新义》十三次。

《尧典》"方命圮族",朱子云:"王氏曰:'圆则行,方则止犹。'"诸家引多

---

① 刘敞:《公是七经小传》,纳兰性德《通志堂经解》第16册,广陵书社2007年版,第513页。

② 《宋史》卷三百十九本传曰:"拜翰林侍读学士"、"敞侍英宗讲读,每指事据经,因以讽谏"(第10386页)。

出朱子评语"犹今言废阁诏令也"。

《大禹谟》"文命",朱子云:"王氏以为禹号"。

《召诰序解》朱子云:"王氏曰:成王欲宅洛者,以天事言之,则日东景朝,多阳,日西景夕,多阴,日南景短,多暑,日北景长,多寒。洛天地之中,风雨之所会,阴阳之所和也。以人事言,则四方朝时贡赋道里均焉。"陈栎《书集传纂疏》、董鼎《书传辑录纂注》、王天与《尚书纂传》、《书经大全》所引同。而陈师凯《书蔡氏传旁通》、黄镇成《尚书通考》诸家引作"以天事言则日东景夕多风,日西景朝多阴,日南景短多暑,日北景长多寒。洛天地之中,风雨之所会,阴阳之所和也。以人事言则四方朝聘贡赋道里均焉,故谓之土中。"对朱子之说有所勘正。

《召诰》"厥既得卜,则经营",朱子云:"王氏曰:经其南北而四营之也"。金履祥《资治通鉴前编》、王天与《尚书纂传》所引同。

《召诰》"周公乃朝用书命庶殷侯、甸、男、邦、伯",朱子云:"王氏曰:周公以书命邦伯,而邦伯以公命命诸侯也。"林之奇《尚书全解》、陈栎《书集传纂疏》、董鼎《书传辑录纂注》、胡广《尚书大全》、王樵《尚书日记》诸书所引同。

《召诰》"今冲子嗣则无遗寿耇,曰其稽我古人之德,矧曰其有能稽谋自天",朱子云:"王氏曰:勿弃老成,又考古人之德,则善矣。况曰能考谋自天,则又善也。"金履祥《资治通鉴前编》所引同。

《召诰》"我不敢知曰,有夏服天命惟有历年。我不敢知曰,不其延,惟不敬厥德,乃早坠厥命。我不敢知曰,有殷受天命惟有历年。我不敢知曰,不其延,惟不敬厥德,乃早坠厥命",朱子云:"王氏曰:言夏殷所受天命历年长短,我皆不敢知也。我所敢知者,惟不敬厥德乃早坠厥命也。"

《洛诰》"惟恭奉币,用供王能祈天永命",朱子云:"王氏曰:奉币以供王禋祀上下而祈永命。"①

《洛诰》题解,朱子云"王氏曰:此诰有不可知者,当阙之,而择其有可知者。"

《洛诰》"朕复子明辟",朱子云"王氏曰:复如复逆之复。成王命周公往营成周,周公得卜,复命于王。曰子者,亲之也。曰明辟者,尊之也。"

《洛诰》"公不敢不敬天之休,来相宅,其作周匹休",朱子云:"王氏曰:

---

① 朱熹:《文集》卷六十五,第3189页。

《武成》曰'天休震动。'使周有天下者,天之休也,故周公敬之而相宅以配天休也。"

《洛诰》"公其以予万亿年敬天之休",朱子云"王氏曰:言宅洛之事定矣,公当以予永远敬天之休以成此休,常吉之卜也。"

《洛诰》"王肇称殷礼,祀于新邑,咸秩无文",朱子云"王氏曰:殷,盛也。如'五年再殷祭'之'殷'。周公既制礼作乐,而成王于新邑举盛礼以祀,凡典籍所无而于义当祀者,咸次秩而祀之也。"从朱子书信、语录中所论诸家《书》解可明其所取王氏为王安石无疑。但王书佚失,难一一征信。

3. 程颐《书说》一次、《二典义》四次、《程氏遗书》两次。

《大序》论孔子删《书》说,朱子曰"程颐语云:'所谓大道,若性与天道之说,圣人岂得而去之哉,若言阴阳、四时、七政、五行之道,亦必至要之理,非如后世之繁衍末术也,固亦常道,圣人所以不去也。或者所谓羲、农之书,乃后人称述当时之事,失其义理,如许行为神农之言,及阴阳、权变、医方称黄帝之说耳。此圣人所以去之也。《五典》既皆常道,又去其三,盖上古虽已有文字,而制立法度,为治有迹,得以纪载,有史官以识其事,自尧始耳。'"①朱子引文与程子原文大意相同而文字稍有差异。

《舜典》"辑五瑞,既月,乃日觐四岳、群牧,班瑞于群后",程氏曰"辑五瑞,征五等诸侯也。此以上皆正月事,至尽此月,则四方诸侯有至者矣。远近不同,来有先后,故日月见之,不如他朝会之同期于一日也。盖欲以少接之,则得尽其询察礼意也。"文字与《二典义》小异。按:原文为"辑敛五瑞,征五等诸侯也;至月终则四方诸侯至矣,远近不同,来有先后,故日日见之,不如他朝会之同期于一日也。盖欲以少接之,则得尽其询,察礼意也。"②

《舜典》"格于艺祖",朱子云"程氏以为但言艺祖者,'举尊耳,实皆告也'。但止就祖庙,共享一牛,不如时祭各设主于其庙也。"原文为:"归格,告

---

① 程颢、程颐:《程氏经说·书解》卷二云"所谓大道,虽性与天道之说,固圣人所不可得而去也。如言阴阳四时七政五行之道,亦必至要之语,非后代之繁衍末术也,固亦常道,圣人所不去也。使诚有所谓羲、农之书,乃后世称述当时之事,失其义理。如许行所谓神农之言,及阴阳医方称黄帝之说耳。此圣人所以去之也。或疑《阴符》之类是,甚非也。此出战国权变之术,窃窥机要,以为变诈之用,岂上古至淳之道邪? 又《五典》既皆常道,去其三,何也? 盖古虽已有文字,而制立法度,为治有迹,得以纪载,有史官之职以志其事,自尧始。"(《二程集》,第 1032 页)

② 程颢、程颐:《程氏经说》,第 1042 页。

至于祖庙也,此记礼也。止言祖庙举尊耳,实皆告也。如告朔太庙,亦不止告祖也。四时之祭,则各有牲。如告朔告至之类,非祭也,共享一牲而已,故云用特。若受终而禋,则是祭也。虽古礼不可详知,恐荐新之类,亦止就庙耳。惟时祭设主,则各就其室,非祭不必设主也。"①朱子仅撮程子之大意。

"敷奏以言,明试以功,车服以庸",朱子云"程氏曰:'敷奏以言者,使各陈其为治之说。言之善则明考其功,有功则赐车服以旌其功也。其言不善,则亦有以告饬之也。'"按:原文为"使各进陈其为治之说,其言之善者则从之,而明考其功,有其功则赐车服以旌其功也。"②

以上见《二典义》,朱子均师其意,不习其辞。

《大禹谟》"舍己从人",朱子引程氏说,曰:"舍己从人,最为难事。己者我之所有,虽痛舍之,犹惧守己者固而从人者轻也。"按:见《程氏遗书》卷九。③

《大禹谟》"人心惟危,道心惟微,惟精惟一,允执厥中",朱子云"程子曰:'人心,人欲,故危殆;道心,天理,故精微。惟精以致之,惟一以守之,如此方能执中。'此言尽之矣"。④《遗书》卷二十四"人心私欲,故危殆。道心天理,故精微。灭私欲则天理明矣。"⑤二者遣词略异。

"朕复子明辟",朱子云:"程氏曰:'犹言告嗣子王矣。'"按:《二程集》不载,此或采自《书说》,今佚。

4. 苏轼《东坡书传》十五次。

《舜典》"纳于大麓,烈风雷雨弗迷",朱子云:"苏氏曰:'洪水为患,尧使舜入山林,相视原隰,雷雨大至,众惧失常,而舜不迷,其度量有绝人者,而天地鬼神亦或有以相之欤?'"⑥

《召诰》"达观于新邑营",朱子云:"苏氏曰:遍观所营也"。

《洛诰》"周公往营成周",苏氏曰:"周人谓洛为成周,谓镐为宗周。"

《洛诰》"惇宗,将礼,称秩元祀,咸秩无文",苏氏曰:"惇宗,厚族也。将礼,秉礼也。称秩元祀,举大祀也。"

① 程颢、程颐:《程氏经说》,第1042—1043页。
② 程颢、程颐:《程氏经说》,第1043页。
③ 程颢、程颐:《程氏遗书》,第108页。
④ 朱熹:《朱子语类》卷七十,第2668—2669页。
⑤ 程颢、程颐:《二程集》,第312页。
⑥ 案本书所引苏轼《书传》文字均采自《丛书集成》本。

《洛诰》"予冲子夙夜毖祀"，苏氏曰："祭则我冲子，政则周公。"

以上五条朱子所引苏轼语为原文。

《舜典》"夔曰：于，予击石拊石，百兽率舞"，朱子云"苏氏曰：'舜方命九官，济济相让，无缘夔于此独言其功，此《益稷》之文也，简编脱误，复见于此。'"按：朱子所引小异原文，并加"济济相让"四字。①

《大禹谟》"文命"，朱子云"苏氏曰：非也，'以文命为禹号，则敷于四海者为何事耶？'""非也"二字为朱子所加。

《召诰》"有王虽小，元子哉"，朱子云"苏氏曰：王虽幼，国之元子也。其大能以诚感民矣，当及今休其德。'不敢后者'，疾敬其德不敢迟也。'用顾畏于民碞者'，碞，险也，民犹水也，水能载舟亦能覆舟，物无险于民者矣。"按：原文"国"为"周"，"不敢迟"为"不肯迟"。

《召诰》"上下勤恤，其曰我受天命"，朱子云"苏氏曰：君臣一心以勤恤民，庶几王受命历年如夏殷，且以人心为天命也。"原文"人心"为"民心"。

《召诰》"其惟王勿以小民淫用非彝，亦敢殄戮用乂民。若有功，其惟王位在德元。小民乃惟刑用于天下，越王显"，朱子云"苏氏曰：商俗靡靡，其过用非常也久矣。召公戒王勿以小民过用非常之故，亦敢于法外殄戮以治之。盖民之有过，罪实在我；及其有功，则王亦有德。何也？王之位，民德之先倡也。如此则法行天下而王亦显矣。"按"商俗靡靡，其过用非常也久矣"数字为朱子所加，②所引非原文。

《召诰》"予小臣，敢以王之雠民百君子，越友民，保受王威命明德，王末有成命，王亦显"，朱子云"苏氏曰：庶殷虽已丕作，然召公忧其间尚有反侧自疑者，故因其大和会而协同之。雠民，殷之顽民与三监叛者。友民，周民也。百君子者，殷周之贤士大夫也。自今以往，殷人、周人与百君子皆同保受王之威德，王当终受天之成命，显于后世。""终受天之成命"原文为"终永天命"。

---

① 苏轼：《东坡书传》卷二云："此舜命九官之际也，无缘夔于此独称其功。此《益稷》之文也，简编脱误，复见于此。"（第49页）

② 苏轼：《东坡书传》"召公之言……盖曰王勿以小民过用非法之故，亦敢于法外殄戮以治之，民自用非法，我自用法。民自过，我自不过，称罪作刑而已。民之有过，罪实在我。及其有功，则王亦有德，何也？王之位，民德之先倡也，如此则法用于天下，王亦显矣。"（卷十三，第438页）

《召诰》"恭奉币",朱子引苏轼语"奉币以赞"较原文多"以"字。

《洛诰》,苏氏曰:"此处有简脱在《康诰》,曰'惟三月哉生魄'至'洪大诰治',下属'周公拜手'之文。"苏轼原文"处"为"下"、"曰"为"自","拜手"下有"稽首"两字。

《洛诰》"我卜河朔黎水,我乃卜涧水东、瀍水西,惟洛食。我乃卜瀍水东,亦惟洛食",苏氏曰:"黎水,今黎阳也。周公营洛,本以处殷余民,民怀土重迁,故以都河朔为近便。卜不吉,然后卜洛也。""黎水"为朱子补足语意所加,"洛"本为"东都"。

《洛诰》"汝其敬识百辟享,亦识其有不享。享多仪,仪不及物,惟曰不享。惟不役志于享,凡民惟曰不享,惟事其爽侮",朱子云:"苏氏曰:'小人贿以说人,必简于礼。''周公戒周王责诸侯以礼不以币,恐其役志乎而不役志于礼,则诸侯慢而王室轻矣。此治乱之本,故周公特言之。《春秋传》曰:晋赵文子为政,薄诸侯之币而重其礼,鲁穆叔曰:自今以往,兵其少弭矣。'"较原文,"役志乎物"之"乎"字为"于"字,"鲁穆叔"前少一"谓"字。

概论式引用,朱子论《泰誓》武王观兵之说,云:"恐无观兵之事。然文王为之,恐不似武王,只待天下自归了,纣无人与他,只自休了。东坡《武王论》亦有此意。武王则行不得也。"①

5. 曾巩《书经说》。

朱子云:"五福、六极曾子固说得极好。《洪范》大概曾子固说得胜于诸人。"(沈僩录)

6. 刘安世《尚书解》。

"越若来三月","刘谏议②曰:越与粤同。粤若,发语声也。来三月,犹言明月也。"可能是刘安世,有《尚书解》,佚。

7. 晁说之《书传》一次。

"若尔三王是有丕子之责于天,以旦代某之身",朱子云:"此一段先儒都解错了,只有晁以道说得好。他解'丕子之责'如史传中'责其侍子'之'责'。"③按:晁氏书亡佚,无法查考。

---

① 《朱子语类》卷七十九,第2702页。
② 《宋史》本传刘安世曾任"左谏议大夫"(第10953页)。
③ 《朱子语类》卷三,第172页。

8. 陈鹏飞(字少南)《书解》①六次。

《尧典》"宅南",朱子云:"陈氏曰:'交'下当有'曰明都'三字。"②

《召诰》"拜手稽首,旅王若公",朱子云"陈氏以为旅,陈也。成王在镐,而诸侯在洛以币陈于王以及周公者,周公摄王事故也。"

"今冲子嗣则无遗寿考,曰其稽我古人之德",朱子云:"陈曰:老成人多识前言往行。故考古人善德必资老成人。"

"今王嗣受厥命,我亦惟兹二国命,嗣若功",朱子云"陈曰:召公言我王嗣二代而受命,我亦惟以此二国长短之命告于王而继其功。盖欲王之敬德也。"

"欲王以小民受天永年",朱子云"陈曰:小民之心归,则受天永命矣。"③

《洛诰》"享多仪,仪不及物,惟曰不享",朱子云:"陈曰:予尝以此思之,则知文帝却千里马而汉鼎重于泰山矣!"

按陈氏书今不存,无从查考。

9. 喻子才④。

因说"教学半"曰:"近见喻子才跋《说命》云:'教只教得一半,学只学得一半,那一半教人自理会。'"伯恭亦如此说。此条不可考。

10. 吴才老《书裨传》。

《大禹谟》朱子引吴氏说,曰:"此书不专为大禹而作,此十七字当是后世模放二《典》为之,《皋陶谟》篇首九字亦类此。"明王樵《尚书日记》卷三载为吴才老说。⑤

朱子云:"吴材老说,《梓材》是《洛诰》中书,甚好。其它文字亦有错乱而移易得出人意表者,然无如才老此样处恰恰好好。"⑥朱子概述吴氏说。

---

① 按:朱子《文集》卷三十九《答徐元聘》第一书、卷四十《答何叔经》、卷五十一《答董叔重》第五书论及陈少南《书》说观点,朱子所引陈氏当指陈鹏飞。但陈氏《书解》已亡,无从稽考。宋时《书》解陈氏有名者当为陈博士《书解》。

② 按:此乃郑玄说,朱子失考。《古文尚书》卷一"宅南交"《疏》引郑玄说云:"夏不言'曰明都'三字,摩灭也。"(《丛书集成》初编,马融、郑玄注,王应麟撰集,孙星衍补集,中华书局1991年版,第39页)

③ 按:朱熹《文集》卷六十五(第3188页)原脱此句,据文意当为解此句,故补出。

④ 《朱子语类》卷一百三十一云:"赵丞相(鼎)收拾得些人材,然亦杂,如喻子才之徒亦预焉也。"(第4093页)

⑤ (明)王樵:《尚书日记》卷三《大禹谟》云:吴才老谓"此书不专为大禹而作,此十七字当是后世模放《二典》为之,《皋陶谟》篇首九字亦类此。"(影印文渊阁《四库全书》第58册,第276页)

⑥ 《朱子语类》卷七十九,第2723页。

11. 林少颖《尚书全解》七次。

《尧典》"放勋"，朱子云："林少颖解'放勋'之'放'作'推而放之四海'之'放'。"①林氏云："推而放诸东海而准，推而放诸西海而准，推而放诸南海而准，推而放诸北海而准。"朱子乃概括林氏语。

《舜典》"岁二月，东巡守……归，格于艺祖，用特"，林氏曰："天子巡守，则有'协时月'以下等事，诸侯来朝则有'敷奏以言'以下等事。"②朱子乃概括为言。

《大禹谟》题解，朱子云："林氏曰：虞史既述《二典》，而其所载有未尽者，于是又叙其君臣之间嘉言善政，以为《大禹》、《皋陶谟》、《益稷》三篇，所以备二典之未备者。"③朱子所引与林少颖原文有别。

《召诰序解》，朱子云："林曰：周自后稷始封于邰，夏后政衰，稷之子不窋出奔于戎狄之间，至孙公刘始立国于豳，十世至太王避狄人之难于岐山之下，文王迁于丰，武王迁于镐。邰在汉右扶风厘县，豳在栒邑县豳乡，岐在美阳县岐山，丰在鄠县东丰水，镐在长安西南昆明池，所谓镐波也。岐在邰西北无百里，豳又在岐西北四百余里，丰在岐山东南二百余里，镐在丰东二十五里。"按：朱子所引非原文。④

《召诰》"王先服殷御事，比介于我有周御事。节性，惟曰其迈。王敬作所

----

① 《朱子语类》卷七十八，第 2639 页。

② 林之奇：《尚书全解》卷二云："诸侯来朝京师，则有此敷奏以言，明试以功，车服以庸之三事也。"（第 323 页）

③ 林之奇：《尚书全解》卷四云："虞史既述《二典》，而其所载义有所未备者，于是又叙其君臣之间嘉言善政，《二典》之所不载者以为《大禹谟》、《皋陶谟》、《益稷》三篇，此盖备《二典》之所未备者。"（第 332 页）

④ 林之奇：《尚书全解》卷三十五云："周自后稷在唐虞之际以播种百穀教民稼穑之故始封于邰。《生民》之诗曰：'即有邰家室'是也。稷之子不窋，当夏后政衰，去稷不务，以故失其官，自邰出奔于戎狄之间。公刘者，不窋之孙也，虽窜于戎狄之间，能修后稷之业，勤恤爱民，民咸归之，于是始立国于豳。《公刘》诗曰：'豳居允荒'是也。太史公曰：公刘子庆节立国于豳。误矣。公刘虽立国于豳，然其地西近戎，北近狄，故其十世孙太王嗣立，狄人侵之。太王不忍残其民以自存，于是去豳踰梁山而邑于岐山之下。《绵》之诗曰：'至于岐下，聿来胥宇'是也。文王之立，初由居岐，及其既已克崇而有之，于是自岐而迁于丰。《文王有声》之诗曰：'作邑于丰'是也。武王之立，又自丰而迁于镐。《文王有声》诗曰：'宅是镐京'是也。邰，即汉之右扶风斄县。豳者，汉之右扶风栒邑县豳乡是也。岐者，汉右扶风美阳县岐山是也，即《禹贡》所谓导岍及岐，其邑在岐山之下。丰者，汉右扶风鄠县酆水是也，即《禹贡》所谓'东会于沣'，其邑在酆水之西。镐者，汉长安西南有昆明池北镐陂也。岐在邰之西北无百里，豳又在岐西北四百里余，是公刘自邰而西徙于豳，太王自豳而东徙于岐也。丰在岐山东南二百余里，镐去丰二十五里，皆是自西而东也。"（第 511 页）

不可不敬德",朱子云"林曰:周王迁殷顽民于洛,盖与洛之旧民杂居,其善恶之习不同,事非有以和一之不能相安以处,故必有以服殷御事,使之亲比介助于周之御事然后可。盖周御事习于教令,无事于服之,故以服殷御事为先也。然服殷御事在节其性而已,盖人性无不善,殷人特化纣之恶,是以不义之习遂与性成而忌反耳。上之人有以节之,使之日进于善,则与周人亦何异哉。然欲节民之性,又在王之所化,故王又当敬为其所不可不敬之德以率之,非政刑所及也。王氏以为明政刑以节之,不知道之言也。"①朱子用其意而已。

《召诰》"上下勤恤,其曰我受天命。丕若有夏历年,式勿替有殷历年。欲王以小民受天永年",朱子云"林曰:王能敬德于上,而小民仪刑于下,则天永命之矣,所谓用民以受天命也。"②朱子简括其言。

"敢以王之雠民百君子,越友民,保受王威命明德",朱子云"林曰:雠民百君子,犹顽民而谓之多士也。"③按:朱子评林氏《尚书全解》伤于繁,故引其说均用其意,删繁以就简。

12. 叶梦得(字少蕴)《石林书传》(?)十三次。

朱子论《尚书》难读引括苍叶梦得语,曰:"《尚书》文皆奇涩,非作文者故欲如此,盖当时语自尔也。"

---

① 林之奇:《尚书全解》卷三十云:"成王之营洛邑而迁殷顽民者,盖以其更纣、武庚之乱,其顽狠无耻之心未能以遽革,故使之密迩王室以驯致于善。然其迁之也,岂能空瀍水之西,移其旧民而使殷民居之哉!盖使周民与殷民杂居故也。惟周民与殷民杂居,故有殷治事之臣,亦有周治事之臣。然殷之小大草窃奸宄,骄淫矜夸,靡所不为,而周人以文武美教善化渐渍之,日久莫不归于士君子之域,其善恶相反,不啻若熏犹白黑之殊,其势不能以同居也,自非上之人有以迪之,其能使之和叶而为一哉。故召公即欲王诚于小民,又欲王治民,则遂告以王先服殷御事,比介于我有周御事。有周御事其于朝廷之教令,如草之从风无事于服之也,所当先者惟训服殷家旧治事之臣,除其暴虐而消其贪鄙,使之亲比介助我周家治事之臣,和叶而为一则可以诚于小民,亦可以治民矣。欲服殷御事无他,节性而已。孟子曰:性无有不善,水无有不下。殷之御事,当成王之世,天下之所谓恶人也。周之御事,天下之所谓善人也。虽有美恶之异,然原夫殷御事所禀于天之性未丧之前,与周之御事有以异哉。惟上之人有以唱之,遂陷溺其良心,而不义之习遂与性成,浸淫日久牢不可遏,必有以节之而后可也。节之者,非强其所无也,以其固有之性,还以治之,去其不善而反之善也。有以节之,则臣民将迁善远罪而不自知,惟日其进于善也。故曰:惟日其迈。董仲舒曰:积善在身犹长日加益而人不知也。惟日其迈,正仲舒长日加益之譬也。王氏曰:当明政刑以节之。此不知道者之言。"(第516页)
② 林之奇:《尚书全解》卷三十云:"王敬厥德于上,而小民仪刑于下,上下好德如一,则天岂用释之哉。……祈天永命必在于小民也。"(第517页)
③ 林之奇:《尚书全解》卷三十云:"雠民而谓之君子,正犹顽民而谓之多士也。"(第517页)

《舜典》"正月上日,受终于文祖",叶氏曰:"上旬之日。"

《召诰》"越三日戊申,太保朝至于洛卜宅",叶曰:"《周官·太卜》国大迁,大谋则贞龟。"

"越三日庚戌,太保乃以庶殷攻位于洛汭",叶曰:"攻位者,辟荆棘,平高下,以定所经营之位也。"

"周公乃朝用书命庶殷侯、甸、男、邦、伯",叶曰:"不及采、卫者,不以远役众也。"

"太保乃以庶邦冢君出取币,乃复入,锡周公。曰:'拜手稽首,旅王若公'",叶曰:"礼,诸侯朝于庙既毕,出复束帛加璧入享,谓之币。既致于王,复奉束帛以请觐,大夫之私相见也,亦谓之币。君臣不同时。今旅王及公,非常礼也。"

"知藏瘝在,夫知保抱携持厥妇子以哀吁天",叶曰:"智藏瘝在,言至纣而愚,其智则藏,而独病民之心存也。吁,和也,言祈和于天也。"

"小民乃惟刑用于天下",叶曰:"刑,仪刑也。"

《洛诰序》,叶曰:"此篇当与《召诰》参见。"

"朕复子明辟",叶曰:"复如《孟子》'有复于王'之'复'。"

"我卜河朔黎水,我乃卜涧水东、瀍水西,惟洛食。我乃卜瀍水东,亦惟洛食",叶曰:"卜者先墨龟为兆而令之灼,而兆顺其墨谓之食墨。求吉不过乎三,既卜黎水,又卜涧水东,又卜瀍水西,则三矣。皆曰'惟洛食'者,以召公之卜,而复以三地求吉,皆不食而食洛,是以卒从召公之卜为定也。"

"公既定宅,伻来,来示予卜休恒吉。我二人共贞",叶曰:"凡卜有贞其吉凶者。"

"拜手稽首诲言",朱子云:"自此以下渐不可晓,盖不知是何时所言。叶氏以为王得卜而至洛,既祭,复归镐,因留周公居守,而周公有此言。"

按:叶梦得书今藏于日本,多方收罗未果,无从考证。

13. 曾彦和《尚书讲义》。①

曾氏曰:"中国文明之地,故曰华夏,四时之夏疑亦取此义也。"

"正月上日",曾氏曰:"如上戊、上丁之类。"

---

① 按:可能指曾彦和。朱子《答董叔重》第七书云:"曾彦和说《书》精博"(《文集》卷五十一,第2368页)。

《文集》卷五十七朱子《答董叔重》论"九江彭蠡说"，云："曾彦和说《书》精博……《汉志》不知湖汉即是彭蠡而曰源出雩都，至彭蠡入江，此为大谬。恐彦和亦不能正也。九江之说今亦只可大概而言。"

按：曾氏书亡佚，无考。

14. 张九成《无垢书说》。

因举张无垢"人心道心解"云：'精者，深入而不已。一者，专致而无二。'亦自有力"。① 黄伦《尚书精义》卷六引作"精则心专入而不已，一则心专致而不二"语稍有别，而意义相同，可证为张九成说。

15. 郑樵《书辨讹》或《书考》。

问："先生说郑渔仲以'东为北江入于海'为羡文，是否？"曰："然。今考之，不见北江所在。"②此条无法查考。

16. 袁道洁（薛季宣师）

问："东坡疑《胤征》。"曰："袁道洁考得是。太康失河北，至相方失河南。然亦疑羲和是个历官，旷职废之诛之可也，何至誓师如此。大抵古书之不可考，皆此类也。"③按：袁氏书名及此说不可考。

17. 郑敷文《书说》。

问："郑敷文所论《甫刑》之意是否？"朱子曰："便是他们都不去考那赎刑。如古之'金作赎刑'，只是刑之轻者。如'流宥五刑'之属，皆是流窜。但有'鞭作官刑，朴作教刑'，便是法之轻者，故赎。想见穆王胡做乱做，到晚年无钱使，撰出这般法来，圣人也是志法之变处，但是他其中论不可轻于用刑之类，也有许多好说话，不可不知。"④朱子为转述郑氏大意。⑤

18. 张栻《书说》。

《咸有一德》"德无常师，主善为师。善无常主，协于克一"，朱子云："张敬

---

① 《朱子语类》卷七十八，第 2673 页。
② 《朱子语类》卷七十九，第 2688 页。
③ 《朱子语类》卷七十九，第 2689 页。
④ 《朱子语类》卷七十九，第 2728—2729 页。
⑤ 郑伯熊：《郑敷文书说》云："古者重刑无赎，至穆王好巡幸。无财用，遂造赎法，五刑皆有赎。……圣人存此篇所以记法之变。然其间亦多有好语，有不轻于用刑之意。先儒论'流宥五刑'，谓刑之重者；'金作赎刑'，谓刑之轻者。金赎者鞭扑二轻刑耳。"（丛书集成初编，中华书局 1997 年版，第 19 页）

夫谓《虞书》'精一'四句与此,为《尚书》语之最精密者,而《虞书》为尤精。"①

朱子论《说命》云:"南轩云:'非知之艰,行之艰,此特傅说告高宗尔。盖高宗旧学甘盘,于义理知之亦多,故使得这说。若常人则须以致知为先也。'此等议论尽好。"②张氏《书说》不存,不可考。

19. 吕祖谦《书说》。

柳兄言:"东莱解《无逸》一篇极好。"曰:"伯恭如何解'君子所其无逸'?"柳曰:"东莱解'所'字为'居'字。"按时澜《增修东莱书说》卷二十五"君子所其无逸者,凡人乍勤乍惰,盖亦有无逸之时矣。然能暂而不能居,非所其无逸者也。"此为朱子弟子所引,朱子不赞同吕说,认为"恐有脱字,则不可知"。③

20. 陆九渊《荆门军晓谕》。

朱子云"陆子静《荆门军晓谕》(论《洪范》五皇极畴)乃是敛六极也。④陆九渊文见《象山集》卷二十三,《洪范》第五畴本是敛五福,五福指:寿、富、康宁、攸好德、考终命。六极:凶短折、疾、忧、贫、恶、弱。见于《洪范》第九畴。朱子所谓敛六极是针对陆氏"今圣天子所锡之福也,身或不寿,此心实寿。家或不富,此心实富。纵有患难,心实康宁,或为国死事,杀身成仁,亦为考终命"⑤一段解说而言,朱子批评陆氏以六极为五福,背离经文,切中肯綮。

21. 李校书《书说》。

论《武成》日月,李校书说是岁闰三月,盖以一月壬辰旁死魄推之。若不置闰,即下文四月无丁未、庚戌矣。其说是也。李校书可能是朱子《伊洛渊源录》所记之人,名旰,字端伯,缑氏人。元祐中为秘书省校书郎,尝记二先生(二程)语一编,号《师说》,伊川称之。⑥ 乃二程弟子,其说不存,不可考。

22. 葛子平《书说》。

葛氏曰:"《洪范》五行,水、火、木、金、土,百谷本在木行之类,以其为民食

① 《朱子语类》卷七十九,第 2695 页。
② 《朱子语类》卷七十九,第 2699 页。
③ 《朱子语类》卷七十九,第 2725 页。
④ 《朱子语类》卷七十九,第 2710 页。
⑤ 陆九渊:《陆九渊集》卷二十三,中华书局 1980 年版,第 284 页。
⑥ 朱熹:《伊洛渊源录》卷八,第 1026 页。

之急,故别而附之。"朱子《答李守约》第六书云:"《集古后录》甚荷留念,但向见傅漕处本中有一跋古钟鼎帖铭,载翟伯寿说,或分一字作两三字,或合两三字为一字者,甚有理。后来见尤延之(袤)说,常州有葛子平推此说以读《尚书》甚有功,以是常欲得之。"①《答李时可》第五书云:"诸家说见今方寻检,元祐《说命》《无逸》讲义及晁以道、葛子平、程泰之、吴仁杰数书先附去,可便参订序次。"②

23. 程大昌《禹贡论》。

《文集》卷三十七朱子《答程泰之》辨其"彭蠡九江说"与山川形势不相应,因考诸说,疑晁氏九江东陵之说以为洞庭巴陵者为可信。

三、其他经、史、子、集文献

1.《仪礼》一次。

《舜典》"三载,四海遏密八音",朱子云:"《仪礼》圻内之民为天子齐衰三月,圻外之民无服。"按:《仪礼·丧服》齐衰三月丧有"庶人为国君。"《传》曰:"何以服齐衰三月也?"郑玄注云:"不言民而言庶人,庶人或有在官者,天子畿内之民服天子亦如之。"朱子所言乃综此而论,非原文也。

2.《周礼》十一次。

《尧典》"敬致",朱子云:"《周礼》所谓春夏致日,盖以夏至之日中祠日而识其景,如《周礼》所谓'日至之景,尺有五寸,谓之地中'者也。"按:引文见《周礼·天官·冢宰》。

"肆类于上帝",朱子云:"《周礼·肆师》'类造上帝'注云:郊祀者,祭昊天之常祭;非常祀而祭告于天,其礼依郊祀为之,故曰类。"按:朱子所引非原文,本为"为兆以类礼,即祭上帝也。类礼依郊祀而为之。"

《舜典》"劝之以九歌",此《周礼》所谓"九德"之歌,《九韶》之舞。按:《周礼·春官宗伯·大司乐》作"九磬之舞",朱子用常见字。

"辑五瑞",《周礼》"天子执冒以朝诸侯",郑氏注云:"名玉以冒,以德覆冒天下也。"按:见《周礼·冬官·考工记下》,"执冒"下脱"四寸"二字。

---

① 朱熹:《文集》卷五十五,第2603页。
② 朱熹:《文集》卷五十五,第2613页。

"秩于山川,肆觐东后。协时月正日,同律度量衡。修五礼、五玉、三帛、二生、一死贽。如五器,卒乃复",《周礼》曰:"王之所以抚邦国诸侯者,七岁属象胥,谕言语,协辞命。九岁属瞽史,喻书名,听声音。十有一岁,达瑞节,同度量,成牢礼,同数器,修法则。十有二岁,王巡守殷国。"见《周礼·大行人》,朱子所引非原文。①

"车服以庸",《周礼》曰:"民功曰庸。"见《周礼·司勋》。

"封十有二山如",朱子云:"《职方氏》言'扬州,其山镇曰会稽'之类"。见《周礼·职方氏》。

"命汝典乐,教胄子",朱子云:"《周礼》大司乐掌成均之法以教国子弟"。见《周礼·春官·宗伯下》。

"汝作朕虞",《周礼》分为虞、衡,属于夏官。

"公既定宅,伻来,来示予卜休恒吉",《周礼·太卜》言"国大迁,大师则贞龟。"朱子引为原文。

"工",朱子云:"《周礼》有攻木之工、攻金之工、攻皮之工、设色之工、刮摩之工、抟埴之工"。《周礼·考工记》云:"凡攻木之工七,攻金之工六,攻皮之工五,设色之工五,刮摩之工五,抟埴之工二。"朱子提其要而言。

3.《礼记》四次。

《舜典》"禋于六宗",朱子曰:"宗,尊也,所尊祭者,其祀有六。《祭法》曰:埋少牢于泰昭,祭时也。相近于坎坛,祭寒暑也。王宫,祭日也。夜明,祭月也。幽宗,祭星也。雩宗,祭水旱也。"见《礼记·祭法》。

"归,格于艺祖,用特",朱子云:"《王制》曰'归,格于祖祢。'郑注曰:'祖下及祢,皆一牛。'"按:《礼记·王制》"格"作"假",郑注"假,至也"。

"畴若予工",朱子云:"《曲礼》六工有土工、金工、石工、木工、兽工、草工。"《礼记·曲礼》云"天子之六工,曰土工、金工、石工、木工、兽工、草工。"朱子节引。

"声依永,律和声",《礼运》所谓"五声、六律、十二管还相为宫"。见《礼记·礼运》。

---

① 按:《周礼·大行人》云:"王之所以抚邦国诸侯者岁遍存,三岁遍頫,五岁遍省,七岁属象胥,谕言语,协辞命。九岁属瞽史,谕书名,听声音。十有一岁,达瑞节,同度量,成牢礼,同数器,修法则。十有二岁,王巡守殷国"。(贾公彦:《周礼注疏》卷三十七,阮元校勘本《十三经注疏》,中华书局1980年版,第892页)

4.《论语》三次。

《尧典》"光被四表,格于上下"至于被四表、格上下,则放其勋之所极也。孔子曰:"惟天为大,惟尧则之。"见《论语·泰伯》。

《舜典》"命汝典乐,教胄子",孔子亦曰:"兴于诗,成于乐。"朱子所引见《论语·泰伯》,略"立于礼"一句。

《大禹谟》"后克艰厥后,臣克艰厥臣",孔子曰:"为君难,为臣不易"。见《论语·子路》。

5.《孟子》五次。

《尧典》"放勋",朱子云:"放,至也。《孟子》言'放乎四海'是也。"见《孟子·离娄下》。

《舜典》"岁二月,东巡守",朱子引孟子语曰:"天子适诸侯曰巡守。巡守,巡所守也。"《孟子·梁惠王下》云:"天子适诸侯曰巡狩。巡狩者,巡所守也。"所引为原文。

"降水儆予",朱子云:"降水,洪水也,古文作'洚'。《孟子》曰:'水逆行谓之洚水。'"洪,大也。《孟子·告子下》曰:"水逆行谓之洚水。洚水者,洪水也。"

"厘降二女于妫汭,嫔于虞。帝曰:钦哉!"朱子云:"即礼所谓'往之女家,必敬必戒'者"。"往之女家,必敬必戒"。见《孟子·滕文公下》。

"敬敷五教在宽",朱子云:"《孟子》所引尧言劳、来、匡、直、辅、翼,使自得之,又从而振德之,亦此意也。"见《孟子·滕文公上》"放勋曰:劳之来之,匡之直之,辅之翼之,使自得之,又从而振德之。"朱子概括为言。

朱子云:"孟子说'益烈山泽而焚之',是使之除去障翳,驱逐禽兽耳,未必使之为虞官也。至舜命作虞,然后使之养育其草木禽兽耳。"[①]孟子语见《孟子·滕文公上》。

6.《庄子》一次。

"观厥刑于二女",朱子云:"《庄子》所谓'二女事之以观其内'是也。"按此句不见于今本《庄子》,最早见于《史记·五帝本纪》"尧乃以二女妻舜以观其内,使九男与处以观其外。"不知朱子所据。

《舜典》"佥曰:垂哉",《庄子》曰:"擺工垂之指",即此也。"擺工倕之指,

---

① 《朱子语类》卷七十八,第2658页。

而天下始人有其巧矣!"见《庄子·胠箧》,"倕"朱子用"垂"替代。

7.《左传》一次。

"慎徽五典,五典克从。纳于百揆,百揆时序。宾于四门,四门穆穆",朱子云:"从,顺也。《左氏》所谓'无违教'也。此盖使为司徒之官也。揆,度也。百揆者,揆度庶政之官,惟唐虞有之,犹周之冢宰也。时序,以时而叙。《左氏》所谓'无废事'也。四门,四方之门。古者以宾礼亲邦国,诸侯各以方至,而使主焉,故曰宾。穆穆,和之至也。《左氏》所谓'无凶人'也。"朱子所引见《左传·文公十八年》"故《虞书》数舜之功曰'慎徽五典,五典克从',无违教也。曰'纳于百揆,百揆时序',无废事也。曰'宾于四门,四门穆穆',无凶人也。"盖用其意。

8. 屈原《楚辞》一次。

"方命圮族",朱子云:"《楚辞》言'鲧悻直',是其方命败类之证也。按:《离骚》文为"鲧婞直以亡身兮","悻"本为"婞",朱子用常见字替代。

9. 司马迁《史记》三次。

《舜典》"纳于大麓,烈风雷雨弗迷",《史记》曰:"尧使舜入山林川泽,暴风雷雨,舜行不迷。"见《史记·五帝本纪》。

《大禹谟》"戒之用休,董之用威,劝之以九歌",朱子云:"太史公所谓'逸能思初,安能惟始,沐浴膏泽,而歌咏勤苦'者也。"见《史记·乐书》"佚能思初,安能惟始,沐浴膏泽,而歌咏勤苦。""佚"朱子引作"逸"。

"让于朱虎、熊罴",朱子云:"太史公曰朱虎、熊罴为伯益之佐"。《史记·五帝本纪》云:"舜曰:往矣,汝谐!遂以朱虎、熊罴为佐。"朱子转述《史记》语。

10. 司马贞《史记索隐》一次。

"平秩南讹",朱子云:"讹,化也。谓夏月时物长盛,所当变化之事也。《史记索隐》作'南为',谓为所当为之事也。"《索引》云:"夏言南为,皆是耕作营为劝农之事。"朱子引文大异原文。

11. 班固《汉书》三引及颜师古注两引。

《书大序》朱子注云:"《汉艺文志》云:《尚书》经二十九篇。师古注云:伏生所授者。"《汉书》"篇"为"卷","所"为"传",与原文小异。

"孝文时,求能治《尚书》者,天下无有。闻伏生治之,欲召。时伏生年九十余,老不能行,于是诏太常使掌故晁错往受之。"颜师古曰:"卫宏定《古文尚书》,序云:'伏生老,不能正言,言不可晓,使其女传言教错。齐人语多与颍川异,错所不知凡十二三,略以其意属读而已。'"按:朱子语与《汉书·儒林传》语序不同,又引注入正文中。①

解《书大序》,朱子云:"《汉书·艺文志》以为孔子纂《书》而为之序,言其作意。"按《汉书》原文为"至孔子纂焉,上断于尧,下讫于秦,凡百篇而为之序,言其作意。"《武成》"甲子胜商,杀纣",朱子云:"《汉志》云'既死魄,越五日甲子',即是六日或七日,日辰不相应。"按:《汉书》"越"为"粤"。②

朱子云:"颜师古注《汉书》曰:'秄与匦同',某疑得之。"③见《汉书》卷二十四上《食货志》"贡秄"颜师古曰:"秄读与匦同"。

12. 许慎《说文解字》一次。

《尧典》题解引《说文》曰:"典从册在丌上,尊阁之也。"《说文》"丌"为"丌",字形稍异。

13.《晋书》一次。

"在璇玑玉衡,以齐七政",朱子引"《晋天文志》云:天言体者有三家,一曰周髀,二曰宣夜,三曰浑天。宣夜绝无师说,不知其状如何。周髀之术,以为天似覆盆,盖以斗极为中,中高而四边下,日月旁行绕之。日近而见之为昼,日远而不见为夜。蔡邕以为考验天象,多所违失。浑天说曰,天之形状似鸟卵,地居其中,天包地外,犹卵之裹黄,圆如弹丸,故曰浑天,言其形体浑浑然也。其术以为天半覆地上,半在地下,其天居地上,见有一百八十二度半强,地下亦然。北极去地上三十六度,南极入地亦三十六度,而嵩高正当天之中,极南五十五度当嵩高之上。又其南十二度为夏至之日道,又其南二十四度为春秋分之日道,又其南二十四度为冬至之日道。南下去地三十一度而已。是夏至日北去极六十七度,春秋分去极九十一度,冬至去极一百一十五度,此其大率也。

① 班固:《汉书·伏生传》云:"伏生,济南人也",张晏曰:"名胜。《伏生碑》云也。"故为秦博士。孝文时,求能治《尚书》者,天下亡有。闻伏生治之,欲召。时伏生年九十余,老不能行,于是诏太常,使掌故朝错往受之。师古曰:"卫宏定《古文尚书序》云,'伏生老,不能正言,言不可晓也,使其女传言教错。齐人语多与颍川异,错所不知者凡十二三,略以其意属读而已'。"秦时禁书,伏生壁藏之。其后兵大起,流亡。汉定,伏生求其《书》,亡数十篇,独得二十九篇,即以教于齐、鲁之间。齐学者由此颇能言《尚书》,山东大师亡不涉《尚书》以教(中华书局1962年版,第3603页)。
② 班固:《汉书》卷二十一下《律历志》第一下,第1015页。
③ 《朱子语类》卷七十八,第2661页。

其南北极持其两端,其天与日月星宿科而回转。此必古有其法,遭秦而灭。至汉武帝时,洛下闳始经营之,鲜于妄人又量度之。至宣帝时,耿寿昌始铸铜而为之象,衡长八尺,孔径一寸,玑径八尺,圆周二丈五尺强,转而望之,以知日月星辰之所在,即此璇玑玉衡之遗法。蔡邕以为近得天体之实者也。"见《晋书·天文志》,非原文。

14. 韩愈语一次。

"陟方乃死",韩子曰:"《竹书纪年》,帝王之没皆曰陟,陟,升也,谓升天也。"见韩愈《黄陵庙碑》。

15. 欧阳修《新唐书》一次。

《尧典》"日短星昴",朱子云:"唐一行所谓'岁差者,日与黄道俱差'者是也。"按:见《新唐书·历志》。

欧阳修《文集》一次。

朱子云:"且如欧阳公说文王未尝称王,不知'九年大统未集',是自甚年数起。"一本作"欧公作《泰誓论》,言文王不称王,历破史迁之说,此亦见得史迁全不是,欧公全是。"①按:今本《欧阳文忠公文集》不见《泰誓论》,朱子乃概括为言。

16. 张载《正蒙》。

《咸有一德》"德无常师,主善为师。善无常主,协于克一",朱子曰:"横渠说德主天下之善,善原天下之一,最好。"按:见《正蒙·有德篇》"德主天下之善,善原天下之一"。②

《舜典》"如五器","如"亦齐同之义,"卒乃复"者,言既讫事而旋反。二句皆张子说也。③ 朱子当概述其说,待考。

17. 朱震(字子发)《汉上易传》一次。

《召诰》"天既遐终大邦殷之命,兹殷多先哲王在天,越厥后王后民,兹服厥命厥终",朱子发云:"人之死,各返其根。体魄阴也,故降而在下;魂气阳也,故升而在上,则无不之矣。众人物欲蔽之,故魄散而气不能升,惟圣人清明

---

① 《朱子语类》卷七十八,第2625页。
② 张载:《张子正蒙》卷六,上海古籍出版社2000年版,第189页。
③ 朱熹:《文集》卷七十一《记尚书三义》,第3425页。

在躬,志气如神,故其死也,精神在天,与天为一。"①

18. 胡宏《皇王大纪》、《知言》各一次。

朱子曰:"胡氏《皇王大纪》考究得《康诰》非周公、成王时,乃武王时,盖有'孟侯,朕其弟,小子封'之语。若成王,则康叔为叔父矣。"②采自《皇王大纪》卷十二《武王》。

论《大禹谟》人心、道心,朱子云:"五峰云:'天理人欲,同行异情。'说得最好。"③按:见胡宏《知言》卷一"天理人欲,同体而异用,同行而异情。"朱子所引非原文。

19. 吴仁杰《书说》一次(不详何书)。

《语类》卷七十九林夔孙问:"五行比五事"。朱子曰:"曾见吴仁杰说得也顺。它云:貌是水,言是火,视是木,听是金,思是土,将庶征来说便都顺。"出处不详。④

另外,朱子注释中还关注到《尚书》佚文,《大序》解后按语云:"《汉书》所引《泰誓》云:'诬神者殃及三世。'又云:'立功立事,惟以永年。'疑即武帝之世所得者。《律历志》所引《伊训》、《毕命》,字画有与《古文》略同者,疑即伏生口传而晁错所属读者。其引《武成》,则伏生无此篇,必是张霸所伪作者矣。"按:朱子认为《汉书》所引为"伏生口传而晁错所属读",此说不确。《汉书》所引《武成》必为"张霸伪作",此说不可考。

朱子讨论《尚书》数卷,引用了 45 种文献之多,加上与亲旧弟子论及书名没有引用其文的有 3 部:杨时《书义辩疑》、张纲《尚书讲义》、史浩《尚书讲义》,李经《尚书解》(朱子谓"善考证"),共 48 部。涉及经、史、子、集各部,以经正经,以史、子、集正经,凡有一善可采则采之,显示了一代大儒渊博的学识

---

① 朱震:《汉上易传·丛说》云:"人之死也各反其根,体魄阴也,故降而在下。魂气阳也,故升而在上,升则无不之矣。今也魄降而气不化,非物而何? 所以不化者,物欲蔽之也。""圣人清明在躬,志气如神,故五帝配上帝,傅说上比列星。贤人得其所归,众人则知富贵生而已。其思虑不出于口腹之间、衽席之上。夸张于世以自利焉。物欲蔽之不能自反其初。"朱子盖隐括朱震之文(影印文渊阁《四库全书》经部第 5 册,第 391 页)。

② 《朱子语类》卷七十八,第 2627 页。

③ 《朱子语类》卷七十八,第 2670 页。

④ 《朱子语类》卷七十九,第 2707 页。按:《宋史·艺文志》载吴仁杰《古周易》十二卷,《易图说》三卷,《集古易》一卷。

和开阔的学术视野。引文涉及《尚书》专著31部,涉及宋人著作近35种,充分展示了朱子治学对汉宋学术融合以及训诂义理兼重的特色。同时也说明朱子为集注《尚书》确实做了充分的准备工作。

从朱子对历代《书》说的引用来看,其引书特点非常鲜明。

一、有关典章制度的训释概用古注疏,解经逐字逐句加以理会,字词训释多用古注,与宋儒不重古注而自作文的学风不同,此乃朱子对宋儒义理解经多臆断及空疏流弊的警惕,是汉学与宋学的融合。

二、引文中生僻字多改用常见字,如"伏牺"作"伏羲","九磬"作"九韶","婞直"作"悻直"等,其中大概有一种追求规范和通俗的倾向,也有建构传世定本的意图。

三、引文太长则仅用其意而不师其词,以转述为主,概其大略,注重解经体尚简要,避免了繁琐引用带来的支离之弊,朱子引林之奇之说皆然。也既是避免了他批评的林之奇《尚书全解》"伤于繁"的弊病。朱子引书充分发挥了注家的主体性,做到了使他说为我所用。朱子引他说161条,而谨遵原文的惟29条。朱子引文最大的特点是按自己思想增删所引文献,《语类》中朱子明确表达了他的观点,甘节问:"《集注》引前辈之说,而增损改易本文,其意如何?"朱子回答曰:"其说有病,不欲更就下面安注脚。"①朱子对有问题的旧说直接进行增损改易,其目的在于避免注解的繁琐,但这种引用方式在今天看来是极不规范的。这与经学家林之奇引书谨严差别巨大,大致可看作哲人引书的特殊方式,引用注重的是义理而非斤斤于字词,承守的是伊洛理学精神。

四、两说并存者,或相资,或意见未定,大抵以前说为优。朱子云:"《集注》中有两说相似而少异者,亦要相资。有说全别者,是未定也。"②两说相近则可以相互应证,两说全不同则观点未定。又有弟子问:"《集注》有两存者,何者为长?"朱子曰:"使某见得长底时,岂复存其短底?只为是二说皆通,故并存之。然必有一说合得圣人之本意,但不可知尔。"复曰:"大率两说,前一说胜。"③两说并存意味着二者均可取而以前者为长。朱子这里虽是针对《四书》而言,但这一原则是贯穿到他其他著作中的。凡看朱子注解文字,不可不明此一原则。

---

① 《朱子语类》卷十九,第656页。
② 《朱子语类》卷十九,第656页。
③ 《朱子语类》卷十九,第656页。

第二节　朱子《书》学辨伪成就

朱子收集整理了大量有关《尚书》的资料,与门人故旧的讲论中提出了自己对《尚书》的许多独到见解,在吸收前人成就的基础上,打破了疏不破注的僵化学风,破除了汉唐经学家尊经护传的食古不化,对《尚书》展开了系统疑辨,这是朱子《书》学的一大成就。

一、对今、古文《尚书》的论述

朱子首先论及了今、古文的缘起,朱子曰:"汉儒以伏生之《书》为今文,而谓安国之《书》为古文。"①所谓今、古文是指文本记录时使用文字的差异,伏生所传之《书》是用当时流行文字隶书所写,故称为《今文尚书》。而孔壁所出之《书》是用先秦文字所写,故称《古文尚书》。今、古文除记录文字差异外,内容还有很大不同。朱子《书临漳所刊四经后》(绍熙元年十月,1189 年)论《书》,详述了今、古文篇目及其本末,伏生口传《书》二十八篇为:

> 《尧典》、《皋陶谟》、《禹贡》、《甘誓》、《汤誓》、《盘庚》、《高宗肜日》、《西伯戡黎》、《微子》、《牧誓》、《洪范》、《金縢》、《大诰》、《康诰》、《酒诰》、《梓材》、《召诰》、《洛诰》、《多士》、《无逸》、《君奭》、《多方》、《立政》、《顾命》、《吕刑》、《文侯之命》、《费誓》、《秦誓》。

孔氏壁中书增多二十五篇为:

> 《大禹谟》、《五子之歌》、《胤征》、《仲虺之诰》、《汤诰》、《伊训》、《太甲上》、《太甲中》、《太甲下》、《咸有一德》、《说命上》、《说命中》、《说命下》、《泰誓上》、《泰誓中》、《泰誓下》、《武成》、《旅獒》、《微子之命》、《蔡仲之命》、《周官》、《君陈》、《毕命》、《君牙》、《冏命》,分伏生书中四篇为

---

① 朱熹:《文集》卷六十五,第 3153 页。

九篇，又增多五篇，《舜典》、《益稷》、《盘庚中》、《盘庚下》、《康王之诰》并《序》一篇，合之凡五十九篇。及安国作《传》，遂引《序》以冠其篇首，而定为五十八篇。①。

朱子详细论述了今、古文《尚书》篇目的差别以及《小序》不先《经》的问题。朱子分出今、古文，表明他已明确认识到二者的差异。

其次，朱子提出了《尚书》有训、诰、誓、命的文体差别，认识到《尚书》文字有难易之别。他说："大抵《书》之训诰多奇涩，而誓命多平易。盖训诰皆是记录当时号令于众之本语，故其间多有方言及古语，在当时则人所共晓，而于今世反为难知。誓命则是当时史官所撰，隐括润色，粗有体制，故在今日亦不难晓耳。"②朱子认为这种难易之别主要来自"方言古语"与"史官隐括润色"的差异，也就是实录与创制之间的不同。就《尚书》经文来看，《盘》、《诰》的诘曲聱牙与《誓》、《命》多平易是有所不同。朱子这里所论《书》体之间的差异是着眼于文体风格的不同，与今、古文的差异是两回事，不当混为一谈。但朱子云：

> 孔壁所出《尚书》，如《大禹谟》、《五子之歌》、《胤征》、《泰誓》、《武成》、《冏命》、《微子之命》、《蔡仲之命》、《君牙》等篇皆平易，伏生所传皆难读。如何伏生偏记得难底，至于易底全记不得，此不可晓。如当时诰命出于史官，属辞须说得平易，若《盘庚》之类再三告戒者，或是方言，或是当时曲折说话，所以难晓。③

朱子又以方言与史官润色说解释今、古文难易不同的现象，但提出了"伏生偏记得难底，至于易底全记不得"的质疑，对史官润色之说又有犹疑。朱子答吴伯丰问对今、古文难易问题论述最详，伯丰问曰："《尚书》古文、今文有优劣否？"朱子答云："孔壁之《传》，汉时却不传，只是司马迁曾师授。如伏生《尚书》，汉世却多传者。晁错以伏生不曾出，其女口授，有齐音不可晓者，以意属

---

① 朱熹：《文集》卷八十二，第3888—3889页。按：此当本孔颖达《尚书正义·尧典·题疏》。
② 朱熹：《文集》卷六十五，第3152页。
③ 《朱子语类》卷七十八，第2625—2626页。

成，①此载于史者。"朱子首先论述了今、古文的承传。接着说"及观经传，及《孟子》引'享多仪'，出自《洛诰》，却无差。只疑伏生偏记得难底，却不记得易底。"《今文》见载于先秦典籍，与传本无差，朱子因而对伏生女口授晁错之说表述了自己的怀疑。由此而提出了自己对今、古文难易不同的解释，曰："然有一说可论难易。古人文字，有一般如今人书简说话，杂以方言，一时记录者；有一般是做出告戒之命者。疑《盘》、《诰》之类，是一时告语百姓，盘庚劝谕百姓迁都之类，是出于记录。至于《蔡仲之命》、《微子之命》、《囧命》之属，或出当时做成底诏告文字，如后世朝廷词臣所为者"，朱子之意是说《尚书》文本有难易来自记录实语杂有方言与朝廷词臣制作之别。朱子对今、古文难易不同的现象做出了尽可能合理的解读，由此打开了对《古文尚书》怀疑的缺口，引领了《尚书》研究方向。朱子临漳所刻《尚书》不存，是否标明各篇今、古文分属，今不得而知。朱子庆元年间亲稿《尚书》数篇，明标各篇今、古文分属情况，其思想当源于此。这一点多数学者都注意到了。但朱子对《今文》艰涩原因的如下论述，还未被注意，朱子云：

> 然更有脱简可疑处。苏氏《传》中于"乃洪大诰治"之下，略考得些小。胡氏《皇王大纪》考究得《康诰》非周公、成王时，乃武王时，盖有"孟侯，朕其弟，小子封"之语。若成王，则康叔为叔父矣。又其中首尾只称"文考"，成王、周公必不只称文王。又有"寡兄"之语，亦是武王与康叔无疑，如今人称"劣兄"之类。又唐叔得禾，传记所载成王先封唐叔，后封康叔，决无侄先叔之理。吴才老又考究《梓材》只前面是告戒，其后都称王，恐自是一篇，不应王告臣下不称朕，而自称王耳。兼《酒诰》亦是武王之时。如此则是断简残编，不无遗漏，今亦无从考正，只得于言语句读中有

① 按：《今文》艰涩源自伏生女口授晁错之说不可信。此说首见于《汉书》卷八十八《伏生传》颜师古注，曰："卫宏（当作'恒'）《定古文尚书序》云：'伏生老，不能正言，言不可晓也。使其女传言教错。齐人语多与颖川异，错所不知者凡十二三，略以其意属读而已。'"这一说法没有根据，《史记》卷一百二十一《伏生列传》云："秦时焚书，伏生壁藏之。其后兵大起，流亡，汉定，伏生求其书，亡数十篇。独得二十九篇，即以教于齐鲁之间。学者由是颇能言《尚书》。"（第3124—3125页）由《史记》可知伏生有《尚书》文本，晁错秉皇命而往，伏生使其女传言教错而不授以文本，何其敷衍之至，必无是理。又文本见在，何烦口授。伏生女教错者当是《尚书》训诂章句，而不是口授经文。颜师古可谓道听途说，不考其实。刘起釪先生谓此乃"传奇性的附会之谈"，"是古文家贬低今文家的说法"（刘起釪：《尚书学史》，第69页），可备一说。

不可晓者阙之。①

朱子意谓《今文》聱牙还来自经书多有脱简、错简以及篇章成书时间的错误记载,这表明他对《今文尚书》文本有清醒的认识,这也是他反对学人对《尚书》作全解的重要原因。

朱子对《今古文尚书》难易所作的尽可能合理的解释与他对《古文尚书》的怀疑是矛盾的,这反映了他对《古文尚书》既疑且信的心理。刘起釪、蔡方鹿等先生均认为出自朱子维护《五经》系统的心理,朱子所谓"《书》中可疑诸篇,若一齐不信,恐倒了《六经》。"一方面,朱子要维护《六经》的权威地位,在疑古惑经初开的宋代,否定经书本文是危险的,王安石《三经新义》退出历史舞台与此不无关系。朱子疑经但不随意篡改经文,他对负载文化传统的经书的态度是谨严的。另一方面,《古文尚书》又是朱子道统思想及心性论的依凭的基本文献,要彻底否定《古文》也就意味着搬动了他理学思想大厦的基石。有一点需要阐明的是,"自乾道己丑以后,经历了已发未发之辩与仁说之辩,朱熹心性学说的基本构架已基本确立",②朱子道统思想的完成则以写于淳熙己酉(1189 年)春三月戊申的《中庸章句序》为标志。朱子道统思想与心性学说最根本的文献是《中庸》,"虞廷十六字"当是《中庸》思想的上延,二者的联系就是为建构道统思想而建立的。朱子理学思想成熟在前,朱子解《书》在后,更准确地说是朱子用理学在注解《尚书》,而不是《古文尚书》成就了他的理学思想,而朱子对"虞廷十六字"的阐释又丰富和发展了他的理学及道统思想。

二、怀疑《古文尚书》

朱子由今、古文《尚书》难易之别,进而提出了对《古文尚书》的怀疑。首先是对传统伏生女子口授之说的质疑,朱子解《书临漳所刊四经后》论《书》云:

> 汉儒以伏生之《书》为今文,而谓安国之《书》为古文,以今考之,则今

① 《朱子语类》卷七十八,第 2626—2627 页。
② 陈来:《朱子哲学研究》,华东师大出版社 2000 年版,第 250 页。

文多艰涩,而古文反平易。或者以为今文自伏生女子口授舛错时失之,则先秦古书所引之文皆已如此。或者以为记录之实语难工,而润色之雅词易好,则暗诵者不应偏得所难,而考文者反专得其所易,是皆有不可知者。①

朱子以先秦古文献所引《尚书》文字合于《今文尚书》,否定了一千年来今文艰涩是"伏生女子口授舛错时失之"的传统说法,可谓证据确凿。他批评了伏生背文暗诵而偏得其难,孔安国考定于错乱磨灭之余之科斗古书而反得其易的说法不近情理。由今、古文难易之别的分辨,从而对《古文尚书》的真实性产生了质疑。其解《书大序》后按语表达了同一思想,云:

> 今文多艰涩,而古文反平易。或者以为今文自伏生女子口授舛错时失之,则先秦古书所引之文皆已如此,恐其未必然也。……然伏生倍文暗诵,乃偏得其所难,而安国考定于科斗古书错乱磨灭之余,反专得其所易,则又有不可晓者。②

朱子从先秦引文的情况否定了伏胜女子传授之说。《朱子语类》中则反复阐述此观点,朱子云:"伏生书多艰涩难晓,孔安国壁中书却平易易晓。或者谓,伏生口授女子,故多错误,此不然。今古书传中所引《书》语已皆如此,不可晓。"③余大雅问云:"林少颖说《盘》、《诰》之类皆出伏生,如何?"朱子答曰:"此亦可疑,盖《书》有古文,有今文。今文乃伏生口传,古文乃壁中之书。《大禹谟》、《说命》、《高宗肜日》、《西伯戡黎》、《泰誓》等篇,凡易读者皆古文,况又是科斗书,以伏生书字文考之方读得。岂有数百年壁中之物,安得不讹损一字? 又却是伏生记得者难读? 此尤可疑。"④《语类》如此之论尚多,举一斑以见全豹,朱子所述均对《古文尚书》表示了谨慎的怀疑。但《高宗肜日》、《西伯戡黎》两篇乃今文,朱子失考。朱子于《文集》卷六十五朱子注释《尚书》诸篇,于篇题下明标今、古文,如《尧典》篇云"此篇古文、今文皆有",《舜典》篇

---

① 朱熹:《文集》卷八十二,第3888—3889页。
② 朱熹:《文集》卷六十五,第3153—3154页。
③ 《朱子语类》卷七十八,第2626页。
④ 《朱子语类》卷七十八,第2626页。

云"古文有，今文合于《尧典》"，《大禹谟》篇云"古文有，今文无"。朱子注《书》明今、古文之别，是要让人明了《尚书》的文本有今、古文的不同，这是他力图恢复故书原貌的一贯准则，但同时也折射出他对《古文尚书》的怀疑。清华简《尹诰》及《说命》三篇《古文尚书》出土，可以证成今传本之伪，可见朱子之远见卓识。

从现有资料看，朱子对《古文尚书》的怀疑主要来自吴才老、林少颖的影响，吴才老曰："增多之《书》皆文从字顺，非若伏生之《书》诘曲聱牙。"①阎若璩云："《古文尚书》首发难于吴才老，计其时之人未信也。"②对《古文尚书》的怀疑始于吴才老。其后林少颖《尚书全解自序》踵其说，云：

> 学必欲知《书》之本末者，盖有伏生之书，有孔壁续出之书。夫五十八篇皆帝王所定之书，有坦然明白而易晓者，有艰深聱牙而难晓者，如《汤誓》、《汤诰》均成汤时诰令，如《说命》、《高宗肜日》均高宗时语言，如《蔡仲之命》、《微子之命》、《康诰》皆周公诰命。然而艰易显晦迥然不同者，盖有伏生之书，有孔壁续出之书。其文易晓不烦训诂可通也，如《大禹谟》、《胤征》、《五子之歌》、《仲虺之诰》、《汤诰》、《伊训》、《太甲》三篇、《咸有一德》、《说命》三篇、《泰誓》三篇、《武成》、《旅獒》、《微子之命》、《蔡仲之命》、《周官》、《君陈》、《毕命》、《君牙》、《冏命》，此二十五篇，皆孔壁续出，其文易晓，余乃伏生之书，多艰深聱牙，不可易通。"③

林之奇论述了今、古文难易不同，但林氏《尚书全解》并未标明各篇今、古文归属，不敢直接说破。朱子的观点当是承吴才老、林之奇之说而来，④而朱子考校比二人为详，并把自己的思想反映在经注中，启后学之深思，此乃后出转精之典型。蔡方鹿先生认为朱子疑《古文尚书》对"《尚书》之考辨及《尚书》学之发展，具有重要意义"⑤。

更值得我们注意的是，朱子在比较今、古文《尚书》中引出的对《今文尚

---

①　（元）吴澄：《书纂言目录》，纳兰性德《通志堂经解》第6册，第459页。

②　阎若璩：《尚书古文疏证》卷五下，上海古籍出版社2010年版，第301页。

③　林之奇：《尚书全解》，第309页。

④　按：吴才老《书稗传》今不存，不知朱子说法有多少来自吴氏。

⑤　蔡方鹿：《朱熹经学与中国经学》，人民出版社2004年版，第393页。

书》的疑辨,他认为《金縢》"有非人情者",《盘庚》"更没道理。……不知是何故说得都无头。……只说道要迁,更不说道自家如何要迁,如何不可以不迁。万民因甚不要迁? 要得人迁,也须说出利害,今更不说",《吕刑》一篇"如何穆王说得散漫,直从苗民蚩尤为始作乱说起?"①朱子对《今文尚书》的疑辨,实"明清诸儒所未能及","可谓复出千古"。② 直到近代学者才回应朱子这一疑辨,着手研究《今文尚书》各篇著作时代,由此可见朱子《书》学极具前瞻性。

三、怀疑《尚书孔传》、《书大序》

朱子对《尚书孔传》和《书大序》提出了他的质疑,一是从文字风格上进行辨析,认为《孔传》不是出自西汉孔安国之手。朱子云:"《尚书注》并《序》,某疑非孔安国所作。盖文字软善,不类西汉人文章,亦非后汉之文。"③朱子又云:"《尚书》决非孔安国所注,盖文字软善,不是西汉人文章。安国,汉武帝时,文章岂如此! 但有大粗处,决不如此软善也。"④朱子肯定《孔传》非出自西汉孔安国之手,也不是后汉作品。辅广所录朱子语云:"《尚书》孔安国《传》,此恐是魏、晋间人所作,托安国为名,与毛公《诗传》大段不同。……汉时文字粗,魏晋间文字细。如《孔丛子》亦然,皆是那一时人所为",⑤提出了《孔传》创作时间的假定,以为作于魏、晋间。当然这种仅从文气上论述是难以让人信服的,学界对朱子这一疑经方法持怀疑态度,我们可以把这看作疑辨的初始阶段。但朱子之疑辨绝非浅尝辄止,更提出了充分的理据。

一则从汉儒解经的特点、方法以及对经义的阐释方面与《孔传》进行对比辨别,余大雅所录便是明证,云:

> 某尝疑孔安国《书》是假书。比毛公《诗》如此高简,大段争差。汉儒训释文字,多是如此,有疑则阙,今此却尽释之。岂有百千年前人说底话,收拾于灰烬屋壁中与口传之余,更无一字讹舛? 理会不得。⑥

① 《朱子语类》卷七十九,第2718页。
② 钱穆:《朱子学提纲》,生活·读书·新知三联书店2002年版,第174页。
③ 《朱子语类》卷七十八,第2633页。
④ 《朱子语类》卷七十八,第2633页。
⑤ 《朱子语类》卷七十八,第2634页。
⑥ 《朱子语类》卷七十八,第2634页。

朱子谓汉儒解经高简,则是说《孔传》有繁琐处。又汉儒解经"有疑则阙",态度谨严,但《孔传》却没有阙疑处,这种差异是值得怀疑的。又谓"孔安国解经最乱道,看得只是《孔丛子》等做出来。"①大抵是说《孔传》有不合儒道处,至于怎样乱道,朱子未详说,不可详考。朱子的这一观点成为后代学者探讨《孔传》作者的基础。

一是从文献上传承上论述。朱子认为汉代学者未见《孔传》,云:"孔书至东晋方出,前此诸儒皆不曾见,可疑之甚。"②朱子《大序》注引孔颖达语云:

> 孔君作传,值巫蛊,不行以终。前汉诸儒知孔本五十八篇,不见孔《传》,遂有张霸之徒伪作《舜典》、《汩作》、《九共》九篇、《大禹谟》、《益稷》、《五子之歌》、《胤征》、《汤诰》、《咸有一德》、《典宝》、《伊训》、《肆命》、《原命》、《武成》、《旅獒》、《冏命》二十四篇,除《九共》九篇,共为十六卷,盖亦略见百篇之序,故以伏生二十八篇者《舜典》、《益稷》、《盘庚》三篇、《康王之诰》及《泰誓》三篇共为三十四篇,并伪作二十四篇十六卷,附以求合于孔氏之五十八篇四十六卷之数也。刘向、班固、刘歆、贾逵、马融、郑玄之徒皆不见真《古文》,而误以此为古文之《书》。服虔、杜预亦不之见。至晋王肃始似窃见,而《晋书》又云郑冲以《古文》授苏愉,愉授梁柳,柳之内兄皇甫谧又从柳得之,而柳又以授臧曹,曹始授梅赜,赜乃于前晋奏上其书而施行焉。③

此一段文字详细地记述了伪《孔传》出现的时间以及其传承的情况,认为前汉诸儒皆不见孔《传》,东汉班固、刘歆、贾逵、马融、郑玄皆不见真《古文》,三国之服虔、杜预亦不见《孔传》,至西晋《孔传》始出。朱子相信此一说法,认为《孔传》出现于西晋(按:孔颖达以汉儒不见《孔传》是正确的,以汉儒所见《古文》为张霸伪本则是错误的)。朱子《记尚书三义》又云:"尝疑今《孔传》并《序》皆不类西京文字气象,未必真安国所作,只与《孔丛子》同是一手伪书。盖其言多相表里,而训诂亦多出《小尔雅》也。"④认为《孔传》与《孔丛子》出自

---

① 《朱子语类》卷七十八,第2634页。
② 《朱子语类》卷七十八,第2635页。
③ 朱熹:《文集》卷六十五,第3152—3153页。按:孔颖达语见《尚书注疏·尧典题疏》。
④ 朱熹:《文集》卷七十一,第3425页。

同一人伪作,内容上相互借资。按:《汉书·艺文志》有《小尔雅》一篇,无撰人名氏,其书久佚,今所传本是《孔丛子》第十一篇抄出别行者,四库馆臣云:"汉儒说经皆不援及,迨杜预注《左传》始稍见征引,明是书汉末晚出,至晋始行,非《汉志》所称之旧本。"①朱子提出《孔传》乃出自《孔丛子》作者之手,训诂亦多用《小尔雅》,当是后汉人伪托,确非出自孔安国之手。此乃朱子独得之秘,所谓"此事先儒所未言,而予独疑之,未敢必其然也。姑识其说,以俟知者。"②其犹疑中颇有自得。朱子多方收讨证据,务在言之有理。朱子是论亦开启了后人探讨《孔传》作者的研究。

　　关于《书大序》,朱子否定为孔安国作的传统说法,"安国《序》亦决非西汉文章……孔氏《书序》与《孔丛子》、《文中子》大略相似。"③认为《书大序》如同《孔丛子》、《文中子》一样是后人伪托之作。对《大序》产生时间,朱子有多种说法,尚无定论。一谓作于西汉武帝后,沈侗录云:"'孔氏《书序》不类汉文,似李陵《答苏武书》。'因问:'董仲舒三策,文气亦弱,与晁、贾诸人文章殊不同,何也?'曰:'仲舒为人宽缓,其文亦如其人。大抵汉自武帝后,文字要入细,皆与汉初不同。'"④朱子从文气入手论定《大序》非汉初文字,从而否定为孔安国所作。吕焘所录云:"《书序》不可信,伏生时无之。其文甚弱,亦不是前汉人文字,只似后汉末人",⑤林夔孙录亦云:"《大序》亦不是孔安国作,怕只是撰《孔丛子》底人作,文字软善。西汉文字却粗大。"⑥所作时间则又推至后汉,认为是作《孔丛子》之人伪托。朱子以为《孔丛子》后汉人作,也就是说《大序》作于后汉。一则谓六朝,黄义刚录云:"《书序》恐不是孔安国做。汉文粗枝大叶,今《书序》细腻,只似六朝时文字。"⑦朱子由六朝的大略说法再具体到魏、晋,黄义刚又录云:"汉人文字也,不唤做好,却是粗枝大叶。《书序》细弱,只是魏、晋人文字,陈同父亦如此说。"⑧明确提出《大序》出自魏、晋。辅广录亦云:"今观《序》文亦不类汉文章。汉时文字粗,魏晋间文字细。如

---

① 永瑢等:《四库全书总目提要》,第370页。
② 朱熹:《文集》卷七十一,第3425页。
③ 朱熹:《文集》卷五十四《答孙季和》第二书,第2538页。
④ 《朱子语类》卷七十八,第2634页。
⑤ 《朱子语类》卷七十八,第2635页。
⑥ 《朱子语类》卷七十八,第2635页。
⑦ 《朱子语类》卷七十八,第2633页。
⑧ 《朱子语类》卷七十八,第2633页。

《孔丛子》亦然,皆是那一时人所为"。① 朱子主要从文风上论断《大序》所作时间。余大雅录云:"况先汉文章重厚有力量,今《大序》格致极轻,疑是晋宋间文章,况孔书至东晋方出,前此诸儒皆不曾见,可疑之甚。"②此条又提出了文献证据。至晚则推为唐人,朱子云:"孔安国《尚书序》只是唐人文字,前汉文字甚次第,司马迁亦不曾从安国授《尚书》。不应有一文字软郎当地。"③从朱子的论述来看,他对《大序》还没形成明确的结论,而所论重点在文气上,缺乏足够的说服力。但朱子明确提出了《书大序》两汉未见,绝非孔安国作的论断。这与他推定《孔传》非孔安国作桴鼓相应,实质上伪《孔传》与《书大序》这两个问题是二而一的。

朱子对《古文尚书》及《孔传》的怀疑,奠定了他反对对《尚书》作全解式的字训句解的基本原则。

四、朱子论《书小序》

朱子对于《尚书》的研究有很多引领风气的成就,疑《古文》、疑《孔传》外,还有对《书序》的怀疑。朱子云:"《书小序》亦非孔子作,与《诗小序》同。"④否定了孔子作《书序》的传统说法,朱子的这一思想即来自他一贯的理性思辨,又是以对前代学人成果广泛吸收为基础的。其《答吕伯恭》七十九书云:"近看吴才老说《胤征》、《康诰》、《梓材》等篇,辨证极好。但已看破《小序》之失而不敢勇决,复为《序》文所牵,亦殊觉费力耳"。⑤ 可见朱子对《小序》的怀疑来自吴才老的启发。朱子《答董叔重》第五书与董铢讨论了《小序》作者问题,董铢云:

> 铢窃谓《书序》之作出于圣人无疑,学者观《书》得其序则思过半矣。班固言《书》之所起远矣,至孔子纂时,上断于尧,下讫于周,凡百篇而为之序,言其作意。而林少颖乃谓《书序》乃历代史官转相授受,以《书》为之总目者,非孔子所作。今玩其语意,非圣人,其孰能与于此哉?

---

① 《朱子语类》卷七十八,第2634页。
② 《朱子语类》卷七十八,第2634页。
③ 《朱子语类》卷七十八,第2634页。
④ 《朱子语类》卷七十八,第2635页。
⑤ 朱熹:《文集》卷三十四,第1497页。作于"庚子正月",淳熙七年(1180年)。

朱子回复说:"《书序》恐只是经师所作,然亦无证可考,但决非夫子之言耳。"①可见朱子对吴才老、林之奇的说法辩证吸收。

朱子对《书序》的怀疑首先是从文风推断而得,而不是考证,这得益于他极高的文学素养对语言的敏感。《答孙季和》第二书云:"《小序》决非孔门之旧,安国《序》亦决非西汉文章,向来语人,人多不解,惟陈同父闻之不疑,要是渠识得文字体制意度耳。读书玩理外,考证又是一种工夫,所得无几而费力不少,向来偶自好之,固是一病然,亦不可谓无助也。"②朱子认为《书小序》是出自他人伪托,非孔子作,关于这一问题《朱子语类》中有大量的论述。

其次是从《小序》与经文不合处推论,朱子解《书大序》云:"此百篇之序出孔氏壁中,《汉书·艺文志》以为孔子纂《书》而为之序,言其作意。然以今考之,其于见存之篇虽颇依文立义,而亦无所发明。其间如《康诰》、《酒诰》、《梓材》之属,则与经文又有自相戾者。其于已亡之篇,则依阿简略,尤无所补,其非孔子所作明甚"。③《小序》于义理无发明,又与经文有相违背处,朱子明确断言《小序》绝非孔子所作。辅广录朱子语详细论述了此问题,云:

> 《康诰》三篇,此是武王书无疑。其中分明说:"王若曰:孟侯,朕其弟,小子封。"岂有周公方以成王之命命康叔,而遽述己意而告之乎?决不解如此。五峰、吴才老皆说是武王书,只缘误以《洛诰》书首一段置在《康诰》之前,故叙其书于《大诰》、《微子之命》之后。④

朱子从《序》与经的矛盾,指出了《序》的错误,并据经文对《书》篇所作时间进行了纠正。朱子《答李尧卿》第四书亦阐说了这一观点,云:"《康诰》小序以为成王封康叔之书,今考其词,谓康叔为弟而自称寡兄,又多述文王之德,而无一字及武王者,计乃是武王时书,而序者失之。"⑤他如《答陈安卿》第二书亦有论,云:"'作新民'是成王封康叔之语,而《或问》中曰武王,何也?"朱子答曰:"此《书序》之误,五峰先生尝言之。旧有一段辨此,后以非所急而去之,

---

① 朱熹:《文集》卷五十一,第2359—2360页。不详作于何时。
② 朱熹:《文集》卷五十四,第2538页。疑作于乙巳(1185年)。
③ 朱熹:《文集》卷六十五,第3152页。
④ 《朱子语类》卷七十九,第2720页。
⑤ 朱熹:《文集》卷五十七,第2705页。是书作于庚戌、辛亥守漳时(1190—1191年间)。

但看此与《酒诰》两篇,只说文王而不及武王,又曰'朕其弟小子封',又曰'乃寡兄勖'武王自称,犹今人云劣兄。则可见矣。'周公初基'一节是错简。"①朱子大量论列《小序》与《书》内容的矛盾,从而论定其伪。其他如论《大禹谟序》为三篇共序,朱子《答汪尚书》第一书云:

> "帝舜申之"之说,亦尝疑之。既而考其文,则此《序》乃三篇之序也。"皋陶矢厥谟",即谓《皋陶谟》篇也。"禹成厥功",即谓《大禹谟》篇也。陈九功之事,故曰成厥功也。申,重也。帝舜因皋陶陈九德而禹俞之,因复申命禹曰:"来,禹汝亦昌言。"而禹遂陈《益稷》篇中之语,此一句序《益稷》篇也。以此读之,文意甚明,不烦生意。今曰不屈于法度之威,意象却殊浅近,信乎其非所以言舜也。②

朱子详细分析了《大禹谟序》的问题,《序》乃摘录《书》中文字而成,无甚深意。朱子《答潘子善》第七书又阐述了此观点,谓"皋陶矢厥谟,禹成厥功,帝舜申之"是三篇之叙,"第一句说《皋陶谟》,第二句说《大禹谟》,第三句说《益稷》。所谓申之,即所谓'汝亦昌言'者也。此书伏生本只是二篇,《皋陶谟》、《益稷》之间语势亦相连,孔壁中析为三篇,故其《序》如此,亦不足据。而说者又多失之,甚可笑也。"③《小序》只是依文立义,无所发明,于此可见其拼凑的痕迹。一是据古书好托圣人著述而推论,朱子《答孙季和》曰:"《书小序》不可考……其可疑处类此非一,太史公虽用其体,而不全取其文,如《商纪》中所载《汤诰》,全非今孔氏《书》也。虽其词庞乱,不若今《书》之懿,然亦见迁书之体,或未必全是师法《书序》也。按:《汉书》云迁尝从孔安国受《书》。大抵古书多此体,如《易序卦》亦是此类,若便断为孔子之笔,恐无是理也。"④论述了《小序》论《书》作意乃古书常用之体,不必定断为孔子所作。

朱子对《小序》的怀疑还来自于《序》文与其圣贤理想不合,叶贺孙录朱子语云:"胜殷杀纣之文是如何?"朱子曰:"看《史记》载纣赴火死,武王斩其首以

---

① 朱熹:《文集》卷五十七,第 2729 页。作于绍熙二年辛亥(1191 年)。
② 朱熹:《文集》卷三十,第 1293 页。
③ 朱熹:《文集》卷六十,第 2911 页。作于庆元四年戊午八月(1198 年)。
④ 朱熹:《文集·别集》卷三,第 4885—4886 页。

悬于旌,恐不必如此。《书序》某看来煞有疑,相传都说道夫子作,未知如何。"①表达了对孔子作《书序》的怀疑。包显道问《君奭》"召公不悦"之意。朱子曰:"召公不悦只是《小序》恁地说,里面却无此意。这只是召公要去后,周公留他,说道朝廷不可无老臣。"②认为《小序》与经文内容不合。盖朱子均以《小序》所论与圣人的理想相去甚远,故不取其说,从而论定《小序》非孔子所作,这种论断带有强烈的主观意图,很难征信。朱子还对《书小序》产生的时间有大致推定,《语类》卷七十八吕焘录云:"《书序》是得《书》于屋壁已有了,想是孔家人自做底。如《孝经序》乱道,那时也有了。"③董铢录朱子语云:"某看得《书小序》不是孔子自作,只是周、秦间低手人作。"④反对《小序》为孔子所作的说法,而推定其所作时间在汉前。

　　朱子对《书序》的怀疑,使他刻《书》、注《书》均除却《书序》,不以冠篇首,一仿《诗集传》作法。《书临漳所刊四经后》论《书》云:"及安国作《传》,遂引《序》以冠其篇首,而定为五十八篇。……诸《序》之本不先经,则赖安国之《序》而可见。故今别定此本,一以诸篇本文为经,而复合序篇于后,使览者得见圣经之旧,而不乱乎诸儒之说。"⑤朱子要力图恢复古经原貌,这与他的一贯经学思想是一致的。徐彦章问:"先生却除《书序》,不以冠篇首者,岂非有所疑于其间耶?"朱子回答曰:"诚有可疑。且如《康诰》第述文王,不曾说及武王,只有'乃寡兄'是说武王,又是自称之词。然则《康诰》是武王诰康叔明矣。但缘其中有错说'周公初基'处,遂使序者以为成王时事。此岂可信。"⑥朱子解《大序》,作为《书集传》的范例,明确说:"此《序》不类西汉文字,疑或后人所托,然无所据,未敢必也。以其所序本末颇详,故备载之,读者宜细考焉。""然相承已久,今亦未敢轻议,且据安国此序复合为一,以附经后,而其相戾之说见本篇云"。朱子加按语云:"至于诸《序》之文,或颇与经不合,而安国之《序》又绝不类西京文字,亦皆可疑。诸《序》之本不先经,则赖安国之《序》而可见,故今别定此本,一以诸篇本文为经,而复合《序》篇于后,使览者得见圣

---

① 《朱子语类》卷七十九,第 2704 页。
② 《朱子语类》卷七十九,第 2725 页。
③ 《朱子语类》卷七十八,第 2635 页。
④ 《朱子语类》卷七十九,第 2631 页。
⑤ 朱熹:《文集》卷八十二,第 3888—3889 页。
⑥ 《朱子语类》卷七十八,第 2635 页。

经之旧,而不乱乎诸儒之说。"①力图恢复圣经旧貌,反对传统以《序》说《书》的牵强附会,奠定了他废《序》解经的基本原则。

朱子对《尚书》的疑辨,基于他要恢复经典原貌来探究圣人本旨的经学思想,其对《易》、《书》、《诗》、《礼》、《孝经》、《大学》、《中庸》的注解无一不采取此路径。朱子对传注系统进行了颠覆,并立足于经文本身探寻经旨。朱子的怀疑主要指向诸儒杂说,目的是为更好地维护经典本身,通过回归经典来维护道统的纯粹性。朱子对经典的阐释又灌注了时代精神,为经典输入了新的血液,采取的则是返本以开新的策略。

第三节　朱子解《书》原则及定《书集传》体例

朱子欲作《书集传》而未能如愿,朱子与学侣弟子讨论《尚书》确立了他解《书》的基本原则,以及《文集》所亲稿数篇为蔡沈《书集传》奠定了基本体例。

一、朱子解《书》原则

朱子遍注群经,积累了丰富的解经经验,对于历代经注的辩证取舍确立了他解经的基本原则,这些原则是对历代经注弊端的警醒。

首先,反对注脚成文。朱子《记解经》一文论及了他对解经的基本认识,云:"凡解释文字不可令注脚成文,成文则注与经各为一事,人唯看注而忘经,不然即须各作一番理会,添却一项功夫。窃谓须只似汉儒毛孔之流,略释训诂名物及文义理致尤难明者,而其易明处更不须贴句相续,乃为得体。盖如此则读者看注即知其非经外之文,却须将注再就经上体会,自然思虑归一,功力不分,而其玩索之味亦益深长矣。"②他极力反对注脚成文,借经发挥一己之见,使注与经各为一事的当时学风,强调要体味经本文并把它作为解经的基本原则,这是直接针对宋儒义理解经泛滥的反思。

其次,义理与训诂并重。朱子又以字词训诂为义理探究的基础,尤其重视汉唐训诂章句之学。他认为解经当如汉儒毛、孔之流,只略释训诂、名物及文

---

① 朱熹:《文集》卷六十五,第3154页。
② 朱熹:《文集》卷七十四,第3581页。

义难明处,易明处不须训释。《文集》所训《尚书》数篇无一不先训解字词,再疏释语意章旨,与多数宋儒解经方法迥异。朱子训解《尚书》训词四百余,采自汉唐旧注占一半以上。这是对汉唐经学优点的吸收和对宋儒不重训诂的警醒。

第三,废《序》解《书》。朱子以为诸《序》之文,或颇与经不合,又不先于经,故一以诸篇本文为经,而复合《序》于后。朱子《刊四经成告先圣文》云:"尝考之《书》、《诗》而得其《小序》之失,参稽本末皆有明验,私窃以为不当引之以冠本经圣言之上,是以不量鄙浅,辄加绪正,刊刻布流以晓当世。"①首先合《书序》于经文之末,《文集》卷六十五朱子解《书序》又明确表达了这一观点,要废《序》解经,戒除后儒杂说对探索经旨的干扰。废《序》解《书》是朱子力图恢复经典原貌经学思想的反映,有努力完善经典的诉求,也是他疑《小序》思想的反映。这与他废《序》说《诗》,恢复《古易》、《古孝经》等的意旨是一致的。按《文集》中《召诰》、《洛诰》两篇解《序》,与朱子主张废《序》解《书》思想不合,又与《二典》、《大禹谟》篇不解《小序》相异,当是朱子未竟之稿。

第四,存疑原则。《尚书》文辞诘屈聱牙,《文心雕龙·宗经》评曰:"览文如诡",再加上文字有脱落,残篇断简,以及《古文尚书》的来历不明,要完全解通是十分困难的。朱子对《尚书》文本特点有深刻的体认,云:"读《尚书》可通则通,不可通,姑置之。"②这不仅是读《尚书》之法,还是解《尚书》的不二法门。正如他论《尚书》纲领所云:"大抵《尚书》有不必解者,有须著意解者,有略须解者。"③对《尚书》本文进行了分别对待。《续集》卷三《答蔡仲默》书重申了这一原则,云:"某尝谓《尚书》有不必解者,有须著意解者,有略须解者,有不可解者。"④朱子是把这作为作《书集传》的基本准则嘱托给蔡沈的,但蔡沈并未完全尊从,后来援朱反蔡者对蔡沈批判的一个重心就在此。朱子批评挚友吕祖谦《书说》的重心也在于其无阙疑,陈淳问:"《东莱书说》如何?"朱子回答说:"说得巧了。向常问他有疑处否? 曰:都解得通。到两三年后再相

①　朱熹:《文集》卷八十六,第 4046 页。
②　《朱子语类》卷七十八,第 2679 页。
③　《朱子语类》卷七十八,第 2632 页。
④　朱熹:《文集·续集》卷三,第 4716—4718 页。

见,曰:尽有可疑者。"①朱子在《文集》和《语类》中反复提出《尚书》不可作全解的观点,亲稿《尚书》数篇一尊自己平常所述原则。如《尧典》"象恭滔天"条注云:"滔天,二字未详,不可晓,与下文不相似,疑有舛误。"②《康诰》"不典式尔"条注云:"古注'式'训勉。苏云'尔'是人自言法当如此,皆迂。王氏云云。予谓此不可晓,大概是宥过刑故之意。"③不可解者直曰"不可晓",而难于判断是非者则诸说并存,如《舜典》"四罪而天下咸服"条云:"《春秋传》所记四凶之名与此不同。说者以穷奇为共工,浑敦为驩兜,饕餮为三苗,梼杌为鲧,不知其果然否也。"④"正月上日,受终于文祖。"条注云"上日,朔日也。叶氏曰上旬之日,曾氏曰如上戊、上丁之类,未详孰是。"⑤《洛诰》引王氏曰:"此诰有不可知者,当阙之,而择其有可知者。"⑥《洛诰》"王曰:'公功棐迪笃,罔不若时。'王曰:'公,予小子其退即辟于周,命公后。'"朱子注云:"上文'王曰'两段周公无答辞,疑有阙文。"⑦朱子解经"慎阙其疑"态度是相当严谨的,他认为"经书有不可解处,只得阙。若一向去解,便有不通而谬处。"⑧如《益稷》"予欲闻六律、五声、八音,在治忽,以出纳五言,汝听",朱子谓不可晓。"《汉书》'在治忽'作'七始咏'。七始,如七均之类。又如'工以纳言,时而扬之,格则承之庸之,否则威之'一段,上文说'钦四邻,庶顽谗说,若不在时,侯以明之,挞以记之,书用识哉,欲并生哉',皆不可晓。如命龙之辞,亦曰:'朕堲谗说殄行,震惊朕师。命汝作纳言,夙夜出纳朕命,惟允。'皆言'谗说'",朱子认为这是当时制度,今不能知,"不当杜撰胡说,只得置之"。朱子训诂经典谨慎的阙疑态度在其《文集》、《语类》中多有表述,体现了极强的实证精神。不妄做通人,这种治学精神在今天依然有极大的借鉴意义。

第五,绝无门户偏见,唯以是非定其取舍。朱子云:"诸家注解,其说虽有乱道,若内只有一说是时,亦须还它底是。"⑨他人之说凡有一善可取则取之,

---

① 《朱子语类》卷七十九,第 2724 页。
② 朱熹:《文集》卷六十五,第 3159 页。
③ 朱熹:《文集》卷六十五,第 3194 页。
④ 朱熹:《文集》卷六十五,第 3168 页。
⑤ 朱熹:《文集》卷六十五,第 3162 页。
⑥ 朱熹:《文集》卷六十五,第 3189 页。
⑦ 朱熹:《文集》卷六十五,第 3193 页。
⑧ 《朱子语类》卷十一,第 351 页。
⑨ 《朱子语类》卷七十八,第 2636 页。

态度中正客观。例如，黄卓录朱子语云："先生云：'曾见史(浩)丞相书否？'刘云："见了。看他说'昔在'二字，其说甚乖。"曰："亦有好处。"刘问："好在甚处？"曰："如'命公后'，众说皆云命伯禽为周公之后。史云成王既归，命周公在后。看'公定，予往矣'一言，便见得是周公且在后之意。"①朱子反对"命公后"为封周公子伯禽的传统说法，取史浩命周公留后治洛之说。再如论薛士龙(季宣)《书》解，谓"其学问多于地名上有工夫。"②诸家之说一善可取则取之，虽小不弃，真可谓披沙拣金。朱子取诸家之长而无党派私见。

《文集》卷六十五朱子所亲稿《尚书》数篇一依上述原则。

二、朱子解书体例

朱子《文集》与《语类》中未见其与蔡沈讨论《书集传》体例的文字，但《文集》卷六十五朱子注释讨论《尚书》的几篇杂著，基本奠定了《书经集传》著述体例，对蔡沈注《书》具有直接的指导意义和示范作用。

1. 解题并注明今、古文归属

朱子解《书》，每于篇首解题并注明其篇今、古文归属情况，如《尧典》解题云："尧，唐帝名。《说文》曰：'典从册在兀上，尊阁之也。'此篇以简册载尧之事，故名曰《尧典》。后世以其所载之事可为常法，故又训为常也。此篇古文、今文皆有。"③《舜典》篇云："古文有，今文合于《尧典》。"④《大禹谟》引林氏曰："虞史既述《二典》，而其所载有未尽者，于是又叙其君臣之间嘉言善政，以为《大禹》、《皋陶谟》、《益稷》三篇，所以备《二典》之未备者（按：所引见林之奇《尚书全解》卷四）。古文有，今文无。"⑤各篇都标明今、古文分属情况，在《尚书》学史上是开先气的，充分表明朱子对《尚书》今、古文源流及差异有清醒的认识。历来学人所论都以为蔡沈首分今、古文，其实这一思想来自朱子。

2. 加按语以辨正

大凡所解内容复杂需要辨明则加按语，以避免枝蔓，力求简要。反对当时

---

① 《朱子语类》卷七十八，第2638页。
② 《朱子语类》卷七十八，第2639页。按：其实薛氏《书古文训》收罗了大量隶古定奇字，很多字是有所本的，对于研究《尚书》文字原貌及本义有很大帮助，这才是薛作的价值所在。朱子不取此，可能认为此非解经正途，而仅取其地理知识。
③ 朱熹：《文集》卷六十五，第3154页。
④ 朱熹：《文集》卷六十五，第3160页。。
⑤ 朱熹：《文集》卷六十五，第3174页。

学者过求义理、随意发挥的学风。如对《书大序》的注释中辨今、古文的差异，辨《小序》，引《汉书·艺文志》、《晋书》辨《古文尚书》的流传情况，虽必不可少，但与《大序》本文关系不大，故以按语附于注文后，不与注文相杂。再如论《舜典》篇首二十八字云：

> 今按：《孔疏》梅颐奏上《古文尚书孔传》之时已失《舜典》一篇，又自此以上二十八字世所不传，故多用王、范之注补之，而以下文"慎徽五典"以下为《舜典》之初。至齐萧鸾建武四年，姚方兴于大航头而献之，议者以为孔安国之所注也。直方兴有罪，事亦随寝。至隋开皇二年，购募遗典，乃得其篇焉。盖伏生以《舜典》合于《尧典》，故其所传无此二十八字。梅颐既失孔传，故亦不知有此二十八字。而"慎徽五典"以下则固具于伏生之书，故传者用王、范之注以补之。至姚方兴乃得古文本经，而并及《孔传》，于是始知有此二十八字，但未知其余文字同异又如何耳。或者由此乃谓古文《舜典》一篇皆尽亡失，至是方全得之，遂疑其伪，盖过论也。①

此段朱子用两百余字按语讲明《舜典》篇首二十八字之原委，伏生以《舜典》合于《尧典》，故其所传无此二十八字。梅颐失孔传，亦不知有此二十八字。至姚方兴乃得古文本经和《孔传》，始知有此二十八字，但不知其余文字同异。古文《舜典》一篇来历曲折，有人认为此篇皆尽亡失，今传为伪作，朱子认为"遂疑其伪，盖过论也"。此段辨经文来历，非解释经义，故朱子特加按语阐明，避免解经枝蔓。《大禹谟》"益曰：'吁，戒哉！儆戒无虞，罔失法度，罔游于逸，罔淫于乐。任贤勿贰，去邪勿疑。疑谋勿成，百志惟熙。罔违道以干百姓之誉，罔咈百姓以从己之欲。无怠无荒，四夷来王'"，注释文辞后云：

> 今按益之言如此，亦有次第。盖人君能守法度，不纵逸乐，则心正身修，义理昭著，而于人之贤否，孰为可任，孰为可去，事之是非，孰为可疑，孰为不可疑，皆有以审其几微，绝其蔽惑。故方寸之间光辉明白，而于天下之事，孰为道义之正而不可违，孰为民心之公而不可咈，皆有以处之，不

---

① 朱熹：《文集》卷六十五，第 3161 页。

失其理,而毫发私意不入于其间。此其惩戒之深旨,所以推广大禹克艰惠迪之谟也。苟无其本,而是非取舍失于一己之私,乃欲断而行之,无所疑惑,则其为害反有不可胜言者矣,可不戒哉?①

注释未尽意蕴,朱子特加按语进行义理引申发挥,这是他对"注脚成文"的一种特殊处理方式,是对汉学的借鉴和对当时学风警惕的双重结果,彰显了一个思想者独立清醒的意识。

3. 按内容分章节并概括章旨

朱子解《书》注意对篇章脉络的分析把握,提出详分章节的解经方式。《语类》中朱子谈论到《禹贡》的注释分节问题,曰:

> 《禹贡集义》今当分解。如"冀州,既载壶口,治梁及岐",当分作三段,逐段下注地名,汉为甚郡县,唐为甚郡县,今为甚郡县。下文"既修太原,至于岳阳,覃怀底绩,至于衡、漳"当为一段,"厥土白壤"云云又为一段。"碣石"云云又为一段,方得仔细。且先分细段解了,有解得成片者,方成片写于后。黑水、弱水诸处,皆须细分,不可作大段写。②

朱子要求解《书》要对经文肢分节解,目的在于仔细阐释经义,而反对作大段处理,不求甚解粗粗解过。经文切分过细又有琐碎之弊,朱子要求"解得成片者,方成片写于后",对一个语意段落作总结分析,章旨就成为贯穿文章意脉,这一点从《金縢说》一文可以概观,该文中朱子详细概括了全文内容:

> 以"既克商二年"止"王翼日乃瘳"叙周公请命之事。"武王既丧"以下记周公、成王时事。将全文分为两大部分。后一部分又细分为六小节。"管叔及其群弟"止"不利于孺子",此即《大诰》所谓三监及淮夷叛也。"周公乃告二公曰"止"告我先王",即作《大诰》东征。"周公居东二年,则罪人斯得",杀武庚,致辟管叔于商,囚蔡叔于郭邻,降霍叔于庶人,命微子启代殷后。"于后公乃为诗"止"诮公",公既灭武庚、管、蔡,而成王

① 朱熹:《文集》卷六十五,第3176页。
② 朱熹:《朱子语类》卷七十九,第2685页。

之疑未释，故公不欲遽归，留居东方。"秋大熟"止"弗敢言"，叙后事以始终祝册之辞也。"王执书"止"岁则大熟"，周公自是归，大夫美之。①

朱子这里详细阐明了"分细段解"的具体意义，章旨是贯通全文的血脉，有效地避免了细分章节带来的琐碎。又如《尧典》"分命羲仲，宅嵎夷……鸟兽孳尾"注曰："此以下四节，言历既成，而分职以颁布且考验之，恐其推步之或差也。"举此足见朱子解《书》是细分章节的。《文集》所载数篇《书》解多未概括章旨，可见此远非定稿。

4. 解《书大序》

朱子在《大序》解中辨明了今、古文《尚书》篇目内容的差异，《古文尚书》的来历及承传，今、古文难易之别。宋儒多废《大序》不谈，今存宋代《尚书》著述仅夏僎《尚书详解》、胡士行《尚书详解》等为数极少的几部解《大序》。去《大序》不解，要阐明《尚书》流变，今、古文《尚书》问题必须在注解外专文说明，非解经之体。朱子解《大序》，借此以明自己对今、古文《尚书》的理解，就很好地处理了经注之体纯而不杂这一问题。较宋儒废而不谈为优。

5. 诸家说以《注疏》为先，按时代先后排列

对诸家《书》说引用的处理，朱子《答李时可》第五书详细交代了体例，云："诸家说……当以注疏为先，疏节其要者，以后只以时世为先后可也。西山（蔡元定）间有发明经旨处，固当附本文之下，其统论即附篇末也。"②朱子向李时可交代了资料的处理原则，"以注疏为先"充分反映了朱子对古注疏的重视，"疏节其要"则强调了应用中要注意辨证吸收的，而不是直接搬用，然后在正文下按时代先后汇集诸家说。西山"统论即附篇末"，对义理有阐发但不是直接解经的文字则附于篇末以供参考。这一原则在朱子所解《尚书》诸篇中有具体体现，《召诰》、《洛诰》两篇基本上是资料汇集，可以直观地了解朱子对这一原则应用。

三、以理学为纲的注释宗旨

朱子以义理解经，其《尚书》学尤其关注帝王修养论，以"见得二帝三王之

---

① 朱熹：《文集》卷六十五，第3182—3183页。
② 朱熹：《文集》卷五十五，第2613页。

心"为宗旨,要通过《尚书》探寻帝王君天下的准则,用束景南先生的话说就是"要把他的人本主义思想贯穿到《尚书》注中"。① 朱子与郑可学论读《尚书》,云:

> 世变难看。唐、虞、三代事浩大阔远,何处测度? 不若求圣人之心。如尧则考其所以治民,舜则考其所以事君。且如《汤誓》,汤曰:"予畏上帝,不敢不正"。熟读岂不见汤之心?②

对朱子来说,《尚书》的解说重心在义理发掘,是要见得二帝三王之心,而不仅仅是文义。正如他在《答蔡仲默》书中所云:

> 因思向日喻及《尚书》文义通贯犹是第二义。直须见得二帝三王之心而通其所可通,毋强通其所难通,即此数语便已参到七八分。③

朱子未明言"二帝三王之心"的具体内容,但从其《书》解可以知其大略。一是儒家修齐治平的修养论。朱子解经中融会贯穿了《大学》之道的精神。如以《大学》"明德"、"亲民"思想解《尧典》"克明俊德,以亲九族,九族既睦,平章百姓,百姓昭明,协和万邦,黎民于变时雍。"以修、齐、治、平解《尧典》"观厥刑于二女。"以修身为起点的治政路径实质是对统治者提出道德的规范。二是气禀物欲的心性之说。朱子论德性教化必去物欲之蔽、气禀之偏。《舜典》帝曰:"契,百姓不亲,五品不逊,汝作司徒,敬敷五教,在宽",注云:"五教,父子有亲,君臣有义,夫妇有别,长幼有序,朋友有信,以五者当然之理而为教令也。……盖五者之理出于人心之本然,非有强而后能者。自其拘于气质之偏,溺于物欲之蔽,始有昧于其理而不相亲爱、不相逊顺者。"朱子赋予了伦理先天特性,以"拘于气质之偏,溺于物欲之蔽"解释了悖伦乱理的社会现象。三是"十六字心传"为核心的道统说。朱子改造发挥《大禹谟》"道心"、"人心"说,建立起了三圣传心说,从而阐明了朱子"正君心"的政治思想,这也成为了他一生政治实践的指导。四是以《洪范》"皇极"为核心的政治观。朱子

---

① 束景南:《朱子大传》,商务印书馆2003年版,第1082页。
② 《朱子语类》卷七十八,第2632页。
③ 朱熹:《文集续集》卷三,第4717页。

通过对"皇极"内涵的重新解释要求正君心,反对当时朝廷苟且无所作为的政治,欲整顿君臣之纲,重建帝王统治之大法。朱子以理学思想解《书》,有他对改造现实社会的积极思考。当然这里仅能举起大要而已。

四、关于朱子论《尚书》的认识

从朱子《文集》所注《尚书》五篇来看,《尧典》、《舜典》、《大禹谟》三篇论述精详,训诂与义理有较完美的结合,训词解义之后发挥义理,再引诸儒之说,与成熟的《四书章句集注》体例类同,这三篇是比较成熟的训解。《召诰》、《洛诰》两篇几乎全是引述诸家之说,略无自己阐述,非朱子解经常体,当是材料之汇编。又《文集》数篇所有训释文字均不注音,绝非朱子解经定式。由此可知援朱反蔡者存在的巨大危险就是以非朱子定论之说驳斥蔡沈。

第四节 朱子《书》学训诂与义理成就

朱子所解《尚书》数篇涉及四百多字词,有一半以上训诂是直接承继《注疏》而来(详参附录)。反映了一代大儒对汉唐注疏成果的高度重视,又能充分吸收了宋学义理的长处,真正完成了汉学与宋学的融合。训诂是朱子义理阐释的基础和前提,义理是其训诂的宗旨和依归,这种融合使得朱子解《书》多所创获。

一、对《注疏》的补充修正

朱子解经注重古注,又不泥于古注,对《注疏》多有补充修正。一是在《注疏》基础上补充材料。如解《舜典》"畴若予工",朱子引《曲礼》六工:土工、金工、石工、木工、兽工、草工和《周礼》攻木之工、攻金之工、攻皮之工、设色之工、刮摩之工、抟埴之工作解。"禋于六宗",《传》云:"所尊祭者其祀有六:四时也,寒暑也,日也,月也,星也,水旱也。"朱子引《礼记·祭法》补出《传》之出处,曰"埋少牢于泰昭,祭时也。相近于坎、坛,祭寒暑也。王宫,祭日也。夜明,祭月也。幽宗,祭星也。雩宗,祭水旱也。"三苗,《传》云:"国名,缙云氏之后。"朱子补出三苗所处之地曰:"在大江之南,彭蠡之西,洞庭之东,恃险作乱者也。"又如解"典朕三礼",朱子据《传》"天地人之礼"说补充曰:"祀天神,享人鬼,祭地祇之礼也。"《大禹谟》"正德利用厚生",《传》云:"正德以率下"、"利用以阜财"、"厚生以养民"。朱子曰:"父慈、子孝、兄友、弟恭、夫义、妇听,所以正民之德"、"工作什器,商通货财之类,所以利民之用"、"衣帛食肉,不饥不寒之类,所以厚民之生",对《传》解作了修正和补充了具体内容。以上略举数例以明朱子据《注疏》训释所做的补充,相较之下,朱子所作训释更加清楚明晰。

一是修正《注疏》训释。如《尧典》"黎民于变时雍",朱子不从《传》训"黎"为"众",而训"黑",谓"民首皆黑,故曰黎民"。① "宅朔方",《传》谓"北称朔,亦称方"。朱子云:"北荒之地",接着说"朔之为言苏也,万物至此死而复苏,犹月之晦而有朔也"②。"咈哉! 方命圯族",朱子不从《传》训"咈"为"戾",以为是"甚不然之之辞"。他如《舜典》"窜三苗于三危","窜"字朱子不从《传》诛责之训,改云"驱逐禁锢之"。"方命圯族",《传》释"方"为"方名(直)"、"族"为"善",朱子曰:"方,逆也"、"族,类也"。"班瑞于群后",《传》训"班"为"还",朱子训为"颁"同,以为通假。"纳于大麓",《传》训"麓"为"录",朱子训为"山足"。"陟方乃死",《传》解"陟方"为"升道",朱子谓"犹言升遐也","犹言殂落而死"。"肆类于上帝",朱子训"类"为祭名,不从《传》"摄位事类"之训。"同律度量衡",《传》训"律"为法制,朱子解为"十二律也。六律为阳,黄钟、大簇、姑洗、蕤宾、夷则、无射。六吕为阴,大吕、夹钟、仲吕、林钟、南吕、应钟"。按:朱子采郑玄说,又中国古代度量衡起于律吕,朱子说为确解。又《大禹谟》"刑故无小",《传》以"故"谓"不忌",朱子改训为"知之而故犯"。《大禹谟》"乃武乃文",《传》据《逸周书·谥法》解文、武,谓"武定祸乱"、"文经天地",朱子不从其说,而作了通俗解读,曰:"自其威之可畏而言,则谓之武。自其英华发外而言,则谓之文。"《召诰》"用顾畏于民碞",《传》训"碞"为"僭",朱子改训"险"。朱子以上诸解颇能正《注疏》之失,得其确解。

朱子有的修正则由于缺乏原始材料不得其说。如《尧典》"厥民析",《传》云:"春事既起,丁壮就功,其民老壮分析。"朱子云:"先时冬寒,民聚于隩,至是则以民之散处而验其气之温也。""厥民因",《传》云:"老弱因就在田之丁壮以助农也。"朱子曰:"因,析而又析也,以气愈热而民愈散也。""厥民

---

① 本节材料不作注者均来自朱熹《文集》卷六十五,所引《尚书传》文字采自《尚书正义》(附阮元校勘记),中华书局 1980 年版。

② 《广雅》卷五《释言》云:"朔,苏也。"

夷",《传》云:"老壮在田与夏平也。"朱子曰:"暑退而人气平也。""厥民隩",《传》云:"民改岁而入此室处以避风寒"。朱子曰:"气寒而民聚于内也"。朱子虽较《传》解为晓畅,但缺乏原始材料,不能得其确解。直到甲骨学兴起,此一问题才得到解决。其实析、因、夷、隩乃四方神名之讹变,"孳尾"、"希革"、"毛毨"、"氄毛"为四方风名的误改,鸟兽乃"凤(风)"之误释①。《尧典》作者不明原文意思而改如今本文字,遂使注家不得其解,此亦可见文献资料对学术研究之重要。

朱子有的修正则杂有主观意图而不确,如《尧典》"历象日月星辰",《传》释"星"为"四方中星",乃以中星定四季,是较符合早期天文知识的。朱子谓"二十八宿众星为经,金、木、水、火、土五星为纬",以黄道论星象,是以较成熟时的天文知识为解。又《舜典》"百姓如丧考妣",《注疏》不解"丧"字,当用"丧亡"之本义。朱子云:"为之服也",所解蕴涵了朱子要求人君德化天下的思想,所谓尧德隆盛"海内之民思慕之深至于如此",此解则杂有主观意图,不若《传》准确。又《召诰》"以庶殷攻位于洛汭",《传》以"殷"谓众殷之民,朱子训为"民"意在明周公之感化,但所训无据。又《康诰》"庸庸祗祗威威显民",《传》谓"显民"乃"明此道以示民",朱子本《大学》为解曰:"明明德于民",当以《传》为确。这些解读都带有明显的思想倾向,从而偏离经典本义。

然朱子有的修正则是错误的。如《尧典》"浩浩滔天,下民其咨",朱子曰:"极言下民其咨,其大势若漫天",意味民怨沸腾,但"浩浩滔天"实指水势浩大,《传》云:"咨嗟忧愁,病水困苦"得其意。

朱子训释还注意到词性区分并对《注疏》进行修正。如《尧典》"明明扬侧陋",朱子云:"上明谓明显之,下明谓已在显位者。……侧陋,微贱之人也。"注明两"明"字及"侧陋"词性。《舜典》"金作赎刑",《传》训"金"为黄金,朱子曰:"罚其金也",较《传》准确。"惇德允元",《传》释"元"为"善之长",朱子改训"仁厚之人",又训"德"为"有德之人",均较《传》为得文义。又如《洛

---

① 甲骨文关于四方神名与风名云"东方曰析,凤曰劦"、"南方约夹,凤曰光"、"西方曰彝,凤曰彝"、"北方曰宛,凤曰殳"《尧典》作者不明其意而改如今本文字,遂使注家不得其解,胡厚宣《甲骨文四方风名考证》首论及此,继作《释殷代求年于四方与四方风的祭祀》进一步探讨。接着杨树达《甲骨文中的四方风名与神名》、于省吾《释四方和释四方风名的两个问题》均有深入探讨。转引自刘起釪:《尚书校释译论》,中华书局 2004 年版,第 44、49、53、59 页。

诰》"丕视功载",《传》解"功载"为"有功者记载之",朱子改训"记功之书",因句中"功载"乃动词"视"之对象。朱子在训诂时注意到文法分析,不像《传》只顾及字面意义,而不分析字词语境,显然朱子在训诂上较汉唐诸儒有所突破。

一是在《注疏》时代本无需训释的字词由于时间隔阂,朱子不得不加以训释。如《尧典》典,《说文》:从册在丌上,尊阁之也。"巽朕位",朱子曰:"朕,古人自称之通号。"又《舜典》"四海遏密八音",八音,《传》云:"金、石、丝、竹、匏、土、革、木也",朱子加"皆乐器也"注明。"分北三苗"之"北",朱子云:"犹背也"。解"汝后稷"云:"后,君也。"此数例皆由时间演进而带来的原义不明,朱子特为解说。又《大禹谟》"都,帝德广运",朱子以"都"为"叹美之辞",认为"都者,君子之居,鄙者,野人之居,故古者谓野为鄙,谓都为美。"朱子对"都"语义作了详尽分析,以期明了"美"义之由。《尚书》文字《注疏》不训解而朱子详为训释者颇众,大凡词义易混淆者均详加训释。

朱子对传统句读多有订正。如《酒诰》"惟助成王德显,句。越尹人祇辟。"一般作一句解,朱子断为两句。朱子谓《康诰》"'非汝封刑人杀人',则'无或刑人杀人'矣;'非汝封又曰劓刵人'则'无或劓刵人矣'。言其责之在己也。先儒作四句读,以故不得其说;而苏氏破句读之,陈、林宗之,误矣。"① 朱子断为两句是正确的。又《舜典》"至于岱宗柴望秩于山川",《传》云:"燔柴祭天"、"东岳诸侯境内名山大川如其秩次望祭之"。朱子曰:"燔柴以祀天而遂望祭"。《传》以"望"属下,朱子以之属上,属上读为是。朱子在《语类》中亦曰:"注家以'至于岱宗柴'为句,某谓当以'柴望秩于山川'为一句。"② 又《文侯之命》"罔或耆寿俊在厥服"旧读作一句,朱子谓古记款识中多云"俊在位",则当于"寿"字绝句矣。③ 从文意与古器物铭文为据,所断均能正古今之失。

二、以理学思想解《书》

朱子以理学思想重新阐释词义,这是朱子训诂最大创获处,也是最关键

① 朱熹:《文集》卷六十五,第3194页。按:苏轼句读为:非汝封刑人杀人。无或刑人杀人非汝封,又曰劓刵人无或劓刵人(《书传》卷十二,第390页)。
② 《朱子语类》卷七十八,第2650页。
③ 《朱子语类》卷七十八,第2678页。

处。如《尧典》"安安"，朱子弃《传》"安天下之当安者"之说，谓"无所勉强之貌"，乃言尧"德性之美皆出于自然，而非勉强，所谓性之者也"，乃本《中庸》"天命之谓性"为说。解"允恭克让"云："常人德非性有，物欲害之，故有强为恭而不实，欲为让而不能者。惟尧性之，是以信恭而能让也"。以物欲辨圣凡之别，是理学心性论渗入训诂的典型。又《舜典》"命汝典乐，教胄子。直而温，宽而栗，刚而无虐，简而无傲。诗言志，歌永言，声依永，律和声，八音克谐，无相夺伦，神人以和"，朱子谓大凡人直者必不足于温，宽者必不足于栗，刚者必至于虐，简者必至于傲，教者须因其德性而辅翼之，"所以防其气禀之过而矫揉之"，教胄子者欲其如此，而教之以乐，荡涤邪秽，斟酌饱满，动荡血脉，流通精神，养其中和之德，而救其气质之偏。圣人作乐以"养情性，育人材，事神祇，和上下，其体用功效广大深切如此！"以理学"气禀说"阐释现实人性差异及救偏之方。解"夙夜惟寅，直哉惟清"云："直者，心无私曲之谓。人能敬以直内，不使少有私曲，则其心洁清而无物欲之污，可以交于神明矣。"又《召诰》"兹殷多先哲王在天"，朱子云："人之死，各返其根。体魄阴也，故降而在下；魂气阳也，故升而在上，则无不之矣。众人物欲蔽之，故魄散而气不能升，惟圣人清明在躬，志气如神，故其死也，精神在天，与天为一。"以上均本其心性论之"气禀说"为解，确能别开生面，以解经而建构自己思想世界。最典型的是解《大禹谟》"人心惟危，道心惟微，惟精惟一，允执厥中"十六字和《洪范》"皇极"，《传》不解人心、道心，训皇为大，极为中。朱子云："生于形气之私者而言，则谓之人心。发于义理之公者而言，则谓之道心"，乃根于其理气思想。训皇为君，极为标准，与其心性论、政治观有关。朱子于《语类》中对此反复申详，通过对这些词内涵的重新阐释得以建构其心性论。

朱子训释中渗入其理学思想是普遍的。如《尧典》"钦明文思"，朱子曰："钦，恭敬也；明，聪明也"，训诂本《注疏》，但所谓"敬为体而明为用"之说则原自其修养论。朱子于"钦"之一字大加发挥云："首以'钦'之一字为言，此书中开卷第一义也，读者深味而有得焉，则一经之全体不外是矣，其可忽哉！"此乃本其主敬涵养之修养论为解。又《尧典》"克明俊德，以亲九族，九族既睦，平章百姓，百姓昭明，协和万邦，黎民于变时雍"，朱子曰："明，明之也；俊，大也"、"章，明。百姓，畿内庶民也。昭明，皆能自明其德也。万邦，天下诸侯之国也"、"变，变恶为善也"、"此言尧推其德，自身及物，由近及远，所谓放勋者也。"与《传》"能明俊德之士任用之，以睦高祖玄孙之亲"之解大异其趣。《语类》卷七十八亦云："'克明俊德'只是明己之德,词意不是明俊德之士。"①又解《康诰》"庸庸祇祇威威显民"曰:"明明德于民",《传》云:"明此道(庸庸祇祇威威)以示民"。乃本其《大学章句》"三纲领"思想为说,以要为典范阐释治理社会的可行路径。《汤诰》"降衷于下民",朱子曰:"孔安国以'衷'为'善',便无意思。'衷'只是'中',便与'民受天地之中'一般。"②其实《传》无误,朱子本其理气思想训"衷"为"中",又指向其"性本善"人性思想。朱子解《皋陶谟》"天命有德,五服五章哉! 天讨有罪,五刑五用哉!"谓"天命"、"天讨"乃赏以德之大小,刑以罪之轻重,圣人未尝加一毫私意于其间,只是奉行天法而已。如"天叙有典,勅我五典五惇哉! 天秩有礼,自我五礼有庸哉!"许多典礼都是"天叙"、"天秩",圣人只是勅正应用而已。进而谓冠、昏、丧、祭之礼,与夫典章制度、文物礼乐、车舆衣服,无一件是圣人自做底,都是天做下了,圣人只是依傍他天理行将去。③ 朱子把一切的人间制度都看成是天理的自然流露,圣人行事只是依天理而为,这显然是朱子理本论思想的反映。

朱子本其理学思想对《尚书》本文进行了内涵的改造,赋予了经典具有了新的思想价值,这种阐释使经典成为了永恒的价值源泉。同时这种训诂又使他的理学思想得到了经典的某种呼应,使其思想通过经典经历着某种成长。阐释与经典就构成了内在的循环,展现了中国思想家表达自己思想的独特叙述方式。

朱子解经带有鲜明的价值导向。如其论舜用刑,反对世人"圣人专意只在教化,刑非所急"之说,朱子认为"圣人固以教化为急,若有犯者须以此刑治之,岂得置而不用?"④五刑之轻者可流以宥之,而金赎只用于鞭扑之轻刑,"流宥所以宽五刑,赎刑所以宽鞭扑。"⑤圣人用刑"低昂轻重莫不合天理人心之自然"⑥,批驳圣人全用德治教化,反对置刑不用之说。朱子指出五刑皆赎起于周穆王,"古之所谓赎刑者,赎鞭扑耳。"⑦流以宥五刑,赎以宥鞭扑,如此"乃

---

① 《朱子语类》卷七十八,第 2640 页。
② 《朱子语类》卷七十九,第 2691 页。
③ 《朱子语类》卷七十八,第 2676 页。
④ 《朱子语类》卷七十八,第 2653 页。
⑤ 《朱子语类》卷七十八,第 2653 页。
⑥ 《朱子语类》卷七十八,第 2653 页。
⑦ 《朱子语类》卷七十八,第 2653—2654 页。

平正精详,真舜之法也。……大率圣人作事,一看义理当然,不为苟且姑息也。"①朱子认为"夫既已杀人伤人矣,又使之得以金赎,则有财者皆可以杀人伤人,而无辜被害者何其大不幸也!且杀之者安然居乎乡里,彼孝子顺孙之欲报其亲者,岂肯安于此乎?所以屏之四裔,流之远方,彼此两全之也"。② 在朱子看来,以金赎大罪会导致严重的不公和社会混乱,"至穆王一例令出金以赎,便不是,不成杀人者亦止令出金而免?故萧望之赎刑议有云:'如此则富者得生,贫者独死,恐开利路以伤治化。'其说极当。"③又《舜典》"钦哉钦哉,惟刑之恤哉",朱子解云:"多有人解《书》做宽恤之恤,某之意不然。若做宽恤,如被杀者不令偿命,死者何辜?大率是说刑者,民之司命,不可不谨,如断者不可续,乃矜恤之恤耳!"④"恤"之一字关乎治体,朱子注经严辨义理。解《大禹谟》"罪疑惟轻",指出岂有不疑而强欲轻之之理乎?批驳王季海(淮)当国,"好出人死罪以积阴德,至于奴与佃客杀主亦不至死"⑤的枉法行为。从而指斥当时士大夫"耻为法官,更相循袭,以宽大为事,于法之当死者,反求以生之。"殊不明圣人制刑之意,舜犹称"五刑以弼五教",教之不从则刑以督之,惩一人而天下人知所劝戒,所谓"辟以止辟"。用刑杀之而仁爱蕴乎其中。若非法以求其生,则人无所惩惧,陷于法者愈众。⑥ 朱子把《尚书》作为治世法典,解书旨在发掘君臣之嘉言善政,于君臣大义严加判析,朱子赞同《尧典》"胤子朱"为"丹朱"而不是胤国诸侯,云:"'胤子朱'做丹朱说甚好。然古有胤国,尧所举,又不知是谁?鲧殛而禹为之用,圣人大公无毫发之私。禹亦自知父罪当然。"⑦又以鲧殛而禹用的史实发掘出了圣王不私其子选贤与能的大公无私精神。又详论舜禹居摄之义,云:"尧命舜曰:'三载,汝陟帝位。''舜让于德弗嗣',则是不居其位也。其曰'受终于文祖',则是摄行其事也。故舜之摄不居其位,不称其号,只是摄行其职事尔、到得后来舜逊于禹,不复言位,止曰'总朕师'尔。"⑧史实究竟如何不可得考,朱子之论旨在严君臣大防。

① 《朱子语类》卷七十八,第 2654 页。
② 《朱子语类》卷七十八,第 2653—2654 页。
③ 《朱子语类》卷七十八,第 2654 页。
④ 《朱子语类》卷七十八,第 2655 页
⑤ 《朱子语类》卷七十八,第 2663 页。
⑥ 《朱子语类》卷七十八,第 2662—2663 页。
⑦ 《朱子语类》卷七十八,第 2640—2641 页。
⑧ 《朱子语类》卷七十八,第 2648 页。

三、疑经改经

朱子具有极强的疑经精神,认为《尚书》有缺文,有错简,又改易经文处,是宋代疑经思潮之重要一环。如《舜典》"修五礼、五玉、三帛、二生、一死贽。如五器,卒乃复。"朱子云:"五玉、三帛、二生、一死,所以为贽而见者。此九字当在'肆觐东后'之下,'协时月正日'之上,误脱在此。言东后之觐皆执此贽也。"朱子所改从文理上来说是合理的。又《洛诰》王曰:"公功棐迪笃,罔不若时。"王曰:"公,予小子其退即辟于周,命公后。"朱子认为"王曰"两段周公无答辞,疑有阙文。朱子解《书》还有改易经文之处,如《益稷》"明庶以功",朱子认为"恐庶字误,只是'试'字。"①细味原文,朱子之说不为无理。最典型的则是对《武成》篇序的重新次定。

关于伪《古文尚书》之《武成》篇的错简问题首由孔颖达提出的,《正义》谓此篇:"辞又首尾不结"、"'无作神羞'以下,惟告神,其辞不结,文义不成,非述作之体。"孔氏引《左传》荀偃祷河"无作神羞,具官臣偃无敢复济,惟尔有神裁之。"蒯聩祷祖"无作三祖羞,大命不敢请佩玉,不敢爱彼二者于神羞之下。""无作神羞"后皆更申己意,此篇下却无一语,是与神之言犹未完毕,更缺申述己意之词。又冢君百工初受周命,王当有辞以戒之,如《汤诰》之类,不得大聚百官,惟诵祷辞而已。孔氏以为"'神羞'之下更合有言",因为简编断绝,经失其本,所以辞不次耳。又分全篇为数节:

> 自"惟一月"至"受命于周",史叙伐殷往反及诸侯大集,为王言发端也。自"王若曰"至"大统未集",述祖父已来开建王业之事也。自"予小子"至"名山大川",言已承父祖之意,告神陈纣之罪也。自"曰惟有道"至"无作神羞",王自陈告神之辞也。"既戊午"已下,又是史叙往伐杀纣、入殷都、布政之事。"无作神羞"以下,惟告神,其辞不结,文义不成,非述作之体。②

述全篇大意,分节与诸家不同。但孔氏遵循疏不破注原则,虽看出了问题,却未改易经文语序。这却开启了宋儒订正此篇文序的先河,刘敞始重订其

---

① 《朱子语类》卷七十八,第 2679 页。按《益稷》"敷纳以言,明庶以功,车服以庸",朱子当本《舜典》"敷奏以言,明试以功,车服以庸"为言。

② 孔安国:《尚书正义》卷十一,第 183—184 页。

序,王安石、程颐、朱子相继有作,各有异同,具论于下。

刘敞谓《武成》简策错乱,兼有亡逸,次定其序曰:

> "惟一月壬辰,旁死魄,越翼日癸巳,王朝步自周,于征伐商"此下当次以"厎商之罪告于皇天后土,所过名山大川"云云,下至"大赍于四海而万姓说服",皆在纣都所行之事也。然后次以"厥四月哉生明,王来自商,至于丰",然后又次以"丁未祀于周庙"云云,下至"予小子其承厥志"。此下武王之诰未终,当有百工受命之语,计脱五六简矣。然后次以"乃偃武修文"云云,然后又次以"列爵惟五"云云。①

重新序定全文,大致分全篇为三节,本《尚书正义》之说而提出脱漏"百工受命之语"。

洪迈《容斋随笔·续笔》卷十五云"《武成》一篇,王荆公始正之"。② 并详载了王安石改本,"自'王朝步自周,于征伐商',即继以'厎商之罪,告于皇天后土'至'一戎衣,天下大定',乃继以'厥四月,哉生明'至'予小子其承厥志',然后及'乃反商政'以讫终篇。"大致分三节,洪迈认为王安石改本"首尾亦粲然不紊。"王氏以"乃反商政,政由旧,释箕子囚"以下属于归周之后,但释箕子囚,封比干墓,式商容闾,散财发粟,此皆武王克商时事,王氏显然失次。③又王氏未提出脱简问题,盖不认为有脱简也。

---

① 刘敞:《公是七经小传》,《通志堂经解》第16册,第514页。

② 按:王荆公《三经新义》最后成于熙宁八年(1075年),刘敞卒于熙宁元年(1068年),首定《武成》次序应是刘敞而不是王安石,洪迈这一说法当有误。

③ 洪迈:《容斋随笔》,上海古籍出版社1996年版,第396页。按:林之奇《尚书全解》卷二十三《武成》篇云"'自厎商之罪'以下至于'大赍于四海,而万姓悦服',其文当在'王朝步自周,于征伐商'之下,'厥四月哉生明,王来自商,至于丰'之上。盖其所序述皆是武王未归周以前事,简编差舛,乃以属'于予小子其承厥志'之后,而武王所以祷于天地山川之言遂与上文之称述后稷以来积德累功者相联,则类夫武王诵其所祷之辞以告庶邦冢君者。""王氏、刘氏、程氏诸家以属于'王朝步自周,于征伐商'之下,盖得之矣。"但林氏认为"王氏以'乃反商政,政由旧,释箕子囚'以下属于归周之后,则失其次。夫释箕子囚,封比干墓,式商容闾,散财发粟,此盖既克商之事。"不赞同王氏说。林氏说乃概括为言,非诸家实情,详见列表。王安石《尚书新义》亡佚,今所论只能据二手材料,以洪迈说为全面,论文准洪氏所载。

　　程颐《改正武成》见于《程氏经说》卷二①，自"惟一月壬辰，旁死魄，越翼日癸巳，王朝步自周，于征伐商"接"底商之罪……恭天成命"，后乃"惟尔有神……一戎衣，天下大定"，继以"释箕子囚……大赉于四海而万姓悦服"，继"厥四月哉生明……予小子其承厥志"，继"肆予东征……用附我大邑周"，再继"乃反商政，政由旧"，最后以"列爵惟五……垂拱而天下治"归结全文。程氏亦无脱简之说。

　　朱子折衷诸家说，参考《汉书·律历志》和伪孔安国《尚书注》所载具体日期，从历法考订入手，先著《〈武成〉日月谱》②一文，对全篇所载日期进行考订，调整了时间顺序，朱子认为《汉志》二月既死魄越五日甲子为差速，而四月既生魄与丁未、庚戌先后小不同。若以上文"一月壬辰旁死魄"推之，二月之死魄后五日，当为辛酉或壬戌，而不是甲子，认定《汉书·律历志》所载为误。

---

①　武王伐殷，往伐归兽，识其政事，作《武成》。武成：惟一月壬辰，旁死魄，越翼日癸巳，王朝步自周，于征伐商，底商之罪，告于皇天后土，所过名山大川曰：惟有道曾孙周王发，将有大正于商。今商王受无道，暴殄天物，害虐烝民，为天下逋逃主，萃渊薮。予小子既获仁人，敢祗承上帝，以遏乱略。华夏蛮貊，罔不率俾，恭天成命。惟尔有神，尚克相予，以济兆民，无作神羞！既戊午，师逾孟津；癸亥，陈于商郊，俟天休命。甲子昧爽，受率其旅若林，会于牧野，罔有敌于我师，前徒倒戈，攻于后以北，血流漂杵。一戎衣，天下大定，释箕子囚，封比干墓，式商容闾，散鹿台之财，发巨桥之粟，大赉于四海，而万姓悦服。厥四月哉生明，王来自商至于丰，乃偃武修文，归马于华山之阳，放牛于桃林之野，示天下弗服。丁未，祀于周庙，邦甸侯卫骏奔走，执豆笾。越三日庚戌，柴望，大告武成。既生魄，庶邦冢君暨百工，受命于周。王若曰：呜呼群后！惟先王建邦启土，公刘克笃前烈，至于太王，肇基王迹，王季其勤王家，我文考文王，克成厥勋，诞膺天命，以抚方夏，大邦畏其力，小邦怀其德，惟九年大统未集，予小子其承厥志，肆予东征，绥厥士女。惟其士女，筐厥玄黄，昭我周王，天休震动，用附我大邑周，乃反商政。政由旧：列爵惟五，分土惟三，建官惟贤，位事惟能，重民五教，惟食丧祭，惇信明义，崇德报功，垂拱而天下治（程颢、程颐：《二程集·程氏经说》卷二，第1044—1045页）。

②　一月。以《孔注》推，当是辛卯朔。壬辰旁死魄。《孔注》云二日。越翼日，癸巳。三日。王朝步自周。戊午，师度孟津。二十八日。二月若前月小尽即是庚申朔，大尽即是辛酉朔。癸亥陈于商郊。庚申朔即是四日，辛酉朔即是三日。甲子胜商，杀纣。或五日，或四日。《汉志》云"既死魄，越五日甲子"即是六日或七日，日辰不相应。闰月李校书说是岁闰三月，盖以一月壬辰旁死魄推之。若不置闰，即下文四月无丁未、庚戌矣。其说是也。若前两月俱小，则此月己丑朔；一大一小，则庚寅朔；俱大，则辛卯朔。三月若前三月俱小，则戊午朔；一大二小，则己未朔；二大一小，则庚申朔；俱大，则辛酉朔。然闰月小大，计必无辛酉也。四月若前四月俱小，则丁亥朔；一大三小，则戊子朔；二大二小，则己丑朔；一小三大，则庚寅朔。哉生明，王来自商。二日。既生魄，诸侯受命于周。十六日，或壬寅，或癸卯，或甲辰，或乙巳。经文在庚戌后，《汉志》在丁未前，恐经误。丁未祀周庙。或十九日，或二十日，或二十一日，或二十二日。庚戌柴望，大告武成。或二十二日，或二十三日，或二十四，或二十五日（朱熹：《文集》卷六十五，第3195—3196页）。

若以一月壬辰,二月甲子并闰推之,则《律历志》言"四月既生魄,越六日庚戌",当为二十二日,以生魄居丁未、庚戌之后,朱子以为恐怕是经文弄颠倒了,并指出历法虽无四月俱小之理,亦不过先后一二日之间,不应所差如此之多。朱子再按理想的礼乐之制考论云"宗庙内事日用丁巳",《律历志》无丁未,而以刚日"庚戌燎于周庙","非所当用,而燎又非宗庙之礼。"又翌日辛亥祀于天位,越五日乙卯祀祳于周庙,六日之间三举大祭,"礼数而烦,近于不敬",不合礼制,又乃经文所无有。从而朱子认为《汉书·律历志》所载无据。颜师古注以为《今文尚书》之说亦无据。详考全篇日月之先后,其所论较诸家为有据。① 在考定是篇日月后,朱子著成《考定武成次序》一文②,认为此篇原文简编错乱,于是参考刘侍读(敞)、王荆公、程先生所改正次序,"集诸家之所长",复位全篇次序。朱子谓独四月生魄,丁未、庚戌一节,以上文及《汉志》(《律历志》)日辰推论,认为先儒以"王若曰"宜系"受命于周"之下,而定生魄在丁未、庚戌后不妥。朱子从情理推论,以为先儒不知生魄之日,诸侯百工虽来请命,而武王以未告天地、未祭祖宗,未敢发命,故且命以助祭;乃以丁未、庚戌祀于郊庙,大告武功之成,而后始告诸侯。这样上下之交,人神之序皆得其伦次。显然朱子是以理想的礼乐制度来推论武王伐商时事,说虽有理,但不一定是事实。朱子赞同刘敞"余小子其承厥志"之下当有阙文之说,取程先生(颐)徙"恭天成命"以下三十四字属于其下以补其缺。朱子又认为"用附我大邑周"之下,刘氏所谓阙文,犹当有十数语。但刘敞未说此处阙文,朱子乃借

---

① 朱熹:《文集》卷六十五,第3196页。

② 惟一月壬辰旁死魄,越翼日癸巳,王朝步自周,于征伐商。底商之罪,告于皇天后土,所过名山大川,曰:"惟有道曾孙周王发,将有大正于商。今商王受无道,暴殄天物,害虐蒸民,为天下逋逃主,萃渊薮。予小子既获仁人,敢祗承上帝,以遏乱略。华夏蛮貊,罔不率俾。惟尔有神,尚克相予,以济兆民,无作神羞!"既戊午,师逾孟津。癸亥,陈于商郊,俟天休命。甲子昧爽,受率其旅若林,会于牧野,罔有敌于我师,前徒倒戈,攻于后以北,血流漂杵。一戎衣,天下大定。乃反商政,政由旧。释箕子囚,封比干墓,式商容闾,散鹿台之财,发巨桥之粟,大赉于四海,而万姓悦服。厥四月哉生明,王来自商,至于丰。乃偃武修文,归马于华山之阳,放牛于桃林之野,示天下弗服。既生魄,庶邦冢君暨百工受命于周。丁未,祀于周庙,邦甸、侯、卫骏奔走,执豆笾。越三日庚戌,柴、望,大告武成。王若曰:"呜呼,群后!惟先王建邦启土,公刘克笃前烈,至于太王肇基王迹,王季其勤王家。我文考克成厥勋,诞膺天命,以抚方夏,大邦畏其力,小邦怀其德。惟九年,大统未集。予小子其承厥志,恭天成命,肆予东征,绥厥士女。惟其士女筐厥玄黄,昭我周王。天休震动,用附我大邑周。"此当有阙文。列爵惟五,分土惟三,建官惟贤,位事惟能。重民五教,惟食、丧、祭。惇信明义,崇德报功,垂拱而天下治。

刘氏阐释其观点,对擅改古经犹有所顾忌。朱子还本其理想圣人人格推论说"武王革命之初,抚有区夏,宜有退托之词,以示不敢遽当天命而求助于诸侯,且以致其交相警敕之意,略如《汤诰》之文,不应但止自序其功",此说只当视作为万世立心、为后王立法而已。① 朱子改定《武成》次序为:

> 自"惟一月壬辰……于征伐商"下接"底商之罪……罔不率俾"至"惟尔有神……无作神羞!"此乃伐商誓众祷神之辞。继以"既戊午,师逾孟津。……大赉于四海,而万姓悦服"至"厥四月哉生明……示天下弗服(按朱子移"既生魄,庶邦冢君暨百工受命于周"于下一节)",此一节乃武王灭商布政事。再接以"既生魄,庶邦冢君暨百工受命于周","丁未,祀于周庙……予小子其承厥志","恭天成命","肆予东征……天休震动,用附我大邑周",此一节记武王以武成告祖庙,朱子以为此节末有阙文。最后以"列爵惟五……垂拱而天下治"作结,载"崇德报功"分封诸侯等事。

　　朱子所改虽文从理顺,但已超出文献整理规范,不可为训。朱子所改是藉整理以求创制,移易语序有"恭天成命"四字,"既生魄,庶邦冢君暨百工受命于周"十四字,均不满一简字数,非错简可以解释得通,朱子所改盖遵循严格文理逻辑以及其探寻"二帝三王之心"之宗旨。

　　为清晰直观,今按文意分《武成》原文为九节,表中数字指《尚书正义》之《武成》分节序号,就各家改本比较如下:

《武成》原文	刘敞改本	王安石改本	程颐改本	朱子改本
1. 惟一月壬辰,旁死魄,越翼日癸巳,王朝步自周,于征伐商	1	1	1	1
2. 厥四月哉生明,王来自商,至于丰。乃偃武修文,归马于华山之阳,放牛于桃林之野,示天下弗服。丁未,祀于周庙,邦甸侯卫骏奔走,执豆笾	4—8	4	4	4(移出"恭天成命")

① 朱熹:《文集》卷六十五,第3197—3198页。

《武成》原文	刘敞改本	王安石改本	程颐改本	朱子改本
3. 越三日庚戌,柴望,大告武成。既生魄,庶邦冢君暨百工受命于周。王若曰:呜呼!群后,惟先王建邦启土,公刘克笃前烈,至于大王,肇基王迹,王季其勤王家,我文考文王克成厥勋,诞膺天命以抚方夏,大邦畏其力,小邦怀其德。惟九年大统未集,予小子其承厥志	厥四月哉生明,王来自商,至于丰	5	6	6
4. 底商之罪,告于皇天后土,所过名山大川,曰:惟有道曾孙周王发,将有大正于商。今商王受无道,暴殄天物,害虐烝民,为天下逋逃主,萃渊薮,予小子既获仁人,敢祗承上帝以遏乱略,华夏蛮貊,罔不率俾,恭天成命	丁未祀于周庙,邦甸侯卫骏奔走,执豆笾	6	8	7
5. 肆予东征,绥厥士女。惟其士女,篚厥玄黄,昭我周王。天休震动,用附我大邑周	3(当有百工受命之语,计脱五六简)	2	2	2(移3"既生魄庶邦冢君暨百工受命于周"于"示天下弗服"与"丁未,祀于周庙"之间)
6. 惟尔有神,尚克相予以济兆民,无作神羞。既戊午,师逾孟津。癸亥,陈于商郊,俟天休命。甲子昧爽,受率其旅若林,会于牧野,罔有敌于我师,前徒倒戈,攻于后以北。血流漂杵,一戎衣,天下大定	乃偃武修文,归马于华山之阳,放牛于桃林之野,示天下弗服	3	3	8
7. 乃反商政,政由旧		7	5	3(移出"既生魄庶邦冢君暨百工受命于周",文末增入"恭天成命")
8. 释箕子囚,封比干墓,式商容闾,散鹿台之财,发巨桥之粟,大赉于四海,而万姓悦服		8	7	5(朱子认为此节下当有阙文)
9. 列爵惟五,分土惟三,建官惟贤,位事惟能,重民五教,惟食丧祭,惇信明义,崇德报功,垂拱而天下治	9	9	9	9

　　王安石与程颐改本是在《注疏》基础上做板块移动,都没有提出脱简问题,二人所订次序不同。王氏次定不合理处已遭林之奇批驳,"释箕子囚……而万姓悦服"一节确实是武王剪商时事,显然程颐所订较王氏为优。刘敞与朱子均割裂语意板块,以事理逻辑重新次序全文,刘氏连缀4—8节在一起则稍显杂乱。刘氏、王安石以"肆予东征……用附我大邑周"为告神之词,而程颐、朱子以为告庙之词。刘氏以"乃偃武修文……示天下弗服"一节为告庙后事,王安石、程颐、朱子以此为剪商时事。第8节当是克商时事,程颐所次较朱子为确。第2、3节皆祀祖庙告功,当以王、程之次为是。四家所次各有不同,相较以朱子为精密。

　　另外,朱子训诂及考订史实,具有强烈的实证精神。这一精神还表现为对史实的考证。如对大禹治水传说,朱子体以常理认为禹治水必当始于碣石、九河,不信普遍相信的"禹治水始于壶口,凿龙门"之说。① 朱子分析《禹贡》后认为禹当时治水,只理会河患,他处无大段用功夫。观禹用功,初只在冀,以及兖、青、徐、雍,却不甚来东南。② 又谓禹当时只治得雍、冀数州为详,南方诸水皆不亲见,恐只是得之传闻,故多遗阙。谓《禹贡》本文有谬误处。如言汉水"过三澨,至于大别,南入于江,东汇泽为彭蠡",全然不合今时地理,"今人从而强为之解释,终是可笑。"③确实具真知灼见,发千古之蒙。又如论《汤誓序》"升自陑"先儒以为出其不意,朱子谓经无明文,今又不能确知陑在何处,不能辨其正道或奇道。以为汤、武之兴,决不为后世之谲诈。④ 虽有其圣人理想在,确不乏实事求是之精神。《西伯戡黎》篇朱子谓文王只是不伐纣耳,其他事都做了,如伐崇、戡黎之类。认为文王不守臣节,后人委曲回护文王实在好笑。⑤ 对圣人行事提出大胆的怀疑,批驳了以往儒者的迂腐。这种科学精神更反应为他反对怪力乱神之说。朱子曰:旧以圣祖为人皇中之一,黄帝自是天降而生,非少典之子。其说虚诞,盖难凭信也。又《舜典》"肆类于上帝",《传》释"上帝"为"天及五帝",朱子训"上帝"为"天"。去"五帝"说。他如批驳苏轼味别三江、地脉之说,谓禹治水是要水有所归不为民害,而非只要辨味

----

① 《朱子语类》卷七十九,第2683—2684页。
② 《朱子语类》卷七十九,第2684页。
③ 《朱子语类》卷七十九,第2687页。
④ 《朱子语类》卷七十九,第2690页。
⑤ 《朱子语类》卷七十九,第2701页。

点茶如陆羽之流,寻脉踏地如后世风水之流。又中国之大形势乃太行山自西北发脉,来为天下之脊。底柱、王屋等山,皆是太行山脚。批驳说者分阴阳,言"导岍及岐,至于荆山",山脉逾河而过,为壶口、雷首、底柱、析城、王屋、碣石。① 则是荆山地脉,却来做太行山脚。所谓地脉之说实不通,又《禹贡》本非理会地脉之书!② 对不经之谈概予蔑弃。

朱子还注意到今、古文字词区别及唐天宝年间卫苞改字。如《舜典》"难任人",朱子云:"古文作'壬'"。《大禹谟》"降水儆予",朱子云:"古文作'洚'"。《大禹谟》"儆戒无虞",朱子云:"古文作'敬',开元改今文"。朱子探究《古文》用字和唐天宝改字,力求恢复经典原貌,为研究建立一个正确的文本。这与他恢复故经原貌思想一脉相承,又展现了他开阔的学术视野。

---

① 苏轼:《书传》卷五云:"徒见《禹贡》有南、北、中三江之名,而不悟一江三泠合流而异味也。"(第131页)"北条山道起岍岐而逾于河,以至太岳,东尽碣石以入于海,是河不能绝也。南条之山自嶓冢、岷山至于衡山,过九江至于敷浅原,是江不能绝也。皆禹之言,卓然见于经者,非地脉而何?"(第150页)
② 《朱子语类》卷七十九,第2686页。

第四章　朱子解经方法及价值取向

朱子解《尚书》诸篇具体而微地反映了朱子解经的方法及其解经价值取向,他通过对《尚书》中范畴和重要词汇内涵的重新解读,揭示了经典现代化的必由之路。在字训句解中强调并践行了训诂与义理的完美结合,对汉学与宋儒的得失进行了全面评价,开出了汉宋结合的学术新局面。训诂与义理的结合是对经义理解逐渐走向完善的辩证过程,要通过二者的不断反复循环才能实现。朱子通过对《尚书》的疑辨清醒地认识到《尚书》文本形成的历史性,对《尚书》的清理工作完成了他对《五经》系统的全面整理。

第一节　命题内涵的改造及价值取向

朱子解经注重以其理学思想改造经典中命题的内涵,在有充分文献证据基础上,所作训释达到了反古以开新的局面,真正完成了汉学与宋学的完美融合。朱子对《大禹谟》"道心"、"人心",《洪范》"皇极"意义的解释,就是改造传统命题内涵的典范。

一、命题内涵的改造

先看《大禹谟》之"道心"、"人心"思想的开掘,从现存材料看,汉晋六朝经学家和伪《孔传》都没有阐释"人心"、"道心"的意义,大概在他们心中这两个词的含义是不言自明的。唐孔颖达《正义》始做阐释,曰"道者,径也,物所从之路也。因言人心,遂云道心"。孔颖达意思是说"道心"原本与"道"没有差别,是"物所从之路",相当今天所谓万物应遵循的必然规律,"道心"仅是前面"因言人心",而"遂云道心",是因修辞效果而生造的词汇,与人的心没有丝毫关系。孔颖达继续阐释说:"人心为万虑之主,道心为众道之本。"①把"道心"当作万物之根源"众道之本",已具有了本体意义。北宋二程兄弟一方面把"道心"解作本体,云:"'人心惟危',人欲也。'道心惟微',天理也。"②《外书》正叔云:"人心,人欲;道心,天理。"③把"道心"当作天理,万物之本原,也即是心之本体,其特征是精一。把"人心"看作人的欲望。创造性地改造了道心、人心的原本内涵。另一方面又把"人心"、"道心"解作人的心的两个层面,所谓:"'人心',私欲也;'道心',正心也。"④二程对这两个词的新解释,跨出了宋儒建构儒家心性学关键的第一步。

朱子承程氏之说认为"道心"即天理,是人心之本然善性。"人心"是源于人自然属性的各种生理欲望,"人心是知觉,口之于味、目之于色、耳之于声底,未是不好,只是危。"⑤"人心亦未是十分不好底,人欲只是饥欲食、寒欲衣之心尔。"⑥朱子并未将道心、人心绝对对立起来,他肯定了人心(人欲)的合理性。然心本为一,道心、人心的划分则源于朱子理气相分的思想,他认为人之所生禀气为形,禀理为性。正如《中庸章句序》所云:"心之虚灵知觉,一而已矣。而以为有人心、道心之异者,则以其或生于形气之私,或原于性命之正,而所以为知觉者不同,是以或危殆而不安,或微妙而难见耳。然人莫不有是形,故虽上智不能无人心,亦莫不有是性,故虽下愚不能无道心。"朱子把心分为道心、人心两个层面,并以所禀理、气之不同,探讨了复杂的人性。人心"生于形气之私",道心"原于性命之正","人莫不有是形,故虽上智不能无人心;亦莫不有是性,故虽下愚不能无道心"。同时,朱子提出《中庸》"天命率性,则道心之谓也","择善固执,则精一之谓也","君子时中,则执中之谓也"⑦会通了道心、人心与《中庸》"中和"思想,他认为《中庸》与《大禹谟》其言之不异,虽千有余年,犹如合符节。这一阐发为道统思想的建立奠定了坚实的理论基础。

再看朱子对"皇极"的解读。此前经学家一般训"皇"为大,"极"为中。人们普遍遵循这一训解。《汉书》卷二十七上《五行志》"次五曰建用皇极",

---

① 孔颖达:《尚书注疏》(四部要籍注疏丛刊),中华书局1998年版,第178—179页。

② 程颢、程颐:《河南程氏遗书》卷十一,第126页。

③ 程颢、程颐:《河南程氏外书》卷二,第364页。

④ 程颢、程颐:《河南程氏遗书》卷十九,第256页。

⑤ 《朱子语类》卷七十八,第2668页。

⑥ 《朱子语类》卷七十八,第2663页。

⑦ 朱熹:《中庸章句序》,朱杰人、严佐之、刘永翔主编:《朱子全书》第6册,第29—30页。

颜师古注引应劭语曰："皇,大;极,中也。"①《汉书·孔光传》孔光上疏言:"建用皇极"。颜师古注亦遵循应劭的注释。②《伪孔传》注"建用皇极"曰:"皇,大。极,中也。凡立事当用大中之道。"孔颖达《正义》注"五皇极,皇建其有极"曰:"皇,大也。极,中也。施政教治下民,当使大得其中,无有邪僻。"在朱子之前只《汉书》卷二十七下之上《五行志》训"皇"为"君"。③ 但这一解释却一直不被人们接受。

朱子训"皇"为君,"极"为标准,就此与当时学者展开了一场大辩论。朱子曰:"自孔氏《传》训'皇极'为'大中',而诸儒皆祖其说。余独尝以经之文义语脉求之,而有以知其必不然也。盖皇者,君之称也;极者,至极之义,标准之名,常在物之中央,而四外望之以取正焉者也。故以极为在中之准的则可,而便训极为中则不可。"驳正传疏之说,并以常识和引其他经书证成其说,云:"《礼》所谓'民极',《诗》所谓'四方之极'者,于'皇极'之义为尤近"。接着再以文义语脉探求其义,驳斥传统注释的谬误,云:"即经文而读'皇'为'大',读'极'为'中',则夫所谓'惟大作中','大则受之'为何等语乎?今以予说推之,则人君以眇然之身履至尊之位,四方辐凑,……此天下之至中也。既居天下之至中,则必有天下之纯德,而后可以立至极之标准。"④朱子于《文集》、《语类》⑤中多次论及此一训释,滕璘录朱子语云:"今人将'皇极'字作大中解了,都不是。'皇建其有极',不成是大建其有中;'时人斯其惟皇之极',不成是时人斯其惟大之中。皇须是君,极须是人君建一个表仪于上……便有肃、义、哲、谋、圣之应。五福备具,推以与民,民皆从其表仪,又相与保其表仪。下文'凡厥庶民'以下,言人君建此表仪,又须知天下有许多名色人,须逐一做道理处着始得。于是有'念之','受之','锡之福'之类,随其人而区处之。大

---

① 　班固:《汉书》卷二十七上,第 1317 页。
② 　班固:《汉书》卷八十一,第 3360 页。
③ 　班固:《汉书》卷二十七下之上,第 1458 页。
④ 　朱熹:《文集》卷七十二《皇极辨》,第 3453—3457 页。
⑤ 　按:《朱子语类》卷七十九中朱子与弟子多次谈论"皇极"的训释,甘节录曰:"皇,君也。极,标准也。皇极之君,常滴水滴冻,无一些不善。"陈淳录云:"中不可解做极,极无中意,只是在中,乃至极之所,为四向所标准,故因以为中。"李闳祖录云:"皇极,如'以为民极',标准立于此,四方皆面内而取法。皇,谓君也。极,如屋极,阴阳造化之总会枢纽。极之为义,穷极、极至,以上更无去处。"朱子是把这一训释当作"皇极"的标准意义的。

抵皇极是建立一个表仪后,又有广大含容,区处周备底意思。"①朱子《答陆子静》第六书曰:"'极'是名此理之至极,'中'是状此理之不偏。虽然同是此理,然其名义各有攸当,虽圣贤言之,亦未尝敢有所差互也。若'皇极'之'极'、'民极'之'极',乃为标准之意。"②这里朱子又沟通了与"太极"的联系,"极"有具有了本体性质。从朱子的阐说中我们可以知道传统解释显然是有问题的,其所作新解能曲畅其说,当是探得确解。朱子"皇极"之释义,并非标新立异,于典籍中可寻其明证。《尔雅·释诂》曰:"皇,君也。"《尚书大传·洪范五行传》曰:"建用王极"、"王之不极,是谓不建。"③"皇极之敷言"《史记·宋世家》作"王极之傅言"。④ 刘起釪先生曰:"作'王极'是。今文家当据原有之本。'皇'为汉人据秦汉以后用法改"。⑤ 再从"皇极"章内容上看,"皇极之敷言"与"凡厥庶民极之敷言"相对为言,那么"皇"意为君是很清楚的。

朱子经解中对传统命题内涵进行了大量修改,如太极、性、道、仁、命、中、和、心、情等,以其理本论思想赋予了这些命题新的内涵。不仅如此,朱子还对经典中很多重要词汇作了新解,如《大学》之"亲民"、"明德",《中庸》之"诚"等。这些命题及核心词汇又共同支撑着他宏大的理学体系,本论文仅取其中与《尚书》有关者进行论述。全面探讨朱子学范畴非本论文主旨,存而不论。

二、朱子解经的价值取向

朱子解经改造传统命题内涵有其鲜明的价值取向,其大旨有三:一曰修身,二曰淑世,三曰护道。下文就此三方面略作探讨。

1. 解经乃修身(个体之善)之具

在经学家看来,儒家经典乃圣人为后世立法,解读经典就是取法先贤的途径。朱子解经有鲜明的完善自我的价值取向,他对道心、人心的阐发,是与其修养论紧密相关的。朱子提倡于已发则精察天理、人欲之别,于未发则操存涵养本心。其《观心说》曰:"夫谓人心之危者,人欲之萌也;道心之微者,天理之奥也。心则一也,以正不正而异其名耳。'惟精惟一',则居其正而审其差者

---

① 《朱子语类》卷七十九,第2711页。
② 朱熹:《文集》卷三十六,第1572页。
③ 王闿运:《尚书大传补注》,商务印书馆1937年版,第65、67页。
④ 司马迁:《史记》卷三十八,中华书局1959年版,第1614页。
⑤ 刘起釪:《尚书校释译论》,第1149—1150页。

也,绌其异而反其同者也。能如是,则信执其中,而无过不及之偏矣。"能精察于道心、人心之别,常操存道心不使有毫厘之差,"居其正而审其差","绌其异而反其同",至于"信执其中"则道心常在,动合天理,几于圣人矣。"心而自操,则亡者存;舍而不操,则存者亡耳。"①操持是一个不间断的心路历程,贯穿于人生之终始。如《中庸章句序》所谓:"精则察夫二者之间而不杂也,一则守其本心之正而不离也。从事于斯,无少间断,必使道心常为一身之主,而人心每听命焉,则危者安,微者著,而动静云为自无过不及之差矣。"精以察之,一以守之,使人心听命于道心,达致"存天理,灭人欲"的理想人生境界。解经之于经学家就是从经典中寻求生存价值的理想途径,这种价值的最高体现就是成为圣贤,而成为圣贤就要借经典体验圣贤之心。

体验——通向圣域之路。朱子解经特重视体验,他把体验当作把握圣贤精神的唯一路径。儒家经典具有强烈的道德实存,道德知识就是人应当怎样造就自我的知识,这种知识直接指导人的行动。对传统经学家,尤其是宋儒来说,文字的训释只是初步工作,更重要的是阐释者要把所理解的内容转化为自己行为的直接指导,也即是儒家解经绝不采取纯知识主义路径,而更关注经典蕴藏的实践理性精神。解经不是立足于他所探询知识的对象,而是直接地被他所学习的知识所影响。儒者的经典解读活动绝不是纯粹的知性活动,很大程度上是一种体验,要求超越文字体验圣贤之所为而直达圣贤本心。体验的目的是打破时空带来的理解蔽障,使千年如晤一室,创生出一种理解的场景,最终达到与圣人融合为一的境界。朱子与亲旧门人对体验经典有详细论述,《答刘季章》第十书云:"读书且要虚心平气,随他文义体会,不可先立己意,作势硬说,只成杜撰,不见圣贤本意也。"②朱子强调读书要体会,要见出"圣贤本意"。经典作品在朱子这里往往被理解为圣人生命的完美再现,每一种体验仿佛正走向这种再现。真正的理解活动要让自己与圣人处于同一层次,把本文理解为圣贤生命的特有表现并努力使自己与圣同一。阅读和训释经典的工作就"须以圣贤为己任",是"为己之学,于他人无一毫干预。圣贤千言万语,只是使人反其固有而复其性耳。"③朱子提倡"学者大要立志,才学便要做圣人",强调当如圣贤"直是真个去做,说正心,直要心正;说诚意,直要意诚;修

---

① 朱熹:《文集》卷六十七,第 3278 页。
② 朱熹:《文集》卷五十三,第 2494 页。
③ 《朱子语类》卷八,第 280 页。

身齐家皆非空言"。反对纯知识倾向,反对不见实践之功的追求科名的世俗之学,"今之学者说正心,但将正心吟咏一饷;说诚意,又将诚意吟咏一饷;说修身又将圣贤许多说修身处讽诵而已。或掇拾言语,缀缉时文。"①解经是朱子优入圣域的精神追求,是完善个体人格的修养活动,"圣人作个《大学》,便使人齐入于圣贤之域。若讲得道理明时,自是事亲不得不孝,事兄不得不弟,交朋友不得不信。"②优入圣域的关键是体验圣人行事,而体验的东西的意义是被融化在主体生命运动的整体中,每一个体验都与其自身生命的整体相连,一经体验则不可忘却,而体验又是他人不可替代,这就是朱子反复强调为己之学、强调体验的真精神。我们需要解读经典是因为圣人经历见得许多,所以写在册上与人看。经典流淌的是圣贤精神,绝不是死知识。"读书,只是要见得许多道理。及理会得了,又皆是自家合下元有底,不是外面旋添得来。"③朱子这里就是要求把经典的内容转化为一己精神世界,作为回归人性本然的途径。朱子所谓"学者当以圣贤之言反求诸身,一一体察。须是晓然无疑,积日既久,当自有见。"④这里所说的"见",绝不是指"只专就纸上求理义"的对经典文意的单纯理解,而是"须反来就自家身上以手自指推究"⑤,见得圣人之心以为一己行事之高标。"读书须要切己体验,不可只作文字看。"⑥经学家通过对经典的阅读、训释而把握圣贤精神,最后齐入圣贤之境,完成人性的复归。

经学家解经呈现为一种纯粹的精神诉求,解经活动就像与圣贤促膝长谈,真正实现与圣人精神不离不隔的境界。这就是朱子所谓的通透、浃洽,"大凡看书要看了又看,逐段逐句逐字理会,仍参诸解、传,说教通透,使道理与自家心相肯,方得。读书要自家道理浃洽透彻。"⑦要穿越时空之限,达于圣域。经典注疏在某种意义上就是再创造,是一个把某种陌生的僵死的东西转变成了绝对亲近的和熟悉的东西的过程。在理解过程中实现经典的纯粹现实性。解经就是从残篇断简中去重构圣贤精神,使自己优入圣域。对于所有经典本文来说,只有在训释理解过程中才能实现由无生气的文字向有生气的意义转换,

---

① 《朱子语类》卷八,第 281 页。
② 《朱子语类》卷九,第 303—304 页。
③ 《朱子语类》卷十,第 313 页。
④ 《朱子语类》卷十一,第 337 页。
⑤ 《朱子语类》卷十一,第 337 页。
⑥ 《朱子语类》卷十一,第 337 页。
⑦ 《朱子语类》卷十,第 314 页。

中国千百年来的经典注疏传统远不是无意义的重复,它是儒者净化升华的心路历程,是儒家理想的现实化。正是在训释活动中一切经典陈述的意义才得以形成和完成,《四书》地位在宋代得以凸显就是宋儒,尤其是理学家阐释推动的结果。

这里我们必须追问通向圣域何以可能。问题一:通过经典认识圣人何以可能?经典蕴涵问题的开放性使我们可能认识经典。在经学时代,儒家经典是一直作为一切后来人的永恒价值源泉而存在的,对现实人生起着指导与规范作用,而绝不只是逝去了的东西。而理解的可能性还在于经典的存在与我们是同质的,即经典蕴涵着族类本质精神,这种精神就是根植于民族个体的传统,是一种范例和借鉴,一种我们对自身的重新认识。理解经典就使个别的自我与该自我所隶属的伦理共同体联系在了一起。族群的延续就意味着经典继续存在的表达力基本上是无界限的。经典体系一起构成了整个统一的传统,要理解这个传统就必须把这个传统和理解者自身现在的生命联系起来。经典作为价值源泉具有永恒的现实意义,因而可以克服时空的距离直接注入到我们的族群中。经典的这种现实存在就在它改变经验者的经验中真正地获得,只要有人阅读经典,经典作为精神之源就活着。在此种意义下,经典对于解释者来说是永远开放的,由此经典也就永远向未来敞开。一部经典不仅从不完全丧失其原始作用,并能使有识之士可能有意识地重新创造它。通过经学家的重新阐释,经典就完成并永远保持一种意义的连续性,这种连续性就把它们与"当代"联系在了一起。经典的理解在某种意义上是一种置身于传统过程中的行动。在这个意义下,真正的理解就意味着在理解文本中理解自身,从自我忘却中重返精神家园,在他者中认识自身。所有的理解最终都是自我理解,谁理解一个本文,他取得的不仅是某种意义的理解,而是生命的表现,是一种新的精神自由状态。这样经典就具有着一种精神保持和流传功能,并以此介入和影响族群的现实生活。经典的开放性就成为我们现实思想构建的源泉。同样的经典,汉儒说以谶纬天人感应,六朝流为玄学,宋则衍为道学之具,至清浸假而为朴学之资。只要怀着同情的了解而不是恶意的阐释,只要对古圣贤怀有必要的敬畏而不是浅薄地蔑弃,经典就永远朝未来开放着并具有诱人的魅力。经典的开放性为理解经典从而体认圣贤提供了可能。

问题二:通过经典达于圣域何以可能?朱子曰:"圣人说话,开口见心,必不只说半截,藏着半截。学者观书,且就本文上看取正意,不须立说别生枝蔓。

唯能认得圣人句中之意,乃善"。① 经典所载乃圣人言语,而"圣人说话,开口见心",通过经典把握圣人之心就成为可能。理解的可能性还在于人类本质的同质性,天人一理,圣愚皆禀道而生,禀气为形,圣凡同构就成为了把握圣贤精神的前提。圣人知行合一,是我们通过经典直接圣贤精神的依据。朱子认为"圣人言语,只是发明这个道理。这个道理,吾身也在里面,万物亦在里面,天地亦在里面。通同只是一个物事,无障蔽,无遮碍。吾之心,即天地之心,圣人即川之流,便见得也是此理,无往而非极致。"②经典揭示了天地之大道,宇宙万物皆在其中,人物同禀此道而生,所谓"天命之性,率性之道,皆理之自然,而人物之所同得者也",凡圣同质为达于圣域提供了本体依据。然人虽得其形气之正,然其清浊厚薄之禀有不同,是以贤知者或失之过,愚不肖者或不能及。是以私意人欲或生其间,而于所谓性者,不免有所昏蔽错杂,而无以全其所受之正;性有不全,则于所谓道者,因亦有所乖戾舛逆,而无以适乎所行之宜。要达于圣域,取法圣人,学习经典就成为唯一可行之路,所谓"惟圣人之心,清明纯粹,天理浑然,无所亏阙,故能因其道之所在,而为之品节防范,以立教于天下,使夫过不及者,有以取中焉。"③圣人已为陈迹,唯经典长存,经典精神长存。

2. 解经乃淑世(群体之善)之具

朱子对道心、人心、皇极的探讨,目的在于为改造现实人生提供理论依据,寻求个体之善通向群体之善的必由之路。在朱子看来,圣凡无本质差别,守得道心常在,无毫厘之差则为圣人,相反则为凡夫。朱子语云:"虽圣人不能无人心,如饥食渴饮之类。虽小人不能无道心,如恻隐之心。但圣人于此择之也精,守得彻头彻尾。"④这一阐释去除了以往圣人的神圣光环,向平常人指明了优入圣域的可能,并引导着人们追求成圣成贤的理想人格。道心说可以说是朱子寻求恢复人本善性的基石。他们反复阐述道心、人心的新内涵,以天理、人欲别道心、人心,这完全出自程氏理学思想,并不符合文本原意,但却因展现出了一个更广阔的心理阐释空间,而被人们普遍接受。朱子孜孜以求一个改造社会个体的良方,人能以道心御人心,藉此以提升个体精神境界便是他指示

---

① 《朱子语类》卷十九,第652—653页。
② 《朱子语类》卷三十六,第1357页。
③ 朱熹:《中庸或问》,第551页。
④ 《朱子语类》卷七十八,第2665页。

的必由之路。人人若得以道心御人心，复其人性本然之善，一个理想的世界便会呈现在我们面前。朱子《答陈同甫》第八书表述了这一理想，书云：

> 至若论其本然之妙，则惟有天理，而无人欲，是以圣人之教必欲其尽去人欲而复全天理也。……所谓"人心惟危，道心惟微，惟精惟一，允执厥中"者，尧、舜、禹相传之密旨也。夫人自有生而梏于形体之私，则固不能无人心矣。然而必有得于天地之正，则又不能无道心矣。日用之间，二者并行，迭为胜负，而一身之是非得失、天下之治乱安危，莫不系焉。是以欲其择之精而不使人心得以杂乎道心，欲其守之一而不使天理得以流于人欲，则凡其所行，无一事之不得其中，而于天下国家无所处而不当。①

在朱子看来，把持道心不但是个体完善的路径，也是社会和谐完善的途径，所谓"天下之治乱安危亦系之"。个体完善至于"凡其所行，无一事之不得其中"，言为世法，行为世范，个体行为与类本体的整体价值趋向完美融合，一个通过个体身修而达至天下齐的和谐社会就能得以实现，是所谓"天下国家无所处而不当"也。道心、人心说可以说是朱子寻求恢复人本善性的基石。

朱子"皇极"新释同样指向去除民气禀之偏，恢复人性之本然善性的终极目的。其《皇极辨》一文云：

> 盖人之气禀，或清或浊，或纯或驳，有不可以一律齐者。是以圣人所以立极乎上者至严至密，而所以接引乎下者至宽至广，虽彼之所以化于此者，浅深迟速，其效或有不同，而吾之所以应于彼者，长养涵育，其心未尝不一也。其曰"无偏无陂，遵王之义。无有作好，遵王之道。无有作恶，遵王之路。无偏无党，王道荡荡。无党无偏，王道平平。无反无侧，王道正直。会其有极，归其有极"云者，则以言夫天下之人，皆不敢徇其已之私以从乎上之化，而会归乎至极之标准也。盖偏陂好恶者，己私之生于心者也；偏党反侧者，己私之见于事者也。王之义、王之道、王之路，上之化也，所谓"皇极"者也。遵义、遵道、遵路，方会其极也。荡荡、平平、正直，则已归于极矣。其曰"皇极之敷言，是彝是训，于帝其训"云者，则以言夫

---

① 朱熹：《文集》卷三十六，第 1586 页。

人君以身立极而布命于下,则其所以为常为教者,皆天之理,而不异乎上帝之降衷也。其曰"凡厥庶民极之敷言,是训是行,以近天子之光"云者,则以言夫天下之人,于君所命,皆能受其教而谨行之,则是能不自绝远而有以亲被其道德之光华也。①

朱子完全以其天理人欲之人性论思想诠释了《洪范》"皇极"一畴,"皇极"是人君以身建立标准而布命于下,天下之人皆不敢徇一己之私以从乎上之化而会归于至极之标准,使苍生普被君主道德之光华。朱子有意化解了君主的世俗权力而抬高其道德要求,把君主作为道德的统率而天下百姓有以取范,使百姓法道德而去其气禀之偏物欲之弊,最终实现群体之善。而实际上《洪范》宣扬的是源于上帝意志的神权政治思想,强调按照"于帝其训"建立一个至高无上的统治准则——皇极,所有臣民都要绝对遵循"皇极",不可违背上帝所安排之"彝训",遵循"天人感应"之道,君主以"六极"作威,"五福"作福,卜筮决疑,是神权加暴力的统治手段。② 朱子新释使《尚书》中至高无上的神权政治发生了以德范民的根本性转变。

朱子以道心人心说和"皇极"新解表达了他企慕君师合一的政治理想和要矫正现实君主德不胜位的愿望,提出"正君心"为天下万事之本的观点。朱子在《戊申封事》中表达了他的这一思想,辞曰:"大舜所以有'惟精惟一'之戒,孔子所以有'克己复礼'之云,皆所以正吾此心而为天下万事之本也。此心既正,则视明听聪,周旋中礼,而身无不正。是以所行无过不及而能执其中,虽以天下之大,而无一人不归吾之仁者。"③强调了君主道德表率天下的意义。其《延和奏札二》亦云:

> 人主所以制天下之事者,本乎一心,而心之所主,又有天理、人欲之异。二者一分,而公私邪正之涂判矣。盖天理者,此心之本然,循之则其心公而且正;人欲者,此心之疾疢,循之则其心私而且邪。……舜、禹相传,所谓"人心惟危,道心惟微。惟精惟一,允执厥中"者,正谓此也。④

① 朱熹:《文集》卷七十二,第3456页。
② 详参刘起釪:《尚书校释译论》第三册《洪范》讨论之二,第1207页。
③ 朱熹:《文集》卷十一,第591页。
④ 朱熹:《文集》卷十三,第639页。

朱子以为古来圣君所宰制天下乃秉此心法大要,对国君提出了严格的道德要求,这无疑是对君主专制体制下君权横肆的警惕。朱子多次上疏反对君主独断,其思想根源就在于此。

朱子对"皇极"的新解回应了宋代士大夫与君同治天下的时代潮流①,展现了朱子整顿君纲以改造社会现实的努力,同时严厉地批评了当时官僚集团苟且不作为的习气。解经对于朱子绝不是一种纯知识性的追求,它还寄托着朱子干预和改造现实的政治追求,展现着儒者道济天下的担当情怀。"皇极"新解的思想意义就在于此。朱子以此提出正君心以正天下的政治思想,朱子曰:"皇,君也。极,标准也。皇极之君,常滴水滴冻,无一些不善。人却不齐,故曰'不协于极,不罹于咎。''天子作民父母,以为天下王',此便是'皇建其有极'。"②"极"解释为标准。"皇极"原本没有道德的内涵,而是以神权和暴力为手段的统治策略。但朱子却改造了"皇极"原本意义,对天子提出了表率天下的道德诉求"皇极之君……无一些不善",要求君主的道德与权力完美融合,也就是从德性层面对君主权力加以约束。暗示着知识阶层对世俗权利的限制,尤其是对膨胀的专制皇权的抵制。其《皇极辨》云:"'天子作民父母,以为天下王'云者,则以言夫人君能立至极之标准,所以能作亿兆之父母而为天下之王也。不然,则有其位,无其德,不足以首出庶物,统御人群,而履天下之极尊矣。"③无其德则不当有其位,朱子以德御君的意图是很明显的。朱子认为《洪范》诸事"是个大纲目,天下之事,其大者大概备于此","皇极""是人君为治之心法。"④朱子把建立"皇极"作为君主治理天下的根本,把"九畴"作为整顿政治的纲常,要求君主德位相称,有他对君主专制体制下天子为权力之源的深刻认识。《皇极辨》云:"(人君)居天下之至中,则必有天下之纯德,而后可以立至极之标准。故必顺五行,敬五事以修其身,厚八政、协五纪以齐其政,然后至极之标准卓然有以立乎天下之至中,使夫面内而环观者莫不于是而取则焉。语其仁,则极天下之仁,而天下之为仁者莫能加也。语其孝,则极天下之孝,而天下之为孝者莫能尚也。是则所谓'皇极'者也"。朱子把人君作为道德之楷模,为恢复群体之善提供现实依据。朱子正君心,以君为天下师,目

---

① 详参余英时:《朱熹的历史世界》第三章,生活·读书·新知三联书店2004年版。
② 《朱子语类》卷七十九,第2705页。
③ 朱熹:《文集》卷七十二,第3456页。
④ 《朱子语类》卷七十九,第2704页。

的在要使天子肩负新天下百姓的责任,使百姓"复其善"之本性,亦即《大学》"新民"之意。朱子在《皇极辨》中对这一点展开了充分的论述,云:

> "皇建其有极"云者,则以言夫人君以其一身而立至极之标准于天下也。其曰"敛时五福,用敷锡厥庶民"云者,则以言夫人君能建其极则,为五福之所聚,而又有以使民观感而化焉,则是又能布此福而与其民也。其曰"惟时厥庶民于汝极,锡汝保极"云者,则以言夫民视君以为至极之标准而从其化,则是复以此福还锡其君,而使之常为至极之标准也。其曰"凡厥庶民,无有淫朋。人无有比德,惟皇作极"云者,则以言夫民之所以能有是德者,皆君之有以为至极之标准也。①

朱子围绕人君建极化民核心阐释"皇极"一畴文义,要人君"立至极之标准于天下","使民观感而化",民能回归其本然善性,皆君之有以为至极之标准。也就是说在现实道德建设中,人君是中枢。但民之化德,又可以还锡其君而使之常为至极之标准,实现君民道德互动理想进境。

朱子对传统训诂的批评还直指现实大政方针,余英时先生认为"皇极"有"国是"之实,②那么关于"皇极"的论争实质就是围绕当时朝廷大政方针的一场思想路线斗争。关于"皇极"的"国是"之实可从绍熙元年(1190 年)周南③《廷对策》观其大略,云:

> 今之蔽蒙之甚者则立为议论以笼罩主意,使陛下不能摆脱以用人者,其说有三而已:一曰道学,二曰朋党,三曰皇极。
>
> ……
>
> 惟天下之庸人以无所可否为智,以无所执守为贤者。既不入于道学,复不俪于朋党,于是借"皇极"公平正直之说以为佞庸自售之计,而"皇极"之论遂出于两者之后矣。然臣窃观箕子之论本非为佞庸自售之计

---

① 朱熹:《文集》卷七十二,第 3454—3455 页。
② 详参余英时:《朱熹的历史世界》第十二章《皇权与皇极》之七。
③ 《宋史》卷三百九十三《周南传》云:"周南,字南仲,平江人。年十六,游学吴下。……从叶适讲学,顿悟捷得。为文词,雅丽精切而皆达于时用,每以世道兴废为己任。登绍熙元年进士第,为池州教授。会度以言忤当路,御史劾度,并南罢之"(第 12012 页)。

也,其曰"有为有猷有守"者,是有才智、有道义、有操执之人也。"汝则念之"者,欲其斯须之不可忘也。若"不协于极"而亦"受之"者,谓其才虽有偏而终有可用则亦当收拾而成就之者也。若以实而论,则今之所谓"朋党"、"道学"之士,是乃"皇极"之所取用之人也。今奈何废弃天下有才有智之士,取世之所谓庸人,外视之若无过而其中实奸罔者而用之,而谓之"皇极"哉!自今以往,阘茸尊显,平凡得志,异日天下之大祸,臣恐始于"道学"而终于"皇极"矣!陛下若有意乎舜、禹取善之事,则于今莫急于破庸论以收善人。若使"皇极"之说不明,而"朋党"、"道学"之人皆拒之而不敢用,则人材至于沈废,而天下之善无因至于陛下之前矣。[1]

文章中"皇极"之辨直接关系到朝廷用人政策,"皇极"与"道学"、"朋党"并立而三,可见周南所论"皇极"无疑已具大政方针性质。人才政策又直接关乎政治之兴亡得失。朱子"皇极"之解担负着"破庸论以收善人",为天下才智之士尤其是道学之士鸣不平的政治效用。结合《语类》中语更可见其解经的这一取向,朱子曰:"皇极非大中……汉儒虽说作'中'字,亦与今不同,如云'五事之中'是也。今人说中,只是含胡依违,善不必尽赏,恶不必尽罚,如此岂得谓之中!"[2]对官僚集团的苟且不作为提出了严厉批评,对朝廷苟安的大政不无讥刺。周谟录朱子语亦曰:"今人皆以皇极为大中,最无义理。如汉儒说五事之中固未是,犹似胜此。……今即以皇极为大中者,更不赏善,亦不罚恶,好善恶恶之理都无分别,岂理地哉!"[3]朱子阐明了以"大中之道"为治的严重后果。《皇极辨》中更明确地指出了这一点,曰:"乃以误认之'中'为误训之'极',不谨乎至严至密之体,而务为至宽至广之量,其弊将使人君不知修身以立政,而堕于汉元帝之优游,唐代宗之姑息,卒至于是非颠倒,贤否贸乱,而祸败随之,尚何敛福锡民之可望哉?"又曰:"(先儒)不察乎人君所以修身立道之本,是以误训'皇极'为'大中'。又见其词多为含洪宽大之言,因复误认'中'为含胡苟且、不分善恶之意。殊不知极虽居中,而非有取乎中之义。且中之为义,又以其无过不及,至精至当,而无有毫发之差。"[4]朱子反复阐发"皇

---

[1]　周南:《山房集》卷七《庚戌廷对策》,影印文渊阁《四库全书》集部第 108 册,第 86—88 页。
[2]　《朱子语类》卷七十九,第 2706 页。
[3]　《朱子语类》卷七十九,第 2714—2715 页。
[4]　朱熹:《文集》卷七十二,第 3457 页。

极"之解的现实意义,欲以解经而革现实政治之弊,矫正当时错误的政策。万人杰所记语录一条云:"王季海(淮)当国,好出人死罪以积阴德,至于奴与佃客杀主,亦不至死"。① 朱子把矛头直接指向当政宰相王淮,批评其因循苟且,不辨善恶而害国殃民。

从道心人心说、皇极之辨来看,朱子解经虽一字之义,亦必不含糊苟且。而更重要的是朱子借注疏以表达其思想,干预现实,这就是中国传统经学家社会担当、道济天下的普遍手段和积极追求。经学家多抱一种理想态度,其登峰造极的表现就是承认原始神话时代的卓越智慧,并把那个时代作为理想社会的模板而批判现实政治的荒谬。朱子对"三皇"道德、三代善治深信不疑,并把它作为改造现实的标准,此乃经学家淑世的积极追求。我们通过经典关键词历代不同阐释的梳理,便可以发现一条思想变迁的大河。

3. 解经乃护教之具(儒家正统)

朱子不仅赋予"道心"、"人心"新的内涵,还与《中庸》"中和"思想交会起来,其《中庸章句序》会通了"虞廷十六字"与《中庸》"中和"思想,建构起一个圣圣传心的道统理论和儒学新的道统体系,其辞云:

> 《中庸》何为而作也?子思子忧道学之失其传而作也。盖自上古圣神继天立极,而道统之传有自来矣。其见于经,则"允执厥中"者,尧之所以授舜也;"人心惟危,道心惟微,惟精惟一,允执厥中"者,舜之所以授禹也。尧之一言,至矣,尽矣!而舜复益之以三言者,则所以明夫尧之一言,必如是而后可庶几也。夫尧、舜、禹天下之大圣也。以天下相传,天下之大事也。以天下之大圣,行天下之大事,而其授受之际,丁宁告戒,不过如此,则天下之理,岂有以加于此哉?自是以来,圣圣相承,若成汤、文、武之为君,皋陶、伊、傅、周、召之为臣,既皆以此而接夫道统之传,若吾夫子,则虽不得其位,而所以继往圣、开来学,其功反有贤于尧、舜者。然当是时,见而知之者,惟颜氏、曾氏之传得其宗。及曾氏之再传,而复得夫子之孙子思,则去圣远而异端起矣。子思惧夫愈久而愈失其真也,于是推本尧、舜以来相传之意,质以平日所闻父师之言,更互演绎,作为此书,以诏后之学者。盖其忧之也深,故其言之也切;其虑之也远,故其说之也详。其曰

① 《朱子语类》卷七十八,第 2663 页。

"天命率性",则道心之谓也;其曰"择善固执",则精一之谓也;其曰"君子时中",则执中之谓也。世之相后,千有余年,而其言之不异,如合符节。历选前圣之书,所以提絜纲维,开示蕴奥,未有若是其明且尽者也。自是而又再传以得孟氏,为能推明是书,以承先圣之统,及其没而遂失其传焉。则吾道之所寄,不越乎言语文字之间,而异端之说日新月盛,以至于老、佛之徒出,则弥近理而大乱真矣。然而尚幸此书之不泯,故程夫子兄弟者出,得有所考,以续夫千载不传之绪;得有所据,以斥夫二家似是之非。盖子思之功于是为大,而微程夫子,则亦莫能因其说而得其心也。惜乎其所以为说者不传,而凡石氏之所辑录,仅出于其门人之所记,是以大义虽明,而微言未析。至其门人所自为说,则虽颇详尽而多所发明,然倍其师说而淫于老、佛者,亦有之矣。①

首先,《中庸章句序》通过义理阐释会通了《大禹谟》与《中庸》,朱子认为"天命率性"乃道心之谓也,"择善固执"乃精一之谓也,"君子时中"乃执中之谓也。提出《中庸》与《大禹谟》其言之不异,虽千有余年,犹如合符节的看法。这一阐发为儒家道统之传确立了基本文献——《大禹谟》与《中庸》,使道统成为了可以征信之实存。其次,此《序》确立了由尧、舜至二程的新道统,一个属于理学的道统谱系至此确立并深深地影响着中国近世社会文化。这个体系与韩愈至南宋初儒者所构造的都不相同,朱子有意剔除了汉唐儒者在其中的位置,直接回向"三代",这又与他反对汉唐功利的历史观是一致的。这个道统的特点是:在"三代"与政统合而为一,圣君贤相均得其传。其后道统与政统歧为二途,道则仅寄在儒之圣贤。朱子表彰了道统的优先性,对专制时代之政统给予了否决。第三,朱子《序》中阐明了建立道统的思想意义,所谓"老、佛之徒出,则弥近理而大乱真",其目的在于"斥夫二家似是之非",批判佛、老之异端杂说,要求恢复与重建儒学思想的一统地位。《大禹谟》与《中庸》的结合,沟通了三圣传心与孔门授受心法,②一个比佛、老历史更悠远的儒家道统得以产生。这是一个由儒家圣贤人物和性与天道为理论架构的谱系。从韩愈以儒学为武器对佛教展开激烈批判始,直至朱子以经典为依据才彻底建立起

---

① 朱熹:《四书章句集注》,《朱子全书》第6册,第29—30页。
② 详参蔡方鹿:《朱熹经学与中国经学》第五章第二节《朱熹四书学的理论内涵》之二。

严密的儒学道统体系,从理论层面完成了对佛、老的批判,儒学才重新获得了思想霸主的地位。第四,《序》中阐明了儒家之道寄在载籍,所谓"吾道之所寄,不越乎言语文字之间",但道在言语之外,非仅凭训诂章句可致,儒者之要在于能"因其说而得其心",这与不立文字以心传心的异端之说有根本不同,又与汉唐诸儒只理会章句训诂不通义理有别。朱子批判的矛头既指向佛老乱儒家之道,又指向汉唐儒者不能卫道,也就间接表彰了二程以来理学家的卫道之功。第五,朱子批评了程门弟子"倍其师说而淫于老、佛"的风习,其实也是对有宋一代习禅诵道学风的批判。朱子严儒释之辨,其道统谱系的抉择也是非常严格,这个系统中没有程门弟子的位置。朱子明确提出自己训释《中庸》之目的就是要阐发儒家之微言而明其大义,所以继往圣而开来学,兴起废绝,弘道学之辉光。

朱子解经一方面大张疑古的旗帜,一方面他又谨慎地维护经典和圣人的神圣性。朱子论《金縢》云:"《书》中可疑诸篇,若一齐不信,恐倒了六经。如《金縢》亦有非人情者,'雨,反风,禾尽起',也是差异。成王如何又恰限去启金縢之书?然当周公纳策于柜中,岂但二公知之?《盘庚》更没道理,从古相传来如经传所引用,皆此书之文,但不知是何故说得都无头。且如今告谕民间一二事,做得几句如此,他晓得晓不得?只说道要迁,更不说道自家如何要迁,如何不可以不迁。万民因甚不要迁?要得人迁也,须说出利害,今更不说。《吕刑》一篇,如何穆王说得散漫,直从苗民蚩尤为始作乱说起?"①朱子对《尚书》中三篇提出了怀疑。又谓《禹贡》最难说,曰:"盖他本文自有谬误处。且如汉水,自是从今汉阳军入江,下至江州,然后江西一带江水流出合大江,两江下水相淤,故江西水出不得,溢为彭蠡。上取汉水入江处有多少路!今言汉水'过三澨,至于大别,南人于江,东汇泽为彭蠡',全然不合,又如何去强解释得!盖禹当时只治得雍、冀数州为详,南方诸水皆不亲见,恐只是得之传闻,故多遗阙,又差误如此。今又不成说他圣人之经不是,所以难说。"②经学家为维护经典的神圣性没人质疑过经典本身会有错,所以千方百计要作出圆满解释,然终是与地上山川不合。《语类》、《文集》中朱子疑经之语犹多,但他并未颠覆《六经》体系。他废《序》解经,经传相分,重定章句,删改经文都力图要恢复

---

① 《朱子语类》卷七十九,第 2717—2718 页。
② 《朱子语类》卷七十九,第 2683—2689 页。

旧书原貌,建立可信的理想的经典文本,他所有努力都是在维护儒学的纯粹性。

朱子道心人心思想为改造现实人性提供了本体论依据,而由此建立起来的道统学说证明了合理的人间秩序历史上(三代)确实出现过,这又为"回向三代"提供了历史依据。"皇极"之辨的核心是限制君权,又以"极"为"太极"之"极",更涉及如何"形而上"地安排君主的位置与功能。余英时认为朱子所论是"将君的功能界定为用一个好人为相","他理想中的人主也是无为而治的虚君"。① 无论是追求个体与群体的完善,还是维护儒学的正统地位,朱子解经旨在建构合理人间秩序的取向都是非常显明的。

第二节　回归汉学及对宋学流弊批评的学史价值

朱子解《书》注重吸收汉唐训诂之学与宋儒义理之学的优点,把二者很好地结合了起来。有关典章制度的训释概用古注疏,解经逐字逐句加以理会,字词训释多用古注,与宋儒不重古注而自作文的学风不同,是向汉学的回归,是汉学与宋学的融合。朱子又以字词训诂为义理探究的基础,尤其重视汉唐训诂章句之学。他认为解经当如汉儒毛、孔之流,只略释训诂、名物及文义难明处,易明处不须训释。《文集》所训《尚书》数篇无一不先训解字词,再疏释语意章旨,与多数宋儒解经方法迥异。朱子训解《尚书》训词四百余,采自汉唐旧注占一半以上。朱子讨论《尚书》数卷,引用了 45 种文献之多,涉及《尚书》专著 31 部,涉及宋人著作近 35 种,充分展示了朱子治学对汉宋学术融合以及训诂义理兼重的特色。朱子不仅在实践上体现了汉宋融合的治学路径,还从理论上对汉学章句、宋学义理的得失展开了全面清算,开辟出了新的治学路径,影响其后学术深远。即使在今天,我们研究学问也绕不开朱子,围绕文本(材料)阐发义理可以说是治学的必由之路,朱子开启的汉宋结合之路就这样与我们血脉相连。

宋人治经长于思辨,又大扇疑古之风,"拨弃传注,遂不难于议经"。② 宋

---

① 　详参余英时:《朱熹的历史世界·绪说五之六》。

② 　皮锡瑞:《经学历史》,周子同注释,中华书局 2004 年版,第 156 页。

儒不信注疏，甚而至于疑经，至于自信太过而改经、删经、移易经文以就己说，空谈义理以相高，汉唐训诂章句之学成为已陈刍狗，正如皮锡瑞所谓"说经之书亦多空衍义理，横发议论，与汉唐注疏全异"。[1] 朱子遍注群经，对宋学流弊及汉学之长有清醒认识，治学上强调汉宋结合。下面我们详细讨论一下朱子对汉学、宋学的平议及其学史意义。

一、对宋儒义理之学的平议

朱子在大量解经实践中对当时义理之学进行了深入批判，认为时儒解经背离经文，其病有四："本卑也，而抗之使高；本浅也，而凿之使深；本近也，而推之使远；本明也，而必使至于晦"，此乃"今日谈经之大患"[2]，可谓深切时儒之弊。时儒解经之大弊在于一是专要作文字用。朱子强调解经要遵循经本文，反对借题发挥的作文解经方式。其《记解经》一文谈及了解经的基本原则，云：

> 凡解释文字，不可令注脚成文。成文则注与经各为一事，人唯看注而忘经。不然，即须各作一番理会，添却一项功夫。窃谓须只似汉儒毛、孔之流，略释训诂名物及文义理致尤难明者，而其易明处更不须贴句相续，乃为得体。盖如此，则读者看注即知其非经外之文，却须将注再就经上体会，自然思虑归一，功力不分，而其玩索之味，亦益深长矣。[3]

其实这篇文字是朱子对汉、宋学解经方法的总结，"注脚成文"是宋学的流弊，近人刘师培云："宋明说经之书，喜言空理，不尊古训，或以史事说经，或以义理说经"。[4] 注本明经，时儒解经却导致经注分离，使读者看注而忘经，背离注疏本旨。朱子深谙宋学之弊，提出注经当循汉学路径"略释训诂名物及文义理致尤难明者"，借注明经。朱子提出要向汉学复归，其实也就是倡导汉学章句与宋学义理的融合，与弟子谈论解经时说"每常解文字，诸先生有多少

---

① 皮锡瑞：《经学历史》，第 198 页。
② 《朱子语类》卷十一，第 351 页。
③ 朱熹：《文集》卷七十四，第 3581 页。
④ 刘师培：《经学教科书·序例》，陈居渊注，上海古籍出版社 2006 年版，第 3 页。

好说话,有时不敢载者,盖他本文未有这般意思在"①,对义理之学的流弊有深刻警醒,他毕生的解经实践也正好体证了他提出的这一原则。

朱子回溯了这种空谈义理的解经方法的源起,他指出汉儒解经,依经演释,不离本经。但自晋以来,解经者却改变得不同,如王弼、郭象辈,"舍经而自作文"。② 宋人大倡疑古之风,沿玄学空谈义理风习走得更远,又科举策论之习流于经解,时人"解书且图要作文,又加辨说,百般生疑。故其文虽可读,而经意殊远"。其弊在于注解不但不能明经文之大义,还使"观者更不看本经,只读《传》",③背离了宋学当初开启的舍传求经的治学门径而走向反动。经之于理,亦犹传之于经。传,本在解经,既通其经,则传亦可无。经,所以明理,若晓得理,则经虽无亦可。朱子极力反对宋学借注作文之流弊,指出"今多去上作文字,少间说来说去,只说得他自一片道理,经意却蹉过了。……尝见一僧云:今人解书,如一盏酒,本自好,被这一人来添些水,那一人来又添些水,次第添来添去,都淡了"。④ 此一譬喻非深谙宋代义理流弊不能道。朱子《答敬夫〈孟子说疑义〉》一文论及《告子篇》论性数章,以个例指明了宋儒弊端,辞云:

> 按此解之体,不为章解句释,气象高远。然全不略说文义,便以己意立论,又或别用外字体贴,而无脉络连缀,使不晓者展转迷惑,粗晓者一向支离。如此数章论性,其病尤甚。盖本文不过数语,而所解者文过数倍;本文只谓之性,而解中谓之太极。凡此之类,将使学者不暇求经,而先坐困于吾说,非先贤谈经之体也。且如《易传》已为太详,然必先释字义,次释文义,然后推本而索言之。其浅深近远,详密有序,不如是之匆遽而繁杂也。大抵解经但可略释文义名物,而使学者自求之,乃为有益耳。⑤

张栻不注解文义而以己意立论,是借经作文的显例,使经注"无脉络连缀",成为不相干之文。又注解繁琐,超过经文数倍。牵连"太极"解性,解说

---

① 《朱子语类》卷一百零五,第3447页。
② 《朱子语类》卷六十七,第2245页。
③ 《朱子语类》卷十一,第351页。
④ 《朱子语类》卷一百〇三,第3422页。
⑤ 朱熹:《文集》卷三十一,第1352页。

支离。朱子批判了这种以注凌经的风习及指出其"迷惑后学"的恶果。朱子在《文集》、《语类》中,对当时学者解经多有批评,他批评胡瑗解《春秋》"不使道理明白,却就其中多使故事,大与做时文答策相似"。① 批评张元德解《孟子》"配义与道"之说殊不可晓,"弃却本文,肆为浮说,说得郎当都忘了从初因甚话头说得到此,此最学者之大病也。……今说'配义与道',却不就《孟子》上理会如何是义,如何是道,如何是气,如何地配,便一乡掉开了,只单说个道字,已是无捉摸处;又将道字训作行字,尤无交涉。说得愈多,去理愈远矣"。② 指出读书解经须虚心静虑,依傍文义,推寻句脉,看定此句指意是说何事,略用今人言语衬贴替换一两字,说得古人意思出来,如与古人对面说话,彼此对答,无一言一字不相肯可,此外都无闲杂说话。学者要"摆落传注",只有两程先生方始开得这口,否则便是"承虚接响,容易呵叱,恐属僭越,气象不好,不可以不戒"。③ 朱子与程迥论为学,指出当时"世道衰微,异言蜂出,其甚乖剌者,固已陷人于犯刑受辱之地,其近似而小差者,亦足使人支离缴绕而不得以圣贤为归。岐多路惑,甚可惧",希望程氏"虚心徐观古训,句解章析,使节节透彻,段段烂熟,自然见得为学次第,不须别立门庭,固守死法"。④ 朱子把汉学章句作为治学的根本,是对宋代义理之学的扬弃。

宋学之弊一是要追求新奇。朱子告诫治学"不可只管立说求奇,恐失正理,却与流俗诡异之学无以异也"。⑤ 只据他文理反复玩味,久之自明,无许多劳攘。如张栻解"如切如磋,如凿如磨"以为四者皆为治玉石之事,是故意求异于先儒。古人引《诗》,往往略取大意,初不甚拘文义。同一句经文可以在不同地方,引者之意得据上下文推断,与经典原义有别。《中庸》引此两句但取其相因之意,而不细分其物。"若细分之,则以切、琢为道学,磋、磨为自修,如《论语》之以切、琢比无谄无骄,磋、磨比乐与好礼,乃为稳帖。今既不同,亦不必强为之说,但识其大意可也。况经传中此等非一,若不宽着意思缓缓消详,则字字相梗,亦无时而可通矣。"⑥不习经典大意而强为解说,标新立异必

---

① 《朱子语类》卷八十三,第 2847 页。
② 朱熹:《文集》卷六十二《答张元德》第六书,第 2986 页。
③ 朱熹:《文集》卷三十五《答吕伯恭别纸》,第 1524 页。
④ 朱熹:《文集》卷三十七《答程可久》第六书,第 1645 页。
⑤ 朱熹:《文集》卷三十九《答许顺之》第四书,第 1738 页。
⑥ 朱熹:《文集》卷三十二《答敬夫论中庸说》乾道九年作,第 1390 页。

然导致穿凿附会。朱子反对故求新奇的治学态度,提倡读书且因"先儒之说,通其文义而玩味之,使之浃洽于心,自见意味可也",反对"必欲于传注之外别求所谓自得者而务立新说"而"于先儒之说或未能究而遽舍之"的虚无态度。指出"务立新说"必然是"用心愈劳而去道愈远","失天理之正而陷于人欲之私,非学问之本意"。谓"自得"则是自然而得,不可强求。讥讽时人"多是认作独自之自,故不安于他人之说,而必己出"①的师心自用。朱子认为"讲学只要理会义理(天理)",天理自然,各有定体,"以为深远而抑之使近者,非也;以为浅近而凿之使深者,亦非也"。他批评当时学者不明此理而取决于心,好高者已过高而犹患其卑,滞于近者已太近而犹病其远,师心自用乃道之不明不行而学者各自为方而不能相通的原因。学者每"好为高奇,喜立新说,往往过于义理之中正"。② 近人钱基博云:"宋学尚独见"、"宋儒病师心"③,对宋学特点及弊端作了精要概括。

二、汉学与宋学融合的学术路径

朱子对汉学的重视表现在解经方法上一是重视音韵训诂之学。他认为"惟古注不作文,却好看。只随经句分说,不离经意最好。疏亦然"。④ 宋儒多蔑弃训诂之学,朱子指出"字画音韵是经中浅事",然不知"此等处不理会,却枉费了无限辞说牵补,而卒不得其本义,亦甚害事也。非但《易》学,凡经之说,无不如此"。⑤ 故朱子注经特重训诂,必有音释,并把训诂作为探寻经典本义的根本。蔡沈《书集传》不重音韵,在这一点上是违背师训的。朱子与张栻论及《四书》解,云:"盖平日解经最为守章句者,然亦多是推衍文义自做一片文字,非惟屋下架屋,说得意味淡薄。且是使人看者,将注与经作两项功夫做了,下稍看得支离,至于本旨全不相照",对自己解经方法进行了深刻反省,认为解经推衍义理使注与经之本旨全不相照,非解经之法。由此而推重汉学经注密合的优点,"以此方知汉儒可谓善说经者,不过只说训诂,使人以此训诂

---

① 朱熹:《文集》卷三十九《答柯国材》第四书,第 1734 页。
② 朱熹:《文集》卷三十九《答柯国材》第四书,第 1734 页。
③ 钱基博:《近百年湖南学风》,人民大学出版社 2004 年版,第 166 页。
④ 《朱子语类》卷十一,第 351 页。
⑤ 朱熹:《文集》卷五十《答杨元范》,第 2289 页。

玩索经文,训诂、经文不相离异,只做一道看了,直是意味深长也"。①

一是注重经典本文。解经的核心是开掘圣贤之道,宋儒背离圣贤之言而求之,无异于缘木求鱼。朱子重视汉唐训诂之学的目的就在于通经求道,而不是空谈义理,所谓"经之有解,所以通经。经既通,自无事于解,借经以通乎理耳",得理则无俟乎经。对经文要熟读详究,以审其是非而为吾之益。不可妄生去取,肆以己意,发明道理。朱子多次论及回归经典本文以求圣贤之意的治学方法,他说"读书别无他法,只是除却自家私意,而逐字逐句只依圣贤所说白直晓会,不敢妄乱添一句闲杂言语,则久久自然有得。凡所悟解,一一皆是圣贤真实意思;如其不然,纵使说得宝花乱坠,亦只是自家杜撰见识也"。② 朱子与吕叔晦论读《孟子》云:"先且虚心熟读《孟子》本文,未可遽杂他说。俟看得《孟子》本意分明,却取诸先生说之通者错综于其间,方为尽善。"③强调就经解经,朱子所谓"读书须细看得意思通融后,都不见注解,但见有正经几个字在方好"。④ 从这里的论述我们可以看到韩愈以来舍注求经解经方法的影子。朱子解经始终关注经典本文,他在谈论作《四书集注》宗旨时云:"某所以作个《集注》,便要人只恁地思量文义。晓得了,只管玩味,便见圣人意思出来"。⑤ 训诂对于他仅仅是探究经义的手段而不是目的,注解对于经文始终处于从属地位,朱子对比了自己和其他经师注经的差异,云:

> 程先生《经解》,理在解语内。某《集注论语》,只是发明其辞,使人玩味经文,理皆在经文内。《易传》不看本文,亦是自成一书。杜预《左传解》,不看经文,亦自成一书。郑《笺》不识经大旨,故多随句解。⑥

朱子既不赞同以郑玄为代表的汉学"不识经大旨"的解经取向,也不赞成以二程为代表的宋学"理在解语内",以注解代替经文的解经路径,他强调解经"理皆在经文内",并博取"诸先生说之通者"。由此可见朱子解经重心仍在

---

① 朱熹:《文集》卷三十一《答张敬夫》,第1349页。
② 朱熹:《文集》卷五十二《答吴伯丰》第二十二书,第2457页。
③ 朱熹:《文集》卷五十三《答沈叔晦》第五书,第2531页。
④ 《朱子语类》卷十一,第350页。
⑤ 《朱子语类》卷二十一,第721页。
⑥ 《朱子语类》卷十九,第656页。

义理,只不过是本于经文的义理。他要选取的是汉、宋学的优点,把训诂与义理完美地结合起来。可以说朱子在实践和理论上都完成了汉宋学的完美融合。

注重本文,具体方法上一是据上下文推寻经文原义,所谓"大抵解经不可乱说,当观前后字义"。① 字词训释必有训诂依据,"某寻常解经,只要依训诂说字",②而不是想当然。一是观经文大意和关键字,"看文字当看大意,又看句语中何字是切要。朱子论郑景望解经之弊,可见不明大意之戒,云"近日蔡行之送得郑景望文集来,略看数篇,见得学者读书不去仔细看正意,却便从外面说是与非。如郑文……所说文字处却是先立个己见,便都说从那上去,所以昏了正意。如说伊尹放太甲,三五板只说个'放'字。谓《小序》所谓'放'者,正伊尹之罪,'思庸'二字,所以雪伊尹之过。此皆是闲说。正是伊尹至诚恳恻告戒太甲处,却都不说"。③ 郑氏解经"皆是闲说"抓不住关键,纠缠于琐碎之处,于经无补。朱子这里所说的大意指的是圣贤之道,而不是私心杜撰,正如其所云"大抵某之解经,只是顺圣贤语意,看其血脉通贯处为之解释,不敢自以己意说道理"。④ 注解文字要做到移易不得方可谓得圣经本旨,所谓"凡说经若移易得,便不是本意"。⑤ 朱子强调解经看经文大意及紧要处,反对穿凿附会,批评时人解《书》作全解,辞云:"《康诰》、《梓材》、《洛诰》诸篇煞有不可晓处,今人都自强解说去。……看伯恭说《书》自首至尾,皆无一字理会不得。且如《书》中注家所说,错处极多"。⑥ 包显道问朱子,云:"(《君奭》)'又曰'等语不可晓。"朱子回答曰:"这个只是大纲绰得个意脉子便恁地说,不要逐个字去讨,便无理会处。这个物事难理会。"⑦经文有解不通处自当慎阙其疑。朱子反对穿凿,慎阙其疑不仅是解《书》的指导思想,也是朱子解经的一贯宗旨,真如他所云:"经书有不可解处,只得阙。若一向去解,便有不通而谬处"。⑧ "某解书,如训诂一二字等处,多有不必解处,只是解书之法如此。亦

---

① 《朱子语类》卷五十九,第 1928 页。
② 《朱子语类》卷七十二,第 2419 页。
③ 《朱子语类》卷七十九,第 2693 页。
④ 《朱子语类》卷五十二,第 1717 页。
⑤ 《朱子语类》卷六十九,第 2290 页。
⑥ 《朱子语类》卷七十九,第 2719—2720 页。
⑦ 《朱子语类》卷七十九,第 2725 页。
⑧ 《朱子语类》卷十一,第 351 页。

要教人知得,看文字不可忽略"。① 求其大旨,慎阙其疑,可以说是朱子解经的指导思想,如朱子论求《春秋》一字褒贬之说,他认为《春秋》所载一年事自是一年事,不难理会,要看"礼乐征伐,是自天子出? 是自诸侯出? 是自大夫出?"等大过节处,"今人只管去一字上理会褒贬,要求圣人之意",②这种务求一字褒贬,无法避免穿凿,反而使经义难明。

朱子对汉、宋学的兼容来自他广博的知识和丰富的实践。朱子遍注群经,除《书经》、《春秋》外,余皆反复撰著。他深谙《五经正义》之得失,谓"《五经》中《周礼疏》最好,《诗》与《礼记》次之,《书》、《易疏》乱道。《易疏》只是将王辅嗣注来虚说一片"。③ 在《文集》和《语类》中对先儒及当时学者经学著述多有中肯评述,如谓"子由《诗解》好处多,欧公《诗本义》亦好……东莱改本《书解》无阙疑处,只据意说去","《东坡解》,大纲也好",④"《程易》发明道理大义极精,只于《易》文义多有强说不通处"⑤。朱子论及生平解经实践,只对《四书》之解颇为满意,云"某于《论》《孟》四十余年理会,中间逐字称等,不教偏些子。学者将注处,宜子细看",解经追求"逐字称等"合于圣人之意,所谓"解说圣贤之言,要义理相接去,如水相接去,则水流不碍"。朱子注经常有修改,正如他所云:"《中庸解》每番看过,不甚有疑。《大学》则一面看,一面疑,未甚惬意,所以改削不已"。⑥ 直至临终犹在为蔡沈说《书》、修改《大学》"诚意"一章,把探寻圣经大义当作毕生事业倾注了他所有的青春和热血。他论及所解《学》、《庸》云:"某一生只看得这两件文字透,见得前贤所未到处。若使天假之年,庶几将许多书逐件看得恁地,煞有工夫"。⑦《四书》由别子而成大宗,便是这一段文字最好的注脚。戒除议论伤快的宋儒习气,平心涵咏,解经确是一项艰辛的工作,正如朱子所云:"解文字,下字最难。某解书所以未定,常常更改者,只为无那恰好底字。子细把来看,又见不稳当,又着改几字。所以横渠说命辞为难"。⑧ 又云:"某为人迟钝,旋见得旋改,一年之内改了数

① 《朱子语类》卷一百零五,第3446页。
② 《朱子语类》卷六十七,第2226页。
③ 《朱子语类》卷八十六,第2914页。
④ 《朱子语类》卷八十,第2764页。
⑤ 《朱子语类》卷六十八,第2275页。
⑥ 《朱子语类》卷十九,第655页。
⑦ 《朱子语类》卷十四,第430页。
⑧ 《朱子语类》卷十四,第429页。

遍不可知。又自笑云：那得个人如此著述。"①从其毕生解《四书》的经历来看，解经确实是一个艰难的历程。

朱子在全面把握当时学界动态情况下对宋代学界进行了宏观概述，把宋代解经者分为三大类，云"后世之解经者有三：一、儒者之经；一、文人之经，东坡、陈少南辈是也；一、禅者之经，张子韶辈是也"。② 第一类是经学家解经，《书》学可以林之奇《尚书全解》为代表，其特点是疏解详明。第二类乃文人解经，其特点是尚意会。第三类是借经阐释佛理，此非解经正途，乃在朱子批判之列。其实朱子解经则是哲人解经的典型，与上三类皆不同。

朱子对汉学、宋学的融会贯通，在经学与理学上都有巨大贡献，正如钱穆先生所论"朱子治经，一面遵依汉唐儒训诂注疏旧法，逐字逐句加以理会，力戒自立说笼罩。一面则要就经书本文来解出圣贤所说道理，承守伊洛理学精神。……盖自有朱子，而后使理学重复回向于经学而得相绾合。古今儒学大传统得以复全，而理学精旨，亦因此更得洗发光昌。"③朱子解经之法又开拓出了一条对今天学人犹有指导意义的治学途径——材料与理论兼重，同时指示着融时代精神于旧籍的经学现代化的路径。

三、批判宋儒流弊的学史意义

朱子已经预见到疑古惑经思潮继续发展的严重后果，所以在与亲旧门人论学中反复强调汉唐训诂之学的优点，对宋义理之学流弊进行了全面清算。其后王柏《书疑》《诗疑》、贺成大《古洪范》、元人胡一中《定正洪范》等承疑古惑经之遗响，师心自用，肆情删改移易经文，妄臆窜乱古经，可见宋学末流之危害，亦可明朱子之远见卓识。今以王柏为例，以见宋学末流之荼毒圣经何其之甚，以见朱子对宋学深忧远虑之价值所在。

王柏师心自用，窜乱经典旧章，是宋学恶性发展的必然结果。其《书疑》共九卷，四十六论，对《尚书》所有篇目都提出了不同程度的怀疑。肆为高论，无所忌惮。王柏疑经改经呈现为多种面向。一是合并篇章，合《尧典》与《舜典》，以《孟子·万章上》引《尧典》"二十有八载，放勋乃徂落"，今却皆载于

---

① 《朱子语类》卷六十二，第 2011 页。
② 《朱子语类》卷十一，第 351—352 页。
③ 钱穆：《朱子学提纲》，生活·读书·新知三联书店 2002 年版，第 162—163 页。

《舜典》为据。黜《舜典》篇首二十八字,云:"'玄德'二字六经无此语也,此庄、老之言而晋之所崇尚,愚知其绝非本语也,黜之无疑。"①谓《皋陶谟》与《益稷》合则"首尾一贯,精密如此。"②谓《顾命》与《康王之诰》"二书只当合为一篇,一正其始,一正其终"。③ 王氏之说其实只是《今文尚书》旧貌。

一是坐实前贤疑经之词而增补经文。如以《语》、《孟》补《尧典》,《论语·尧曰》云:"尧曰:咨! 尔舜! 天之历数在尔躬。允执其中。四海困穷,天禄永终。"朱子《论语集注》云:"此尧命舜而禅以帝位之辞。……今见于《虞书·大禹谟》,比此加详。"④王柏乃根据朱子之说,以之补入《尧典》"三载,汝陟帝位,舜让于德弗嗣"之下。《孟子·滕文公上》云:"放勋曰:'劳之来之,匡之直之,辅之翼之,使自得之,又从而振德之。'"朱子《集注》曰:"盖命契之辞也"。⑤ 王柏据此补入《尧典》舜命契之辞"敬敷五教在宽"之下,《孟子》明作尧言,柏却以为舜语,已相矛盾。《舜典》"夔曰:于,予击石拊,石百兽率舞"一节,苏轼云:"此《益稷》之文也,简编脱误,复见于此。"⑥王柏准此直接删除《尧典》篇中此十二字。并自夸云:"欲合《二典》之旧章,补以孔孟之逸语,黜错简,削伪妄以全圣人之书。"⑦《康诰》篇删篇首一段,云:"本朝苏氏方明篇首二十八字为《洛诰》脱简"。⑧ 妄臆删削不可为训,然如上所论犹有所依据。

一是移易篇序,妄改篇名。王柏认为《尧典》之后当次《禹贡》,《多方》当在《多士》前(按此说为确)。谓《泰誓》上篇"非誓也,实诰也……妄意原序未必然,往往中篇之序错简在此,未应有'明听誓'三字,盖终篇只是告之以同伐商","此篇当名曰《周诰》"。《泰誓》中篇"既是誓诸侯之师,岂独西土之诸国",以为"不当曰西土有众",又云:"此是次于河朔之誓,当曰《河誓》"。《泰誓》下篇是"河誓之明日誓本国之师,当曰《明誓》"⑨。谓《康诰》是"武王封康叔于卫之辞,谓之《康叔之命》可也。以首句有'孟侯朕其弟',谓之《孟侯之

---

① 王柏:《书疑》卷一,纳兰性德《通志堂经解》第6册,广陵书社2007年版,第152页。
② 王柏:《书疑》卷二,第154页。
③ 王柏:《书疑》卷一,第168页。
④ 朱熹:《四书章句集注》,《朱子全书》第6册,第239页。
⑤ 朱熹:《四书章句集注》,第316页。
⑥ 苏轼:《东坡书传》,第49页。
⑦ 王柏:《书疑》卷一,第152页。
⑧ 苏轼:《东坡书传》云"自'惟三月哉生魄'至此(乃洪大诰治),皆《洛诰》文,当在《洛诰》'周公拜手稽首'之前"(第380页)共四十八字,非二十八字。王柏说误。
⑨ 王柏:《书疑》卷四,第163页。

命》亦可也。"都是师心自用,没有任何依据,失于武断,为学人讥诋在所难免。

最恶劣者乃移易改动经文。王氏于《尧典》、《皋陶谟》、《说命》、《武成》、《洪范》、《康诰》、《多士》、《多方》、《立政》九篇,则纯以私意移易。《皋陶谟》全篇依"昌言"一意推衍改易经文,谓"昌之云者,有敷衍盛茂之意"。以为"允迪厥德,谟明弼谐"太简,故移"曰慎厥身,修思永,惇叙九族,庶明励翼,迩可远在兹"二十字补其后,又移"禹拜昌言曰俞"于"皋陶曰都在知人……敬哉有土"后,移"洪水滔天……万邦作乂"于"荒度土功"之下,次以"弼成五服……帝其念哉",再接"皋陶曰俞师汝昌言"以证成其所谓"昌言"之说。接着王柏云:"庚歌毕而韶乐作",故以"夔曰戛击鸣球……庶尹允谐"终篇,方"首尾一贯"。① 改易《洪范》,分经传。以"初一曰五行"至"威用六极"六十五字为《洪范》经,余为传。第五畴皇极又分经传,"自'五皇极,皇建其有极'二句之下当接'无偏无陂'前三韵语,所以会其有极也,后三韵语所以归其有极也。曰会曰归,所以为建极之功也。前后四极字包六韵语,文势既极缜密……此宜为'皇极'之经也。"以"曰皇极之敷言"至"以为天下王"及三德之"为辟作福"至"民用僭忒"为"皇极"传。移"敛时五福"至"其作汝用咎"为第九畴内容。②《康诰》篇谓至苏轼方明"篇首二十八字为《洛诰》脱简"(按:苏轼所说为篇首四十八字),"不废在王命"当接"已,汝惟小子,未有若汝封之心,朕心朕德为乃知",次以"王曰呜呼小子……痛瘝乃身,敬哉",继以"已,汝惟小子……作新民",谓以上皆是勉其明德之事。③ 以为《多方》"'王曰:呜呼!猷告尔有方多士'此下皆称多士,则知此二段是《多士》后错简在此。"移"惟圣罔念作狂……罔可念听"接"乃惟尔辟以尔多方大淫图天之命,屑有辞",置于"简畀殷明,尹尔多方"之下。④《立政篇》移"趣马小尹……三亳阪尹"接于"王左右、常伯、常任、准人、缀衣、虎贲"之下,均为告戒对象。移"周公曰:呜呼,休兹……迪知忱恂于九德之行"次于"兹乃三宅无义民"之下。"移"司寇苏公,式敬尔由狱以长我王国,兹式有慎,以列用中罚"次于"其勿误于庶狱,惟有司之牧夫"之下。移"呜呼,继自今后王立政,其惟克用常人"至文末。⑤ 此上诸

---

① 王柏:《书疑》卷二,第 154 页。
② 王柏:《书疑》卷五,第 160 页。
③ 王柏:《书疑》卷六,第 163 页。
④ 王柏:《书疑》卷七,第 165 页。
⑤ 王柏:《书疑》卷八,第 167 页。

条,皆出自臆断,随意移动经文。

王氏又有以己意改经文处,认为《尧典》篇"宅南交"云:"窃意本文为'宅南,曰交都'。午位盖阴阳之交也,交都与幽都对",而反对以"交"为"交趾之地",此说乃驳刘敞《七经小传》之说。"纳于百揆","纳字疑是宅字",传误也。①《咸有一德》"自周有终"周"只是一个君字,籀体与周字相似,传者之差误也。"②《牧誓》"闻风而自奋者八国之义也。后世欲夸张而侈大之,遂于八字下又加一百字,谓孟津之师不期而会者八百国,其言可谓妄也。"③ 推以史实,在部落林立时代八百当非夸张之词。此上诸条,王柏妄意改经。

王柏放言高论,对传统很多说法加以指斥。论《泰誓》云:"至武王则成祖父之余庆,藉友邦之归心,气焰既张,体貌且盛,改元纪,视纣犹诸侯然,不期王而自王矣。后世曲为覆护,支离缠绕,反生荆棘"。④ 认为武王改元称王。论《大诰》篇云:"告戒之词贵明白而反聱牙",而《大诰》"只说一个卜字,何其阔于事情而疏于制变也","此何异于唐德宗遭奉天之难而委之以先定之数也。"⑤此乃本朱子之意而推衍。⑥ 王氏以为文章可疑,并自疏篇章大意云:"宜责武庚以汝父之不道,故天命之归周,我不杀汝而封汝于故都,汝合率德改行以盖父愆,以保宗祀,以辅我国家,以恭承天命……",认为《大诰》之文应当如此,此实仿朱子《大学》诚意章之例,王柏此处虽补以己意,然未敢自撰经文。《微子之命》篇认为微子隐遁,封武庚乃仁者之心,反对前人所谓"不封微者,忌微子之贤"是猜狭圣人之说。⑦ 王氏又认为《周礼》乃"周公未成之书",《周官》乃《周礼》之"总叙"。⑧《文侯之命》谓"'闵予小子'一段栖栖乞怜之态,殊可丑也",失"君臣有大分也,命令有大体也"。⑨ 谓《费誓》、《秦誓》为

---

① 王柏:《书疑》卷一,第 153 页。

② 王柏:《书疑》卷一,第 155 页。

③ 王柏:《书疑》卷四,第 159 页。

④ 王柏:《书疑》卷四,第 158 页。

⑤ 王柏:《书疑》卷六,第 163 页。

⑥ 《朱子语类》卷七十九云:"《大诰》一篇不可晓。据周公在当时,外则有武庚、管蔡之叛,内则有成王之疑,周室方且岌岌。然他作此书,决不是备礼苟且为之,必欲以此耸动天下也。而今《大诰》大意,不过说周家辛苦做得这基业在此,我后人不可不有以成就之而已。其后又却专归在卜上。其意思缓而不切,殊不可晓。"(第 2718 页)

⑦ 王柏:《书疑》卷六,第 164 页。

⑧ 王柏:《书疑》卷八,第 168 页。

⑨ 王柏:《书疑》卷九,第 169 页。

"《书》之附庸","殿于二帝三王之后,为诸侯穷兵好伐也哉!"①诸说皆自出胸臆,无复依傍。

王柏是书,动以脱简为词,臆为移补,有割一两节者,有割一两句者,何脱简若是之多,而所脱之简又若是之零星破碎,长短参差,其简之长短广狭,字之行款疏密,茫无一定。四库馆臣斥责云:"其为师心杜撰,窜乱圣经,已不辨而可知矣。……是排斥汉儒不已,并集矢于经文矣"②。王氏疑经改经是普遍的,其《诗疑》以《行露》首章为乱入,以《小弁》"无逝我梁"四句为汉儒所妄补,以《下泉》末章为错简,谓与上三章不类。删《国风》凡三十二篇,又曰《小雅》中凡杂以怨诮之语可谓不雅而归之王风,又曰《桑中》当曰《采唐》,《权舆》当曰《夏屋》,《大东》当曰《小东》,篡改篇名。《宋史》本传录王柏张皇六经之言曰:"'《大学·致知格物章》未尝亡。'还《知止章》于《听讼》之上。谓'《中庸》古有二篇,诚明可为纲,不可为目'。定《中庸》诚明各十一章。"③四库馆臣斥为"有六籍以来第一怪变之事"④。又论宋学云:"洛闽继起,道学大昌,摆落汉唐,独研义理,凡经师旧说俱排斥以为不足信,其学务别是非,及其弊也悍"。⑤ 一"悍"字极精确地道出了宋学末流之弊,王柏堪可为其魁首。妄为义理,肆情改经,宋学末流已走向了穷途末路,朱子倡汉宋学的结合无疑具有巨大的学术价值,学术的兼综众长是其繁荣发展的必由之路,这在今天仍具有巨大的启示意义。

第三节　训诂义理的辩证统一与解经的历史性

朱子解经注重训诂与义理的结合,对时儒过度阐释保持高度警惕,训诂与义理的结合不仅是解经方法,而且蕴涵着高度的解释理论价值。

---

① 王柏:《书疑》卷九,第 169 页。
② 永瑢等:《四库全书总目提要·书疑提要》,第 107 页。
③ 脱脱:《宋史》卷四百三十八,第 12982 页。
④ 永瑢等:《四库总目提要·诗疑提要》,中华书局 1965 年版,第 138 页。
⑤ 永瑢等:《四库全书总目·经部总叙》,第 1 页。

一、训诂义理的辩证统一与言意之辩

儒家经典承载的是圣贤行事,是圣贤精神的具现。朱子云:"世俗之学所以与圣贤不同者,亦不难见。圣贤直是真个去做,说正心,直要心正;说诚意,直要意诚;修身齐家皆非空言"。① 又云"圣贤千言万语无非只说此事须是策励此心,勇猛奋发,拔出心肝与他去做"。② 圣贤之言"皆非空言","直是真个去做",圣贤言与行的这种统一,是后世通过经典之言可以把握圣贤行事准则精神的基础。

朱子认为通过语言文字达致对圣贤精神的了解是完全可能的,这涉及言意之辩的理论问题。《易·系辞》云:"书不尽言,言不尽意。然则圣人之意其不可见乎?"答案是肯定的,《系辞》谓:"圣人立象以尽意,设卦以尽情伪,系辞焉以尽其言。"③也就是说书写文字"辞"可以真实记载人的话语"言"的,即"书可尽言"。以此推之,《系辞》作者是肯定言能尽意的。《孟子·万章下》云:"颂其诗,读其书,不知其人,可乎? 是以论其世也。"④要求读书要知人论世,明确表达了文字可以传达意义的看法。朱子对通过文字记载探寻圣贤之意的方法是没有疑问的,辞云:

> 圣人言语,皆天理自然,本坦易明白在那里。⑤

又云:

> 圣贤形之于言,所以发其意。⑥

圣人言语明白揭示了宇宙与人世间之根本原则"天理",朱子对言能达意没有丝毫怀疑。

---

① 《朱子语类》卷八,第281页。
② 《朱子语类》卷八,第284页。
③ 李道平:《周易集解纂疏》,中华书局1994年版。第609页。
④ 朱熹:《四书章句集注》,第393页。
⑤ 《朱子语类》卷十一,第335页。
⑥ 《朱子语类》卷十四,第428页。

圣人千言万语,只是说个当然之理。恐人不晓,又笔之于书。自书契以来,《二典》、《三谟》、伊尹、武王、箕子、周公、孔、孟都只是如此,可谓尽矣。只就文字间求之,句句皆是。做得一分,便是一分工夫,非茫然不可测也,但患人不子细求索之耳。须要思量圣人之言是说个甚么,要将何用。①

而经典"文字"是圣贤话语的真实反映,真实记载了圣贤话语系统,朱子对通过经典把握圣人之意是深信不疑的,"只就文字间求之,句句皆是"当然之理的流露,自书契以来,《二典》、《三谟》、伊尹、武王、箕子、周公、孔、孟都以文字传道,经典所载无一不是天理自然。朱子在言意问题上与道家"言不尽意"、禅宗"不立文字"大异其趣。

二、训诂与义理涉及细节与整体的辩证关系

解经过程中,训诂是义理的基础,而义理则是训诂的指导,二者呈现为细节与整体的关系。在朱子看来,经典的原文本身有一种明确的可以从自身得知的意义,当然字面意义并非在任何地方和任何时候都是明确可理解的,因为整体指导着对个别细节的理解,而整体又只有通过日益增多的个别细节的理解才能获得。义理是经典的价值指向,涉及经典及其作者的全部,义理从根本上指导和制约着训诂。例如,诸子百家思想各异,遣词虽同而意义有别,道家之"道"乃宇宙之根源,儒家之"道"则侧重现世伦理纲常。经典本文的一切细节都应当从上下文以及整体的统一意义去加以理解,只有这样才能贯通。个别的文字(不论关键的还是微不足道的)的意义在具体文献中就是一个整体,只有借这一整体,一切个别东西的意义才能得以完全理解。朱子云:"圣贤形之于言,所以发其意。后人多因言而失其意,又因批注而失其主。凡观书,且先求其意,有不可晓,然后以注通之。如看《大学》,先看前后经亦自分明,然后看传"。② 强调观书"先求其意",就是要求对经典先要宏观把握,传注只是"通义"的手段而已。但训诂是一种对经典细节精确把握的一种方法,义理必须通过训诂获得而别无他途。经典解释必须遵从语法的解释,只有通过这些

---

① 《朱子语类》卷十一,第345页。
② 《朱子语类》卷十四,第428页。

个别东西,整体才得以完全的理解。朱子《论语训蒙口义序》云:"本之《注疏》,以通其训诂;参之《释文》,以正其音读。然后会之于诸老先生之说,以发其精微"。① 这段文字虽为《论语训蒙口义》而发,也适用于朱子其他经解,指明了训诂是义理阐发的基础。朱子《答或人》一书论及读书之法,云:"大抵读书先且虚心考其文词指意所归,然后可以要其义理之所在。近见学者多是先立己见,不问经文向背之势,而横以义理加之。其说虽不悖理,然非经文本意也。如此则但据己见自为一书亦可,何必读古圣贤之书哉? 所以读书,政恐吾之所见未必是,而求正于彼耳。惟其阙文断简、名器物色有不可考者,则无可奈何,其它在义理中可推而得者,切须字字句句反复消详,不可草草说过也"。② 训诂对于经典之义理具有重要的制约作用。但真要做到训诂与义理的契合无间,确实是不易之事,朱子论及此不无感慨地说:"人之为学,也是难。若不从文字上做工夫,又茫然不知下手处;若是字字而求,句句而论,不于身心上著切体认,则又无所益。"③治学脱离训诂,义理便失去依附;只重训诂,便失去价值而毫无意义。正确理解的合适标准应当是个别与整体的一致性,经典解释就总是努力建立训诂与义理的一致性。

解经是训诂与义理互动不断循环的过程,而循环何以必须? 因为训诂要求从本文自身来理解某个本文,而个别的本文既从属于作者全部作品的上下文,又从属于作者内心生活的整体,我们对经典语言与内容的疏离,就意味着理解只有用整体与部分的循环往返运动才能得以实现,这就是朱子提倡的涵咏方法的意义。这种循环运动之所以必要,是因为经典不可能一次就被理解,只有理解者把经典的词汇完全占为己有,并把作者特有的意思完全占为己有才有可能实现(当然这只是理想状态,其实在阅读史上谁也不能做到这点)。朱子穷其一生训释《四书》,临终犹在修订《大学》"诚意章"就是显证。本文的意义由本文才能被理解,训诂就是一切理解的基础。宋儒在批驳汉唐注疏的时候却忽视了经典被理解的这一基础——训诂的意义,这就为清儒的反动提供了内在依据。理解的循环运动总是沿着本文来回跑着,是文本与解释者之间的相互运动。如果不理解原文的本来意义,并且在解释中不表现这种意义,那么这种理解就会遭受他人的质疑和批判。宋儒义理解经最大的弊端就

---

① 朱熹:《文集》卷七十五,第4614页。
② 朱熹:《文集》卷六十四《答或人》,第3133页。
③ 《朱子语类》卷十九,第653页。

在这里。如解释中只表达文本的原意,就会堕入腐儒不通世变的困境中,汉唐经学就展现这样的尴尬。语言要想存在,我们就不能任意改变词语的含义,这就是训诂存在的价值。当本文被完全理解时这种循环就消失,在完满的理解中整体和部分的循环得到了最真实的实现。

义理阐释是经典价值存在的根本,是经典精神现实化的可能途径。理解所应用的语词并不是文本的语言和词汇,这就意味着理解不是对本文的重复,而是一种创造。理解就是把经典的真理纳入自己的世界中。一切本文的意义都只有在理解中才能得以实现,正是这种实现才给予作品以完全的现在性,谁理解了一个文本的意义谁就把文本所具有的意义置入了他自己开辟的意义宇宙中。理解始终是一种创造性行为,只要我们有所理解,我们总是在以不同的方式去理解。后来的理解相对于作品来说具有一种基本的优越性,因而理解总是追求一种完善的理解,理解所关心的不是个人及其意见,而始终笼罩在真理探求之中。对经典的解读就是一个永无止境的过程,在这一过程中错误的理解不断被消除,真理从混杂的东西中过滤出来,新的理解源泉——时代精神不断产生,许多意想不到的意义就展现了出来。在这个意义上,任何时代对经典的解读都有其合理性,如汉之谶纬之于汉代经学绝不是一种诬妄不实之词,自有他的时代价值在。朱子《四书》新经学体系的建立树立了经典阐释的范例,是一个把经典与时代精神完美融合的范例,也为传统的现代化提供了一条可资借鉴的途径。

三、朱子解经具有强烈的历史性

朱子解经具有强烈的历史性,这里的历史性指的是经典的产生与存在的历史因素和经学家解经的历史场景。朱子治经一生致力于恢复故书原貌,他不惮于改易经文,这与他对经典的历史性认识密切相关。

朱子对《尚书》展开了系统疑辨,疑《古文尚书》、《大小序》、《孔安国传》,对《尚书》文本展开了全面清理。对于文献的真实可靠来说,朱子明确认识到《今文尚书》与《古文尚书》存在巨大差异,《古文尚书》出自魏晋,其真实性是值得怀疑的。《小序》非孔子所作,不但不能发明经义,甚而至于与经文矛盾,这就必然要求废《序》解《书》。对《书大序》和《孔安国传》的怀疑是一个问题,这直接呼应了朱子弃传解《书》的原则。朱子还提出《尚书》有阙文,有错简,重新序定《武成》。这些都表明他对《尚书》文本历史性的清醒认识。朱子不仅在《书》学领域对文本进行了全面清理,他还对其他儒家经典文本系统提出了全面整理,删定《孝经》、补订《大学》章句、重定《中庸》章句,以《仪礼》为经重订《三礼》,订《古本周易》,废《序》言《诗》,几乎对所有重要的儒家经典文本提出了全新认识,并以此作为解经的依据,要求回归经典本文重新阐发圣人微言大义。

从儒家经典形成的历史来看,儒家经典遭秦而焚,经汉儒重新整理于简编脱落之际,难免错讹。宋儒蜂起而质疑之,自有内在理据。朱子要越过汉唐诸儒注疏而回归经典本文,是想对经典作出更精确的考察和更彻底的研究,同时也包含了他对圣人理想人格重塑的愿望。朱子临漳《刊四经成告先圣文》一文鲜明表达了他要恢复故经原貌的思想,云:

> 熹恭惟《六经》大训,炳若日星,垂世作程,靡有终极。不幸前遭秦火煨烬之厄,后罹汉儒穿凿之谬,不惟微词奥旨,莫得其传,至于篇帙之次,亦复淆乱。遥遥千载,莫觉莫悟,惟《易》一经,或尝正定。而熹不敏,又尝考之《书》《诗》,而得其《小序》之失,参稽本末,皆有明验。私窃以为,不当引之以冠本经圣言之上。是以不量鄙浅,辄加绪正,刊刻布流,以晓当世。①

朱子认为《六经》遭秦火及汉儒穿凿之弊,篇章次序淆乱,经旨不明,提出了重新绪正《六经》的要求。按:这篇文章是朱子守临漳时作,基本上代表的是官方意见。这与朱子对经典的历史性的深切把握相关,这也是他能超出同代儒者的重要原因。儒家经典产生于特定的历史时代,经学家亦生活在特定的历史时空,这就构成了解经活动的历史性。这种历史性首先是经典文本存在的历史性,儒家经典是特定历史时空的产物,有的经典经众人之手经历了漫长的时间才完成,如朱子所谓"三圣易"。朱子努力重建《古易》文本,以《易》为卜筮之书,就是对经典历史性的体认。只有很好地理解了经典的这种历史性,正确的理解才可能产生。儒家经典今、古文文本的差异,师法之下的诸家文本的歧出,都是经典历史性的构成。儒家经典大都产生于天下一统之前,没有一统时代思想的专制,学术思想相对自由。朱子及宋代思想者追求"回向

---

① 朱熹:《文集》卷八十六,第4046页。

三代"的政治理想,在经典阐释中高扬理性主义旗帜,就是对经典历史性的一种把握。经典的历史性要求理解者必须把自己带到经典所产生的历史处境中,把自己置入作者的处境中,去感知经典和其作者不可消解的个性,使理解不受制于我们自己的标准从而真正认识经典。朱子解《书》强调要"见得二帝三王之心"就是一种典型的历史意识。这种精神的回溯意味着向一个更高的普遍性提升,它不仅可以克服阐释者的个别性,而且也克服了作者的个别性,避免使解经者凝固为某种过去意识的异化物,这样理解就能在传统的整体中按一个更正确的尺度进行。对经典历史性的认识,必然成为经典注疏的前提。朱子解经对这一点有深切体会。

其次,解经者的历史性还体现在经学家生活在特定的思想文化背景下,不可避免地要用时代精神解说经典,汉儒之于阴阳五行谶纬,六朝之于玄学佛老,宋明之于理学概莫能外。加达默尔云:"每一个时代都必须按照它自己的方式来理解历史流传下来的本文。"①这种理解的条件性是先于理解者而存在的,部分源于其生活史,部分来自教育。朱子以理本体论、理一分殊、气禀说等观点解《尚书》及其他经典,最充分地体现了解经者的历史阈限。理解的条件性被加达默尔称为"诠释学处境",也即是说理解被阐释者自己的各种前见所规定,"这些前见构成了某个现在的视域"②,使阐释者不能超出这种规定去解读。解释者与原作者之间有不可消除的差异,这种差异来自于他们之间的历史距离。正因为有了这种时间距离,理解才有了积极创造的可能。比如朱子对"皇极"、"道心"、"人心"内涵的新解,若没有这种历史距离,就很难说可以成立。在经典产生时具有特定意义的词汇由于时间原因变得模糊不清,正因为这种历史性,重新解说才成为可能,创造才有了被接受的前提。又如他认定《中庸》乃子思传道之作,是承《大禹谟》"十六字心传"而来,道统至孟子而不传,于是把《四书》看作承载儒家道统的经典,一生精雕细凿,重新建立起儒家道统谱系,以继往圣、续绝学而开来世。这是天才的创造。其实《中庸》的作者至今不明,更何况其所作之意。这种历史性使经典本文每次都以不同的方式被理解,而作为文化传统的经典具有某种连续性,这样经典所蕴育的同一性就和理解所不可避免的变迁境况形成对立,优秀的经学家就要尽量在这种对

---

① 加达默尔著,洪汉鼎译:《真理与方法》,上海译文出版社 2004 年版,第 383 页。

② 加达默尔:《真理与方法》,第 395 页。

立中寻求平衡,朱子在处理这种对立关系上做得恰如其分。

个体存在的历史性规定了理解可能的立足点,只有充分理解了这一点,我们才能正确评价经典及其解释者的价值,避免以今例古的悖谬。经典意义具有无限性,理解者本身是立足于历史之中的,是一个连续链条中的有条件的和有限的环节。历史性地思考就意味着承认每一个时刻都有它自身存在的权利,甚而有它自己的完美性。朱子以理学思想解读《尚书》及群经就是阐释历史性的最好注脚,这种阐释者的历史阈限又为我们认识阐释者提供了可能。经典思想和阐释者思想就这样不即不离,共同构建着深邃而幽远的思想史。

朱子解《书》还有一大特点值得重视,朱子引《四书》以解《尚书》,以"太极"解"皇极",《尚书》中典章制度多采自《三礼》,《尚书》所载周王朝事迹又与《诗经》诸篇相通。他这种以经解经的方法,建立起了一个经学的网状结构,以理学为血脉使诸经成为一个思想的整体。比如朱子会通《四书》与《尚书》,把"孔门传授心法"与尧、舜、禹相传之十六字秘旨结合起来,形成了理学家系统的道统思想便是最好的证明。

朱子解经方法对我们今天如何面对传统,如何促使经典的现代化提供了可资借鉴的经典范例。用时代思想改造传统命题、范畴,广泛吸取各种治学路径之长,以及以经解经使各种经典成为互相呼应的有机体,从而构建出新的符合时代需要的经学系统,当是我们今天促使传统现代化的必由路径。我们只要立足于民族经典,把牢了传统的根,洪水猛兽般的西学无疑就成为建构我们时代思想的丰富资源,资此可以开辟出新的学术途径,繁荣民族学术与文化,是所谓"取外来之观念与固有之材料互相参证……足以转移一时之风气,而示来者以轨则"①。作为构建民族精神的经典永远是不竭的思想源泉,只要我们具有学术的真诚和思想的能力,我们就有重新吸取经典精神建构时代思想的一天。

---

① 陈寅恪:《王静安先生遗书序》,生活·读书·新知三联出版社 2009 年第二版,第 247—248 页。

第五章　朱子与蔡沈《书集传》

朱子庆元五年始撰《尚书》文稿，身体的衰退迫使他不得不把集注《尚书》的工作托付给了弟子蔡沈。朱蔡两家深厚的学术渊源及蔡沈深厚的学术造诣，使他成为了朱子《书》学的最佳传人。本章主要探讨朱子以蔡沈为《书》学传人的原因，以及朱、蔡《书》学之异同，解决《尚书》学史上援朱驳蔡千年聚讼的问题。

第一节　朱子与蔡氏家族

建阳蔡氏世代业儒，有深厚的学术积累，蔡元定父子四人均从学朱子，朱蔡两家结下了深厚的学术渊源。欲明朱子与蔡沈《书》学之关系，我们对建阳蔡氏必须作基本了解。

一、蔡氏谱系

蔡氏唐时本居弋阳郡，远祖蔡炉，生唐宣宗大中中，拜凤翔节度使，再授东昌刺史。昭宗朝，谪，从王潮入闽，为建阳长官。后卜居麻沙镇水北，世始居闽。蔡氏乃世宦习儒之家。族高祖蔡伯禧，宋真宗朝以神童授春官，伴读赐诗。著名书家蔡襄亦为蔡沈族祖。伯禧之弟蔡伯充，为沈高祖。伯充之子蔡谅守信，由太学授国谕，为沈之曾祖。祖父蔡发，号牧堂。父蔡元定，谥文节。朱子自五夫迁居考亭，筑书堂于云谷，蔡元定便自麻沙卜居后山，筑室西山，所谓疑难堂，悬两灯相望，因号西山。沈为元定季子，长兄蔡渊、次兄蔡沆。沈有子七，名模、杭、权、椷、柯、楷、榆。为醒目列简表于下①：

---

① 按：蔡杭同辈兄弟皆以"木"旁字为名，"杭"独例外，蔡元定以下三代以五行相生之序取名（此得自束景南先生口授），沈兄弟以水旁字取名。水生木，故蔡沈子侄均以木旁字名。木生火，故沈孙辈以火旁字名，如蔡格子名浩然、毅然。以此推"杭"字似当为"杭"。但宋理宗淳佑七年《书集传进表》、真德秀《西山文集·九峰先生蔡君墓表》、《宋史》均作"蔡杭"，是又不误。

193

蔡炉（六传）｛蔡伯禧
　　　　　　蔡伯充→蔡谅→蔡发→蔡元定→｛蔡渊（长兄）→格、柄、植、栋
　远祖　　　高祖　曾祖　祖　　父　　　　　蔡沆（次兄）→楠、栏、梓
　　　　　　　　　　　　　　　　　　　　　蔡沈→模、杭、权、械、柯、楷、榆

明代蔡鹍，蔡沈十四世孙。汇集蔡发、蔡元定、蔡渊、蔡沆、蔡沈、蔡模、蔡格、蔡杭、蔡权九人诗文，而略纪其生平梗概，为《蔡氏九贤全书》，蔡氏业儒为家可见于此，此书今收入《四库全书存目丛书》。清人张炜云："至晦翁朱子集诸儒之大成，建阳蔡氏堂构相接，四世九儒，六经三注，道统之传归于蔡氏一门矣。"①朱子集理学之大成，对儒学的复兴起着决定作用，蔡氏一门发扬朱子之学，实朱学之柱臣，张氏对蔡氏一门学问颇为推崇，把蔡氏一族作为承朱子道统的传人，就其家与朱子之学问渊源来讲，此论绝非虚诞之词。下文略探蔡氏家学。

二、蔡氏家学

蔡氏家学源自蔡发（1089—1152 年）②。发字神与，号牧堂。发自幼警悟，七岁即能为诗。既长，博学强记，高简廓落，不能与世俗相俯仰，遂游历四方，闻见益广。中年乃归，买田筑室于武夷之阳，杜门扫轨，专以读书教子为事。子元定生十年，即教使读《西铭》。稍长，蔡发又示以二程《语录》、邵雍《皇极经世》、张载《正蒙》等书，而语元定曰："此孔孟之正脉也，尔其勉旃"。朱子评论云："蔡公平生所以教其子者，不于利禄，而开之以圣贤之学，则其志识之高远，固已非世人所及矣。"③蔡发精于《易》象、天文、地理之说，著有《天文发微论》四篇、《地理发微论》十六篇、《锦囊经注》十七札、《地理总说辩》、《辩锦囊经下非郭氏者》等，带有典型的民间术士特色。明俞德光云"蔡自牧堂老人以天地易象之学起家，所著《发微》一编行世，其蔡氏伏羲与？"④明李京谓牧堂之"《天文星象序》、《河图洛书发微论》、《地理总说辩》，真足照三才

---

① 蔡鹍辑：《蔡氏九儒书序》，《四库全书存目丛书》集部第 346 册，齐鲁书社 1991 年版，第 567 页。
② 朱熹：《晦庵先生朱文公文集》卷八十三《跋蔡神与绝笔》云："绍兴壬申岁六月卒，卒时年六十有四。"（第 3909 页）
③ 朱熹：《文集》卷八十三，第 3908 页。
④ 蔡鹍辑：《蔡氏九儒书原序》，第 572 页。

而晖洒万有"。① 对蔡发学术有很高评价,当然有为他人作序虚夸其先人的不实成分。蔡发奠定了蔡氏家族偏好术数的学术倾向是可以肯定的,蔡元定、蔡沈无不对术数有精深研究。

最能振起蔡氏学术的莫过蔡元定(1135—1198年)。元定字季通,号西山,谥文节。事迹具《宋史》本传。元定十岁从父受程氏《语录》、邵氏《经世》、张氏《正蒙》,深涵其义,得理学之正。既长,辨析益精。登西山绝顶,忍饥啖荠读书。闻朱子名,往师之。朱子扣其学问,大惊曰:"此吾老友也,不当在弟子列。"朱子常与元定对榻讲论诸经奥义,每至夜分。四方来学之士,朱子必使先从元定质正。元定于书无所不读,于事无所不究。义理洞见大原,下至图书、礼乐、制度无不精妙。古书奇辞奥义,人所不能晓者,过目辄解。朱子尝曰:"人读易书难,季通读难书易","造化微妙,惟深于理者能识之,吾与季通言而不厌"。② 朱子疏释《四书》及为《易》、《诗传》,修《通鉴纲目》皆与元定往复参订,《易学启蒙》一书朱子则属元定起稿,于此可观其深厚学养。

绍熙五年,朱子入朝为帝王之师,欲召元定入都订定礼乐以兴起废绝。朱子《答蔡季通》第七书云:"修历事若下,须更商量。盖但测验,即人皆可为;或须改造,则恐不免一出,亦非今日一时事也。"③由此可知朱子招蔡元定乃修定历法一事,传统所谓勘定孝宗山陵事盖非首务。这又可从朝中重臣荐表可知,太常卿尤袤云:"蔡元定资禀颖异,充养完粹,守分安贫,不求闻达。有经世济物之才,有制礼作乐之具。……隐贲西山,户屦常满,则其学识非人所能及者。诚圣世之真儒,后学之师表。"欲其与朱子"同侍经筵,光昭圣德"。秘书监杨万里谓元定:"道德文章足以仪型于当时,著书立言足以垂范于后世。……尝与朱熹疏释《六经》、《语》、《孟》、《学》、《庸》之书,每有洞明自得之妙。又且深通兵法,精晓律历,有益于当时之用。"欲宁宗迎至宫馆"使司劝讲"以资教化。④ 二人所论都言及元定精晓礼乐律历,有造作之才。右相赵汝愚荐表

---

① 蔡鹍辑:李京序《蔡氏九儒书》,第573页。

② (元)脱脱等:《元史》卷四百三十四,第12876页。

③ 朱熹:《文集》卷四十四,第1999页。

④ 蔡鹍辑:《蔡氏九儒书》,《四库全书存目丛书》集部第346册,第697页。按:《直斋书录解题》载有《赵忠定集》十五卷,《奏议》十五卷,亡佚。尤袤有《梁溪集》五十卷,亡佚,清尤侗辑有《梁豀遗稿》二卷。《文集》不存,不能详考。今本杨万里《诚斋集》不载此文,《诚斋集》嘉定元年(1208年)杨万里子杨长儒所编也,当时党禁未解,未收此文当在情理之中。

云:“建阳布衣蔡元定学问充足,承孔孟之正脉;才堪经济,得朱熹之心传”,汝愚欲朝廷处以重任“倡率群士”。三位重臣交章荐奏无一言提及元定地理之学,于此可见招元定绝非仅因改卜孝宗山陵事。① 盖朱子欲援之以为左右臂而奉君行道,朝廷欲借守道不移的理学之士整顿臣纲。但蔡元定未赴都,只作书劝朱子早归②,不久奸臣弄权而朱子罢归。庆元党兴,元定编管道州,年余而卒。归葬,朱子以文诔之曰:“精诣之识,卓绝之才,不可屈之志,不可穷之辩,不复可得而见矣。”③学者尊之曰“西山先生”。蔡元定平生问学多寓于朱子书集中,所著书有《大衍详说》、《律吕新书》、《燕乐》、《原辩》,《皇极经世指要》、《太玄指要》、《潜虚指要》,《洪范解》、《八阵图说》,朱子为之序《阴符经解》、《运气节略》、《脉书》。朱子评其学术云:“尤邃律历,讨论定著,遂成一家之言,使千古之误,旷然一新。”④俞德光谓季通“渊源考亭,撰结西山,迄今《律吕》等卷靡不诵,法在人口,其蔡廷十六字与?”李京云:西山“克传家学,《启蒙》有稿而发性道之端,《律吕》有书而原声音之妙,乃其《大衍详说》、《燕乐原辩》、《皇极经世旨要》、《太玄潜虚旨要》、《八阵图说》、《阴符经解》、《洪范解》、《运气节略》,又百世所宗也”。⑤ 对蔡元定学术作出了高度评价,大抵切实。

蔡元定有子三,名渊、沆、沈。皆能究心学术,有补于儒道,绍其家声。蔡沆《春秋五论自序》曰:“庆元丁巳春(1197 年),先君谪舂陵,以《易》授兄渊,以《皇极》命弟沈,著沆承乎《春秋》。”⑥真德秀《跋虞复之春秋大义》亦云:“初西山蔡先生以道学名当世,有子三人焉。长伯静,次复之,又其次仲默。复之虽出后虞氏,而其学固蔡氏之学也。先生于经亡不通,而未及论著,顾尝语三

① 叶绍翁:《四朝闻见录》丁集《庆元党考异》云:“考亭先生建阜陵之议,本为社稷宗庙万年之计,天地鬼神实鉴临之,顾岂私于一蔡氏? 蔡氏曩以孝宗之召犹不至,亦既罢场屋而甘岩穴。文公尝招之衢而不至,但曰‘先生宜早归’。前后名公巨儒所以有考于蔡氏者,至公也。一乐昺其可异耶?《朝野杂记》亦谓:‘阜陵之议,或云晦翁之意似属蔡季通也。’夫或之者,疑之也。秉史笔者,其可为疑似之论耶?”(第 152 页)

② 叶绍翁:《四朝闻见录丁集 · 庆元党考异》,第 152 页。

③ 《宋史》卷四百三十四《蔡元定传》,第 12875—12876 页。

④ 朱熹:《文集》卷八十三《跋蔡神与绝笔》,第 3909 页。

⑤ 李京:《蔡氏九儒书序》,第 573 页。

⑥ 朱彝尊:《经义考》卷一百八十九,中华书局 1998 年版,第 972 页。

子曰:渊,女宜绍吾《易》学。曰:沈,女宜演吾《皇极》数,而《春秋》则属知方焉。"①三人各承父学之一脉而发扬光大之。明李京对三人学术进行了总的评述,云:"节斋(渊)则著《太极图解》,测阴阳动静之机;复斋(沉)则作《春秋五论》,绍先圣传心之要;九峰则注解《尚书》,阐典、谟、训、诰之旨,其名罗天壤间哉。均足以卫道,脍炙人口。"②于此可见三人学术之仿佛。

蔡渊,字伯静,号节斋。从学朱子,继承蔡元定《易》学,著有《周易训解》四卷、《易象意言》、《卦爻辞旨》、《古易协韵》、《大传》、《易说》、《象数余论》、《太极通旨》、《中庸通旨》、《化原问辩》、《大学思问》、《论孟思问》、《体仁拟议》、《性情机要》等书③。今《四库全书》中存《周易训解》二卷、《易象意言》一卷。《蔡氏九儒书》辑录《大学注语》、《中庸注语》、《上论注语》、《下论注语》、《下孟注语》、《易学启蒙注语》、《易经大全注语》、《书经大全注语》、《太极图解》、《性理太极图注语》、《性理通书注语》、《家礼深衣注语》、《分类近思录注语》数段等文及诗二首,皆传理学之宗旨。

蔡沉,字复之,号复斋。六岁出继表伯虞英为嗣,更名知方,后从母命归宗。从学朱子,发明其父《春秋》之学。官至两浙运干。父师既没,公以屡世家传心学,乡邻质疑者众。教学者"以敬为入德之门户,义为一身之主宰"。④著有《春秋五论》、《古春秋大义》二十二卷、《春秋衍义》三卷。今存《春秋五论》、《敬义大旨》、《复卦大要》、诗十首。

蔡元定之后学术最著者为蔡沈。沈字仲默(1167—1230 年),号九峰,谥文正。卒于绍定三年(1230 年)五月壬辰,年六十有四。事迹具《宋史》本传。蔡沈之名与字皆朱子命之,欲其潜心体道,默而成之。及蔡沈长子生,朱子复命之曰模,欲其循法履度,动与道合。朱子之属君父子者如此,蔡沈学问道德克佩师训。蔡沈其昆弟自胜衣趋拜,入则服膺父教,出则从文公游,深得朱子学术及家学之大旨。朱子晚年训传诸经略备,又欲作《书传》,遭学禁而衰病并至,未及为,遂以属沈。其父蔡元定独心得《洪范》之数,然未及论著,遂遭

---

①　真德秀:《西山先生真文忠公文集》卷三十六《跋虞复之春秋大义》,《四部丛刊》初编,第10—11 页。

②　李京:《蔡氏九儒书序》,《四库全书存目丛书》集部第 346 册,第 573 页。

③　蔡鹍辑:《蔡氏九儒书》卷三,《四库全书存目丛书》集部第 346 册,第 714 页。

④　蔡鹍辑:《蔡氏九儒书》卷四,第 735 页。

党禁之祸,而传之于沈。蔡沈受父师之托,沉潜反复数十年①,然后成书。沈于《书》,考《序》文之误,订诸儒之失,以发明二帝三王群圣贤用心,书中所论,往往有先儒所未及者。其发明《洪范》数,谓《易》象体天地之撰,《范》数纪天地之撰,象数蕴涵着宇宙消息变化之规律。《易》因四圣推衍,故《易》象明著。而《洪范》之数自帝锡神禹而不传于后,历代论象数者皆昧象数之源,窒变通之妙,虽有《洞极》之书,《潜虚》之图以论象数,但牵合傅会而自然之数益晦。蔡氏以数阐释天地万物生成衍变,欲以象数建立一个宇宙模式,无疑是宋象数学的一大成果。真德秀谓蔡沈于二书"阐幽发微","不愧父师之托"②,论蔡沈学术确为的评。

庆元初,伪学之禁兴,文公以党魁绌,蔡元定远谪春陵。蔡沈徒步数千里以从。春陵地处九疑之麓,最是楚粤穷僻处,山川风物悲凉惨怆,居者不能堪,沈父子相对,独以理义自怡悦,浩然无湘累之思,楚囚之泣。蔡元定不幸卒于贬所,沈徒步护枢以归。蔡沈遭学禁之变,遂绝意仕进,年仅三十,即屏去举子业,一以圣贤为师。平居仰观俯察,默坐终晷,独穷究天地之心、万物之情,躬行圣道。沈志以经世综物自任,然道与时违,遂指山林为归宿,卜居九峰,虽当世名卿物色求访将以为用,高尚其志而不屑就,布衣终老。沈继承其父蔡元定象数之学,至象纬运行,阴阳向背,历历如指诸掌。其文长于论辨,诗早慕太白,晚入陶、韦社中。至其吟咏性情,摹写造化,则又源流文公,感兴诸作非徒以诗自命而已。次子蔡杭以明经擢进士第,余亦嗜学有立。

蔡沈著有《洪范皇极内篇》、《书经集传》以及诗十三首。蔡鹃辑录有《中庸注语》、《论语注语》、《孟子注语》、《书经集注》、《易学启蒙注语》、《诗经大全注语》、《春秋大全注语》、《礼记大全注语》数段。俞德光云:"沈所颖吐者如《尚书注》,如《洪范皇极内篇》,烨然君天下者典刑,其蔡氏《丹洛书》与?"对蔡沈评价甚高。其《书集传》一出便被被视为朱子《书》学之正统,元代成为科举教课书。而《洪范皇极内篇》开出演范一派,虽非解经正途,然影响颇大。当对其作历史的评价,不当以今例古,视为诬枉而一概抹杀之。

---

① 按:《书集传》十年而成,《洪范皇极内篇》至卒亦未能完稿。《四库全书总目提要·书经集传提要》云"真德秀作沈墓志称数十年然后克成,盖误衍一数字。"(第93页)真德秀不仅针对《书集传》而言,故四库馆臣此说误。

② 真德秀:《西山先生真文忠公文集》卷四十二《九峰先生蔡君墓表》,《四部丛刊》初编,第8页。

　　蔡氏一门自蔡元定从学朱子，两家便结下了不解之学术渊源，父子四人均侍于朱门，乃千百年学术史之盛事。朱子闻蔡元定丧，与《刘公度》书论及二人交游之事，曰：“交游四十年，于学无所不讲，所赖以祛蒙蔽者为多。”①言语无限感伤，有“天丧斯文”之叹。而元定《临终嘱仲默》书云：“先生老矣，汝归终事之。”②又可见其对恩师拳拳之心。朱子之子亦从学蔡元定，朱子《答蔡季通》第五书云：“两儿久欲遣去，因循至今……谨令诣左右。告便令入学，勿令游嬉废业为幸。大儿不免令读时文。”③第四书又云：“小儿辈又烦收教，尤惧愧荷，但放逸之久，告痛加绳约为幸。”④于此可见朱、蔡两家深厚的交谊。蔡氏父子深得朱子理学之精华，朱子托《书传》于蔡沈亦当情理之事。

　　蔡氏自牧堂老人以道术名，西山振大之，沈与二昆又相与阐明之，然皆沉沦弗偶。真德秀曰：“鲁之曾氏，自蒧以后未尝仕，而圣师与其志，道统得其传。至西犹羞比管仲，是其所得多矣。汉陈仲弓子孙继隆贵，然公惭卿，卿惭长，位高而名益下，君子病之。若君之家学，渊源河洛，羽翼鲁邹，谳祖暨孙，先后一辙，言学之有本者，必推焉。此其可贵，岂区区人爵比乎！”⑤比于鲁之曾氏，对蔡氏一门以道德文章相尚推崇有加，而不论其宦途之晦显。

　　俞德光序《蔡氏九儒书》云：“格不绳而正，文不牵合而赅，根宗不诡而逼真，世不割裂而井然，辩书不拾百家饾饤而天然若菽粟、若布帛，其全也若河洛典谟舆图世籍之在谶轴。”对是书大加赞赏，谓蔡氏九儒“必能翊圣，真扶世教，提醒叔季人心”，确为的评。但以为“功岂庖羲以来诸圣人下”⑥则推崇过甚。《四库总目提要》谓俞德光《序》“以伏羲、尧、舜、孔子比诸蔡，尤妄之甚”，对俞氏提出了严厉批评。但蔡氏确实学有渊源，元定父子实为朱子干城。清周学健《序》云：“学圣必从朱子始，则学朱子又必从读季通、仲默诸先生之书始。”⑦此语当不为过。蔡氏之学自牧堂老人以道术名，原在阴阳地理，含有很大的术数成分，本非儒学正统。自蔡元定父子入朱子门墙，涤荡以理学之精髓，揉儒道于术数，于是异端升而为正学。蔡元定今之影响犹大者乃古音

---

①　朱熹：《文集·别集》卷二，第 4857 页。

②　蔡鹦辑：《蔡氏九儒书》，第 692 页。

③　朱熹：《文集》卷四十四，第 1992 页。

④　朱熹：《文集》卷四十四，第 1991 页。

⑤　真德秀：《九峰先生蔡君墓表》，《四部丛刊》初编，第 10 页。

⑥　蔡鹦辑：《蔡氏九儒书序》，第 571 页。

⑦　周学健：《蔡氏九儒书序》，第 571 页。

律之学。

第二节　蔡沈《洪范皇极内篇》思想研究

蔡沈传其父《洪范》之学,这是朱子定其为《书》学传人的一大原因。蔡氏所谓《洪范》之学为何? 现代学者皆未有论述,今略论其要以见其与朱子思想之渊源。

一、书名辩正

蔡沈《洪范皇极内篇》一书有不同名称,王应麟《玉海》载此书名为《洪范数》,王圻《续通考》作《洪范皇极内外篇》(卷不详),朱彝尊《经义考》作《洪范内外篇》七卷。《永乐大典》及《性理大全》皆作《洪范内篇》。是书内容《数》八十一章,是拟《易》六十四卦,当为内篇。《论》三篇,是拟《易·系辞》、《说卦》等传,当为外篇。但今各本皆以《论》三篇列于前,而八十一章列于后,秩序颠倒。准《易》当以《续通考》所载《洪范皇极内外篇》之名为是。《四库全书总目提要》考论云:"惟熊宗立注本以《论》三篇为内篇,《数》八十一章为外篇。明俞深著《洪范畴解》,曹溶称为释蔡氏内篇,畴即八十一章之数也。程宗舜作《洪范内篇释》,其《自序》曰:释八十一章之数。亦不指三篇之论。韩邦奇引论中'象以偶为用'数语,作《洪范传》以别于经,即外篇矣。"①再从论之《中、下篇》主要阐释图的含义来看,准其前十二图图前论后之例,八十一畴数图当在论前,首十二图后。

二、成书经过

《尚书》之《洪范》篇是治国之大法,是研究《尚书》者关注最多的篇目,在朱子看来"洪范数"又是解《洪范》之关键。蔡沈《洪范皇极内篇》是蔡元定指导之下完成的,蔡元定淳熙十三年已对《洪范》之数有新的探讨,朱子与蔡元定书云:"《洪范》新说,恨未得闻,俟面见以请。"②但蔡元定一直未能成书。

---

① 永瑢等:《四库全书总目提要》卷一百零八,第918页。
② 朱熹:《文集》卷四十四《答蔡季通》第六书云:"虚中为《易》,实中为《范》"。(第1996页)

庆元三年,蔡沈乃禀父命而为《洪范皇极内篇》。① 庆元四年夏,完成初稿,寄予朱子②,朱子对蔡沈《洪范传》颇为看重。其后蔡沈又历数十年专研,而卒未完稿。

《洪范传》展示了蔡沈深厚的学力,又《洪范》之数乃蔡氏独得之学,这为蔡沈成为朱子《书》学传人奠定了坚实基础。朱子相信象数之学,淳熙十三年,致书郭雍讨论《易》学云:“《河图》、《洛书》盖皆圣人所取以为八卦者,而九畴亦并出焉。今以其象观之,则虚其中者,所以为《易》也;实其中者,所以为《洪范》也。……所以为《洪范》,则《河图》九畴之象、《洛书》五行之数有不可诬者。”③同年,与袁枢论《易》云:“《洛书》与《洪范》之初一至次九者合而具九畴之数,则固《洪范》之所自出也。”④阐述了他对“洪范数”的基本看法。蔡沈对“洪范数”的深入研究,使其在学理上成为朱子《书》学传人具有了合理解释。

三、《洪范皇极内篇》思想讨论

(一)《洪范皇极内篇》概述。《洪范皇极内篇》分八十一畴数图为内篇,论三篇为外篇,论三篇乃理论阐述。《上篇》阐数之理论,《中篇》、《下篇》论十二图及八十一畴的内涵和数占之方法原则。书首有所谓黑白子《洛书》,此

---

① 蔡沈:《春秋五论自序》曰:“庆元丁巳春(1197 年),先君谪舂陵,以《易》授兄渊,以《皇极》命弟沈,着沈承乎《春秋》。”(朱彝尊《经义考》卷一百八十九,中华书局 1998 年版,第 972 页)

② 朱熹:《晦庵先生朱文公文集·续集》卷三《答蔡仲默》第二书云:“《洪范传》已领,俟更详看,然不敢率易改动”,“昨日有临川便,已略报仲抚(此字左边当为“木”字旁)颇详。此无益而有害,何苦委身以犯其锋也。”(第 4716 页)《续集》卷三《答蔡伯静》第十二书云:“仲抚相见否? 闻留卫公得旨自便,而谢给事缴之,以为恐徐谊之徒援例有请,遂止得量移南剑。”(第 4715 页)两书相承。宋徐自明《宋宰辅编年录》卷二十留正庆元“四年九月量移南剑州”(文渊阁《四库全书》史部第 354 册,第 714—715 页)。加信件路上时间一两月,以此推断《洪范传》当成于庆元四年夏。《宋史·留正传》卷三百九十一云:“(刘德秀)为谏议大夫,论正四大罪,褫职,自是弹劾无虚岁。以张釜言,责授中大夫、光禄卿,分司西京,邵州居住。明年,令自便。给事中谢源明封还录黄,量移南剑州。”(第 11976—11977 页)陈来以《续资治通鉴》载刘勔留正在庆元二年为据,故断在庆元三年,误。《宋史·宁宗本纪》卷三十七载庆元三年润六月“甲午,诏留正分司西京,邵州居住”(第 723 页)。

③ 朱熹:《文集》卷三十七《与郭冲晦》第一书,第 1638 页。按:详参束景南先生《朱熹年谱长编》,第 840—841 页。

④ 朱熹:《文集》卷三十八《答袁机仲》第一书,第 1659 页。按:详参束景南先生《朱熹年谱长编》,第 842 页。

为《洪范》之根本。其后有《九九圆数图》、《九九方数图》、《九九行数图》、《九九积数图》、《五行植物属图》、《五行动物属图》、《五行用物属图》、《五行事类吉图》、《五行事类凶图》、《五行干支图》、《五行人体性情图》十一图,是结合阴阳五行之学对《洛书》的推衍。《洪范皇极内篇》实际上是一部理学外衣包装下的方术书,是书附会刘歆《河图》、《洛书》相为表里,《八卦》、《九章》相为经纬之说,借《书》之文以拟《易》之貌。演《洪范》九畴为八十一畴,仿《易》卦八八变六十四之例。又取《月令》节气分配八十一畴,阴用孟喜解《易》卦气值日之术。其揲蓍以三为纲,积数为六千五百六十一,阴用焦赣六十四卦各变六十四卦之法也。基于象数之学,其《三论》以理学思想阐释了《数》八十一章、十一图的理论内涵。蔡沈把"理→气→五行→万物"的宇宙生成论,理一分殊的本体论,天理人欲的心性论融入"皇极九畴"之中,结合《洛书》之数建立起一个包罗万象的宇宙模式,并力图以数来解释宇宙万象。蔡沈《自序》云:

> 天地之所以肇,人物之所以生,万事之所以得失者亦数也。数之体著于形,数之用妙于理,非穷神知化独立物表者,曷足以与于此哉！然数之与象若异用也而本则一,若殊途也而据归则同。不明乎数不足以语象,不明乎象何足以知数！二者可以相有而不可以相无也,有如是乎！先君子曰:"《洛书》者数之原也"。予读《洪范》而有感焉。上稽天文,下察地理,中参人事古今之变。穷义理之精微,究兴亡之征兆,微显阐幽,彝伦攸叙,秩然有天地万物各得其所之妙。[①]

数在蔡沈思想中具有了本体意味,是天地万物的依据。《洛书》是数之原,《洪范》就是记载《洛书》的元典。《洛书》是术数家所谓戴九履一,左三右七,二四为肩,六八为足,中为五,赋予一至九这几个自然数神秘意义。《周易》以象,《洛书》以数阐释天地万物,二者相互发明。因《洪范》九畴有一至九之条目,宋代象数学者便融合二者,又结合《周易》、阴阳五行学说等加以推演,表达了他们想以象数解释宇宙自然的构想。《洪范》之数蕴涵着古今兴亡之变,义理之精微,伦理之秩序,天文、地理、人事之仪则,综该天地万物。

(二)"洪范数"与理学思想的融合。蔡沈认为数具有宇宙本体的性质。

---

① 蔡沈:《洪范皇极内篇》,第699—700页。

所谓"物有其则,数者尽天下之物则也。事有其理,数者尽天下之事理也。得乎数则物之则、事之理无不在焉。不明乎数,不明乎善也,不诚乎数,不诚乎身也。故静则察乎数之常,而天下之故无不通,动则达乎数之变,而天下之几无不获。"①数可以尽天下之物则、天下之事理,对数的理则的把握就是把握宇宙本身。天地变化、人事吉凶均由数决定,数是理的当下表现形式,所谓"数者,理之时也"。九畴之辞揭示了数的意义。气有清浊,数就有吉凶得失,"气有醇漓,故数有得失"。气有清浊,数又有正数、间数之别,"正数者,天地之正气也,其吉凶也确。间数者,天地之间气也,其吉凶也杂。"②这实际是用朱子气论思想的移用,并以此解释人事吉凶。宇宙万物均由数所规定,顺数则万物滋始,逆数万物亨终。数寓于万物之中,数与物非二体,始与终非二致。大而天地,小而毫末,明而礼乐,幽而鬼神,知数即知物,知始即知终。数与物是无穷的,无始无终的。

　　蔡沈结合《太极图说解》的宇宙生成论和理气思想阐述了天地万物之产生,同时批驳了异端杂说。"有理斯有气,有气斯有形",③宇宙生成由理生气,气凝成形,形生气化而生生无穷。阴阳五行奇妙化合而凝成万物,物之微著小大无一不禀此理而生。佛、老、刑名、阴阳之曲学不明理一分殊之实,故"老氏为虚,释氏为无,刑名失实,阴阳多拘",失造化之本原。蔡氏又指出理与数同时而生,"理之所始,数之所起",④无疑蔡氏是把数也当作了宇宙之本体。

　　数蕴涵着"一实万分,万复一矣。混兮辟兮,其无穷矣"这种生生不息理一分殊的宇宙法则,"畴者等乎此者"畴数就等于此一宇宙规则,"行者运乎此者"运畴就如同宇宙之运行,可尽天地之则。数"微而显,费而幽,神应不测",⑤是神妙莫测的,故可测人事之吉凶,知历史之兴衰。数又具有了本体之理不具备的占断功能。蔡沈本朱子理先气后思想,提出理、气、万物皆有数,把数分为形之数、气之数和理之数三个层面,指出理之数为天地根本。知理之数则"动静可求其端,阴阳可求其始,天地可求其初,万物可求其纪,鬼神知其所

①　蔡沈:《洪范皇极内篇》,第711页。
②　蔡沈:《洪范皇极内篇》,第711页。
③　蔡沈:《洪范皇极内篇》,第703页。
④　蔡沈:《洪范皇极内篇》,第704页。
⑤　蔡沈:《洪范皇极内篇》,第703页。

幽,礼乐知其所著,生知所来,死知所去"。① 蔡沈把数作为理解和把握宇宙万物的依据。"气著而理隐","形著而气隐",②认识上相应就有由形把握气,由气把握理的阶段性。道(理)于儒家来说集中在人事之伦常,蔡沈因此提出由礼知义,由义知仁,由仁知道的步骤,"欲知道不可以不知仁,欲知仁不可以不知义,欲知义不可以不知礼,欲知礼不可以不知数。"而数反映的是礼的伦序,"数者,礼之序也"。知礼之序,则可以知道,是谓"圣人之道,知序则几矣"。③蔡氏提出对数的认识亦有由形之数到气之数再到理之数的阶段性,即是提出了人认识能力的层级性。

蔡氏移五行之说配以人体性情,认为数者所以顺性命之理。一为水而肾,其德智。二为火而心,其德礼。三为木而肝,其德仁。四为金而肺,其德义。五为土而脾,其德信。数与五行、人之性情便奇妙地结合在了一起。"十干实五行,十二支实六气",蔡氏由五行六气之化合而推演宇宙之生化。五行在天则为《洪范》之庶征"雨旸燠寒风"(按庶征为六,蔡氏去掉"时"),蔡氏称之"五气"。在地则为水火木金土,蔡氏称之"五质"。天交于地而雨旸为质,地交于天而水火为气。雨以润之,旸以煤之,寒以敛之,燠以散之,风以动之。数生物不测,成物不贰,生居物先,成居物后,能奇能耦。二气交感绸缊杂揉,开合动荡,相生则水木火土金,相克则水火金木土,出明入幽,千变万化。木盛则水生之,金成则火制之。由五行之相生相克阐释了《洪范》五行之性,《洪范》云:"水曰润下,火曰炎上,木曰曲直,金曰从革,土爰稼穑",其德以顺而成。"金曰从革",其德因制而盛。顺而生者易知,逆而克者难见,或伏或伐。土居其中,因时致旺,四序成功而无名称焉,其德至矣!天地未生之前,清浊未判"五行六气实一气",此乃天地创立之根本,"一气"实本汉以来元气之说。天地已形,上下定位,五行六气剖判而衍生万物。就体而言则五行六气对待而不可阙,就用而言则五行六气往来而不可穷。蔡氏阐述《洪范》五行之性生化演

---

① 蔡沈:《洪范皇极内篇》,第704页。
② 蔡沈:《洪范皇极内篇》,第704页。
③ 蔡沈:《洪范皇极内篇》,第704页。

变,无疑借用了《太极图说》(无极)太极→阴阳→五行→万物的宇宙生成模式。

(三)象数关系。蔡沈认为象与数有明显的区别,"《河图》体圆而用方,圣人以之而画卦。《洛书》体方而用圆,圣人以之而叙畴",①其实也就是《易》象与《洪范》之数的区别,是从分殊角度看。卦体现的是阴阳之象,畴反映的是五行之数。象以耦立,数以奇行,奇耦之分,象数之始。从用的层面讲,象与数鸿沟立判。然世儒多混淆二者,"以数为象则奇零而无用,以象为数则多耦而难通"。②扬雄《太玄》以数为象,邵雍《皇极经世书》以象为数,故所论窒塞难通。象与数运行法则亦不同,象体现阴阳之对立,故用耦存奇;数体现五行之迭运,故用奇而存耦。是谓"《河图》非无奇也而用则存乎耦,《洛书》非无耦也而用则存乎奇。耦者,阴阳之对待乎? 奇者,五行之迭运乎?"③蔡氏把用与存这种源于占卜的数语衍化为了阐释"木盛而金衰,水寒而火囚,理有相需,而物不两大"④的宇宙消息休囚理论,"象以耦为用者也,有应则吉。数以奇为用者也,有对则凶",⑤卦象上下相应之位乃阴阳相求之理,数之中五特立而当时者独盛。阴阳和,畴数顺则天地定位,山泽通气。阴阳对待,五行迭运,便形天地,成四时,生人物,凝万化。这实质是在传统阴阳五行理论之中杂入占断之象数,并把象数作为宇宙万物生成的依据。从理一亦即体的层面讲,"阴阳五行,固非二体。八卦九畴,亦非二致",⑥象与数没有差异。蔡氏努力要把术数理论化、系统化、本体化,由于深厚的理学渊源,他的转化还是比较成功的。

蔡沈仿卦气值日,以一一至九九八十一数为一岁之运,每一数当四点四三天。又分二十四节气于其间,九数之重为八节之分也。一一,阳之始,为冬至。五五,阴之萌,为夏至。三三,阳之中,为春分。七七,阴之中,为秋分。二二,阳之长,为立春。四四,阳之壮,为立夏。五则阳极。六六,阴之长,为立秋。八八,阴之壮,为立冬。九则阴极。数有九而节仅八,故蔡氏合一一与九九于冬至,认为"一九首尾为一者,一岁首尾于冬至"。⑦九数之演变反映为宇宙之

---

① 蔡沈:《洪范皇极内篇》,第708页。
② 蔡沈:《洪范皇极内篇》,第708页。
③ 蔡沈:《洪范皇极内篇》,第708页。
④ 蔡沈:《洪范皇极内篇》,第708—709页。
⑤ 蔡沈:《洪范皇极内篇》,第708页。
⑥ 蔡沈:《洪范皇极内篇》,第708页。
⑦ 蔡沈:《洪范皇极内篇》,第709页。

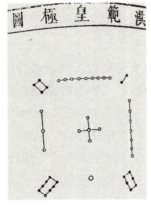

变化规律,一者九之祖,九者八十一之宗,圆之而天(指《九九圆数图》),方之而地(指《九九方数图》),行之而四时(指《九九行数图》)。天所以覆物,地所以载物,四时所以成物,三图以数的形式揭示造化演变。蔡沈认为数始于一,参于三,究于九,成于八十一,备于六千五百六十一。八十一者,数之小成也。乃一岁之终始。八十一之八十一为六千五百六十一,数变之极,乃数之大成。天地之变化,人事之始终,古今之因革,莫不著明于此。指示了宇宙变化之奇妙与规律。数凡九变①而穷变化之极。

《洛书》据传说是刻于龟背之文,而象数家以为是排列有规律的一至九个自然数,九数方阵横纵斜线三数之和均为十五,象数家认为此神秘数字蕴涵宇宙信息,便推衍为解释宇宙万物的一种模式。此九数变化无穷,一为数之始而不变,乃众数之源,十者一之变,百者十之变,千者百之变,万者千之变,十百千万皆源于一。九为数之终尽变,一九二八三七四六互相变通,三五七变而少不能以该乎物,二四六八变而耦不能以及乎奇。《洛书》数九而用十,九为生数,十为成数。数非九不生,非十不成,九以通之,十以节之,九以行之,十以止之。九者变通之机,十者五行之叙。数成而五行备,以见其体用之不相离。惟九数奇耦相参,多寡相涵,始尽变化之妙。变化之数可尽天下之则,数以事立,亦以事终,数与事酬酢无常。自一而九,自九而一,数虽万变而五常在中。中乃天下之大

本！传统认为《尚书·洪范》中有《洛书》之文,蔡沈用数阐释了《洪范》第五畴皇极的意义,无疑这里指示了君权的绝对权威,帝王君天下的先天合理性。

蔡沈以数配五行干支,《洪范》"一五行:一曰水,二曰火,三曰木,四曰金,五曰土",蔡沈又用数和阴阳阐释《洪范》之文,结合《易·系辞上》曰:"天一,地二,天三,地四,天五,地六,天七,地八,天九,地十。"蔡沈认为天之中数为五,地之中为数六。天有阴阳,阴阳合数为十,故二其五为一十,合三与七、一与九亦十,十为天干,十正好应对十天干。地有柔刚,阴阳合数为十二,故二其六为十二,合四与八、二与十亦十二,十二之数正好应对地支之数。这样数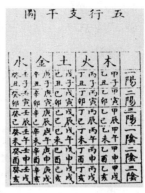

与干支就紧密结合起来了。五行有阴阳,六气有柔刚,故干有十、支有十二。其实《洪范》之文本谓五行之序,与蔡氏所言之数无关,蔡氏只是借《洪范》推衍其象数理论而已。

(四)数与教化。蔡沈认为数之用利民而不费,济世而不穷,神化而不测,是圣人教天下后世之具。圣人安于数则能建皇极之教,蔡沈引"皇极畴"①阐释了皇极之世的治世理想,认为皇极之世,五品逊而太和合,父子有亲,君臣有义,夫妇有别,长幼有序,朋友有信。圣人因理以著数,天下因数以明理。国家将兴必有祯祥,国家将亡必有妖孽,善必先知之,不善必先知之。圣人则因天下之疑定天下之志,去恶而就善,舍凶而趋吉。礼仪三百,威仪三千,皆天道之流行,因数之教。圣人安于数,贤人守于数,愚者悖于数。圣人安于数则历数在躬,不思而得,不勉而中。贤人则体数之常,不易其方,顺时而行。小人无所忌惮,逆数越理,乱天之纪。

数之原起于溟漠之间,先天地而生。阴阳分,四象成,数始分。数著于宇宙万物,上有日月星辰,下有山岳川泽。数之化则四时迭运不穷,五气以序流通,风雷不测,雨露润泽,万物各具形色。圣人继世,立五常之人极以为数之

① 《洪范》云:"皇建其有极,敛时五福,用敷锡厥庶民。惟时厥庶民,于汝极,锡汝保极。凡厥庶民,无有淫朋,人无有比德。惟皇作极。无偏无陂,遵王之义。无有作好,遵王之道。无有作恶,遵王之路。无偏无党,王道荡荡。无党无偏,王道平平。无反无侧,王道正直。会其有极,归其有极。"

教。蔡沈汇经籍中与数有关之制度，认为是数之度。① 进而认为《中庸》"为天下国家有九经"章②均为数之制度，所谓"凡为天下国家有九经，所以行之者一也"，按：朱子《中庸章句集注》谓"一"义为"诚"，"九"指治国的九个方面的措施，与数无关。凡此制度之说皆捕风捉影，向壁凿空。

（五）数与占卜。蔡沈仿《易·说卦》以物象附五行，著五行动、植物属图，五行事类吉、凶图③，以此断吉凶。认为圣人原数以决天下之疑，以成天下之务，以顺性命之理，析事辨物而彰往察来。是故天数五，地数六，五六者天地之

---

① 蔡沈云："分天为九野、别地为九州、制人为九行、九品任官、九井均田、九族睦俗、九礼辨分、九变成乐、八阵制兵、九刑禁奸、九寸为律、九分造历、九筮稽疑、九章命算、九职任万民、九赋敛财贿、九式节财用、九府立圜法、九服辨邦国、九命位邦国、九仪命邦国、九法平邦国、九伐正邦国、九贡致邦国之用、营国九里、制城九雉、九阶九室九经九纬，数之度也。"

② 蔡沈云："孔子曰，为天下国家有九经，曰修身也，尊贤也，亲亲也，敬大臣也，体群臣也，子庶民也，来百工也，柔远人也，怀诸侯也。修身则道立，尊贤则不惑，亲亲则诸父昆弟不怨，敬大臣则不眩，体群臣则士之报礼重，子庶民则百姓劝，来百工则财用足，柔远人则四方归之，怀诸侯则天下畏之。齐明盛服，非礼不动，所以修身也。去谗远色，贱货而贵德，所以劝贤也。尊其位，重其禄，同其好恶，所以劝亲亲也。官盛任使，所以劝大臣也。忠信重禄，所以劝士也。时使薄敛，所以劝百姓也。日省月试，既禀称事，所以劝百工也。送往迎来，嘉善而矜不能，所以柔远人也。继绝世，举废国，治乱持危，朝聘以时，厚往而薄来，所以怀诸侯也。凡为天下国家有九经，所以行之者一也。"

③ 蔡沈云："五行之性，曰木、曰火、曰土、曰金、曰水。六气之质，曰胎、曰生、曰壮、曰老、曰死、曰化。木之质也，曰杨柳、曰梅李、曰松栢、曰竹苇、曰禾麦、曰葟。火之质也，曰木火、曰石火、曰雷火、曰油火、曰虫火、曰磷。土之质也，曰砂、曰石、曰玉、曰土、曰壤、曰泥。金之质也，曰汞、曰银、曰金、曰铜、曰铁、曰铅。水之质也，曰涧水、曰井水、曰雨水、曰沟渠、曰陂泽、曰湖海。木之物也，曰鲮鲤、曰蛇、曰龙、曰鲤鲂、曰小鱼、曰鳅。火之物也，曰鸡、曰雉、曰凤、曰鹰隼、曰燕雀、曰蟏蟭（案篇首有五行动物属图，火之物，曰雁、曰鸡、曰凤鹤、曰鹰隼、曰燕雀、曰枭蟏蟭。与此小异）。土之物也，曰蟾蜍、曰蚕、曰人、曰蜘蛛、曰蚓、曰鳗。金之物也，曰鹿、曰马、曰麟、曰虎、曰獭（案獭篇首图中作牛豕）、曰毛虫。水之物也，曰蠏、曰鲨、曰龟、曰虾、曰蚌、曰蛎。木之器也，曰疏窗、曰琴瑟、曰规、曰算筛、曰耒耜、曰网罟。火之器也，曰登器梯棚、曰文书、曰绳、曰冠冕（案篇首《五行用物属图》作笔砚）、曰台棹。履蹑土之器也，曰腹器筐筥、曰圭璧、曰量、曰舟车、曰盘盂、曰棺椁。金之器也，曰方器斧钺、曰印节、曰矩、曰弓矢、曰简册、曰械校水之器也、曰平器权衡、曰轮磨、曰准、曰镜奁、曰研椎、曰厕圂。""逆顺者事之几也，吉凶者事之著也。顺而吉者，木为征召、为科名、为恩赦、为婚姻、为产孕、为财帛。火为燕集、为朝觐、为文书（案篇首《五行事类吉图》首燕集，次文书，次朝会。与此小异）。为言语、为歌舞、为灯烛。土为工役、为循常、为盟约、为田宅、为福寿、为坟墓。金为赐予、为按察、为更革、为军旅、为钱货、为刑法。水为交易、为迁移、为征行、为酒食、为田猎、为祭祀。逆而凶者，木为陧杌、为惊忧、为丑恶、为压坠、为夭折、为产死。火为公讼、为颠狂、为口舌、为炙灸、为灾焚、为震毁。土为反复、为欺诈、为离散、为贫穷、为疾病、为死亡。金为征役、为罢免、为责降、为争斗、为伤损、为杀戮。水为盗贼、为囚狱、为徒流、为淫乱、为咒咀、为浸溺。"（影印文渊阁《四库全书》子部第 111 册，第 701—702 页）

中合也。五为五行,六为六气,阳性阴质。数是理的当下显现"理之时",辞是数之意义,吉凶是按理而得的占断结果。《大禹谟》"惠(顺)迪(道)吉","从逆凶"者,又乃吉凶决定于人事也。因气有醇漓,所以数有得失。天地不能改易,惟人能易之,行善则吉,行恶则凶,吉凶之应于善恶犹影响之形声。蔡氏显然于占中寓教化,把吉凶委于人之行事,而不是冥冥之数。蔡氏构造了八十一之皇极数以为占断之用。蔡沈以八十一字为皇极数之名①,《洪范》数名与《易卦》同者:蒙、壮、比、晋、益、豫、升、过、损、讼、革,凡十有一。与《太玄》首同者:守、闲、成、常、亲、从、交、中、疑、馂、戾、翕、坚、止、养、遇,凡十有六。与《潜虚》行

同者:柔、昧、却、厉、宾、育、兴,凡七。当为杂取众家而成。每一数名又演为八十一数,然后以数之吉凶,即一为吉,二为咎,三为祥,四为吝,五为平,六为晦,七为灾,八为休,九为凶而占人事万物之变化,是所谓"一吉而九凶,三祥而七灾,八休而二咎,四吝而六悔,五中则平,八数周流,推类而求。"②(如图《损六

---

① 按:八十一畴数之名为:一一为原、一二为潜、一三为守、一四为信、一五为直、一六为蒙、一七为闲、一八为须、一九为厉、二一为成、二二为冲、二三为振、二四为祈、二五为常、二六为柔、二七为易、二八为亲、二九为华、三一为见、三二为获、三三为从、三四为交、三五为育、三六为壮、三七为兴、三八为欣、三九为舒、四一为比、四二为开、四三为晋、四四为公、四五为益、四六为章、四七为盈、四八为锡、四九为靡、五一为庶、五二为决、五三为豫、五四为升、五五为中、五六为伏、五七为过、五八为疑、五九为寡、六一为饰、六二为戾、六三为虚、六四为昧、六五为损、六六为用、六七为郊、六八为翕、六九为远、七一为迅、七二为惧、七三为除、七四为弱、七五为疾、七六为竞、七七为分、七八为讼、七九为收、八一为实、八二为宾、八三为危、八四为坚、八五为革、八六为报、八七为止、八八为戎、八九为结、九一为养、九二为遇、九三为胜、九四为囚、九五为壬、九六为固、九七为移、九八为堕、九九为终。

② 蔡沈:《洪范皇极内篇》,第718页。

之五》)以八十一字明数变中之变。这实质是仿《太玄》八十一赞,并受孟喜、京房卦气影响而作,以八十一首每首主四日半,以象一年中的阴阳消长、寒暑变化,是一个统一了时间空间的宇宙模式。实仿《易》之作,借《洪范》以相高,与《洪范》了无干系。

蔡沈《洪范》八十一数之名又属辞以仿《易》之卦辞,如"原,元吉。几,君子有庆","潜勿用有攸往,正静吉"①(参图《损六之五》)。准《易》暂称为"数经"。其下仿《象辞》而有《数辞》,如《原》之数曰:"原诚之源也,几继而善也。君子见几,有终吉也。"②《潜》之数曰:"潜,藏也。勿用,有攸往,阳微也。正静吉,正而静,所以吉也。君子藏器于身,待时而动,故无不利也。"③但蔡氏《洪范》之《数辞》于《内篇》仅见于《原》,《外篇》有《潜》、《中》、《终》,余则无《数辞》,乃未完之作。又八十一数之名的内在联系,仅从现有数语可观大略,蔡沈云:"原者(一一),气之始也。冲者(二二),形之始也。中者(五五),治之极也。用者(六六),物之窒也。终者(九九),事之毕也。原者,仁之先也。用者,义之端也。公者(四四),礼之闲也。戎者(八八),智之刭也。中者,信之完。原者,近乎中也。伏者(五六),远乎中也。"④以此知按蔡氏构想当有阐释各数名之联系及意义的内容,如《易》之《说卦》《序卦》,由于该书未完而不可得知其详。

蔡氏占法之要在于"其蓍五十虚一,分二挂一,以三揲之,视左右手归余于扐,两奇为一,两耦为二,奇耦为三。初揲纲也,再揲目也,纲一函三,以虚待目,目一为一,以实从纲,两揲而九数具,八揲而六千五百六十一之数备"。⑤即两奇为一,两耦为二,奇耦为三。初揲之数为纲,再揲之数为目,纲一函三,以虚待目,一则作三,二则作六,三则作九。再揲为目,目一则一,以实从纲,一则为一,二则为二,三则为三,纲目数成,各除九数,用其零数成卦。若纲得一数而遇目之一则为一,纲一而目二则为二,纲一而目三则为三。若纲二而遇目之一则为四,纲二而目二则为五,纲二而目三则为六。若纲三而遇目之一则为七,纲三而目二为八,纲三而目三则为九。纲目相配,两揲而九数具,若再加两

---

① 蔡沈:《洪范皇极内篇》,第718页。
② 蔡沈:《洪范皇极内篇》,第713页。
③ 蔡沈:《洪范皇极内篇》,第713页。
④ 蔡沈:《洪范皇极内篇》,第713页。
⑤ 蔡沈:《洪范皇极内篇》,第718页。

撰如前所占,则得八十一数之一而大全矣。于四撰之后又加四撰以求其小数,而决吉凶。[①]《洪范》八十一图,始于一一之原,终于九九之终,是为《皇极》大数,犹《易》之有六十四卦。然《易》六十四卦各有六爻,总为三百八十四爻,以定吉凶。故《范》数自原至终有八十一大数,而一数之下又各列八十一之小数。所以四撰之后又加四撰以求其小数而决吉凶,如原之一一则为元吉,原之一二则为无咎,而原之九九则大凶。八撰而六千五百六十一之数备。又散四时节气于各数之间,欲因其时而观数之吉凶。确立了与《易》不同的占法。这完全是借《洪范》九畴之说发挥一己思想,与《洪范》内容了不相干。

数占以诚敬为本,蔡沈认为义之所当为而不为,非数之所能知。义之所不当为而为,亦非数之所能知也。非义不占,非疑不占,非疑而占谓之侮,非义而占谓之欺。占者必虚其心,和其志,平其气,一其听以占。此至诚可以动天。敬又圣学始终之要,未知则敬以知之,已知则敬以行之。不敬则心无管摄,颠倒眩瞀,不能有所知,有所行,不能明义利,不能得天下公心正理。敬则能“遵王之道”,无有党偏偏陂反侧[②]。故占则事无不应,谋之而用无不成。这与“因鬼神设教”的精神是一脉的。

四、蔡氏“洪范学”略评

《洪范》之文本以明理,非以明数,其事绝不相谋,后人以《乾凿度》太一行九宫法指为《洛书》。至宋而图书之说大兴,遂以为《洪范》确属《洛书》,《洛书》确属龟文,龟文确为戴九履一等九数。于是圣人叙彝伦之书一变而为术家谈奇偶之书,确非解经正途。《洪范皇极内篇》虽以占断为用,但融入了丰富的理学思想,创造了一个解读宇宙的新模式,是宋儒探究性与天道的理论结晶,也是宋代象数之学的重要成果。胡无枚评论《洪范皇极内篇》云:“大抵以

---

① 按:明章懋解释曰:“其用十二木者,不过以记其撰蓍,所得之数非以木而占筮也。其木厚一分、径九分,阳刻一、阴刻二者,四阳刻二、阴刻三者,四阳刻三、阴刻一者,四共为十二木,占筮之时,杂取其八,以记数如撰,得纲数之一二三则以阳刻之木记之,撰得目数之一二三则以阴刻之木记之,始焉初撰、再撰则其纲与目合而得九数之一。继焉初撰、再撰则其纲与目合又得九数之一,则成四撰而九九八十一之数具矣。”(影印文渊阁《四库全书》子部第111册,第718页)

② 《洪范》云:“无偏无陂,遵王之义。无有作好,遵王之道。无有作恶,遵王之路。无偏无党,王道荡荡。无党无偏,王道平平。无反无侧,王道正直。”这里是借《洪范》之言推衍占断之义。

性命为端,以礼义为准,因古设教,即事示戒,欲正而不欲邪,欲中而不欲偏,为君子谋而不为小人谋。凡所以揭天理、叙民彝、趋势迷障人欲者,虽不与《易》同象,而未尝不与《易》同归也。"①对此书评价颇为中肯。其后演范一派并未把精力放在蔡氏性与天道的阐述上,而更多地关注并恶劣地发展了其数占的一面。

蔡沈对《洪范》的独到理解与阐释,建立起了以象数解释宇宙万物的新模式,并沟通了与朱子理气、太极、心性、理一分殊等思想的联系。蔡氏《洪范皇极内篇》实质是在象数与理学之间架起了一道桥梁,以理学思想阐释象数,赋予了象数以理学的精神,使数脱离了术数的本质,同时又为理学增添了象数的新内容。

蔡沈《洪范》之学是承自其父蔡元定的独得之秘,在朱门弟子中没有第二人,这是朱子选他为自己《书》学传人的根本原因。但要强调一点的是,蔡氏以象数解《洪范》是独立成书的,没有介入《书集传》中,这一处理方式可能是庆元五年末至庆元六年间朱子与蔡沈讨论《书集传》体例的结果,这种处理有效地避免了一枝独大导致的整体不和谐,同时也避免了经解的驳杂。

第三节　朱子与蔡沈《书》学异同

朱子的《尚书》学思想集中体现在《语类》卷七十八、七十九,《文集》卷六十五及与亲旧的论学书信中。《语类》卷七十八《尚书纲领》阐述了解读《尚书》的基本原则,《语类》卷七十九论及《尚书》各篇的个别问题,《文集》卷六十五乃朱子亲稿数篇以授蔡沈者,为其《书集传》之范式。较之《书经集传》,可见师弟子间异同,亦可见蔡沈大匠独运之功。

一、补充订正师说

庆元五年冬,蔡沈始至考亭与朱子详细讨论《书集传》,直至朱子临终。蔡氏未得全受朱子《书》学之微言大义,故师说之一善罔不兼采,每援《语类》

---

① 蔡鹗辑:《蔡氏九儒书》卷六《洪范皇极内篇序》,《续修四库全书》第 346 册,第 797 页。按:胡氏为天台人,其余不详。

之材料以入《书集传》，合众说为一，尤见其尊师重道之意。朱子《语类》所论每提起大要，蔡沈据此敷衍，增入己意。《尧典》"方命圯族"，朱子云"方，逆也。命，上之令也。言专任己意，不从上令也。"①蔡沈则增入辅广所录朱子语，云："方命者，逆命而不行也。王氏曰：'圆则行，方则止。方命，犹今言废阁诏令也。'盖鲧之为人悍戾，自用不从上令也。"②《说命》"惟学逊志，务时敏……厥德修罔觉"，朱子在《语类》中有详细阐释。③《语类》为观点自由阐发，所以务详尽。蔡沈合林赐与沈侗所录朱子语加以简括，云："逊，谦抑也。务，专力也。时敏者，无时而不敏也。逊其志，如有所不能。敏于学，如有所不及。虚以受人，勤以励己，则其所修，如泉始达，源源乎其来矣。兹，此也。笃信而深念乎此，则道积于身不可以一二计矣。夫修之来，来之积，其学之得于己者如此。""敩，教也，言教人居学之半。盖道积厥躬者，体之立；敩学于人者，用之行。兼体用、合内外而后圣，学可全也。始之自学，学也。终之教人，亦学也。一念终始，常在于学，无少间断，则德之所修有不知其然而然者矣。或曰受教亦曰敩，敩于为学之道半之，半须自得。此说极为新巧，但古人论学语皆平正的实，此章句数非一，不应中间一语独尔巧险，此盖后世释教机权，而

---

① 朱熹：《文集》卷六十五，第 3159 页。

② 《朱子语类》卷七十八云："王氏曰：'圆则行，方则止，犹今言废阁诏令也'。盖鲧之为人悍戾自用，不听人言语，不受人教令也。"（第 2646 页）

③ 《朱子语类》卷七十九云："逊志者，逊顺其志，捺下这志入那事中，仔细低心下意，与它理会。若高气不伏，以为无紧要，不能入细理会得，则其修亦不来矣。既逊其志，又须时敏，若似做不做，或作或辍，亦不济事。须是'逊志，务时敏'，则'厥修乃来'，为学之道，只此二端而已。又戒以允怀兹二者，则道乃积于厥躬。积者，来得件数多也。'惟敩学半'，盖已学既成，居于人上，则须教人。自学者，学也，而教人者亦学。盖初学得者是半，既学而推以教人，与之讲说，己亦因此温得此段文义，是敩之功一半也。'念终始典于学'，始之所学者，学也；终之所以教人者，亦学也。自学、教人，无非是学。自始至终，日日如此，忽不自知其德之修矣。或举葛氏解云：'傅说与王说，我教你者，只是一半事，那一半要你自去行取。故谓之终始。'曰：'某旧为同安簿时，学中一士子作《书》义如此说，某见它说得新巧，大喜。之后见喻子才跋某人《说命解》后，亦引此说。'又曰：'傅说此段说为学工夫极精密。伊尹告太甲者极痛切。'"林赐录云："因说'敩学半'曰：近见喻子才《跋说命》云：'教只教得一半，学只学得一半，那一半教人自理会。'伯恭亦如此说。某旧在同安时，见士人作《书》义如此说。燮孙录云："某看见古人说话不如此险。"先说'王人求多闻，时惟建事'，此是人君且学且教，一面理会教人，一面穷义理。后面说'监于成宪，其永无愆'数语，是平正实语。不应中间翻空一句，如此深险。燮孙录云："言语皆平正，皆是实语，不应得中间翻一个筋斗去。"如说敩只得一半，不成那一半掉放冷处，教他自得！此语全似禅语，只当依古注。燮孙录云："此却似禅语。五通仙人问佛，六通如何是那一通？那一通便是妙处？且如《学记》引此，亦只是依古注说。"（第 2699—2701 页）

误以论圣贤之学也。"①蔡氏著《书集传》充分利用了《语类》中的材料。又《书集传》为注疏之体,故较《语类》简净。

蔡沈解《书》多补充以完足朱子语意,如《尧典》"方鸠僝功",朱子云:"言方且鸠聚而见其功也。"蔡沈加"共工"于"方"字前补出行为主体,从伪《孔传》之说。按:朱子又云:"'僝功'亦非灼然知是为见功,亦且是依古注说。……都不成文理,不可晓。"②可知此非朱子定论。《舜典》"月正元日,舜格于文祖",朱子云:"孔氏曰:舜服丧三年毕,将即政,故复至文祖庙告。"③蔡沈加"汉"于"孔氏"前以区别唐孔颖达。《召诰》"越七日甲子,周公乃朝用书命庶殷侯、甸、男、邦、伯",朱子以"书"为"赋功属役之书。"蔡沈引《左传》"士弥牟营成周,计丈数,揣高卑,度厚薄,仞沟洫,物土方,议远迩,量事期,计徒庸,虑材用,书糇粮,以令役于诸侯"④以证实古有此制。《洛诰》"记工宗,以功作元祀",朱子意谓记功臣之功而尊之,因新邑殷祀而告之神明。引王氏记功若"纪于太常,藏在盟府"之说为解。蔡沈引《祭法》"圣王之制祭祀也,法施于民则祀之,以死勤事则祀之,以劳定国则祀之,能御大灾则祀之,能捍大患则祀之"⑤之制度,说明古有"功臣皆祭于大烝,而勋劳之最尊显者则为之冠"之制。《召诰》"皇天上帝改厥元子,兹大国殷之命,惟王受命无疆惟休,亦无疆惟恤。呜呼,曷其奈何弗敬!"朱子以其主敬之修养论谓此数句乃"一篇之大指也"。⑥ 蔡沈加按语谓"此篇专主敬言,敬则诚实无妄,视听言动一循乎理,好恶用舍不违乎天,与天同德,固能受天明命也。人君保有天命,其有要于此哉! 伊尹亦言'皇天无亲,克敬惟亲'。敬则天与我一矣。尚何疏之有!"⑦于"敬"之一字大加敷衍,完足朱子之意。

蔡沈还订正了朱子训解的不少错误。如《尧典》"象恭滔天",朱子云:"滔

---

① 蔡沈著,钱宗武、钱宗弼整理:《书集传》卷三,凤凰出版社2010年版,第113—114页。
② 《朱子语类》卷七十八,第2644页。
③ 朱熹:《文集》卷六十五,第3168页。
④ 杨伯峻:《春秋左传注·昭公三十二年》,中华书局1990年版,第1518—1519页。
⑤ 孙希旦:《礼记集解》卷四十五,中华书局1989年版,第1204页。
⑥ 朱熹:《文集》卷六十五云:"元子者,天之元子。陈曰:元子不可改,而天改之,大国未易亡,而天亡之,天命之无常如此。今王受天命,诚无疆之福,然亦无疆之忧也。其可不敬乎! 此数句者,一篇之大指也。"(第3185页)
⑦ 蔡沈著,钱宗武、钱宗弼整理:《书集传》卷三,第181页。

天二字未详,不可晓,与下文(即"浩浩滔天")不相似,疑有舛误。"①按:《语类》卷六十八辅广录朱子云:"'象恭滔天','滔天'二字羡,因下文而误。"可知"不"字为衍文,蔡沈云:"与下文相似",删去"不"字。②《尧典》"浩浩滔天,下民其咨",朱子云:"极言下民其咨,其大势若漫天也。"③蔡沈云:"浩浩,大貌。滔,漫也。极言其大势若漫天也。"④按:"浩浩滔天"指水势大,朱子意谓民怨沸腾,误。《舜典》"让于朱虎、熊罴",朱子曰:"高辛氏之子有曰伯虎、仲熊。太史公曰朱虎、熊罴为伯益之佐。"⑤朱子准《传》以为二人,蔡沈以为四人,云:"朱、虎、熊、罴四臣名也。高辛氏之子有曰仲虎、仲熊,意以兽为名者,亦以其能服是兽而得名欤?《史记》曰:朱、虎、熊、罴为伯益之佐。⑥ 前殳、斨、伯与当亦为垂之佐也。"⑦但未提出依据。按:朱子引《传》云:"殳斨,伯与二臣名。"但又云:"殳以积竹为兵,建于兵车者。斨,方銎斧也。古者多以其所能为名,二人岂能为二器者与?"⑧此两说矛盾,盖朱子对《传》说有怀疑。蔡沈据朱子后一说改为"殳、斨、伯与,三臣名也。"⑨

又如《大诰》一篇,朱子谓当时外有武庚、管蔡之叛,内有成王之疑,周室方且岌岌。周公作此书,必欲以此耸动天下。而《大诰》不过说我后人不可不有以成就周家所创之基业。其后又专归在卜上。其意思缓而不切,殊不可晓。⑩ 朱子本理想圣人人格为说,不明殷周之际世俗有尚鬼崇筮之观念。蔡沈《题解》按语云:"此篇诰语多主卜言,……意邦君御事有曰艰大不可征,欲王违卜,故周公以讨叛卜吉之义与天命人事之不可违者反复诰谕之也。"⑪沈破师说,所解为当。《洛诰》"王曰:公定,予往已。公功肃将祗欢,公无困哉。我惟无斁其康事,公勿替刑,四方其世享。"朱子以为此乃成王与公诀而归之言。周公定居洛,成王往归宗周。"公无困哉",谓周公无以事自困,犹汉所谓

---

① 朱熹:《文集》卷六十五,第3159页。
② 蔡沈著,钱宗武、钱宗弼整理:《书集传》卷三,第5页。
③ 朱熹:《文集》卷六十五,第3159页。
④ 蔡沈著,钱宗武、钱宗弼整理:《书集传》卷三,第5页。
⑤ 朱熹:《文集》卷六十五,第3171页。
⑥ 按:《史记·五帝本纪》未言为四人,盖蔡沈准殳、斨为二人推论。
⑦ 蔡沈著,钱宗武、钱宗弼整理:《书集传》卷三,第16页。
⑧ 朱熹:《文集》卷六十五,第3171页。
⑨ 蔡沈著,钱宗武、钱宗弼整理:《书集传》卷三,第16页。
⑩ 《朱子语类》卷七十九,第2718页。
⑪ 蔡沈著,钱宗武、钱宗弼整理:《书集传》卷三,第157页。

闵劳公以官职之事。成王则当无厌倦于安国安民之事,而欲周公仪刑四方,则四方其世享。然"公无困哉"一句所解与上下文不协。蔡沈另寻别解谓人皆敬仰悦怿周公之功德,成王欲周公留洛以镇抚洛邑慰怿人心,毋求去以困成王。语意流畅。《前汉书》两引为"公无困我!",①"公无困哉我"当是"公无困我哉"之倒文,蔡氏改"哉"为"我",得其义而未得其辞。"予齐百工,伻从王于周,予惟曰庶有事",朱子认为此本周公摄政时言,"齐百工"谓百官总己以听。"从王于周"乃周公所总百官今使之从王归宗周,而周公则留治洛,恐新邑之有事也。蔡沈则认为此乃周公将适洛时之言,周公微示成王欲其自教诏百官。蔡氏改易朱子之意。按朱子误,王国维《洛诰解》云"此周公承成王之意,使在宗周之百官,皆往新邑助王行祀礼也。"②当为适洛时事。"孺子其朋,其往。无若火始焰焰,厥攸灼叙,弗其绝",朱子训"朋"为"朋僚",谓不可不慎其朋僚,防微杜渐。蔡沈训"朋"为"比",谓成王论功行赏不可徇比党之私,徇私之害,其初甚微,其终至于不可遏绝,故当禁之于未然。沈改易朱子之意。按章太炎云:"谓左右当慎所与,义与前后不相属","自'予齐百工'起至'叙弗其绝'止,大致谓予摄揆百工,使从王于镐京,……君臣旅进,毋令前后递行,……盖以助祭祀功不可失次故。"③窃谓章氏得经文本义。以上皆见蔡氏大匠独运之功。

蔡沈对朱子《书》解的订正与补充确可见其有功于朱子。

二、章句义理之别

朱蔡对《尚书》经文章节划分及句读时有不同。句读方面如《舜典》"柴望,秩于山川",朱子云:"燔柴以祀天而遂望祭。东方之山川,又各以其秩次而就祭之也。"④蔡沈云:"柴,燔柴以祀天也。望,望秩以祀山川也。"⑤按沈未从师说,断句亦不同。朱子"柴望"句,沈以"望"属下句,尊郑玄注。⑥ 又如

---

① 按:《汉书》卷六十《杜钦传》"《书》不云乎?'公毋困我!'"(第 2677 页),卷九十八《元后传》载汉成帝与王凤诏书云"《书》称:'公毋困我'"(第 4023 页)。此诏书写于"阳朔元年"。

② 王国维:《观堂集林》,中华书局 1959 年版,第 34 页。

③ 按:转引自刘起釪:《尚书校释译论》,中华书局 2005 年版,第 1476、1477 页。

④ 朱熹:《文集》卷六十五,第 3165 页。

⑤ 蔡沈著,钱宗武、钱宗弼整理:《书集传》卷三,第 11 页。

⑥ 郑玄云:"柴者,考绩燎也。望秩于山川者,遍以尊卑祭之。"(《丛书集成初编》本《古文尚书》,郑玄、马融注,王应麟撰集,孙星衍补集,第 49 页)按:郑氏意指祭山川按其大小比三公、诸侯、卿大夫之礼,似望文生义。杨钧如《尚书核诂》疑"秩"为"祀"之假借,似得其实。

《大诰》"用宁王遗我大宝龟"①，"用"字朱子属下，而蔡沈《书集传》则属上句，不从师说，沈误。

篇章小节分合不同，有的分节与对经文的理解、释义无关。如《大禹谟》"禹曰枚卜功臣，……率百官若帝之初。"蔡沈分"正月朔旦"以下为另一节。朱子云："《禹贡集义》今当分解。如'冀州，既载壶口，治梁及岐'，当分作三段，逐段下注地名，汉为某郡县，唐为某郡县，今为某郡县。下文'既修太原，至于岳阳（按蔡沈此下另为一段），覃怀底绩，至于衡、漳'当为一段，'厥土白壤'云云又为一段。'碣石'云云又为一段，方得仔细。且先分细段解了，有解得成片者，方成片写于后。黑水、弱水诸处，皆须细分，不可作大段写。"②《召诰》"越三日丁巳，用牲于郊，牛二"，"越翼日戊午，乃社于新邑，牛一、羊一、豕一"。蔡沈合为一节。"厥既命殷庶，庶殷丕作。""太保乃以庶邦冢君出取币，乃复入，锡周公。曰：拜手稽首，旅王若公。"所记为两事，当分为两节，沈是。"拜手稽首曰：予小臣，……王末有成命，王亦显"，"我非敢勤，惟恭奉币，用供王能祈天永命。"蔡沈合为一节。《洛诰》"予惟乙卯朝至于洛师，我卜河朔黎水，我乃卜涧水东、瀍水西，惟洛食。我乃卜瀍水东，亦惟洛食"，"伻来以图及献卜。"蔡沈合两节为一。"王拜手稽首曰：公不敢不敬天之休，来相宅，其作周匹休"，"公既定宅，伻来，来示予卜休恒吉。我二人共贞"，"公其以予万亿年敬天之休"，"拜手稽首诲言"，蔡沈合此数节为一。"厥若彝及抚事如予，惟以在周工"，"往新邑，伻向即有僚。明作有功，惇大成裕，汝永有辞。"蔡沈合为一节。"听朕教汝于棐民彝，汝乃是不蘉，乃时惟不永哉"，"笃叙乃正父，罔不若予，不敢废乃命。汝往敬哉。兹予其明农哉，彼裕我民，无远用戾。"蔡沈合为一节。"惟公德明，光于上下，勤施于四方，旁作穆穆迓衡，不迷文、武勤教。""予冲子夙夜毖祀。"蔡沈合两节为一。这些分合不影响经文意义的理解。

有的分节则反应了二人对经文的不同理解。《召诰》"其惟王勿以小民淫用非彝，亦敢殄戮用乂民。若有功，其惟王位在德元。小民乃惟刑用于天下，越王显。"朱子用苏轼说，"若有功"断在下句，认为民有功，则王亦有德。蔡沈

① 《朱子语类》卷七十九杨道夫问："更如先儒点'天降割于我家不少延'，'用宁王遗我大宝龟'，皆非注家所及。"朱子回答曰："然。"（第2723页）
② 《朱子语类》卷七十九，第2685页。

断为上句结语,以为周公戒成王勿以小民过用非法而殄戮以治之,惟顺而导之,方可以成功。师徒二人对经文理解不同,朱子是。《洛诰》"乃汝其悉自教工,孺子其朋",朱子解释为"凡汝所自教之工,乃我之朋,犹言太史友、内史友、友邦冢君也",盖训"朋"为"同僚",将两"孺子其朋"分属两节,与传统说法大异。蔡沈遵从《孔传》旧说,训"朋"为"比",解此句意为"孺子其可少徇比党之私",移在下一节,合两"孺子其朋"。按"孺子其朋"反复,乃强调之词,当在一节。"公曰:已!汝惟冲子惟终。""汝其敬识百辟享,亦识其有不享。享多仪,仪不及物,惟曰不享。惟不役志于享,凡民惟曰不享,惟事其爽侮。乃惟孺子颁朕不暇。"朱子引苏轼语,认为"惟终"即当思"志乎物而不役志于礼,则诸侯慢而王室轻矣。"蔡沈谓"惟终"意谓"周之王业,文武始之,成王当终之也",故此一句属上一节,谓上一节"详于记功教工内治之事",下一节"统御诸侯教养万民之道。"蔡氏从《伪孔传》说。按朱子作一节是,《伪孔传》、蔡沈说非。俞樾《群经平议》云:"此文'惟终'当作'惟崇'。'汝惟冲子,惟终'与《召诰》'有王虽小,元子哉'文义正同。《礼记·祭统篇》'崇祀宗庙社稷',郑注曰:'崇,犹尊也。'言汝虽冲幼,然汝位甚崇,故宜'敬识百辟享'也。"①俞氏探得确解。"王若曰:公明保予冲子,公称丕显德,以予小子扬文武烈,奉答天命,和恒四方民,居师,惇宗,将礼,称秩元祀,咸秩无文。"蔡沈"惇宗"以后为一节。按:当以朱子为是,成王谓此数事皆仰周公而成,蔡沈之分无意义。

比较朱蔡师徒二人训诂,蔡沈对朱子训诂义理并非完全遵从,有删节、误改、不从师说者,其详如下。

1. 误改师说,删节不当

蔡沈在《书集传》中有删节朱子训释文字之处。《尧典》:"历象日月星辰"一节朱子加两按语:"今按:中星或以象言,或以次言,或以星言者,盖星适当昏中,则以星言,如星虚、星昴是也;星不当中而适当其次者,则以次言,如星火是也;次不当中而适界于两次之间者,则以象言,如星鸟是也。圣人作历,推考参验,以识四时中星,其立言之法详密如此。又按尧冬至日在虚",②蔡沈《书传》仅有"又按","又"字无前文相承,显系脱漏。又改"尧"为"此",于意不通。"金作赎刑",朱子云:"且使富者幸免而贫者受刑,既非所以为平,而又

---

①　转引自刘起釪:《尚书校释译论》,第1479页。
②　朱熹:《文集》卷六十五,第3157页。

有利之之心焉，圣人之法必不然矣。"①蔡沈云："贫者受刑，又非所以为平也。"按蔡沈"又"字无承，当是脱漏。《尧典》"曰若稽古"条朱子云："曰若者，发语词，古人文字中多用之"，②沈删此数语，未当。"九族"条云："举近以该远，五服之外，异姓之亲，亦在其中也。"③沈删"之外"两字，范小围缩。朱子论《大禹谟》篇首数语引吴氏说谓此书不专为大禹而作，此十七字当是后世模仿二《典》为之，《皋陶谟》篇首九字亦类此。加按语云：此篇稽古之下犹赞禹德，而后篇便记皋陶之言，其体亦不相类。"吴氏（棫）之说恐或然也。"④蔡沈删此数语，不加辨正，未当。《大禹谟》"都，帝德广运"，朱子云："都，叹美之辞也。都者，君子之居，鄙者，野人之居，故古者谓野为鄙，谓都为美也。"⑤此"都"字语意特殊，蔡沈不解该词，不当。同例有"於，帝念哉！"朱子云："於，叹美之辞也。"蔡沈亦略去不解。"儆戒无虞"，朱子云："儆，与警同，古文作'敬'，开元改今文。"⑥蔡沈仅取"儆，与警同"。朱子已注意到卫苞误改经文之例，蔡沈不明朱子用意妄删，实见师徒学术视野广狭不同。

2. 误改训诂

蔡沈有误改朱子训诂处，如《尧典》"帝曰：畴咨若时登庸？"朱子"咨，嗟。时，是。……言尧谁何咨嗟，而问有能顺此理者，将登而用之也。"⑦蔡沈以为"咨，访问也。"句意为"尧言谁为我访问能顺时为治之人而登用之乎？"⑧蔡氏不从师说。按"咨"当为叹词。"时"为代词，指上文"庶绩咸熙"（众功皆美），蔡沈误。《舜典》"陟方乃死"，朱子采用韩愈之说，谓陟方乃死，犹言殂落而死，⑨否定传统说法。而蔡沈则引《史记》"舜巡守，崩于苍梧之野"与《孟子》

---

① 朱熹：《文集》卷六十五，第 3168 页。
② 朱熹：《文集》卷六十五，第 3154 页。
③ 朱熹：《文集》卷六十五，第 3155 页。
④ 朱熹：《文集》卷六十五，第 3174 页。
⑤ 朱熹：《文集》卷六十五，第 3175 页。
⑥ 朱熹：《文集》卷六十五，第 3176 页。
⑦ 朱熹：《文集》卷六十五，第 3158 页。
⑧ 蔡沈著，钱宗武、钱宗弼整理：《书集传》卷三，第 4 页。
⑨ 朱熹：《晦庵先生朱文公文集》卷六十五云："陟方，犹言升遐也。韩子曰：《竹书纪年》，帝王之没皆曰陟，陟，升也，谓升天也。《书》曰'殷礼陟配天'，言以道终，其德协天也。故《书》纪舜之没云'陟'，其下言'方乃死'者，所以释陟为死也。地之势东南下，如言舜巡守南方而死，宜言下方，不得言陟方也。按此得之，但不当以'陟'字为句绝耳。'方'，犹云'徂乎方'之'方'，陟方乃死，犹言殂落而死也。"（第 3174 页）

"舜卒于鸣条"的传统说法,并谓零陵九疑有舜冢。但蔡氏曰"未知孰是",对此问题存疑,不从师说。按:朱子是。《益稷》"明庶以功",朱子认为"恐庶字误,只是'试'字。"①蔡沈解释云:"明其众庶。"②朱子本《尧典》为据,当以朱子为是。《伊训》"造攻自鸣条",朱子注曰:"伊尹言始攻桀无道,由我始其事于亳也。"③蔡沈解释曰:"造可攻之衅者,由桀积恶于鸣条,而汤德之修则始于亳都也。"④经文本谓攻桀从亳都出发,非汤修德于亳也,蔡氏说显误。朱子据《汉书》认为"如《书》中有'棐'字,止合作'匪'字义。"⑤如《大诰》"天棐忱辞","'忱'、'谌'字只训信,'天棐忱'如云天不可信。"⑥又云:蔡沈解此句云:"天辅以诚信之辞。"⑦按《洛诰》"听朕教汝于棐民彝","公功棐迪笃",朱子均解"棐"为"辅",与《语类》中说矛盾,盖《召诰》、《洛诰》解为朱子初稿之故。蔡沈准此,不从"匪"解,未当。

3. 不明师旨,背离师说

蔡沈训解《尚书》有与师说背离处,如《尧典》"宅南交",朱子取刘敞"宅南,曰交趾"及陈氏"交,下当有'曰明都'⑧三字"两说,未有定论,盖存疑也。沈取后一说,不从师说。朱子认为《金縢》"若尔三王是有丕子之责于天,以旦代某之身"一段,朱子谓先儒都解错了,他取晁以道"丕子之责"如史传中"责其侍子"之"责"之说,谓上帝责三王之侍子武王来服事左右,故周公乞代其死。⑨蔡沈则认为"天"字下疑有缺文,旧说谓"天责取武王者,非是"。不从师说。此句新出土清华简《金縢》曰:"尔母(毋)乃有备子之责才(在)上"⑩,竹书本"丕"字作"备",廖名春先生认为"备"可作"服","'服子之责'即'用子之求'"。是说三王在天上有用儿子的要求。⑪出土文献证明了朱子观点的

---

① 《朱子语类》卷七十八,第2679页。
② 蔡沈著,钱宗武、钱宗弼整理:《书集传》卷三,第35页。
③ 按:《孟子·万章上》云:"《伊训》曰:天诛造攻自牧宫,朕载自亳之。"
④ 蔡沈著,钱宗武、钱宗弼整理:《书集传》卷三,第84页。
⑤ 《朱子语类》卷七十九,第2720页。
⑥ 《朱子语类》卷七十九,第2719页。
⑦ 蔡沈著,钱宗武、钱宗弼整理:《书集传》卷三,第159页。
⑧ 按:此本郑玄说,《尚书注疏》卷一〇云"郑云:'夏不言''曰明都'三字,摩灭也"。
⑨ 《朱子语类》卷三,第172页。
⑩ 李学勤主编:《清华大学藏战国竹简》(一),上海文艺出版集团中西书局2010年版,第158页。
⑪ 廖名春:《清华简与〈尚书〉研究》,《文史哲》2010年第6期,第121—122页。

正确性,可谓远见卓识。《梓材篇》朱子取吴才老说,谓《梓材》是《洛诰》中书,甚好。①《书集传》"已!若兹监,惟曰欲至于万年,惟王子子孙孙永保民"一节引吴氏说,蔡沈加按语云:"独吴氏以为误简者为得之,但谓'王启监'以下即非武王之诰,则未必然也。"②蔡沈认为"今王惟曰先王既勤用明德……庶邦丕享"章以后"若臣下进戒之辞,疑简脱误于此",③不从师说。《洛诰》"予小子其退即辟于周,命公后",朱子认为有阙文,"命公后"是命周公留治洛,反对传统"封伯禽以为鲁后"的解释。④ 蔡沈就"命公后"作了详细阐释,但不认为有阙文。⑤《召诰》"相古先民有夏,天迪从子保,面稽天若,今时既坠厥命。今相有殷,天迪格保,面稽天若,今时既坠厥命",朱子谓此一节间有不可晓处,对有夏敬德,故天道降格以保之,向天所顺而考其意之旧说持有怀疑,云"未知是否"。认为此数句大意乃言当监于殷与夏,知历代废兴存亡之迹,不过敬德顺天则天保佑之,后王不敬故坠其命也。朱子不可晓之说,蔡沈概不遵从,谓"从子保"是"从其子而保之,谓禹传之子也"。训其意云:天启有夏,又从其子而保佑之。禹面考天心,敬顺无违,宜若可为后世凭借者,今已坠其命矣。天启有殷,又使其格正夏命而保佑之。⑥ 蔡氏增词为训,不足为据。又语意不畅,未得确解。按:王引之《经义述闻》云"'子'当读为'慈',古字'子'与'慈'通……天迪从子保者,言天用顺从而慈保之也。"⑦于省吾《尚书新证》云:"面即偭,应训背。……《离骚》'偭规矩而改错',王注'偭,背也。'《史记·项羽本纪》'马童面之',张晏训面为背,是面、偭古通之证。……俞樾谓'天若犹言天道'。"⑧经文"面稽天若"盖谓不遵循天道,朱子得其大意,蔡沈

---

① 《语朱子类》卷七十九,第 2723 页。

② 蔡沈著,钱宗武、钱宗弼整理:《书集传》卷三,第 178 页。

③ 蔡沈著,钱宗武、钱宗弼整理:《书集传》卷三,第 177 页。

④ 朱熹:《文集》卷六十五云:"上文'王曰'两段周公无答辞,疑有阙文。成王言我当归即政于宗周,而命公留于洛。犹唐节度留后之意。"(第 3193 页)

⑤ 蔡沈:《书集传》卷五云:"此下成王留周公治洛也。成王言我退即居于周,命公留后治洛。盖洛邑之作,周公本欲成王迁都以宅天下之中,而成王之意则未欲舍镐京而废祖宗之旧,故于洛邑举祀发政之后即欲归居于周,而留周公治洛。谓之后者,先成王之辞,犹后世留守、留后之义。先儒谓封伯禽以为鲁后者,非是。考之《费誓》,东郊不开乃在周公东征之时,则伯禽就国盖已久矣。下文惟告周公其后,'其'字之义益可见其为周公不为伯禽也。"(第 188 页)

⑥ 蔡沈著,钱宗武、钱宗弼整理:《书集传》卷三,第 181 页。

⑦ 王引之:《经义述闻》卷四,江苏古籍出版社 2000 年版,第 97 页。

⑧ 于省吾:《双剑誃群经新证·尚书新证》,上海书店出版社 1999 年版,第 95 页。

望文生义,失旨。

蔡沈解《书》有推求义理太过处。如《咸有一德》"德无常师,主善为师。善无常主,协于克一",朱子阐述说:"德以事言,善以理言,一以心言。大抵此篇只是几个'一'字上有精神,须与细看。此心才一,便终始不变而有常也。"①蔡沈训"德"为善之总称,"善"为德之实行,"一"为其本原之统会。与朱子有别。蔡氏又本理一分殊推衍云:德兼众善不主于善,则无以得一本万殊之理,善原于一不协于一,则无以达万殊一本之妙。谓之克一者,能一之谓也。博而求之于不一之善,约而会之于至一之理,此圣学始终条理之序,与夫子所谓"一贯"者同。此数句乃"推取人为善之要"。② 此乃朱子所谓"惟精惟一"之大要,但就"一"推衍,是有推求太过,有朱子批驳之借注作文之嫌。《旅獒》"志以道宁,言以道接",朱子曰:"接者,酬应之谓,言当以道酬应也。志,我之志;言,人之言。"③蔡沈本此为训,云:"己之志以道而宁,则不至于妄发。人之言以道而接,则不至于妄受。"得朱子之义。但蔡沈进而发挥说"存乎中者所以应乎外,制乎外者所以养其中,古昔圣贤相受心法",④敷衍为圣贤相受心法,虽理学者之家数,然发挥过当。《洛诰》"王肇称殷礼,祀于新邑,咸秩无文",朱子引《传》与王安石说⑤,盖未有定论。蔡沈用王氏说,云:"殷,盛也,与'五年再殷祭'之'殷'同。秩,序也。无文,祀典不载也。言王始举盛礼祀于洛邑,皆序其所当祭者,虽祀典不载而义当祀者亦序而祭之也"。接着引吕祖谦说⑥论祭祀之义,则敷衍过当。不合典尚简要之训,与朱子注书力求简净,反对依经作文之旨相悖。

---

① 《朱子语类》卷七十九,第 2694—2697 页。
② 蔡沈著,钱宗武、钱宗弼整理:《书集传》卷三,第 95 页。
③ 朱熹:《朱子语类》卷七十九董铢录,第 2716 页。
④ 蔡沈著,钱宗武、钱宗弼整理:《书集传》卷三,第 151 页。
⑤ 朱熹:《文集》卷六十五云:"《传》曰:始举殷家之礼。《疏》曰:虽有损益,以其从殷而来,犹前篇之庶殷也。王氏曰:殷,盛也。如'五年再殷祭'之'殷'。周公既制礼作乐,而成王于新邑举盛礼以祀,凡典籍所无而义当祀者,咸次秩而祀之也。疑即篇末十二月戊辰之祭,史述其语于前,而记其事于后也。"
⑥ 按:时澜《增修东莱书说》卷二十三云:"吕氏曰:定都之初,肇举盛礼,大飨群祀,虽祀典不载者咸秩序而祭之,有告焉,有报焉,有祈焉。始建新都,昭假上下,告成事也。雨旸时若,大役以成,报神赐也。自今以始永奠中土,祈鸿休也。后世不知祭祀之义,鬼神之德,观周公首以祀于新邑为言,若阔于事情者,抑不知人主临镇新都之始,齐被一心,对越天地,达此精明之德,放诸四海无所不准。而助祭诸侯,下逮胞翟之贱,亦皆'有孚颙若',收其放而合其离。盖格君心,萃天下之道,莫要于此,宜周公以为首务也。"

　　蔡沈解《书》省略文献出处。朱子《文集》所解《召诰》、《洛诰》两篇均在经文之下列众家之说，几无辨正，不合朱子著述体例，无疑是材料汇编。蔡沈往往删除材料出处，直接训解经文大意。如《召诰》"拜手稽首曰：予小臣，……用供王能祈天永命"，朱子云："苏氏曰：庶殷虽已丕作，然召公忧其间尚有反侧自疑者，故因其大和会而协同之。虽周之雠民，殷之顽民与三监叛者。友民，周民也。百君子者，殷周之贤士大夫也。自今以往，殷人、周人与百君子皆同保受王之威德，王当终受天之成命，显于后世。林曰：雠民百君子，犹顽民而谓之多士也。""苏氏曰：我非敢以此为勤劳也，奉币以赞王祈天永命而已。王氏曰：奉币以供王禋祀上下而祈永命。"①蔡沈尽删诸家说，直释以己义。又如《洛诰》"朕复子明辟"，朱子引王氏、程氏、叶氏三家说为解②，蔡沈省略出处，增加辨周公称王之说。③ 此不赘述，略举两例以见其一斑。蔡氏省略出处，盖经注体尚简要，参之《论孟精义》与《论孟集注》可明此合于朱子注经体例。

　　4. 蔡沈解《书》之义理阐释

　　《汤诰》"惟皇上帝，降衷于下民"朱子认为孔安国以"衷"为"善"无意思，"衷"只是"中"，与"民受天地之中"之义同④。蔡沈依朱子训释而敷衍，谓"衷"乃天之降命而具仁义礼智信之理，无所偏倚。又结合《中庸》"天命之谓性，率性之谓道"展开论述，云人之禀命而得仁义礼智信之理，即性。由其理之自然而有仁义礼智信之行，即是道。以降衷而言则无有偏倚，顺其自然，固有常性。以禀受而言，则不无清浊纯杂之异，故必待君师之职而后能使之安于其道。以情言则天生民有欲，以性言则上帝降衷于下民而有常性。又牵合

---

① 朱熹：《文集》卷六十五，第 3189 页。

② 朱熹：《文集》卷六十五云："王氏曰：复如复逆之复。成王命周公往营成周，周公得卜，复命于王。曰子者，亲之也。曰明辟者，尊之也。程氏曰：犹言告嗣子王矣。叶曰：复如《孟子》'有复于王'之'复'。"（第 3189 页）

③ 蔡沈云："此下周公授使者告卜之辞也。拜手稽首者，史记周公遣使之礼也。复如逆复之复，成王命周公往营成周，周公得卜复命于王也。谓成王为子者，亲之也。谓成王为明辟者，尊之也。周公相成王，尊则君，亲则兄之子也。明辟者，明君之谓。先儒谓成王幼，周公代王为辟，至是反政成王，故曰复子明辟。夫有失然后有复。武王崩，成王立，未尝一日不居君位，何复之有哉！《蔡仲之命》言：周公住冢宰，正百工。则周公以冢宰总百工而已，岂不彰彰明甚矣乎！王莽居摄，几倾汉鼎，皆儒者有以启之，是不可以不辨。苏氏曰：'此上有脱简在《康诰》'，自'惟三月哉生魄'至'洪大诰治'四十八字。"

④ 《朱子语类》卷七十九，第 2691 页。

《仲虺之诰》"惟天生民有欲,无主乃乱",谓"仲虺即情以言人之欲,成汤原性以明人之善,圣贤之论互相发明",进而论及君道之责,以为仲虺与成汤皆言"君道之系于天下者,如此之重也。"① 蔡氏之说无疑是本朱子天命之性与气质之性的人性论,阐述了人性本善的思想,进而为君主教化何以可能提供了理论依据,深得朱学阃奥。但这里蔡沈从情的角度解释了人欲之源,有悖朱子之说,朱子认为人欲源自气禀而非情。

又《益稷》"安汝止,惟几惟康",朱子训"止"为"守"。惟几,审万事之几。惟康,求个安稳处。② 蔡沈结合《大学》"止于至善"及"气禀说"阐释云:"止"乃心之所止。"人心之灵,事事物物莫不各有至善之所而不可迁者",人为私欲之念所动,故至昧于理而不得其所止。"安"即顺适乎道心之正而不陷于人欲之危,动静云为各得其当。惟几是审其事之发,惟康是省其事之安。③《伊训》"与人不求备,检身若不及",朱子云:"大概是汤急己缓人,所以引为'日新'之实。"④ 蔡沈阐释云:汤与人之善不求其备,检身之诚有若不及,此乃其处上下人己之法。以此其德日盛,业日广,天命归之,人心戴之,由七十里而至于有万邦。积累之勤如此。⑤ 此乃本《大学》修齐治平路径。

朱子谓《洪范》"五皇极",只是说人君端本示仪于上,使天下之人则而效之。圣人固不可及,然约天下而使之归于正,如"皇则受之",则"赐之福"。所谓"遵王之义","遵王之道"乃天下之所取法也。人君端本,修于己而已。一,五行,是发原处;二,五事,是总持处;八政则治民事,五纪则协天运也;六,三德,则施为之樽节处;七,稽疑,则人事已至而神明其德处;庶征则天时之征验也,五福、六极则人事之征验也。其本皆在人君之心,其责亦甚重矣。"皇极"非说大中之道,若说大中,则皇极都了,五行、五事等皆无归着处。⑥ 把九畴之内容一归于建皇极之法。蔡沈云:"皇,君。建,立也。极,犹北极之极,至极之义,标准之名,中立而四方之所取正焉者也。言人君当尽人伦之至,语父子则极其亲,而天下之为父子者于此取则焉。语夫妇则极其别,而天下之为夫妇

---

① 蔡沈著,钱宗武、钱忠弼整理:《书集传》卷三,第81页。
② 《朱子语类》卷七十八,第2677页。
③ 蔡沈著,钱宗武、钱忠弼整理:《书集传》卷三,第33页。
④ 《朱子语类》卷七十九,第2692页。
⑤ 蔡沈著,钱宗武、钱忠弼整理:《书集传》卷三,第85页。
⑥ 朱熹:《朱子语类》卷七十九,第2708页。

者于此取则焉。语兄弟则极其爱,而天下之为兄弟者于此取则焉。以至一事一物之接,一言一动之发,无不极其义理之当然,而无一毫过不及之差,则极建矣。极者,福之本;福者,极之效。极之所建,福之所集也。人君集福于上,非厚其身而已,用敷其福以与庶民,使人人观感而化,所谓敷锡也。当时之民,亦皆于君之极与之保守,不敢失坠,所谓锡保也。言皇极,君民所以相与者如此也。"①此乃取朱子《皇极辩》思想。《洪范》"王省惟岁,卿士惟月,师尹惟日",朱子曰:"此但言职任之大小如此。"蔡沈云:"岁月日以尊卑为征也。王者之失,得其征以岁。卿士之失,得其征以月。师尹之失,得其征以日。盖雨、旸、燠、寒、风五者之休咎,有系一岁之利害,有系一月之利害,有系一日之利害,各以其大小言也。"②朱子以比喻论,蔡沈从感应言;朱子作唯物解,蔡沈作唯心论。《洪范》"庶民惟星……月之从星,则以风雨"一节,朱子谓"家用不宁"以上,自结上文了,下文却又说起星,文意似是两段。"箕只是簸箕,以其簸扬而鼓风,故月宿之则风。古语云:'月宿箕,风扬沙。'"认为《汉书》所谓月行入箕则风,箕是南方,属巽,巽为风,所以好风之说未必正确。③ 蔡沈以象征言而别寻他解,认为星譬民,日譬君,月譬卿士师尹,谓"民之丽乎土,犹星之丽乎天",认为星宿皆有所好。庶民之休咎系乎上人之得失,月之从星可见从民之欲的后果。生民寒欲衣,饥欲食,鳏寡孤独欲得其所,此王政之所当先,又卿士师尹之责。但日有中道,月有九行,星虽有好风好雨之异,而日月之行则有冬有夏之常,蔡氏要求限制庶民之欲,反对以月之常行而从星之异好,以卿士师尹之常职而从民之异欲。又结合"王省惟岁,卿士惟月,师尹惟日"④为说,谓言日月而不言岁,有冬夏所以成岁功。言月而不言日,从星惟月为可见,有牵合附会之弊。

蔡沈认为二帝三王治天下之大经大法皆载于《尚书》,"二帝三王之治本于道,二帝三王之道本于心",所以解《书》见得二帝三王之心则"道与治固可得而言"。蔡沈对朱子心传说加以发挥,谓精一、执中是尧、舜、禹相授之心法。建中、建极乃商汤、周武相传之心法。曰德、曰仁、曰敬、曰诚,孔、孟、程、朱之说,言虽殊而理则一,都意在明此心之妙用。蔡沈把《大禹谟》、《洪范》以

---

① 蔡沈著,钱宗武、钱宗弼整理:《书集传》卷三,第 143 页。
② 蔡沈著,钱宗武、钱宗弼整理:《书集传》卷三,第 148 页。
③ 《朱子语类》卷七十九,第 2715—2716 页。
④ 蔡沈著,钱宗武、钱宗弼整理:《书集传》卷三,第 148 页。

及孔孟程朱思想的核心概念当作圣人传心之要,从概念系统阐释了道统内涵。建中、立极之说,把《洪范》纳入了道统基本文献。以诚、敬为传心之要则明确把程朱为代表的理学家纳入了道统谱系中。这是对朱子道统说的发扬。人君治理天下就要发明道心,道心"存则治,亡则乱"。《尚书》在蔡氏看来就是致天下太平的法宝,三代之治是他的政治理想,后世人主有志于三代之治不可不求二帝三王之道,"有志于二帝三王之道不可不求其心",求心之要舍《尚书》则无从取法。蔡沈把《尚书》的价值推至极致,把它当作治世之具。然蔡氏一本"心"为说,颇近陆九渊发明本心之论,谓《书》中"言天则严其心之所自出,言民则谨其心之所由施。礼乐教化,心之发也。典章文物,心之著也。家齐国治而天下平,心之推也。心之德其盛矣乎!"①把一切文明成果归结于道心发用,实质提出了以人本然之善性治天下的思想。

三、朱蔡《书》注异同考辨

蔡沈《书集传序》云:"先生改本已附《文集》中,其间亦有经承先生口授指画而未及尽改者,今悉更定,见本篇。"②按蔡氏之说,朱子《文集》所定《尚书》数篇与《书集传》中这几篇的差异源自朱子对自己训解的修改,而不是蔡沈所做的改动。从朱子治学特点来看,参照《四书集注》的成书过程,朱子总是不断修正自己的观点而力求臻于至善,那么,朱子对《尚书》这几篇注解的修改是肯定有的。当然蔡氏辛勤十年,不可能没有自己的认识,其中部分差异应当来自蔡沈的独见,如《召诰》篇采吕祖谦成王留周公共治之说,朱子对此未置一言,乃在朱子所论"尖巧"之列。《书集传》充分采用了《语类》材料,有的合众说为一,这当是蔡沈的选择。

从体例来讲,朱子注经数说并存,则以第一说法为主,蔡沈并未遵此原则。朱子训释经典注重汉学与宋学相融合,疑难字必先注音后释义,《四书章句集注》、《楚辞集注》、《诗经集传》、《仪礼经传通解》等经解著作无一例外。蔡沈《书集传》(宋刻本)不注音,重义理,乃宋学家数,显非朱子解经体例。朱子注经力求简净,避免过度发挥义理,即反对屋上架屋注解成文的宋学义理之法,而蔡沈《书集传》如此之处颇多。就此而论,蔡沈与朱子注经有较大距离。

---

① 蔡沈著,钱宗武、钱宗弼整理:《书集传序》。
② 蔡沈著,钱宗武、钱宗弼整理:《书集传序》。

　　训诂义理方面,从现有材料比较来看,蔡沈《书集传》训词多本朱子,改易不多。义理则一本朱子理本体论、气禀物欲之人性论、道人人心之道统说、皇极之正君思想阐释《尚书》,又颇得朱学之精神。从这一点来说,蔡氏则得朱子之神,谓传其衣钵可矣。

第六章　朱子《书》学影响

朱子《尚书》学在整个《尚书》学史上具有转关作用,其对于此后《尚书》研究方法、研究方向具有重大影响。朱子借助《尚书》文本建立起了理学思想大厦,成为了其后中国社会思想的主流,并泽及整个东亚文化圈。

第一节　《尚书》研究新路泾的开启

朱子《书》学影响尤巨者在疑辨《尚书》,他对于《书序》、《古文尚书》、伪《孔传》的怀疑成为了元明清三代《尚书》学研究的一大主题,学界后出转精,朱子思想极大地推进了学术的研究,《古文尚书》疑辨的完成对于我们正确地认识《尚书》这部古老的经典、了解本民族上古历史有重要意义。

自吴棫、朱子对《尚书》疑辨始,关于今古文《尚书》的论证就成为《尚书》学史一大主题,学界一是沿着疑辨之路继续发展,为疑辨寻找坚实的史料证据,最后完成对《古文尚书》的疑辨工作,进而发展为对古今文《尚书》资料的收集整理,更进而发展为对《今文尚书》的考证,这一工作至今未能完成。一是沿着维护古经的态度努力为《古文尚书》辩护,此一工作今日犹在进行。

一、疑辨《尚书》略述

四库馆臣论述《尚书》疑辨历史云:"唐以来虽疑经惑古,如刘知几之流亦以《尚书》一家列之《史通》,未言古文之伪。自吴棫始有异议,朱子亦稍稍疑之。吴澄诸人本朱子之说相继抉摘,其伪益彰,然亦未能条分缕析以抉其罅漏。明梅鷟始参考诸书,证其剽剟,而见闻较狭,搜采未周。阎氏条分缕析,益无疑义,论者不能复置一词。至若璩乃引经据古,一一陈其矛盾之故,古文之伪乃大明。"①这一脉络之中,朱子由于其思想的巨大影响,是实际上疑辨锁钥的开启者,其后学人只是对朱子思想的补充完善。

1.《古文尚书》疑辨

朱子之后,《尚书》研究的一大主题是对《尚书》的疑辨,主要是对《尚书》今古文、《书序》、《孔传》的辨疑。《古文尚书》自宋吴棫作《书埤传》始稍稍掊击,然吴棫著作亡佚,其内容不得其详。对于《古文尚书》的疑辨材料今日可详为勾稽者乃朱子,朱子《语录》、《文集》中留存的疑辨材料成为其后疑辨《古文尚书》的思想源泉。朱子解《书》于篇题下明标今、古文,其后陈振孙《尚书说》承其说,始考定今文、古文,袁桷曰:"《书》有今文、古文,陈振孙掇拾援据,确然明白。周密曰:直斋有《书说》二册行世。"②陈振孙之《书》不存,不得考其详。沿此思想,学界开始出现今文、古文《尚书》分开注解之作,赵孟頫《书古今文集注》为其始,其《自序》云:

> 秦火之后,惟《易》仅全,而乐遂无复存,《诗》、《书》、《礼》、《春秋》由汉以来诸儒有意复古,殷勤收拾而作伪者出焉,在《书》为尤甚。学者不察,尊伪为真,俾得并行于世。若张霸之肤陋,二十四篇亦以为《古文尚书》(按此本孔颖达说,张霸之伪书当时已废,非存于《古文尚书》之二十四篇)。《小序》之舛讹,大悖经旨,亦以为孔子所定。嗟夫!《书》之为《书》,二帝三王之道于是乎在,不幸而至于亡,于不幸之中幸而有存者,忍使伪乱其间耶?又幸而觉其伪,忍无述焉以明之,使天下后世常受其欺耶?孟頫核其真而为之集注,越二十余年,再一订正,手录成书,可与知者道,难与俗人言也。……《书》之为道诚邃矣。汉自伏生以下,晁错、倪宽、夏侯胜皆专治《书》而不得其旨,孔安国虽为之注,多惑于伪《序》而讨论未精,蔡邕才堪厘正而其说不尽传,孔颖达之疏曲畅附会,无所折衷。至宋朱子留心虽久,未遑成书,蔡沈过谨而失之繁,亦为才识之所限。金履祥惩之而失于简,亦以精力之所拘,终不若他经之传注审之熟而言之确也。昔文中子尚续《书》百五十篇,今正《书》止五十八篇,而传注可使之不确乎?孟頫翻阅考摭,自童时今至于白首,得意处或至终夜不寝。嗟

① 永瑢等:《四库全书总目提要》卷十二,第101页。
② 《经义考》卷八十三,第460页。

乎！惟精惟一,允执厥中者,《书》之道也。一毫之过同于不及,安得天下之精一于中者而与之语《书》哉！《集注》始于至元十六年(1279年),中更作辍,成于大德元年(1297年),今又二十余年矣。衰貌颓然,不能不自爱也,因重辑而为之序。①

赵孟頫《书古今文集注》是在其早年著作《古今文辨》基础之上写成,其子赵雍跋是书曰:"先君于《六经》、子、史靡不讨究,而在《书经》尤为留意。自蚤年创草为《古今文辨》,后三人京师而三易稿,皆谨楷细书,毫发不苟。"②是书前后历时四十年,用功之勤且专如此。《序》中明确表达了要辨《古文》之伪,又考《小序》之失,不使伪乱其间,不"使天下后世常受其欺",基本上是朱子思想的发挥。赵氏之作彻底与《尚书正义》今古文混杂的格局划分开来,这是朱子严别今、古文《尚书》思想在注疏体中首次实现。沿此一思想发展,其后吴澄《书纂言》只注今文,不注古文,废《古文尚书》不注渐成学界注疏《尚书》的一种趋向。

吴澄《书纂言》只注今文《尚书》,其卷一叙《尚书》流传后云:"今澄所注止以伏生二十八篇之经为正",废古文不谈。这一思想直接承自朱子,其《尚书叙录》云:

> 朱仲晦曰:"《书》凡易读者皆古文,岂有数百年壁中之物不讹损一字者?"又曰:"伏生所传皆难读,如何伏生偏记其所难,而易者全不能记也?"又曰:"孔书至东晋方出,前此诸儒皆未见,可疑之甚。"又曰:"《书序》伏生时无之,其文甚弱,亦不是前汉人文字,只似后汉末人。"又曰:"《小序》决非孔门之旧,安国《序》亦非西汉文章。"又曰:"先汉文字重厚,今《大序》格致极轻。"又曰:"《尚书》孔安国传是魏晋间人作,托安国为名耳。"又曰:"《孔传》并《序》皆不类西京文字气象,与《孔丛子》同是一手伪书。盖其言多相表里,而训诂亦多出《小尔雅》也。"夫以吴氏(指吴棫)及朱子所疑者如此,顾澄何敢质斯疑,而断断然不敢信此二十五篇之为古书,则是非之心不可得而昧也。③

---

① 《经义考》卷八十五,第467页。
② 《经义考》卷八十五,第467页。
③ 吴澄:《吴文正集》卷一《尚书叙录》,影印文渊阁《四库全书》集部第136册,第5页。

　　此段文字是吴澄《书纂言》之《自序》，亦见于《书纂言》之《书古文》目录后，叙述了他疑《书》思想直接渊源于吴械、朱子，言辞颇为谨慎，对于窜乱古经深有畏忌。这种疑《古文尚书》、疑《孔传》同样承自朱子思想。吴澄集注《今文尚书》还受到赵孟頫《书古今文集注》影响。二人过从甚密，都究心《尚书》，尝有详细讨论。吴澄《别赵子昂序》云："每与子昂论经，究极归一，子昂不余弃也。"作诗以识别云："伏梅千载事，疑谳一夕了。"①伏即伏胜，汉代首传《尚书》者，梅即梅赜，伪《孔传》传出者。可见吴澄对于《尚书》的认识亦来自与赵孟頫之间的问难。

　　　　伏氏书虽难尽通，然辞义古奥，其为上古之书无疑。梅赜所增二十五篇体制如出一手，采集补缀，虽无一字无所本，而平缓卑弱，殊不类先汉以前之文。夫千年古书最晚乃出，而字画略无脱误，文势略无龃龉，不亦大可疑。……故今以此二十五篇自为卷帙，以别于伏氏之书，而《小序》各冠篇首者复合为一以实其后，孔氏《序》亦并附焉，而因及其所可疑，非澄之私言也，闻之先儒云尔。②

　　此一段文字对朱子思想大加发挥，吴氏承朱子古文平易、今文艰涩之说，把《尚书》文字上的难易作为判断时代早晚的标准。"梅赜所增"说首次指出了伪古文《尚书》的编撰者是梅赜，是朱子"孔书至东晋方出"的坐实。言《古文尚书》"体制如出一手"，暗示为一人所编，其造伪方法是"采集补缀"、"无一字无所本"，开启了其后梅鷟、阎若璩等的辨伪之路。吴澄"《小序》各冠篇首者复合为一以实其后"直接承自朱子临漳刊四经的做法，而编《古文》"二十五篇自为卷帙，以别于伏氏之书，……孔氏《序》亦并附焉"，此乃开风气之先。

　　吴澄《书纂言》开启了专释今文《尚书》先例，《自序》谓"晋世晚出之书则别见于后，以俟后之君子择焉。"③然此书实未释《古文》一篇，这一做法实质上开了删《尚书》之例，在经学时代这一做法是十分大胆的，吴澄存《古文尚书》之说乃权词。自汉代伏生治《尚书》始，今文传为大、小夏侯、欧阳三家，孔安国古文别传都尉朝、庸生、胡常，自为一派，是今文、古文本各为师说，吴澄专

①　吴澄：《吴文正集》卷二十五《别赵子昂序并诗》，第 261 页。
②　吴澄：《吴文正集》卷一《尚书叙录》，第 5 页。
③　吴澄：《书纂言》，纳兰性德《通志堂经解》第 5 册，第 458 页。

释《今文》尚合于古义,非王柏《诗疑》举历代相传之古经,肆意刊削者比。唯其颠倒错简皆以意自为,且不明言所以改窜之故,如《甘誓》"予则孥戮汝","此句与上文辞意不属,或有脱简,或是下篇《汤誓》之文重出在此",①又如《梓材》篇首"王曰:封,以厥庶民暨厥臣达大家,以厥臣达王惟邦君。汝若恒越曰:我有师师、司徒、司马、司空、尹旅。曰:予罔厉杀人,亦厥君先敬劳,肆徂厥敬劳。肆往奸宄杀人历人宥,肆亦见厥君事,戕败人宥"一段移置《康诰篇》中,云:"此一节旧本错在《梓材》篇首",②移《康诰》篇首"惟三月哉生魄,周公初基作新大邑于东国洛,四方民大和会,侯、甸、男、邦、采、卫、百工、播民和见士于周,周公咸勤,乃洪大诰治"一段于《梓材》篇首,谓"旧本此一节误在《康诰》篇首,而《康诰》内一节误冠此篇之首。盖互错一简也。苏氏移此一简于《洛诰》篇首者非是。盖与彼文意不相联贯,又详彼处即无缺简,不待补也。惟吴氏说得之,今附见篇末。"③吴澄认为《多士》、《多方》相互错简,移《多方》"王曰:呜呼!猷告尔有方多士暨殷多士,今尔奔走臣我监五祀。……多士,尔不克劝忱我命,尔亦则惟不克享,凡民惟曰不享"一段于《多士》之中,吴澄云:"通前一节'王曰呜呼猷告尔有方多士'至此百五十一字,旧本错简在《多方篇》,今从吴氏、胡氏说厘正在此,'不享'之下疑又阙文",④书中又多脱简阙文之说,率以己意决断,此窜乱古经则不可以为训,读者宜取所长而无效所短。疑《书》之作专释今文为一路径,然弃《古文尚书》不谈并未能解决学界之疑。学界有竭力于证成《古文》之伪者为一路径,此始于明代梅鷟。

梅鷟(1513 年中举)《尚书考异》开始全面收求《古文尚书》之出处,《序》云:

> 至东晋时善为模仿窥窃之士,见其以讹见疑于世,遂搜括群书,掇拾嘉言,装缀编排,日锻月炼,会稡成书,必求无一字之不本于古语,无一言之不当于人心,无一篇之不可垂训诫,凡为书者二十五篇。见诂训之难

---

① 吴澄:《书纂言》卷三,第 484 页。
② 吴澄:《书纂言》卷四,第 499 页。
③ 吴澄:《书纂言》卷四,第 502 页。按:吴氏曰:"此篇庶邦享作,兄弟方来,庶邦丕享之类,与四方民大和会,侯、甸、男、邦、采、卫、百工、播民和见士于周之意若相始终,'王启监'以后若洛邑初成诸侯毕至之时,周公进戒之辞曰:中国民亦谓徙居于洛,在天地之中也,其曰:若稽田、作室家、作梓材皆为作洛而言,欲其克终也。"
④ 吴澄:《书纂言》卷四,第 509 页。

通,遂改易其字。见意义之丁宁,遂刊落其语。见弃稷之不可以名篇,遂更为《益稷》。见《盘庚》之上中下可以便已,《大甲》、《说命》、《泰誓》之上中下遂仍为三篇。见报告之词不可以离遂也,遂合"王出"以下为《康王之诰》。又见"慎徽五典"不可突起为《舜典》也,遂增"曰若"以下二十有八字,则愈巧矣,愈近理矣,无可得而渗漏矣,无可得而掎摭矣。虽英材间气亦尊信服膺之不暇矣。然不知自明者视之则如泥中之斗兽,踪迹显然,卒亦莫之掩也。甚者至于"不怡怿哉"、"采政忽"之类,直改易之而无复置疑。"曰明都"、"弗肯构"、"弗肯获"、"厥考翼"之经,直刊落之而无复忌惮。顾使圣人之正经反附丽伪书以行于世。譬如成周东迁之主,气象销荼,惟列国是依,以列国为命者也,不亦颠倒舛错之甚也哉! 此东晋假孔安国之伪书,其颠末大略如此。①

梅鸷认为《古文尚书》乃东晋善模仿窥窃之士"搜括群书,掇拾嘉言,装缀编排,日锻月炼,会稡成书",虽"无一字之不本于古语",梅鸷一承吴澄之说。指出伪撰者编缀群书佚语成文,或训诂不通,或语意不畅,因此或删削,或增补。梅鸷欲"使秕稗不得以杂嘉谷,鱼目不得以混明珠,华丹不得以乱窈窕",特作《尚书考异》"使学者焕然知蔽塞之由,然后知余之恢复圣经盖有不得已焉"。②《尚书考异》列两百余条,据其内容分为总论,涉及有关《尚书》史料记载之考辨,这是从宋人发掘经书大义向历史考证的转变,开启了清代学风。分论二十五篇之伪,以孔安国《序》并增多之二十五篇悉杂取传记中语以成文,非逐句考辨,而是挑出有问题的句子加以逐条考证,详其所出,阎若璩沿此而更精密。如《大禹谟》"帝曰:俞,地平天成,六府三事允治,万世永赖,时乃功。"梅鸷以为出自《左传》,云:"《僖二十四年》,君子曰:子臧之服不称也。夫《夏书》曰:'地平天成',称也。《文十八年》史克曰:'地平天成,又内平外成'"③截取一句而敷衍成文。《五子之歌》"民可近,不可下。民惟邦本,本固邦宁。"梅鸷云:"《周语》单襄公曰:求盖人其抑下滋甚,故圣人贵让。且谚曰:兽恶其网,民恶其上。《书》曰:'民可近也,而不可上也。'今改上字为下字。《淮南子·说林训》'君子之居民上,若以朽索御奔马。'《泰族训》'国主之有

---

① 梅鸷:《尚书考异》不分卷,国家图书馆藏明白鹤山房抄本。

② 梅鸷:《尚书考异》不分卷,国家图书馆藏明白鹤山房抄本。

③ 梅鸷:《尚书考异》不分卷,国家图书馆藏明白鹤山房抄本。

民也,犹城之有基,木之有根,根深则本固,基美则上宁。'"①乃缀合而成文。梅鷟开始了科学地论证《古文尚书》为伪的先河,然草创之功,收集范围有限,未能精核。

梅鷟还认为伏生二十九篇多为晋人所改,考证二十九篇,删除晋人所改以复圣人之经。"伏生所传圣人之经为晋人假壁藏古文之名擅改者多矣,此圣经之一阨也,不可得而知矣,犹幸徐广、司马贞等诸贤人君子及唐人之《正义》略存一二尚可考者,谨列于左。"②今文《尧典》"舜让于德不怡",梅鷟云:"史迁'怡'作'怿',古文改'不怡'作'弗嗣'。徐广曰:'今文作怡,怡即怿也。'司马贞曰:谓辞让于德,不堪,所以心意不说怿也。又前'纳于大麓',司马贞亦讥孔注之非,其尊信圣经,真贤人君子之用心也。何者?作怡则下文'受终'文脉方可贯。盖心虽不安而不得已也。若既曰弗嗣,而下文即曰'受终',乖则甚矣。何先儒之不察耶?又《顾命》'王不释',古文乃改作'不怿'。"③梅氏所举乃今、古文《尚书》之异同,不能成为晋人篡改《尚书》之证,梅氏为自己行为辩护云:"或曰:子之攻诘古文不遗余力矣,其亦有所据乎?自魏晋以来明智之儒不可枚举,悉皆尊信古文而伏生书反附丽以行,至子之身而深距之,若无所据则不免于侮圣言者矣,子独且奈何哉?应之曰:无所据而妄为之说小子何敢!吾所据者匪从天降,匪从地出,即以伏生之本经而发伪书之墨守也,不然则晋人伪书反为膏肓沉痼之疾,而伏生所传者圣人之本经反为千载之废疾矣,予之汲汲于攻之者,将以箴膏肓而起废疾耳!"④他要努力恢复圣经原貌,祛除蔽障。梅氏之论开启了清人对汉代今古文《尚书》说的辑佚,如江声《尚书集注音疏》辑录了大量汉代经说,王鸣盛《尚书后案》辑录东汉古文学派《尚书》说极其详备,孙星衍《古文尚书马郑注》专辑马融、郑玄《书》说。陈乔枞《今文尚书经说考》、皮锡瑞《今文尚书考证》辑录大量汉代今文家《书》说。

阎若璩(1636—1704 年)《古文尚书疏证》踵梅氏之后集证《古文尚书》之伪之大成,列证凡 128 条,缺 29 条,实 99 条,主要辨古文二十五篇及《孔传》之伪,其中有古人和时人疑古文之说,也有讨论今古文连带的与辨伪关系不大的

---

① 梅鷟:《尚书考异》不分卷,国家图书馆藏明白鹤山房抄本。
② 梅鷟:《尚书考异》不分卷,国家图书馆藏明白鹤山房抄本。
③ 梅鷟:《尚书考异》不分卷,国家图书馆藏明白鹤山房抄本。
④ 梅鷟:《尚书考异》不分卷(《大禹谟》"帝乃诞敷文德,舞干羽于两阶,七旬有苗格"考异),国家图书馆藏明白鹤山房抄本。

条目。阎若璩云：

> 天下事由根柢而之枝节也易，由枝节而返根柢也难，窃以考据之学亦尔。予之辨伪《古文》吃紧在孔壁原有真古文，为《舜典》、《汩作》、《九共》等二十四篇，非张霸伪撰。孔安国以下马、郑以上传习尽在于是。《大禹谟》、《五子之歌》等二十五篇则晚出魏晋间，假托安国之名者，此根柢也。得此根柢在手，然后以攻二十五篇，其文理之疏脱，依傍之分明，节节皆迎刃而解矣，不然仅以子史诸书仰攻圣经，人岂有信之哉？①

阎氏认定汉代有真《古文尚书》，这是他疑辨的基础"根柢"，由"根柢而之枝节"的演绎法就成为他辨伪的基本方法。通过辑佚，真《古文尚书》是可以得到部分呈现的，卷一至卷五大抵为文献方面证据，卷六则主要考历史事实以证《古文尚书》之伪，卷七则揭露伪《古文尚书》自相矛盾处，卷八则引历代辨伪之语，阎氏从文献和历史事实两方面论证了《古文尚书》之伪。至此《古文尚书》辨伪大功告成，其后余波荡漾，惠栋《古文尚书考》二卷、程廷祚《晚书定疑》三卷、崔述《古文尚书辨伪》二卷、丁晏《尚书余论》一卷等辨伪之书充实补充，晚书之伪成为学界共识。由朱子开辟的疑辨之路由曲径而成康衢，近代以来，《尚书》注释主要集中在《今文尚书》各篇，对《古文尚书》多存而不论，史学界、思想界也基本只用《今文尚书》作为立论证据。

前代之疑苦无直接证据，清华简的出土为《古文尚书》辨疑提供了坚实证据，如与"晚书"《咸有一德》相照应的《尹诰》、与"晚书"《说命》相照应的《傅说之命》三篇的出土，使我们可以看清"晚书"的真容。《尹诰》伊尹之诰在商汤之世，合于《史记》载此事于汤践天子之位后，而"晚书"受《书序》影响以为伊尹训太甲之书，其内容基本上不与"晚书"相应，可以证明"晚书"《咸有一德》为伪作。又清华简的《傅说之命》三篇与"晚书"《说命》三篇大有不同，"清华简的《傅说之命》才是已经逸失了的《尚书·说命》三篇，才是真正的《尚书》原本。"②由吴棫、朱子开启的疑辨之路至此可以得到明证。

---

① 阎若璩：《古文尚书疏证》卷八一百一十三条，上海古籍出版社2010年版，第601页。
② 廖名春：《清华简与〈尚书〉研究》，《文史哲》2010年第6期，第125页。

二、《古文尚书》辩护略述

当吴棫、朱子开启《尚书》疑辨以来,学界有极力维护《古文尚书》者,陈第《尚书疏衍》"因宋元诸儒疑《古文》伪作,窃著辨论数篇,因复取古今注疏详悉读之,意所是者摽之,意未安者微释之,句读未是者正之,其素得于深思者附着之,间又发挥于言外以俟后世,冀修己治人者寔有取于经。"①为《古文尚书》辩护,又云:"宋人之疑尚在两可之间,至鷟作《尚书谱》丑乎骂矣,是非君子之言,达人所屏弃也。"②是书乃为梅鷟《尚书谱》所激,其"古文辨"条直指梅氏方法之弊,云:

> 近世旌川梅鷟拾吴(吴棫、吴澄)、朱(朱子)三子之绪余而诪张立论,直断谓《古文》晋皇甫谧伪作也,集合诸传记所引而补缀为之,似矣。不知文本于意,意达而文成,若彼此瞻顾,勉强牵合,则词必有所不畅,今读二十五篇,抑何其婉妥而条达也。又如《禹谟》"克艰"二语谓本《论语》之"为君难,为臣不易"也,"不矜不伐"谓本《老子》之"夫惟不争,故天下莫能与争"也,"满招损谦受益"谓本《易》之"谦尊而光,卑而不可踰"也,不知宇宙殊时而一理,圣贤异世而同心,安得以其词之相近也而遽谓其相袭乎? 又如"人心道心"则谓本之《道经》,尝考《荀子》曰:"舜之治天下不以事诏而万物成,故《道经》曰:'人心之危,道心之微',注者曰:此《虞书》语而云《道经》,盖有道之经也,即《虞书》也。"今鷟指为《道经》,岂别有所据乎? ……诸如此类难以悉数,句疵其攘,字剥其窃,无非欲二十五篇《古文》尽废之而后已。③

陈氏指出梅鷟断《古文尚书》为皇甫谧所作没有证据,梅鷟认为皇甫谧"集合诸传记所引而补缀"为《古文尚书》,在陈第看来补缀成文"彼此瞻顾,勉强牵合,则词必有所不畅",而《古文尚书》"婉妥而条达"非补缀可成。陈氏又举例以明梅鷟证伪方法上缺陷,批评"其词之相近也而遽谓其相袭"的武断,无疑陈第此说具有很大的合理性,由此可以看到"补缀"之说在方法论上的困境。陈第进而指出"二十五篇其旨奥,其词文,卑而高,近而远,幽通鬼神,明

---

① 陈第:《尚书疏衍序》,影印文渊阁《四库全书》经部第58册,第731页。
② 陈第:《尚书疏衍》卷一,第736页。
③ 陈第:《尚书疏衍》卷一,第733—734页。

合礼乐,故味道之士见则爱,爱则玩,绅绎而浸渍,叹息而咏歌,拟议之以身化,裁之以政定,事功而成,覃覃矣,孰是书也而可以伪疑之乎?"《古文尚书》于修身治政有重要意义,不可废,云:"书之所以贵真,以其言之得也,足以立极也。所以恶伪,以其言之失也,不足以垂训也。今自天子公卿大夫士庶人服习古文,而皆耿然有裨于性情治理,乃不得其精妙,区区以迹訾之,不亦远乎?"①无疑陈第心中的真伪标准是义理,而不是梅鷟的史实。读《书》目的在陈第这里是"期于甄物成化,而不期于今文、古文,况今文、古文实皆上古之遗书",在追求"有裨于性情治理"的宗旨下,《古文尚书》无疑具有巨大价值,这是学者发对废古文的根本原因。

其后毛奇龄(1623—1713 年)著《古文尚书冤词》,力辨《古文尚书》为真,毛氏《冤词》虽有负气求胜不顾其安处,然其根柢在于毛氏思想有很浓的反朱子学的倾向,学界几无人关注毛奇龄辩护《古文尚书》的背景,毛氏叙述了明代疑辨经典的危机,云:

> 崇祯十六年(1643 年),国子助教邹镛疏请分今文、古文《尚书》而专以今文取士为言,会京师戒严不及报。曲水社修禊事山阴张杉谓众曰:"毁经之祸萌矣。国家取士三百年专用朱子之书以立学,谓可以卫经而经学大坏。"前此万历十二年(1584 年),南户部员外房伯元得魏政始石经《大学》本于科臣许仁卿家,实考功郎中丰坊伪造本也,疏请立学官,勒令取士废《大学》旧本,幸其疏以他事与中监不合,驳奏不行,然事亦危矣。原其意则以朱子改《大学》公然取士,遂相率更审以各行其说,所谓踵其事而效尤焉者。近者宗伯臣姜公逢元以《毛诗》进讲,上敕勿讲《国风》,且特谕东宫讲官毋敢以《国风》进太子前者,何则? 以其淫也。夫以《三百五篇》皆弦歌之诗,太史采之,圣人删之,乐师鼓舞而肄习之,播之乡人,布之邦国,进之宫闱与朝庙,鬼神宾客实深飨燕,而一旦以淫风解经,致使君臣不得通,父子不相问,秽恶厌弃一如哇声媟语之不可亲近,则是何故? 今《尚书》又见告矣,坐客皆咨嗟而罢。②

---

① 陈第:《尚书疏衍》卷一,第 733 页。
② 毛奇龄:《古文尚书冤词》卷一,阎若璩《尚书古文疏证》(附),黄怀信、吕翊欣校点,上海古籍出版社 2010 年版,第 747—748 页。

　　明代疑经、伪造经书之风已经直接威胁到整个学术系统,《尚书》废古文,《诗经》废《国风》,毛奇龄指出这一结果直接导源于朱子思想,"国家取士三百年专用朱子之书以立学","原其意则以朱子改《大学》公然取士,遂相率更窜以各行其说",导致卫经而"经学大坏"。①毛氏有很浓的反朱子学倾向,全祖望《萧山毛检讨别传》评毛奇龄云:"其所最切齿者为宋人,宋人之中所最切齿者为朱子。其实朱子亦未尝不可议,而西河则狂号怒骂,惟恐不竭其力,如市井无赖之叫嚣者,一时骇之。"②朱子对经典的怀疑是系统的,毛氏云:"(《古文尚书》)独新安朱熹斥为假书,其注《四书》、《五经》已改《大学》,删《孝经》,定《诗》淫风,表《太极图说》、《河图》、《洛书》而加于大《易》之首。"完全改变了经典旧貌,而于《尚书》授意门人蔡沈作注,"使分别今、古文有无注于各篇之下,而别存杂说以著其伪,于是诸门弟子共祖述之",启其后"元吴澄、明郝敬、归有光辈俱竞起攻辨"。吴澄作《书纂言》则但存今文二十八篇,直削去古文以示毁黜伪书之意。而清代开国以来攻《古文尚书》者遍天下,"无论知不知公然著书以行世,且有踵明代梅鷟谩骂古文之书,效罗喻义《是正》一编专刻今文经而去古文"③,辗转煽惑,其言罔诞不可闻。毛氏深恶此风,传统以为毛氏好辩,只得其一。从此一段言论中我们应当看到疑经直接威胁到了经典的存在,威胁到了教化和文化传承的基础,其后果是严重。林庆彰先生指出毛氏"以研习经书传承圣人之道为职志,必不忍圣经遭人凌辱。"④道出了毛氏著述之宗旨。这反映的是价值辨伪与史实辨伪的紧张,也可以说是经学取向与史学取向之间的紧张。

　　其后洪良品《古文尚书辨惑》十八卷、《续古文尚书冤词》若干卷,焦循《尚书补疏》、焦廷琥《尚书审孔篇》、庄存与《尚书既见》、《尚书学》等著述皆从义理教化角度指出《古文尚书》不可废。康有为《新学伪经考》则直接认为古文经传皆刘歆伪造,丑诋古文。当代学者有杨善群、郭仁成《尚书今古文全璧》认为"晚《书》二十五篇实际是先秦《尚书》的辑佚,也是晋人对三代史事的重新追忆。"⑤张岩《审核古文尚书案》用"字频说"为《古文尚书》辩护,这里张先

---

① 毛奇龄:《古文尚书冤词》卷一,第 747 页。
② 全祖望:《鲒埼亭集》外编卷十二,《四部丛刊》初编,第 28 页。
③ 毛奇龄:《古文尚书冤词》卷一,第 749 页。
④ 林庆彰:《清初的群经辨伪学》,台北文津出版社 1990 年版,第 222 页。
⑤ 郭仁成:《尚书今古文全璧·绪言》,岳麓书社 2006 年版,第 16 页。

生必须回答"晚书"是否是辑佚成书？如果是,其语言与《今文尚书》无异,"字频说"则失去意义。如果不是,"字频说"则可以作为证据,而"晚书"来自何处又成为张先生必须回答的问题。清华简《尹诰》、《说命》三篇的出现将会为他们提供对此问题重新思考的依据。

三、《今文尚书》考辨

宋人疑《书》并及《今文尚书》,程颐云:"《尚书》文颠倒处多,如《金縢》尤不可信"。① 朱子云:"如《金縢》亦有非人情者。……《盘庚》更没道理,从古相传来,如经传所引用皆此书之文,但不知是何故说得都无头。……《吕刑》一篇如何穆王说得散漫,直从苗民蚩尤为始作乱说起。"②至王柏则移易《皋陶谟》、《康诰》、《立政》、《多士》、《多方》之文,《洪范》分经传。当学界普遍承认《古文尚书》之伪,进而对《今文尚书》展开考证,方玉润云:"《金縢》伪书其可疑者大要有三"③,全本其圣人理想为说。真正对《今文尚书》的真伪及年代加以考辨的是古史辨派,1923 年 6 月顾颉刚《论今文尚书著作时代书》云:"《吕刑》为穆王时所作,……《洪范》、《立政》二篇文意明畅,与《大诰》、《康诰》等篇文体相差甚远,当是后世史官补作,与《无逸》、《金縢》等篇同一性质。"④顾氏认为《今文尚书》不可信,他分《今文尚书》为三组:

　　第一组(十三篇):《盘庚》、《大诰》、《康诰》、《酒诰》、《梓材》、《召诰》、《洛诰》、《多士》、《多方》、《吕刑》、《文侯之命》、《费誓》、《秦誓》。

　　这一组在思想上、在文字上,都可信为真。

　　第二组(十二篇):《甘誓》、《汤誓》、《高宗肜日》、《西伯戡黎》、《微子》、《牧誓》、《金縢》、《无逸》、《君奭》、《立政》、《顾命》。

　　这一组有的是文字半顺,不似古文,有的是人治观念很重不似那时的思想。这或者是后世的伪作,或者是史官的追记,或者是真古文经过翻译,均说不定。不过决是东周间的作品(按顾氏原文为十一篇,据《尚书》补出《洪范》)。

---

① 程颐:《河南程氏遗书》卷二十二上,第 290 页。
② 《朱子语类》卷七十九,第 2718 页。
③ 方玉润:《诗经原始》,中华书局 1986 年版,第 317 页。
④ 顾颉刚编著:《古史辨》第一册,上海古籍出版社 1982 年版,第 126 页。

《尧典》、《皋陶谟》、《禹贡》。

这一组是战国至秦汉间的伪作,与那时诸子学说有相连的关系。那时拟《书》的很多,这三篇是最好的,那些陋劣的(如《孟子》所引"舜浚井"一节)都失传了。①

顾颉刚主要是从文法、思想、史料三个角度对《今文尚书》进行了分析,二十八篇中只有十三篇可信为原始记载,余十五篇则为东周至秦汉作品,顾氏把下限设到了汉代。第一、二组的分析在方法论源头上是朱子思想。其高足刘起釪先生对顾颉刚的观点做了修订,认为《甘誓》、《汤誓》、《高宗肜日》、《西伯戡黎》、《微子》五篇《商书》"可肯定是商代原文献……现在的文句受了周代影响"、"写定于入周后的宋国"②,《洪范》"完全是商代统治者所推行的一套自成体系的统治思想,……但篇中在语言文字及对事物的认识风习方面有不少周代的东西,其中大抵是西周的,不晚于春秋以前"③,刘先生的结论当更接近事实。马雍认为"《尧典》、《禹贡》等篇显然是晚出的作品。这些晚出的作品可能是战国末年的儒士把古代历史加以理想化的描写,也可能是秦朝政府为了统一学术思想而伪造的历史文献。"④张西堂《尚书引论》则分为四组,认为:"《尧典》、《皋陶谟》、《禹贡》三篇战国秦汉间作。"⑤"《甘誓》、《汤誓》、《牧誓》、《洪范》、《金縢》五篇,战国初中业作。"⑥"《高宗肜日》、《西伯戡黎》、《微子》、《无逸》、《君奭》、《顾命》《费誓》、《吕刑》、《文侯之命》、《泰誓》十篇。疑为西周春秋间所作。"⑦"《盘庚》、《大诰》、《康诰》、《酒诰》、《梓材》、《召诰》、《洛诰》、《多士》、《多方》、《立政》十篇。西周时作。"⑧蒋善国《尚书综述》则详考《今文尚书》二十八篇著作时代,如云:"《尧典》、《皋陶谟》这两篇,可能自周初以来,就有简编传世,但人们对上古史的模糊,只有些零散和片段的简编。……到了荀子,《尚书》已正式成为儒家的经典,……《尧典》是经过

① 顾颉刚:《论今文尚书著作时代书》,《古史辨》第一册,第201—202页。
② 刘起釪:《古史续辨》,中国社会科学出版社1991年版,第243页。
③ 刘起釪:《古史续辨》,第328页。
④ 马雍:《尚书史话》,《古代要集概述》,中华书局1987年版,第72页。
⑤ 张西堂:《尚书引论》,陕西人民出版社1958年版,第173页。
⑥ 张西堂:《尚书引论》,第185页。
⑦ 张西堂:《尚书引论》,第192页。
⑧ 张西堂:《尚书引论》,第198页。

大的增窜的。在百篇《尚书》里面,大约《尧典》和《皋陶谟》不但经过彻底的整编,其至到了秦始皇三十四年(公元前 212 年)禁《诗》、《书》后才完成了整编的工作"。① 又云:"《禹贡》成书当在公元前二八九年(孟子死的那年)以后,公元前二三九年(《吕氏春秋》成书的那年)以前,可能就在公元前二四五年前后。"②谓《甘誓》"一定是周初以后根据传说编写的,至早成于西周中季,至晚成于战国初年。"③蒋氏虽于今文诸篇整编时代详列证据,然多武断之说。对《今文尚书》的认识涓流成沧溟,对其考辨的工作必将继续推进。

清华简的出现,使我们对《尚书》文本有了新的认识。从程颐、朱子开始怀疑《金縢》不可信以来,王廉《迂论》、袁枚作《金縢辨》、方玉润等第相辨诘。出土于战国中后期的清华简《金縢》可以澄清诸家纷繁之论,简本《金縢》与传世本在主要内容上是一致的,传世本多出占卜内容,文字稍详,或为学者润饰,而李学勤先生认为"清华简与传世本《金縢》应分属于不同的传流系统"④。其文字差异或为讹坏,如"予仁若考能",注家以为仁顺祖考,得简本而知"考"为"巧"之讹,"巧能"乃与下文"多材多艺"文脉相通。"周公居东二年"或以为避居东都,或以为东征,历来解说纷绘,得简本而知"二"为"三"之坏字,"三年"正好与《诗·东山》周公东征时间吻合,历史迷雾一扫而空。今传本"国"简本均为"邦",⑤可见汉人改动痕迹。由此,我们可以看到《尚书》在传承中是有文字修订的。

对《尚书》的疑辨无疑为我们正确认识、研究上古史具有重要意义,当我们讨论三代政治时不至于乱用史料而流于荒诞。从此一点上,对于史料的疑辨无疑是具有巨大的澄清之功效。

四、疑辨《古文尚书》开启的新研究路径

朱子疑辨《尚书》开启了《尚书》研究的新路径,由疑辨《古文尚书》而证成其伪,并进而探寻其作者。由疑辨《古文尚书》进而展开对汉代《今文尚书》

---

① 蒋善国:《尚书综述》,上海古籍出版社 1988 年版,第 143 页。
② 蒋善国:《尚书综述》,第 199 页。
③ 蒋善国:《尚书综述》,第 202 页。
④ 李学勤:《清华简九篇综述》,《文物》2010 年第 5 期,第 54 页。
⑤ 李学勤主编:《清华大学藏战国竹简》(一),上海文艺出版集团中西书局 2010 年版,第 158 页。

的研究,由此溯源到对汉代经说的辑佚考辨。由汉代《今文尚书》辑佚进而上溯到先秦《尚书》文献辑佚,辨伪学和辑佚学成为学术研究的重要门径。

对《尚书》的辑佚研究,江声《尚书集注音疏》专注汉代《尚书》、王鸣盛《尚书后案》辑汉《古文尚书》之学(以郑玄为主)资料翔实。段玉裁《古文尚书撰异》辨析今古文、重文字校勘。孙星衍著《尚书今古文注疏》,注意汉今古文经说之别,又辑有《尚书逸文》。皮锡瑞《今文尚书考证》则收集汉代今文家说略备。陈梦家《尚书通论》、刘起釪《尚书学史》、马士远《周秦尚书学研究》对先秦古籍引《书》有详细勾勒。开辟了一个与汉唐注疏、宋代义理之学均不同的领域,诸家皆启迪于朱子,朱子《书》学影响其后尤巨,在《尚书》学史上可以说是一个转关人物。今人有否定《古文尚书》为伪者,清华简的公布无疑证明了朱子《尚书》疑辨的正确性。

伴随《古文尚书》的疑辨而出现的问题是《古文尚书》的作者,朱子实有以启之。朱子尝疑"今《孔传》并《序》皆不类西京文字气象,未必真安国所作,只与《孔丛子》同是一手伪书。"[1]认为《孔传》与《孔丛子》出自同一人伪作,内容上相互借资,当是后汉人伪托。朱子是论开启了后人探讨《孔传》作者的研究,论者目光主要集中在魏晋时代学者身上。梅鷟《尚书考异》据《尚书正义》所言《古文尚书》传授系统,认定为皇甫谧杜撰。阎若璩认为是梅颐伪造,惠栋始疑为王肃伪作,清人丁晏《尚书余论》有专篇论《古文尚书》为王肃所作,多数学者遵此。以为王肃作者乃源自朱子以《孔传》"只与《孔丛子》同是一手伪书"的论断。章太炎则以为郑冲"盗《石经》之字以造《古文尚书》……今所谓伪孔《尚书》是也",[2]陈梦家《尚书通论》著《古文尚书作者考》一节专论东晋实有一孔安国。在缺乏文献证据情况下,《孔传》作者不得而考,而朱子出自魏晋之说成为学界共识。

第二节　求"二帝三王之心"为后世治《书》立法

经典之所以长存,是经典中蕴涵着普世价值。《尚书》作为帝王之书,记

---

① 朱熹:《文集》卷七十一,第3425页。
② 章太炎:《中国近三百年学术史论》,上海古籍出版社2006年版,第48页。

载了三代嘉言善政。《尚书》中的记载在朱子思想世界里绝不仅是史实,圣贤之行事还具有为后世立法的性质。《尚书》记载了从尧、舜、禹、汤、文、武至周穆王帝王人物谱系,以及傅说、太甲、周公、召公等人臣谱系,与帝王之更迭相应的是圣贤治世精神的流传,朱子治《书》专用力于挖掘圣贤精神。他重整《尚书》文本"一以诸篇本文为经,而复合《序》篇于后,使览者得见圣经之旧而不乱乎诸儒之说。"①指出"《尚书》文义通贯犹是第二义。直须见得二帝三王之心,而通其所可通,毋强通其所难通,即此数语便已参到七八分。"②"见得二帝三王之心"成为朱子解《书》的宗旨,所谓"如尧则考其所以治民,舜则考其所以事君。"治《书》不是去认识一个真实的古代社会,而是要发掘古帝王如何治民,人臣如何侍君的精神,"二《典》、三《谟》等篇,义理明白,句句是实理。尧之所以为君,舜之所以为臣,皋陶、稷、契、伊、傅辈所言所行,最好绅绎玩味。"③朱子认为《皋陶谟》一篇是"尧、舜、禹、汤、文、武相传治天下之大法。"④化约为"人心惟危,道心惟精。惟精惟一,允执厥中"十六字心法,自尧、舜以来所传,"先有此言。圣人心法无以易此。"⑤学界忽略了《尚书》文本作为圣贤精神的整体意义,只关注《大禹谟》传心之说,事实上朱子对其他《书》篇均有发掘,如云:"圣人相传,只是一个字。尧曰:'钦明',舜曰:'温恭'。'圣敬日跻'。'君子笃恭而天下平'。"⑥又谓"尧是初头出治第一个圣人。《尚书·尧典》是第一篇典籍,说尧之德都未下别字,'钦'是第一个字。如今看圣贤千言万语,大事小事,莫不本于敬。"⑦发掘"敬"之要义,直接其"主敬涵养"的修养论。除"十六字心传"外用力最多者为《洪范》"皇极","皇极说"之思想意义绝不在"十六字心传"之下。

朱子谓"皇极""是人君为治之心法。"《洪范》诸事"是个大纲目,天下之事,其大者大概备于此矣。"⑧历来研究者只关注"十六字心传",而对《洪范》"皇极"几无议论,事实上这在朱子思想世界里是二而一的问题。"人心"、"道

---

① 朱熹:《文集》卷六十五,第 3154 页。
② 朱熹:《文集续集》卷三,第 4717 页。
③ 《朱子语类》卷七十八,第 2631 页。
④ 《朱子语类》卷七十八,第 2672 页。
⑤ 《朱子语类》卷七十八,第 2669 页。
⑥ 《朱子语类》卷十四,第 366 页。
⑦ 《朱子语类》卷十四,第 367 页。
⑧ 《朱子语类》卷七十九,第 2704 页。

心"之说是对人性的探讨,确认了人性本善和现实人性的缺陷,而以道心驾驭人心以复人之善性,则成为个体修养的理论依据。在朱子看来个体复性运动在多数情况下不是一个自觉行为,他把这一行为归结为人君的教化作用,其对《洪范》"皇极"的解说就阐明了这一观念。朱子"皇极"之说则从政治层面指示了群体恢复人性的路径,正君心而正天下就成为朱子政治思想的重要内容,人君的道德模范作用可以教化天下,朱子云:"五皇极,只是说人君之身端本示仪于上,使天下之人则而效之。圣人固不可及,然约天下而使之归于正者,如'皇则受之',则'锡之福'也。所谓'遵王之义'、'遵王之道'者,天下之所取法也。"①朱子在与弟子讨论中对"皇极"有大量阐述,解"天子作民父母,以为天下王"云:"人君能立至极之标准,所以能作亿兆之父母而为天下之王也。不然,则有其位,无其德,不足以首出庶物,统御人群,而履天下之极尊矣。"②朱子以德御君,要求君王明明德以新民,朱子把《洪范》"九畴"看做一个整体,指出人君"居天下之至中,则必有天下之纯德,而后可以立至极之标准。故必顺五行,敬五事以修其身,厚八政、协五纪以齐其政,然后至极之标准卓然有以立乎天下之至中,使夫面内而环观者莫不于是而取则焉。"③朱子在《皇极辨》阐述了在现实道德建设中,人君是中枢。《洪范》"九畴"是以"皇极"为中心建立起的治世之大法,"《洪范》一篇首尾都是归从皇极上去。盖人君以一身为至极之标准,最是不易。又须'敛是五福',所以敛聚五福以为建极之本。又须是敬五事、顺五行、厚八政、协五纪,以结裹个皇极。又须乂三德,使事物之接,刚柔之辨,须区处教合宜。稽疑便是考之于神,庶征是验之于天,五福是体之于人。这下许多是维持这皇极。"④整个《洪范》就构成一个以君德教化天下的治世模式,"五行是发源处,五事是操持处,八政是修人事,五纪是顺天道。就中以五事为主。视明听聪,便是建极,……三德亦只是就此道理上为之权衡,或放高或捺低,是人事尽了。稽疑,又以卜筮参之。若能建极,则推之于人,使天下皆享五福;验之于天,则为休征。若是不能建极,则其在人事便为六极,在天亦为咎征。其实都在人君身上,又不过敬用五事而已,此即笃恭而天

---

① 《朱子语类》卷七十九,第 2704 页。
② 朱熹:《文集》卷七十二,第 3456 页。
③ 朱熹:《文集》卷七十二,第 3456 页。
④ 《朱子语类》卷七十九,第 2712—2713 页。

下平之意。"①九畴以"皇极"为中心贯通为一，揭示了君正而天下正的道理，君王成为致太平的关键！

朱子把"传心说"推衍为圣贤一贯精神，解《大禹谟》"允执厥中"云："尧当时告舜时只说这一句，后来舜告禹又添得'人心惟危，道心惟微，惟精惟一'三句。是舜说得又较仔细。这三句是'允执厥中'以前事，是舜教禹做工夫处。说道人心惟危，道心惟微，须是惟精惟一，方能允执厥中。……《论语》后面说'谨权量，审法度，修废官，举逸民'之类，皆是恰好当做底事，这便是执中处。尧、舜、禹、汤、文、武治天下，只是这个道理。圣门所说，也只是这个。"②孔子思想直承上古圣王，并发扬为儒家一贯精神，朱子《延和奏札五》云："昔者舜、禹、孔、颜之间，盖尝病此而讲之矣。舜之戒禹曰：'人心惟危，道心惟微。惟精惟一，允执厥中。'而必继之曰：'无稽之言勿听，弗询之谋勿庸，谨乃有位，敬修其可愿，四海困穷，天禄永终。'孔子之告颜渊既曰：'克己复礼为仁。一日克己复礼，天下归仁焉。为仁由己，而由人乎哉？'而又申之曰：'非礼勿视，非礼勿听，非礼勿言，非礼勿动。'既告之以损益四代之礼乐，而又申之曰：'放郑声，远佞人。郑声淫，佞人殆。'呜呼！此千圣相传心法之要，其所以极夫天理之全而察乎人欲之尽者，可谓兼其本末巨细而举之矣。"③朱子《答陈同甫》第七书又云："所谓'人心惟危，道心惟微，惟精惟一，允执厥中'者，尧、舜、禹相传之密旨也。夫人自有生而梏于形体之私，则固不能无人心矣。然而必有得于天地之正，则又不能无道心矣。日用之间，二者并行，迭为胜负，而一身之是非得失、天下之治乱安危，莫不系焉。……夫尧、舜、禹之所以相传者既如此矣，至于汤、武则闻而知之，而又反之以至于此者也。夫子之所以传之颜渊、曾参者此也，曾子之所以传之子思、孟轲者亦此也。故其言曰：'一日克已复礼，天下归仁焉。'又曰：'吾道一以贯之。'又曰：'道不可须臾离也，可离非道也。是故君子戒慎乎其所不睹，恐惧乎其所不闻。'又曰：'其为气也，至大至刚，以直养而无害，则塞乎天地之间。'此其相传之妙，儒者相与谨守而共学焉，以为天下虽大，而所以治之者不外乎此。"④又云："如《中庸》'明善'是惟精也，诚之便是惟一也。《大学》致知、格物非惟精不可能，诚意则惟一

---

① 《朱子语类》卷七十九，第 2709 页。
② 《朱子语类》卷七十九，第 2708 页。
③ 朱熹：《文集》卷十四，第 664 页。
④ 朱熹：《文集》卷三十六，第 1586 页。

矣。学只是学此道理。孟子以后失其传，亦只是失此。"①朱子通过对经书精神的梳理发掘了由尧、舜、禹至孟子的思想传承脉络，打通了《尚书》与《四书》的关联，建立起了圣贤精神传承的人物和经典谱系。

朱子借助《尚书》建构其心性说，人禀性于天的同源性为社会教化提供了基本理论。《汤诰》"惟皇上帝，降衷于下民。"朱子云："以降言为命，以受言为性。"②"盖自天降衷，万理皆具，仁义礼智、君臣父子兄弟朋友夫妇，自家一身都担在这里。"③人禀赋于天而具五常之性，朱子《汤诰》"降衷下民"之说直接沟通《中庸》"天命之谓性，率性之谓道，修道之谓教"，云："性即理也，天以阴阳五行化生万物，气以成形而理亦赋焉，犹命令也。于是人物之生，因各得其所赋之理以为健顺五常之德，所谓性也。……性道虽同而气禀或异，故不能无过不及之差，圣人因人物之所当行者而品节之，以为法于天下，则谓之教。若礼乐刑政之属是也。"④人之性出于天，事之道由于性，圣人之教化因人之所固有裁之，圣人教化本之人固有善性。朱子《大学章句序》阐释了大学教化之基础，教化之所以可行乃本人之性及圣人气禀之不同，云："盖自天降生民则既莫不与之以仁义礼智之性矣。然其气质之禀或不能齐，是以不能皆有以知其性之所有而全之也。一有聪明睿智能尽其性者出于其间，则天必命之以为亿兆之君师，使之治而教之，以复其性。此伏羲、神农、黄帝、尧、舜所以继天立极，而司徒之职、典乐之官所由设也。"⑤朱子认为《大学》"三纲领"、"八条目"乃孔子"取先王之法，诵而传之，以诏后世。"⑥曾子独得孔子所传之宗，于是作为传义以传其意，及孟子没而其传泯焉。朱子《孟子序说》云："《孟子》一书只是要正人心，教人存心养性，收其放心。……《大学》之修身、齐家、治国、平天下，其本只是正心、诚意而已。心得其正，然后知性之善。"⑦"人性上不可添一物，尧舜所以为万世法，亦是率性而已。所谓率性，循天理是也。"⑧"尧以是传之舜，舜以是传之禹，禹以是传之汤，汤以是传之文、武、周公，文、武、周公传之

---

① 《朱子语类》卷七十八，第 2669 页。
② 《朱子语类》卷十八，第 622 页。
③ 《朱子语类》卷一百二十一，第 3822 页。
④ 朱熹：《四书章句集注》，第 32 页。
⑤ 朱熹：《四书章句集注》，第 13 页。
⑥ 朱熹：《四书章句集注》，第 14 页。
⑦ 朱熹：《四书章句集注》，第 244—245 页。
⑧ 朱熹：《四书章句集注》，第 245 页。

孔子,孔子传之孟轲,轲之死不得其传焉。"①朱子反复阐说了《尚书》至《孟子》所载的圣人治世精神,这种精神是社会走向良性的必由路径,孟子之后直至二程漫长的千余年时间里学者忽略了圣贤精神,圣教遗落,"俗儒记诵词章"而无补于世,"异端虚无寂灭之教"于治世无实,其他权谋术数"一切以就功名之说,与夫百家众技之流,所以惑世诬民、充塞仁义"②。结果是君子不得闻大道之要,小人不得蒙至治之泽,社会陵夷坏乱!

朱子借助《尚书·大禹谟》"十六字心传",《洪范》"皇极"及《尚书》他篇意义的解释,沟通了《大学》、《中庸》、《论语》、《孟子》。朱子认为《书》中圣人行事是矫正现实病痛的良方,在解《书》之中获取人生智慧,把《书》中的道理转化为人生指导,这是朱子经学的一贯精神,也是中国经学家的基本精神。朱子又著《太极图说解》和《西铭解》,编定二程《遗书》、《外书》、《文集》、《经说》和程颐《易传》,整合周、张、二程思想,确立了上承尧、舜下至周、张、二程、朱子的道统谱系,确立了理学基本文献,完成了本体论、宇宙观和道学谱系的建构。

此后《尚书》著述基本上遵循朱子探寻"二帝三王之心"的宗旨,把《尚书》作为圣贤治道心法的载体。时澜序夏僎《尚书详解》云:

> 夫《书》之为书,断自唐虞,迄于秦穆,凡尧、舜之典谟,禹、启、汤、武之誓命,周公、成康之训诰悉备于是。读是书而求以绎之,其可以叔世肤见料想而臆度之哉!要必深究详绎,求见乎唐虞三代之用心而后可。故读二典三谟之书,当思尧、舜授受于上,皋、夔、稷、契接武于下,都喻吁咈者何谓。读三盘五诰之书,当思人君布告于上,臣民听命于下,丁宁委曲通其话言而制其腹心,开其利病以柔其不服者何旨。读九命七誓之书,当思其命诸侯命大臣者何道,誓师旅誓悔悟者何见,以是心读是书,唐虞三代之用心庶乎其有得,而唐虞三代之议论可以心通而意解矣。③

时澜明确表述了于典、谟、训、诰、誓、命中得"唐虞三代之用心"的治书宗

---

① 朱熹:《四书章句集注》,第243页。
② 朱熹:《四书章句集注》,第14页。
③ 夏僎:《尚书详解》,文渊阁《四库全书》经部第50册,第405页。

旨,这是本朱子求"二帝三王之心"的思想。由于朱子未能完成《尚书》著述,学界无法完全把握其"二帝三王之心"说的主旨,时澜把《尚书》作为一个整体以求淑世思想,其阐述无疑有助于我们认识朱子的思想。陈经著《尚书详解》,自序云:

> 帝王之书,帝王之行事也。帝王之行事,帝王之心也。帝王以是心见诸行事,而载之典、谟、训、诰、誓、命。……读此书之法,当以古人之心求古人之书,吾心与是书相契而无间,然后知典、谟、训、诰、誓、命皆吾胸中之所有,亦吾日用之所能行,则二帝三王群圣人之道虽千百载之远犹旦暮遇之也。①

"读此书之法,当以古人之心求古人之书",同样阐述了求圣贤之心的读书宗旨。宋末元初金履祥《尚书表注》,自序云:"《书》者二帝三王圣贤君臣之心,所以运量警省,经论通变,敷政施命之文也。君子于此考迹以观其用,察言以求其心,以诚诸身,以措诸其事,大之用天下国家,小之为天下国家用。"②黄镇成《尚书通考叙意》云:"《书》载二帝三王之政。政者,心与事之所形也,是故道德仁圣统乎心,制作名物达于事,内外之道合而帝王之政备矣。"③马明衡《尚书疑义序》云:"《尚书》载二帝三王之绩,……古者圣人穷而在下则以其道立言训后世,如吾夫子之所述是也。达而在上则以其道立政淑当时,如二帝三王是也。……自后世观圣人之事,必得圣人之心,不得圣人之心而徒于迹焉求之,是犹盲者观天地日月风雷之变,不眩惑而失常者未之有也。"④王樵《尚书日记序》云:"读其书如身在其时,论其世如事在于己,则我之心即古人之心,古人之心即我之心。"⑤朱鹤龄《尚书埤传序》云:"《尚书》者,帝王之心法、治法所总而萃也。"⑥诸家论述多主帝王心法,这是一种以挖掘经典精深为主导的解经方式,解经中有深切的现实关怀。

---

① 陈经:《尚书详解》,文渊阁《四库全书》经部第53册,第3页。
② 金履祥:《尚书表注·自序》,《丛书集成》初编,中华书局1985年,第1页。
③ 黄镇成:《尚书通考》,文渊阁《四库全书》经部第56册,第1页。
④ 马明衡:《尚书疑义序》,文渊阁《四库全书》经部第58册,第100页。
⑤ 王樵:《尚书日记序》,影印文渊阁《四库全书》经部第58册,第222页。
⑥ 朱鹤龄:《尚书埤传序》,影印文渊阁《四库全书》经部第60册,第688页。

第三节　历代对朱子与蔡沈《书》学论争之考辨

朱子潜心教育,培养了大量的学术人才,在其影响下,门人弟子竞相著述,阐发《尚书》之精义,形成强大的学派力量。蔡沈《书集传》的颁行成为其后《书》学的尊主,不管是对其批驳,还是对其阐扬,元明清三代之《尚书》学几乎都笼罩在《蔡传》影响之下。

一、朱门弟子注《书》考

朱门弟子有《尚书》专著者甚多,兹考如下。邹补之,字公衮,开化人,受业朱、吕之门,淳熙初举进士,有《书说》卷不详①,佚。吴昶,字叔夏,歙县人,朱子归婺源省祖茔,昶曾执经馆下,著有《书说》四十卷②,佚。林夔孙,字子武,古田人,从朱文公游,著有《尚书本义》③,佚。赵汝谈,字履常,登淳熙十一年(1184 年)进士第,事迹具宋史本传。有《南塘书说》三卷,佚。陈振孙评论云:"疑古文非真者五条,朱文公尝疑之而未若此之决也。然于伏生所传诸篇亦多所掊击抵排,则似过甚。"④陈文蔚,字才卿,号克斋,上饶人,朱熹门人,有《尚书类编》十三卷,佚⑤。宋理宗端平二年(1235 年)陈文蔚进表曰:

伏惟皇帝陛下……道得尧、禹、汤、文之传,《书》究虞、夏、商、周之蕴,微言奥旨默契于宸衷,大义宏纲悉关于天理……窃谓《书》者,"精一"之旨首传于二圣,"彝伦"之叙备阐于九畴,天文稽七政之齐,地理尽九州之贡。揖逊征诛,心同而迹异,侯甸男卫,理一而分殊,拔伊尹于耕野之微,相傅说于筑岩之贱,官制刑以儆有位,德好生以洽民心,《无逸》俾知于艰难,《酒诰》深惩于沈湎,鼎耳雊鸣则祖己之训入,西旅獒献则召公之

---

① 朱彝尊:《经义考》卷八十二,第 457 页。
② 《万姓统谱》卷十,影印文渊阁《四库全书》子部第 262 册,第 222 页。书名见《经义考》卷八十二,第 456 页。
③ 《闽中理学渊源考》卷十七,影印文渊阁《四库全书》史部第 218 册,第 280 页。
④ 陈振孙:《直斋书录解题》卷二,第 34 页。按:《宋史》卷四百十三本传其疑《书》之说,云:"《书》尧舜二典宜合为一,禹功只施于河洛,《洪范》非箕子之作"(第 12396 页)。
⑤ 《四库总目提要》卷一百六十二《克斋集提要》,第 1389 页。

戒陈，以至用人建官，大则公、孤、师、保惟其人，微则侍、御、仆、从罔非正，非其人何以经邦？而论道不以正，未免亲佞而狎邪，所系非轻，诚宜罔忽。凡此皆理国安民之要，亦岂无统宗会元之方！①

从陈氏谓宋理宗得道统之传，究《书》之蕴而得天理之言，可见是书完全禀承了朱子以理学解《书》的思想。辅广，字汉卿，崇德人，师事朱子及东莱吕氏，学者称传贻先生。著《尚书注》②，佚。黄榦，字直卿，称勉斋先生，福州闽县人，事迹具《宋史》本传。有《尚书说》十卷③，佚。潘柄，字谦之，号瓜山先生，怀安人，年十六有志于道，朱熹悉以所学授之，有《尚书解》六卷④，佚。李杞，字良仲，平江人，著《谦斋书解》⑤，佚。孙调，字和卿，福宁人。其学得朱子之传，以排摈佛老，推明圣经为本，著《龙坡书解》卷不详、《尚书发题》卷不详⑥，均佚。徐侨⑦，字崇甫，义乌人，有《尚书括旨》十卷，佚。董铢，字叔重，鄱阳人，从学朱子，登嘉定戊辰（1208 年）第。著有《尚书注》⑧，佚。戴蒙，字

---

① 陈文蔚：《克斋集》卷六，文渊阁《四库全书》集部第 110 册，第 45 页。
② 《经义考》卷八十二，第 456 页。
③ 《经义考》卷八十二，第 456 页。按：朱子另一门人黄榦字尚质，福宁人，著有著述《五经讲义》，二者常易混淆（《闽中理学渊源考》卷二十四，文渊阁《四库全书》史部第 218 册，第 316 页）。
④ 《闽中理学渊源考》卷二十七，文渊阁《四库全书》史部第 218 册，第 345 页。
⑤ 《四库全书总目提要·周易详解提要》云："宋李杞字子才，号谦斋，眉山人，仕履未详。考宋有三李杞，其一为北宋人官大理寺丞，与苏轼相唱和，见《乌台诗案》。一为朱子门人，字良仲，平江人，即尝录《甲寅问答》者，与作此书之李杞均非一人，或混而同之者误也。"（第 19 页）按：《经义考》录作朱子授《诗》弟子，著《谦斋书解》（1459 页）。
⑥ 《经义考》卷三十一，第 177 页。按：《经义考》卷八十二《龙坡书解》著录为五十卷，误。《闽中理学渊源考》卷二十四（文渊阁《四库全书》）及《经义考》卷三十一均云："《易》、《诗》、《书》解、《中庸发题》共五十卷。"（第 457 页）
⑦ 《宋史》卷四百二十二本传云："侨从学于吕祖谦门人叶邽，淳熙十四年举进士，调上饶主簿，始登朱熹之门"（第 12614 页）。按：《经义考》卷八十二录有姚希得《序》徐氏之书，曰："婺州文清公徐先生讳侨，字崇父，号毅斋。淳熙十一年（1184 年）进士，胸吐词峰，心吞学海，而于五经宗旨尤所究心。故先生著述有虞、周二书之《括旨》，尤其潜心究学辑而成帙者。夫《五经》为诸书之冠，而虞、周二《书》皆圣训典谟，'惟精惟一'之指又为《五经》之冠，苟非深明其奥，曲洞其理，安能妄措一词？今谛观是帙，注解详密，毫无渗漏，乃知先生于此书之宗旨默识心通，其于继往圣、开来学，岂不赖有此耶！先生暮年以此书进呈皇朝，存于青宫阁秘本。景定四年（1263 年）三月"（第 457 页）。完全是理学家家数。
⑧ 《经义考》卷八十二，第 456 页。按：其字号闾里见《经义考》卷三十一（第 176 页）。

养伯,永嘉人,绍熙庚戌(1190 年)中第,从朱晦庵于武夷,著《书说》①,佚。冯椅,字仪之,都昌人,有《尚书辑说》,②佚。冯诚之③,义乌人,著《书传》二十卷,佚。李相祖,字时可,光泽人。从朱文公学,曾以文公命编《书说》三十卷,④佚。陈埴,字器之,永嘉人,从学朱文公,有《禹贡辨》一卷⑤,佚。李方子,字公晦,光泽人,朱子高弟,自号果斋,嘉定七年(1209 年)进士第三人,事迹具《宋史》本传。著有《禹贡解》⑥,佚。

朱门弟子有《尚书》专著的十六人(含蔡沈《书集传》),还有解单篇的几人。可见其门人才之盛。其中李时可、陈器之、谢成之、李方子、潘子善庆元间均助朱子收集整理过《尚书》资料(见上文)。在众多对《尚书》有专门研究的门人之中,蔡沈被选作其《书》学的继承人,是有重要原因的。

蔡沈《书集传》成为宋代《尚书》学的转捩点,也是《尚书》学史上的重要转折,以理学思想为宗旨的《尚书》义理注疏代替了汉唐章句之学。自此书之出,学人多奉《蔡传》为朱子《书》学衣钵,吕光洵序黄度《尚书说》云:

> 宋诸儒治《尚书》者言人人殊,盖数十余家,吴氏、王氏、吕氏、苏氏最著,九峰蔡氏得紫阳朱子之学,作《集传》,学者尤宗之,于是诸家言《尚书》者不复行于世。⑦

从吕氏之说可知《蔡传》一出很快就成为了《书》学之宗主,成为此后解《书》之范式,元明清定为科举考试之书,成为《尚书》学上之主导。但朱子与蔡沈《书》解在文字和思想上呈现出的这种差异,导致了其后《尚书》学史上数百年的论争,株守朱子之学者往往援朱驳蔡,蔡沈在多大程度上背离师旨?或

---

① 《经义考》卷三十一、八十二,第 178、457 页。
② 《经义考》卷三十一、八十二,第 177、457 页。
③ 《经义考》卷二百八十四录为朱子授《诗》弟子。按:陈荣捷《朱子门人》云:"恐《经义考》必误冯仪之(椅)为冯诚之。"(台湾学生书局 1982 年版,第 253 页)椅乃都昌人,朱彝尊恐不至如此昏乱。朱子门人有谢成之受命集《书说》,《文集》卷五十八《答谢成之》云:"所示《二典说》大概近似,目昏,尚未及细看。……彼编所看后编得接续寄来尤幸,恐当有所助耳"(第 2754 页)。或恐是谢成之之误,无实据,存疑(《经义考》,第 459 页)。
④ 《经义考》卷八十二,第 456 页。
⑤ 《经义考》卷九十四,第 509 页。
⑥ 《经义考》卷九十四,第 509 页。
⑦ 《经义考》卷八十一,第 452 页。

者说援朱驳蔡是否还有更深层的诱因？这些问题必须给予一个合理的回答。

批评《蔡传》者始于宋末元初，德兴人张葆舒作《尚书蔡传订误》，浦江人黄景昌作《尚书蔡氏传正误》，程直方作《蔡传辨疑》，余芑舒作《读蔡传疑》，对《蔡传》递相诘难，然诸书亡佚。余芑舒《读蔡传疑》犹可从诸家引用中辑录出27条。其后《书》学均以朱子观点及思想批评蔡沈背离师说。在思想方面，主要批评蔡沈解《书》背离朱子阙疑精神，陈栎云："蔡氏受朱子付托，惜亲订仅三篇。朱子说《书》谓通其可通，毋强通其难通，而蔡氏于难通罕阙焉。宗师说者固多，异之者亦不少。"①直指蔡沈强解《尚书》，穿凿附会，②这是驳《蔡传》者论争焦点之一。今考查《书集传》言未详者27处，言有缺文者5处。如《禹贡》"灉沮会同"，蔡沈引曾氏、晁氏之说后云："二说未详孰是。"③《盘庚下》"鞠人谋人之保居"，蔡沈云："鞠人谋人未详。"④《金縢》"若尔三王是有丕子之责于天"，蔡沈云："于天之下疑有缺文。"⑤《君奭》"小子同未在位，诞无我责，收罔勖不及，耇造德不降"，蔡沈云："大无我责上疑有缺文，收罔勖不及未详。"⑥《吕刑》"曰：呜呼！敬之哉，官伯族姓，……天罚不极，庶民罔有令政在于天下"一节，蔡沈云："此章文有未详者，姑缺之。"⑦此三十余处阙疑，可谓遵循了朱子通其可通的原则，谓蔡沈解《书》无阙疑未必服人。当然，《尚书》何处可通，何处不可强解，注家各有所见，虽间有共识，然多难苟同，《书》家之批评未必的当。

批评《蔡传》者更多的是用朱子《语类》、《文集》之内容批评蔡沈背离朱子观点。元代陈栎著《书解折衷自序》云："掇朱子大旨及诸家之得经本意者句释于下，异同之说低一字折衷之。《语录》所载及他可采之说与夫未尽之蕴皆列于是，惟以正大明白为主，一毫穿凿奇异悉去之。"⑧对蔡沈《书集传》加以疏解驳正，其后《尚书》著述多以疏解蔡沈《书集传》为主，如董鼎之《书传辑录纂注》、胡广之《书经大全》等。余芑舒《读蔡传疑》材料存于董鼎《书传辑

---

① 陈栎：《定宇集》卷一《书解折衷自序》，影印文渊阁《四库全书》集部第144册，第157页。
② 详参刘起釪：《尚书学史》第七章第二节，第245—246页。
③ 蔡沈著，钱宗武、钱宗弼整理：《书集传》卷二，第44页。
④ 蔡沈著，钱宗武、钱宗弼整理：《书集传》卷三，第106页。
⑤ 蔡沈著，钱宗武、钱宗弼整理：《书集传》卷四，第153页。
⑥ 蔡沈著，钱宗武、钱宗弼整理：《书集传》卷五，第205页。
⑦ 蔡沈著，钱宗武、钱宗弼整理：《书集传》卷六，第254页。
⑧ 陈栎：《定宇集》卷一，影印文渊阁《四库全书》集部第144册，第157页。

录纂注》中 26 则,21 则是对《蔡传》的个别失误的修正,或指蔡沈解说前后矛盾,如《泰誓上》"受有臣亿万,惟亿万心",蔡沈解云:"百万曰亿",余氏曰:"此谓百万曰亿,《洛诰》谓十万曰亿。"①《多士》"弗吊旻天大降丧于殷",蔡沈解云:"弗吊,未详,意其为叹悯之辞,当时方言尔也。"余氏曰:"弗吊,《大诰》引不吊昊天为训甚明,此以为未详,何也?"②按:蔡沈于《大诰》篇云:"吊,恤也。犹《诗》言不吊昊天之吊,言我不为天所恤。"③凡此自相矛盾处 10 条,颇能切中蔡氏之弊。或指蔡沈违背师说,凡此两处,《洪范》"曰皇极之敷言,是彝是训,于帝其训",蔡沈云:"言人君以极之理而反复推衍为言者,是天下之常理,是天下之大训,非君之训也,天之训也。"余氏曰:"此节易师说。"按:朱子《皇极辨》云:"夫人君以身立极而布命于下,则其所以为常为教者,皆天之理而不异乎上帝之降衷也。"④蔡沈"非君之训也,天之训也"完全背离师说。或直指蔡沈错误,《说命下》"王,人求多闻",蔡沈云:"说称王而告之曰,人求多闻者,是惟立事。"余氏曰:"王人只从古注。"⑤按:《传》云:"王者求多闻以立事。"⑥蔡沈之说显然不如伪《孔传》贴切。余氏所论 26 条多能切中肯綮,但对于《蔡传》来说可谓白璧微瑕。明代刘三吾等撰《书传会选》,纠正蔡说凡66 条。马明衡《尚书疑义》、袁仁《砭蔡编》以典制名物补正《蔡传》之阙误。袁仁《尚书蔡注考误》解《书》102 条,《尧典》"否德忝帝位"蔡注"否不通",袁仁以为"欠一与字",⑦此种正误几无意义。余氏谓《尧典》"不格奸"为"不去正他奸恶"⑧,谬误显明,则以其昏昏使人昭昭。《益稷》"暨益奏庶鲜食"、"暨稷播奏庶艰食鲜食",余氏谓"自生之少则曰鲜食,自得之难则为艰食,今乃谓血食为鲜,误矣。盖自燧人氏作而民已久知熟食,若谓进众鸟兽鱼鳖之肉于民,使食以充饱,岂九州之鸟兽鱼鳖皆益取之。"⑨"鲜食"非谓生吃,犹今日所谓鲜货。"奏庶鲜食"非谓"九州之鸟兽鱼鳖皆益取之",而是赞其佐治水之功

①　董鼎:《书传辑录纂注》卷四,纳兰性德:《通志堂经解》第 6 册,广陵书社 2007 年版,第 421 页。

②　董鼎:《书传辑录纂注》卷五,第 440 页。

③　蔡沈著,钱宗武、钱宗弼整理:《书集传》卷六,第 157 页。

④　董鼎:《书传辑录纂注》卷四,第 432 页。

⑤　董鼎:《书传辑录纂注》卷三,第 418 页。

⑥　孔颖达:《尚书正义》卷十,第 175 页。

⑦　袁仁:《尚书蔡注考误》,《丛书集成初编》,中华书局 1991 年版,第 3 页。

⑧　袁仁:《尚书蔡注考误》,第 3 页。

⑨　袁仁:《尚书蔡注考误》,第 7 页。

而民得鲜食为生。谓《禹贡》"怪石"为资服饵①，以《说苑》、《庄子》、《墨子》为据以为战于甘者为大禹②，《洪范》"汩陈五行"训为"汩，没也。陈，久也，亦腐也。……言汩没久坏其五行"，③诸说则有意立异，不可为训。马明衡《尚书疑义》于所明而无疑者从蔡沈，有所疑于心而不敢苟从者辄录为篇。袁氏之考误可参信者不多。陈泰交《尚书注考》考订蔡沈《书传》之讹，谓有引经注经不照应者三条，如"凡厥正人"引"惟厥正人"为证，"曰若稽古帝尧"引"越若来"为证，"德懋懋官"引"时乃功懋哉"为证，陈氏以为前后矛盾。其实蔡氏引经乃解"正人"、"曰若"、"懋"之义，"曰若"与"越若"可通，"来"为语助，非前后不相照应，陈氏读书未明。又摘有蔡沈同字异解者三百二十三条，皆直录注语不加论断，如"《虞书》曰：虞舜，训虞，舜氏。汝作朕虞，训虞，掌山泽之官。若虞机张，训虞，虞人也。儆戒无虞、不虞率典、出入自尔师虞，训虞，度也。"④此数义蔡氏训解是没有问题的。"寅宾出日，训寅，敬也。夙夜惟寅，训寅，敬畏也。严恭寅畏，训寅则钦肃。"⑤三者用词不一，其义则同。"怀山，训怀包其四面也。邦之荣怀，训怀安也。"⑥训怀为抱为本义，训为安乃引申义。陈氏摘录蔡沈同字异解，一字或有数义成编，虽未论断，是心中以为不然。然字有本义、引申义、比喻义、假借义，一字多义，乃字义之常态，单义字绝少。一字多训本一字多义，经典常有，未足为怪。陈泰交此书则惟较量于训诂之间，而所谓训诂异词者，虽皆以矛攻盾，然未及博援古义证以旧文，不能服学者之心。若以汇集字训待是书，则其于读《书》不无裨益。清代王顼龄等奉敕撰《书经传说汇纂》虽有订正，然亦宗《蔡传》。诸家《书》解事实上以朱子之说驳正《蔡传》者为数不多，更多的是对《蔡传》本身失误的驳正。

学界对《蔡传》的驳正成为其后《书》学一大内容，其多数著作出现在《蔡传》定为功令之后。作为科举用书的《蔡传》，是天下士子解读《尚书》文本的依据，训诂章句及制度文物不应当有常识性错误，否则难为指导，故驳正之作大兴。对《蔡传》的驳正大致经历了从民间上升到朝廷行为的过程，元代驳蔡

---

① 袁仁：《尚书蔡注考误》，第 11 页。
② 袁仁：《尚书蔡注考误》，第 14—15 页。
③ 袁仁：《尚书蔡注考误》，第 19 页。
④ 陈泰交：《尚书注考》，影印文渊阁《四库全书》经部第 58 册，第 704 页。
⑤ 陈泰交：《尚书注考》，第 706 页。
⑥ 陈泰交：《尚书注考》，第 708 页。

基本是学者个人行为,到明代《书传会选》、《书经大全》则代表朝廷意志,明翰林学士刘三吾等奉勒撰《书传会选》,四库馆臣云:"至明太祖始考天象,知与《蔡传》不合,乃博征绩学,定为此编。凡《蔡传》之合者存之,不预立意见以曲肆诋排。其不合者则改之,亦不坚持门户以巧为回护。"①以官方形式对《蔡传》中的错误加以驳正,其目的应当是为学者提供一个完善的范本。其后《书经大全》分《蔡传》为十卷,大旨本陈栎《尚书集传纂疏》、陈师凯《书蔡传旁通纂疏》,皆墨守《蔡传》。《旁通》则于名物度数考证特详,虽回护《蔡传》之处在所不免,然大致皆有根柢。《蔡传》作为科举之书,已上升为国家意识形态的构建内容,学界维护其合理性成为势之必然,援朱驳蔡可从此一角度得到合理阐说。

从意识形态层面来看,宋理宗对朱子思想的推崇使其逐渐成为社会主流意识,朱子学便成为学界关注的焦点,因此也成为思想评价之标准,于此四库馆臣的看法颇具代表性,云:

> 《序》所谓朱子点定者,亦不免有所窜易。故宋末黄景昌等各有正误辨疑之作,陈栎、董鼎、金履祥皆笃信朱子之学者,而栎作《书传折衷》,鼎作《书传纂注》,履祥作《尚书表注》,皆断断有词。明洪武中修《书传会选》,改定至六十六条。国朝《钦定书经传说汇纂》亦多所考订厘正。盖在朱子之说《尚书》主于通所可通,而阙其所不可通,见于《语录》者不啻再三。而沈于殷盘、周诰,一一必求其解,其不能无憾也固宜。②

四库馆臣批判了蔡沈不守师说,并背离了朱子解《书》宗旨,据朱驳蔡就成为蔡沈《书集传》之后《尚书》学研究的一大主题以及评价《尚书》专著优劣之判准。《四库总目提要》正式著录《尚书》著作提要 58 部(兼附录),成于《蔡传》之后的 41 部,《四库总目提要》涉及《蔡传》的有 22 部,多强调不株守《蔡传》的优点。如董鼎《书传辑录纂注》"特引朱子之说补其阙失,其举《集传》归之朱子,犹曰以朱翼朱,则不以异蔡为嫌。"③陈师凯《书蔡氏传旁通》

---

① 永瑢等:《四库全书总目提要》卷十二,第 98 页。
② 永瑢等:《四库全书总目提要》卷十二,第 93—94 页。
③ 永瑢等:《四库全书总目提要》卷十二,第 97 页。

"于名物度数,《蔡传》所称引而未详者——博引繁称析其端委。"①《尚书》类存目 78 种,成于《蔡传》之后的 77 部,其中 33 部《提要》以对《蔡传》考订之是非为优劣。四库馆臣之说有鲜明的尊朱倾向,其说影响深远,成为了今天学界对朱子《书》学和《蔡传》的基本认识。四库馆臣一以朱子《书》说为准的评论诸家是非得失,所列数十部驳《蔡传》之作,主要是对蔡氏《书集传》的修正,从根本精神上并未背离《蔡传》精神,四库馆臣之说无疑需要重新考订。然朱子之学成为官方主流意识之时,从官方到学者私人都笼罩在朱子思想之下,这使得学界为维护共同的精神家园而努力为朱子学术的纯粹性辩护。

由于朱子学成为了近世社会的主流意识形态,其经学与学说对后世有巨大影响,朱子《尚书》学在多个方面奠定了其后研究的方向。朱子《尚书》学通其可通的阙疑原则和求三代善治的宗旨成为其后《尚书》研究遵循和是非评价的准绳。朱子对《尚书》的怀疑开启了《古文尚书》的全面疑辨以及探寻其作者的研究,开启了对《今文尚书》的资料考辨和对汉代、先秦《尚书》学的辑佚考订。其解经倡训诂与义理的结合,实现了汉唐注疏之学的繁琐向宋代义理之学简约的转变,也为宋学空疏做了最好辩护,为清代朴学由字及词、由词及义的解经路径开启了先河。但毋庸讳言的是其以一己思想改易经典为后世开启了恶劣的先例,王柏改易《尚书》及明代伪造古经朱子当有以启之。

---

① 永瑢等:《四库全书总目提要》卷十二,第 97 页。

余论 朱子未竟《书经集传》考论

朱子遍注群经,但于《尚书》一经犹付阙如,这不仅与《尚书》文本的复杂,《尚书》在朱子思想中的地位有关,也与朱子晚年境遇及学术取向相关。本章将试图对此一问题作一回答。

第一节 朱子学术价值取向考论

朱子生于理学之家,父亲朱松韦斋晚年为义理之学,从游程门弟子罗从彦,日诵《大学》、《中庸》,用力于致知诚意①,授朱子以二程《论语说》,把"为己之学"深深根植在了朱子幼小的心灵之中,为朱子奠定了儒学的根基。绍熙十三年,朱韦斋亡故,托朱子于刘子翚、胡宪、刘勉之三先生,二刘授朱子以《西铭》,朱子开始用力于二程"为己"之学。有宋一代禅风大扇,三先生均习佛,朱子亦受到很大影响,沉潜佛老十余年。绍兴二十三年(1153 年),朱子作《牧斋记》总结了自己出入佛老的经历。这是朱子人生中读书求取科举的第一阶段,出入于儒学与异端杂说之中,还没有形成明确的学术取向。

绍兴二十三年,朱子赴同安主薄任,途中拜访程颐高足杨时的再传弟子李侗,朱子畅谈学禅体会,受到先生批评。同安主薄任上主县学,同安官余读经反思,思想大变,畏垒斋读《论语》笔札十篇,又读《孟子》,开始思索儒释之辨。绍兴二十七年(1157 年)始师事李侗(按:王懋竑《年谱》定在绍兴三十年),从此学术上走向了归本伊洛的道路。李侗学问大旨在修养论上强调"默坐澄心"、"体验未发",注重主静涵养——一种直觉主义的内在体验。修养境界上追求浪漫主义之"乐"的"洒然融释"的道德境界。本体论上提倡"理一分

① 详参《晦庵先生朱文公文集·附录》(黄榦:《朱先生行状》),第 559 页。

257

殊"。但朱子由于个性气质,未能遵从李侗重体验而亲和乐的修养路径,而更注重格物致知的理性主义取向,但师事李侗确实把朱子完全引进了道学语境,也使朱子的章句工作纳入了程氏道学的轨道,在学术方向和内容上都起了规范性影响,从根本上奠定了朱子的道学发展基础。朱子学术重心从此转向了儒释之辨,走向了建立自己道学理论体系的漫长求索历程。① 隆兴元年(1163年)《论语要义》的完成标志着朱子逃禅归儒的基本完成,治学方法上由训诂入义理,由高妙入平易,注重汉学与宋学的融合。义理阐发倡"即事明理",反对空发议论,标明了儒与佛老的差别。隆兴二年(1164年)《杂学辨》(由辨苏轼《易解》、苏辙《老子解》、张九成《中庸解》、吕本中《大学解》四篇组成)写成,朱子严厉批判苏轼、苏辙、张九成、吕本中四人杂引佛老之说以解儒家经典,开始清算异端杂说,要求捍卫儒学的纯粹与正统。

隆兴二年(1164年),朱子开始与张栻及湖湘学者论儒释之辨,从《论语》学上展开了闽学与湖湘学的交汇,修养方法上从此开始了由主静向主敬的转化,思想上开始融合道南和湖湘学而走向自己的思想世界。朱子研读胡宏的《知言》、文集及与湖湘学者的论辩中,接受了这一派的"察识端倪"说,以性为未发心为已发、先察识后操存以及未发为寂然不动的思想。建立了未发、已发浑然不分的中和思想,走向湖湘学"先察识,后操存"的修养方法。这就是"中和旧说",所谓的"丙戌(1166年)之悟"。但中和旧说并不符合《中庸》本义。朱子在整理周、张、二程著作后接受了程颐"涵养需用敬,进学则在致知"②的修养方法,从而实现了自己理学体系的根本性飞跃。己丑(1169年)之年,朱子否定了"心为已发,性为未发"的旧中和说,确立了新"中和说",主张性为"未发",心为"已发",心统性情贯乎"已发"、"未发"。修养方法相应就有了未发的持敬功夫和已发的致知功夫,确立了他主敬致知的生平学问大旨。强调未发的涵养是向李侗的回归和超越,但已发的致知却超越了湖湘学察识良心的界域,更多地包含了知识论的内容。朱子分心理活动为已发未发两阶段,以便两下用功,克服了湖湘学派先察识之说偏于已发的倾向,突出了平时涵养的地位。朱子以未发为"性之静",已发为"情之动",心之体为性,心之用为情,建立起了心——性——情的心性论体系。"中和新说"融合了闽学与湖湘

---

① 详参陈来:《朱子哲学研究》,第44—66页。
② 程颢、程颐:《二程遗书》卷十八,第188页。

学,明道主静与伊川主敬两家指诀的理学思想。以敬知双修为特点,持敬的涵养与致知的察识相统一,道德修养方法与认识方法的统一,以为自己学问之大要。建立起了儒学体认实理的认知方法,以敬立本,以知穷理。朱子修养论至此臻至成熟,与禅之明心见性和道之坐忘都有明显距离,也是相区别的标尺。

朱子修养论的求索一方面与湖湘学者的论辩有关,一方面又源自对理学家文献的整理与解读。乾道二年(1166年)朱子编成《周子太极通书》,三年朱子已完成《中庸详说》,对二程著作作了全面整理,编定了二程《遗书》、《外书》、《文集》、《经说》和程颐《易传》,朱子把二程各种分散的思想加以分辨、组合、重新安排、重新结构,以明确的基本构架,建立起主次分明、包含内部合理关系的话语系统。乾道五年(1169年)九月朱子守母丧,于寒泉山间讲学授徒,著《太极图说解》和《西铭解》,完成了本体论和宇宙观的建构,弥补了原始儒家在这方面的缺憾。朱子对理学家文献的整理和阐释确立了上承周、张、二程道统的学派,完成了自己理学思想的建构。《太极图说解》建立起了他的理本体论,理——气——万物的宇宙生化论和即物穷理的认识论,同时解决了人性的本体论问题。《西铭解》确立了理一分殊这一朱子哲学的最高原则。朱子把理本体论和理一分殊的哲学原则推广到人性论、道德论、认识论直至社会政治观。理既指性理——万物禀之于天所成就的性,又指分理——具体规律。"理一分殊"阐发的是宇宙本体的太极和万物之性的关系,是一与多的关系。朱子用"理一分殊"阐明了一般存在于个别之中,同一性表现为差别性的问题。由此要求人的实践必须根据不同对象的具体物理,认识上强调格物的积累。客观世界的理一分殊决定了认识必须由分殊上升到理一,分殊决定了理一的必要,理一决定了贯通的可能。理一分殊就为朱子认识论、方法论提供了哲学基础。乾道九年(1173年)完成《伊洛渊源录》初稿,成为理学史上第一本专门研究理学学派的著作,标志着程朱理学一派道统的确立。淳熙二年(1175年),朱子与吕祖谦合编《近思录》,两人辑录周、张、二程著作十四种六百二十二条合为十四卷,构成了一个完整的理学体系,标志着道学思想内涵的确定,这是朱子此时思想探索的总结。第一卷论太极之理的本体论和性论,二至五卷论敬知双修的认识论和修养论,六至八卷论大学之道,九至十卷论政治理想,十一至十二卷论教育之道与人心疵病,十三卷驳异端杂说,十四卷论圣人气象为世人立标准。《近思录》概括周、张、二程的宇宙观、人生观、价值观、教育论、政治理想和反佛老异端思想等,构造出了以实用伦理人生哲学为核心的理学思想体系。朱子在对周、张、二程著作的整理和解读活动中确立了道学的经典文献,使统一的道学话语得以形成,明确的道学认同得以建立,表明了具有鲜明特色的道学学派的形成。从此朱子关注的理气说、心性说、格物说成为道学关注的课题,开始主导道学,这也意味着朱子在理论上反对异端杂说,重新确立儒学权威的思想建构基本完成。

乾道七年(1171 年)朱子全面修订《孟子集解》、《论语要义》,合编为《论孟精义》,体现了他兼综汉魏训诂之学与两宋义理之学的经学精神,贯穿了他"体用一元,显微无间"的根本思想。乾道八年写成《中庸章句》初稿,对《中庸》重新分章次,表现了他重建自己《中庸》学思想的意图和尝试。乾道九年九月朱子写《中庸集解序》,建构了一个由孔子——曾子——子思——孟子——周敦颐——二程构成的《中庸》思想传授系统,从而在《中庸》学上完成了道统的建立。乾道八年取诸家之说定为《大学章句》初稿,格物致知思想初步确立。至此《四书》体系初步建立。淳熙四年(1177 年),朱子完成了《四书》学著作的全面序定和总结,广泛吸收二程以来的《四书》学研究成果,融贯成了程朱学派的《四书》学体系。朱子修《大学》、《中庸》章句,《论》、《孟》集注,完成了《四书》的建构,从而理学体系也最后完成。朱子以《大学》为治学修身起点,以《论》、《孟》为行事标准,以《中庸》为价值归宿,建构了一个庞大的理学体系。淳熙十六年(1189 年),朱子再次序定《大学章句》、《中庸章句》,标志着他《四书集注》理学体系臻于成熟。

朱子对《大学》古本移文补传,把它作为学问大纲,并以补写的《格物传》当作纲中之纲,以"三纲领"为经、"八条目"为纬构建了一个完善的修养体系,核心是格物致知思想,这与朱子为学上强调"道问学"的宗旨是一致的。"格物"是《大学》思想的逻辑起点,要求即物穷理,格物的终极目的是要穷事物至极之理,积累以至贯通,从个别上升到一般,从具体原则规律上升到普遍原则规律,是儒学与即心悟理的陆学和离物求理的老佛玄论及俗儒空谈性理相区别的根本。"致知"是主体通过考究物(事)理而获得知识的扩充,通过读书讲学和道德践履等具体实践活动以把握伦理准则、客观事物的本质和规律以及宇宙之大原。"格物致知"服务于正心诚意、明明德、止至善的目的,朱子格物说为士大夫和官僚阶层提供了一种旨在提高其道德境界的基本方法。格物穷理既是明善的基本途径,也是求知的根本方法,是真与善的统一。朱子《大学》改本为理学的学习和传播提供一个完善的本子,同时为个体人格完善指明了可供遵循的道路。为学以格物致知为起点，通过专心攻读，丰富阅历，及至真积力久，臻于"己与天为一"、"心与理一"的人生极境而"止于至善"，"内圣"的理路为个体生命安顿提供了一种终极关怀，建立了一个自足的精神家园，消解了琐碎现实带给人生的荒谬感。但个体人格的完善决不是儒者的终极目标，朱子还要求有德君子必须肩负起"新民"的历史责任，以个体的人格力量去齐家、治国、平天下，实现其"外王"的理想，建构一个和谐的大同世界。"内圣"是"外王"的基础，"外王"是"内圣"的具体显现，朱子把个体生命的意义导向完善群体社会，彻底和佛、道两家划清了界线。

朱子《中庸章句序》会通了"十六字心传"与《中庸》"中和"思想，改造"道心"、"人心"原本内涵，把经典的阐释与时代需求结合了起来，使经典成为现实思想文化建构的活水源头。他认为《中庸》与《大禹谟》其言之不异，虽千有余年，犹如合符节。由此而确立了由尧、舜至二程的一个圣圣传心的道统理论和儒学新的道统体系，一个远较佛老悠远的儒学传道谱系，也即是说儒道可以凌驾佛老等异端杂说而为思想宗主。朱子对《中庸》"中和思想"的深入挖掘，建构起了一个复杂而精密的心性理论，为探讨现实人性及寻求复性之路奠定了坚实的理论基础。

朱子花四十余年苦心构建了一个"以《四书集注》为灵魂，以《小学》、《四书或问》、《中庸辑略》、《语孟精义》、《四书集解》层层拱卫的四书学体系"。以《小学》为其《四书》学的逻辑起点，即"以主静的内心道德涵养为起点"，"以实现由持敬养心到致知格物直至存理灭欲节情的人性复归"。① 确立了《大学》——《论语》——《孟子》——《中庸》的《四书》学体系的逻辑顺序，朱子云："某要人先读《大学》，以定其规模；次读《论语》，以立其根本；次读《孟子》，以观其发越（感激兴发人心）；次读《中庸》，以求古人之微妙处。"② 以《大学》定规模，《论语》立根本，《孟子》观发越，《中庸》求精微，这是一个包含有形下形上的理论体系，形成了朱子追求王道的外王理想和探索复性为指归的内圣架构。《大学》是入德之门，八条目是本纲大目，概括了内圣外王的思想体系及其方法论。"《论语》之书，无非操存涵养之要；《七篇》之书，莫非体验扩充之端"。③《论语》讲复礼归仁，《孟子》讲尽心知性，讲仁政、王道，二者是

① 　束景南：《朱子大传》，第 818 页。
② 　《朱子语类》卷十四，第 419 页。
③ 　《朱子语类》卷十九，第 664 页。

对《大学》思想的具体展开，《中庸》"始言一理，中散为万事，末复合为一理"①，通篇则讲"理一分殊"。《四书》包括了"理一分殊"的理本体论，天理人欲对立的心性论，格物致知的认识论，"学以明伦"的教育论，仁政爱民的王道政治论，束景南先生先生称《四书》是"一个复归人性的人本主义体系"。②

乾道三年(1167年)，朱子校订程氏《易传》专主义理《易》。淳熙八年朱子校订《古文易经》十二篇，为他《易》为卜筮之书和三圣易思想找到了坚实的版本依据，意味着他作《周易本义》的开始，确立了经传分离，就经解经的思想。《周易本义》对易学作了体大思精的宏观解说，最终完成了他理、数、占的庞大易学体系。《诗集解》作于绍兴年间，隆兴元年(1163年)完成初稿，乾道三年做了一次全面修改，九年又一次大修改，不满理学诸公在《诗》学上大谈义理，显示了平实的汉学精神。确立了以经解经的方法，很快走向了对《诗序》的怀疑和否定，淳熙十一年(1184年)春朱子写《读吕氏诗经桑中篇》宣告了《诗集传》的诞生，批评了吕祖俭恶性发展以史说《诗》的解经方法。主张直探诗本义，反对以诗探"世变"(浙学方法)。《诗集传》主读《诗》从文学参入，主张以经解经。淳熙十三年(1186年)全面修改了《诗集传》，完成了新《诗经》学体系的建构。在《礼学》上以整顿推行《家礼》来挽救衰败的世风，先后写出《祭仪》(绍兴十七年辑成初稿，乾道五年正式修订完成，九年又一次修订，淳熙二年最后一次修订，是一个主二程的礼学体系)、《家礼》(裁截司马光《书仪》而成)和《古今家祭礼》(为做《祭礼》时搜集的《通典》《会要》以及唐诸家祭礼资料，共十九家，淳熙八年刻印)，提出了因时制礼，适于时用的礼学思想。

朱子治经方法上一是注意各经的特色而采取不同的方法，重在把握各经的特殊意义。二是重经本文兼括汉唐及宋代诸家经说以求会通，无门户私见，苟有所取于其所反对者亦加采纳。于汉唐训诂之外别开一门径，推动经学发展的同时也符合了时代的需求，为中国近世社会提供了一种可资借鉴和施行的政治哲学。

归本伊洛是朱子思想的发展成熟期，其学术的核心工作是重建儒学理论大厦以恢复其一统地位。朱子通过对理学家文献整理阐释，对《四书》为核心

① 朱熹：《四书章句集注》，第17页。
② 详参束景南：《朱子大传》第十七章"人本主义的四书学体系"一节，第818—820页。

的经学著作的注解,围绕"中和说"进行的心性论、修养论的探索,最终完成了儒家性与天道理论的建构以及道统谱系的建立,确立了"格物致知"为重心的敬知双修的修养论,真正建立起了一个可以抗衡佛老的庞大而精密的理论体系,完成了对佛老的批判,为儒家重新夺回了思想阵线。此一阶段,《尚书》中的史实成为朱子建构道统人物谱系的依据,而《大禹谟》"十六字心传"则成为朱子阐释心性论和道统说的重要依据。

第二节　朱子晚年学术环境考论

淳熙十三年(1186 年),朱子开始收集有关《尚书》的资料,集传《尚书》的工作滥觞于此。朱子《答潘文叔》第二书云:"《尚书》亦无他说,只是虚心平气,阙其所疑……近亦整顿诸家说,欲放伯恭《诗说》作一书,但鄙性褊狭不能相容曲狥,恐又不免少纷纭耳。"①信中表达了他的注《书》计划,"近亦整顿诸家说"说明他已经开始了资料收集与辨正的工作。此信写于淳熙十三年②,朱子时年五十七。庆元四年(1198 年),朱子《答谢成之》一书云:"邵武一朋友见编《书说》未备,近又遭丧,俟其稍定,当招来讲究,亦放《诗传》作一书。"③十三年后再次明确提出要著《书传》的要求。庆元五年(1199 年)冬才最后选定蔡沈,托以撰著《书集传》。但朱子在最后十四年时间里没能完成这一文化使命,这可从其晚年学术活动及遭遇探其大略。

---

① 朱熹:《文集》卷五十,第 2290 页。
② 朱熹:《文集》卷五十《答潘文叔》第二书云:"《诗》亦有看旧说多所未安,见加删改,别作一小书,庶几简约易读。"(第 2290 页)"小书"当指《诗集传》。《答潘恭叔》第七书云:"读《诗》诸说,前书已报去。近再看《二南》旧说,极有草草处,已略刊订,别为一书,以趋简约,尚未能便就也。《小学》未成,而为子澄所刻。见此刊修,且夕可就,当送书市别刊,成当奉寄。"(第 2312 页)此两书相后先,朱子刻《小学》在淳熙十四年,其《题小学》文末署"淳熙丁未三月朔旦晦庵题"(王懋竑:《朱子年谱》,台湾商务印书馆 1982 年版,第 139 页)。那么《答潘文叔》第二书写于淳熙十三年丙午无疑。束景南、陈来二先生有详考可参。又由《答潘文叔》第二书可知《诗集传》已完成,时在淳熙十三年秋冬间。
③ 朱熹:《文集》卷五十八《答谢成之》云:"熹病老益衰,今年尤甚……所恨闻道既晚而行之不力,上无以悟主听,下无以变习俗,而使斯文蒙其黮暗,是则不能无愧于古人耳。……此中今年绝无来学者"(第 2754 页)。从"今年绝无来学者"看,此书当写于庆元四年党禁最严时。

一、朱子晚年的文化事业

淳熙十三年起,朱子开始整顿经学,以成熟的理学思想和精湛的校勘水平对五经进行了全面整理,留下了辉煌的成就。淳熙十三年三月十六,修订《易学启蒙》成,序定之。① 八月十二日,《孝经刊误》成。② 十月《诗集传》成,作《诗序辨说》,刻于建安。淳熙十四年(1187 年)三月,《小学》书成。③ 十四年九月,朱子与潘友恭合作《礼书》④。绍熙元年(1190 年)十二月编《礼记解》,刊于临漳。庆元二年(1196 年)夏,分委黄榦、吴必大、吕祖俭、李如圭等修撰《礼书》。庆元三年(1197 年)三月一日,《礼书》草定成,定名《仪礼集传集注》(即后来之《仪礼经传通解》)。修礼工作直至朱子卒时仍在进行。淳熙十五年(1188 年)七月,《周易本义》成。绍熙三年(1192 年)五月,修订《四书集注》成,刻于南康。十二月,《孟子要略》成。⑤ 庆元三年,与潘子善书信往来论《书》,《考订武成次序》、《武成日月谱》成,集《书传》工作正式开始。⑥ 与弟子李时可讨论其所著《书说》体例⑦,弟子李方子、谢成之、陈器之、黄榦均承朱

---

① 朱熹:《文集》卷七十六《易学启蒙序》载其时间为"淳熙丙午暮春既望。"(第 3668 页)

② 朱熹:《文集》卷六十六《孝经刊误后》记云:"淳熙丙午八月十二日记。"(第 3212 页)

③ 真德秀:《西山读书记》卷三十一《朱子传授》云:"(淳熙)十四年编次《小学》书成。"(文渊阁《四库全书》子部 11 册,第 123 页)按:此乃朱子定本。

④ 朱熹:《文集》卷四十八《答吕子约》第三十一书(署时为"九月十三")云:"闻子约教学者读《礼》,甚善。然此书无一纲领,无下手处。顷年欲作一功夫,后觉精力向衰,遂不敢下手。近日潘恭叔讨去整顿,未知做得如何。但《礼》文今日只凭注疏,不过郑氏一家之说,此更合商量耳。"(第 2209 页)当与卷五十《答潘恭叔》第八论《礼书》纲领后相承。

⑤ 《朱子语类》卷一百五云:"因整《要略》,谓孟子发明许多道理都尽。"(第 3453 页)《朱子语类》附录《语录姓氏》载叶贺孙"辛亥以后所闻"(第 4346 页)。

⑥ 朱熹:《文集》卷六十《答潘子善》第九书云"《书说》今宜报去。去岁卷子,八月间已寄往黄岩矣,不知何故未到。"(第 2920 页)按:"去岁卷子"即《书说》,也即是《答潘子善》第七、第八书。第七书潘子善问"《武成》一篇诸家多以为错简",朱子答云"须是有错简。然自王氏、程氏、刘原父以下所定亦各不同。旧尝考之。"(第 2914 页)第八书专论《武成》次序及日月。第九书又云"子约之亡,深可伤痛,此间蔡季通亦死贬所,尤可惜。"(第 2920 页)蔡季通卒于庆元四年八月九日,从第八书看,朱子《武成日月谱》、《武成次序》大致庆元三年已形成基本认识,但还未最后定稿。最后定稿当在庆元四年,《朱子语类》卷七十九沈僩问:"《武成》一篇,编简错乱。"曰:"新有定本,以程先生、王介甫、刘贡父、李(按缺)诸本推究甚详。"(第 2703 页)由"新有定本"可知此时已定稿。《语录姓氏》载沈僩录乃庆元四年以后所闻。

⑦ 朱熹:《晦庵先生朱文公文集》卷五十五《答李时可》第七书云"所喻固知孝思之切,于此不能自己者,然风色如此……"(第 2614 页)婉拒为李时可长上作文字,此当在学禁最严的庆元三、四年间,此时《文集》所载朱子多次拒绝亲旧文字。从陈来《朱子书信编年考证》所定(第 428 页)。

子命整理《尚书》资料。蔡沈《洪范皇极内篇》草稿成,庆元五年冬朱子始决意托《书集传》于蔡沈。

　　经书之外,朱子还对《楚辞》、《韩愈文集》、道家《参同契》、《阴符经》等著作进行了注解考证。淳熙十四年九月六日,《通书解》成。① 庆元二年春,约与方伯谟修《韩文考异》,六七月间草稿已具,朱子进行全面修订,至十二月完稿,三年九月修订成,刻于潮州。② 绍熙元年(1190 年)二月,《楚辞协韵》成,刊于漳州。③

---

① 朱熹:《文集》卷八十一《周子通书后记》"淳熙丁未九月甲辰。"(第3857 页)

② 朱熹:《文集》卷四十四《与方伯谟》十五至二十、二十一至二十四共十书讨论《韩文考异》。《与方伯谟》第十五书讨论其体例:"《韩文考异》大字以国子监版本为主,而注其同异、如云'某本某作某'。辨其是非、如云'今按云云'。断其取舍,从监本者定,则云'某本非是';诸别本各异,则云'皆非是'。未定,则各加'疑'字。别本者已定,则云'定当从某本',未定,则云'且当从某本'。或监本、别本皆可疑,则云'当阙',或云'未详'。其不足辨者略注而已,不必辨而断也。熹不及奉书,《考异》须如此方有条理,幸更详之。"(第2020 页)第十六书"《韩文考异》已写成未? 如无人写,可恳元善转借一二笔吏,速写以来。只有此一事稍稍趋时,不可缓也。"(第2021 页)第十七书"比想所履日佳,端午莫须一归乎耶?《韩考》烦早为并手写来,便付此人尤幸。闻冰玉皆入伪党,为之奈何? 为之魁者不暇自谋,特为贤者虑破头耳。"(第2021 页)第十八书"适方遣人奉简,忽承手示为慰。幼恭书已领,少须手可作字,并奉报章。但不知其行期在几时,幸批报也。《韩考》已领,今早遣去者,更烦详阅籤示。"(第2021 页)第十九书"承简,喜闻佳胜。《韩考》所订皆甚善。比亦别修得一例,稍分明。"(第2022 页)第二十书"熹今年之病久而甚衰,此月来方能饮食,亦缘灸得脾肾逾数壮,似颇得力也。《韩考》已从头整顿一过,今且附去十卷,更烦为看,籤出疑误处,附来换下卷。但鄙意更欲俟审定所当从之正字后,却修过,以今定本为主,而注诸本之得失于下,则方本自在其间,亦不妨有所辨论,而体面正当,不见排抵显然之迹,但今未暇耳。缘其间有未甚定处,须更子细为难也。"(第2022 页)第二十二书"詹卿昨日过此,尚在南林,更两三日方行,不出见之否?《韩文》欲并《外集》及《顺录》作《考异》,能为员满此功德否耶?"(第2023 页)第二十三书"《韩文外集考异》曾带得归否? 便中得早寄示,幸幸。正集者已写了,更得此补足,须更送去详定。庄仲为点勘,已颇详细矣。近又看《楚词》,抄得数卷,大抵世间文字无不错误,可叹也。赵干之喻,荷其不鄙,冒此蹦险尤见所存异于流俗之意。但忧畏之余,多所谢绝,固不容独破戒。幸为道此区区,多谢其意可也。异时未死之间,禁网稍宽,则或尚可勉强也。"(第2024 页)第二十四书"《韩考》后卷如何? 得早检示,幸甚。"(第2024 页)十五至二十书写于庆元二年,二十一至二十四书写于庆元三年。详参陈来:《朱子书信编年考证》,第407、421 页。

③ 朱熹:《朱子语类》卷八十云:"某有《楚辞叶韵》,作'子厚'名字,刻在漳州。"(第2752 页)(临漳刻书《四经》《四子》《大学章句》《近思录》《小学》《家仪》《乡仪》《献寿仪》)。《文集》卷八十二《书楚辞协韵后》云:"始予得黄叔垔父所定《楚辞协韵》而爱之,以寄漳守傅景仁,景仁为刻板置公帑。……绍熙庚戌十月壬午新安朱子书。"(第3891 页)

庆元二年,修《楚辞集注》①,庆元四年(1198年)完成庆元。庆元五年(1199年)二月六日,《楚辞辨证》成②,编《楚辞后语目录》。庆元六年(1200年)正月,《楚辞音考》成。③ 庆元二年春,与蔡元定作《周易参同契考异》初稿成,三年七月修订成,蔡渊刊于建阳。四年八月,考得《参同契》策数之法,作《参同契说》,开始修订《参同契考异》。五年四月修订成定本,再刻于建阳。④ 庆元五年冬至,《阴符经考异》成。是年,委赵师渊修订《资治通鉴纲目》。⑤

从上所列书目,可见朱子晚年著述非常丰富,牵涉诸多领域。尤其是修《礼》成为了他晚年最重要的工作,耗去了他大量精力,朱门亲旧门人最优秀的学者均参与其中,他实无暇他顾。朱子欲以修《礼》整顿伦常,为现实社会

---

① 修《楚辞集注》,悼道学之沦丧。周密《齐东野语》卷三《绍熙内禅》云:"何澹、胡纮疏汝愚唱引伪徒,谋为不轨。乘龙授鼎,假梦为符。……遂责汝愚永州安置,至衡州而卒。朱子为之注《离骚》以寄意焉。"(中华书局1983年版,第45页)王应麟《困学纪闻》卷十八亦载:"南塘按南塘,赵汝谈号。挽赵忠定公云'空令考亭老,垂白注《离骚》。'杨楫《跋楚辞集注》云:'庆元乙卯,治党人方急,赵公谪死于道,先生忧时之意,屡形于色。一日示学者以所释《楚辞》一篇。'"赵汝愚为宋宗室,"忠而见谤,信而见疑",暗主不悟,流放而死,时人均比之屈原。认为朱子修《楚辞》乃悼赵氏,这种认识过于狭隘。与其说是为赵氏注《离骚》,不如说"他是为整个道学而注《离骚》"。(束景南先生《朱子大传》,商务印书馆2003年版,第1048页)"哀众芳之芜秽",假道学之徒的背叛令朱子愤怒(如数典忘祖的弟子胡纮编造事实劾朱子十大罪状)。又伤同道萎靡,有铮铮铁骨的道学之士均遭放逐,赵汝愚、蔡元定、吕祖俭相继亡于贬所,都令朱子黯然神伤。《楚辞集注》深深寄予了朱子诵忠反奸的主旨。其《楚辞集注序》云:"然使世之放臣、屏子、怨妻、去妇扰泪讴唫于下,而所天者幸而听之,则于彼此之间,天性民彝之善,岂不足以交有所发,而增夫三纲五典之重!此予之所以每有味于其言,而不敢直以'词人之赋'视之也。"(《朱子全书·楚辞集注》,第16页)
② 朱熹:《楚辞辨证》卷首云:"余既集王、洪《骚注》,顾其训诂文义之外,犹有不可不知者。然虑文字之太繁,览者或没溺而失其要也,别记于后,以备参考。庆元已未三月戊辰。"(《楚辞集注》,《朱子全书》第19册,第182页)
③ 朱熹:《文集》卷六十四《答巩仲至》云:"此尝编得《音考》一卷,'音'谓集古今正音,协韵通而为一,'考'谓考诸本同异并附其间,只欲别为一卷,附之书后,不必搀入正文之下,碍人眼目,妨人吟讽,但亦未甚详密。"(第3110页)详考见陈来:《朱子书信编年考证》,第492页。
④ 朱熹:《文集·续集》卷二《答蔡季通》云:"《星经》、《参同》甚愿早见之,只恐窜谪不得共讲评耳。"又云:"参同写得一本稍分明,俟皆了纳去,更烦一看,便可刊刻矣。……南游去住,当已有决计矣。"(指游泉州,在庆元二年)蔡元定庆元三年春送道州编管,可明修《周易参同契》在庆元二年。详考参束景南:《朱子年谱长编》第1247—1249、1294—1297、1360—1361页。束先生认为《周易参同契》不是蔡元定个人作品,是由"蔡元定提供思想资料,朱子加以论考辨正"(《朱子大传》,第1064页)而成。初稿成后,朱子又两修其书。
⑤ 朱子:《与赵讷斋》第八书"某衰朽殊甚,次第只了得《礼》书。已无余力,此事全赖几道为结里了,却亦是一事也。"(《资治通鉴纲目》卷首)按束景南先生认为此书作于庆元五年,依据"只了得《礼》书"为断,缺乏说服力。今无别证,姑从其说。

提供普遍的行为准则,来改造顽疾深痼的社会。朱子修礼绝不是以枯燥烦琐的《礼书》来麻醉自己,发泄剩余精力的行为,而是一种清醒的担当精神。

二、修《礼》济世

朱子晚岁编《礼书》,欲以整顿伦常纲常,改造现实社会,有重要的现实意义,是一种"圣人"制礼考文的行动,绝非党禁中的自我麻醉。作为"人事之仪则"的礼生动地呈现于当时现实生活中,绝不是今天呈现于我们眼前的枯燥乏味的案头文字。朱子《家礼序》深刻地阐释了"礼"的重要性,所谓"日用之常礼,固不可以一日而不修",施之于家则可一"名分之守",笃"爱敬之实",直接指导和协调着人们的现实生活,这是礼的实质。至于冠、昏、丧、祭之仪章度数则有"纪纲人道之终始"之用。熟讲礼文则可以"谨名分、崇爱敬",可以复见"古人所以修身齐家之道、谨终追远之心",有补于国家"敦化导民之意"。① 朱子之所以如此注重《礼》的研究,是由于"礼"在当时社会有着重要的教化作用,在中国传统社会一向是礼、法并重的。其《跋古今家祭礼》阐述了修礼原因在于"崇儒重道之君,知经好学之士"因时述作,随事讨论,"以为一国一家之制者,固未必皆得先王义起之意",朱子通过修礼不仅要对古礼"相与损益折衷"而适于世用,"共成礼俗","上助圣朝敦化导民"(个体之善)之用,还要"由古礼以复于三代之盛"(群体之善),②修礼对朱子来说就包孕着他追求个体和社会制度完善的终极关怀。"礼"之时义大矣哉!

又朱子出自《礼》学之家,其父韦斋治《周礼》出身③,研究《礼》学乃其家学渊源。他的一生都在关注《礼》学,十七八岁就写成《诸家祭礼考编》。④ 乾道五年(1169年)居母丧,修订《祭仪》稿成。⑤ 淳熙元年(1174年)编次《古今家祭礼》成。⑥ 淳熙二年(1175年)作《家礼》。⑦ 淳熙十四年(1187年)九月,朱子与潘友恭合作《礼书》。绍熙元年(1190年)十二月编《礼记解》,刊于临漳。庆元二年(1196年)夏,分委黄榦、吴必大、吕祖俭、李如圭等修撰《礼书》。庆元

---

① 朱熹:《文集》卷七十五,第3626页。
② 朱熹:《文集》卷八十一,第3826页。
③ 陈骙:《南宗馆阁录》卷七载:"朱松,字乔年,新安人。嘉王榜同上舍出身,治《周礼》"(第96页)。
④ 《朱子语类》卷九十云:"及某年十七八,方考订得诸家礼,礼文稍备。"(第3052页)
⑤ 束景南:《朱子年谱长编》,第422页。
⑥ 朱熹:《文集》卷八十一《跋古今家祭礼》云:"淳熙元年五月戊戌新安朱子谨识。"
⑦ 束景南:《朱子年谱长编》,第543页。

三年(1197 年)三月一日,《礼书》草定成,定名《仪礼集传集注》。修礼工作直至朱子卒时仍在进行,可以说修礼是朱子终身事业。朱子文集中论礼书信特夥。

朱子欲整合《三礼》,以《仪礼》为经,附以《周礼》、《礼记》及其他经传子史说礼文字成一编。这种设想开始于《问吕伯恭三礼篇次》,朱子就《仪礼》、《礼记》归类合并问题致信吕祖谦征求意见,《仪礼经传通解》的构想当滥觞于此。其具体内容如下:

《仪礼附记》上篇

  《士冠礼》《冠义》附 《士婚礼》《婚义》附

  《士相见礼》 《乡饮酒礼》《乡饮酒义》附

  《乡射礼》《射义》附 《燕礼》《燕义》附

  《大射礼》 《聘礼》《聘义》附

  《公食大夫礼》 《觐礼》

《仪礼附记》下篇

  《丧服》《丧服小记》《大传》《月服问》《间传》附。 《士丧礼》

  《既夕礼》 《士虞礼》《丧大记》、《奔丧》、《问丧》、《曾子问》、《檀弓》附。

  《特牲馈食礼》   《少牢馈食礼》

  《有司》《祭义》、《祭统》附。

《礼记》篇次

  《曲礼》、《内则》、《玉藻》、《少衣》、《投壶》、《深衣》。六篇为一类。

  《王制》、《月令》、《祭法》。三篇为一类。

  《文王世子》、《礼运》、《礼器》、《郊特牲》、《明堂位》、《大传》、与《丧小记》误处多,当厘正。(朱子全书此为一行)

《乐记》。七篇为一类。

  《经解》、《哀公问》、《仲尼燕居》、《坊记》、《儒行》。六篇为一类。

  《学记》、《中庸》、《表记》、《缁衣》、《大学》。五篇为一类。

  以上恐有未安,幸更详之①(按此书不载写作时间,但当在淳熙初年。吕

---

① 朱熹:《文集》卷七十四,第 3579—3581 页。《晦庵先生朱文公文集》卷四十八《答吕子约》第三十一书云"闻子约教学者读《礼》,甚善。然此书无一纲领,无下手处。顷年欲作一功夫,后觉精力向衰,遂不敢下手。近日潘恭叔讨去整顿,未知做得如何。"(第 2209 页)此两书相先后,后一书自注时间"九月十三",当承《答吕子约》第三十书,在丁未(绍熙十四年),故《答潘恭叔》第八书在绍熙十四年。

氏卒于淳熙八年七月二十九）。

从这个提纲来看，以《仪礼》为经的构想初步呈现，但还没有完全把传纳入经的框架。淳熙十四年九月，朱子与潘友恭合作《礼书》，对这一提纲又有修改补充，[1]朱子提出了以传附经的原则，或者以《记》全文附于礼经文末"免得拆碎《记》文本篇"，或者经传逐段参照，但必署明章次。又增入《大戴礼》、《管子·弟子职》，"《大戴礼》亦合收入，可附《仪礼》者附之，不可者分入五类。如《管子·弟子职》篇，亦合附入《曲礼》类。"朱子还要求收集"其它经传类书说礼文者"并合编集，别为一书。《周礼》即以祭礼、宾客、师田、丧纪之属事别为门，自为一书。朱子对礼进行了重新分类："第一类皆上下大小通用之礼，第二类即国家之大制度，第三类乃礼乐之说，第四类皆论学之精语，第五类论学之粗者也。《大戴礼》亦可依此分之。"卷数"须俟都毕，通计其多少而分之"。然后数书"合为一书"，通以《礼书》名之，以"《仪礼附记》"为先，《礼记》分类为后。如《附记》初卷首即云'礼书第一'，本行下写'仪礼附记一'五字。次行云'士冠礼第一'，本行下写'仪礼一'三字；'冠义第二'，本行下写'礼记一'三字。分类初卷首第一行云'礼书第几本'，行下写'礼记分类一'五字；次行云'曲礼上第一'，本行下写'礼记几'。其《大戴》、《管子》等书亦依此分题之。通前篇数计之。"[2]这个提纲是一个庞大的计划，囊括了所有的论礼文字，《仪礼》占据了主导位置，但以其为经的框架还是未完全建立起来。绍熙五年朱子知潭州、荆湖南路安抚使及入都除为焕章阁待制兼侍讲均欲借官家之力成《礼书》，但由于在位时间太短而未果。朱子回忆此段往事无限感慨，曰："向在长沙、临安，皆尝有意欲藉官司之力为之，亦未及开口而罢。天于此学如此其厄之，何耶？"[3]朱子《礼》学体系在庆元年间才最后确立起来，庆元二年夏，分委黄榦、吴必大、吕祖俭、李如圭等修撰《礼书》。三年三月一日，《礼

---

① 朱熹：《文集》卷五十《答潘恭叔》第八书云"《礼记》如此编甚好，但去取太深，文字虽少而功力实多，恐难得就。……《仪礼附记》似合只依德章本子，盖免得拆碎《记》文本篇。如要逐段参照，即于章末结云：'右第几章。'《仪礼》即云：'《记》某篇第几章当附此。'不必载其全文，只如此亦自便于检阅。《礼记》即云：'当附《仪礼》某篇第几章。'"（第2313页）

② 朱熹：《文集》卷五十，第2313—2314页。

③ 朱熹：《文集》卷五十四《答应仁仲》第六书，第2551页。陈来先生定是书作于庆元三年，姑从其说。

书》草定成,定名《仪礼集传集注》(即后之《仪礼经传通解》)。①

朱子《仪礼经传通解》分礼为七类②:《家礼》、《乡礼》、《学礼》、《邦国礼》、《王朝礼》、《丧礼》、《祭礼》,每类下设小目,综贯《三礼》及其他经史子论理之文而成,这是对传统礼制的改制,有为世立法之意。朱子所谓"可以兴起废坠,垂之永久,使士知实学","可为圣朝制作之助。"③这个庞大的体系包括:

《家礼》:《士冠礼》、《冠义》、《士昏礼》、《昏义》、《内则》、《内治》(言人君内治之法)(按:此以下三篇朱子自创)、《五宗》(言宗子之法以治族人)、《亲属记》(《尔雅·释亲》《白虎通·亲属记》,闺门三族亲戚名号)。

《乡礼》:《士相见礼》、《士相见义》、《投壶礼》、《乡饮酒礼》、《乡饮酒义》、《乡射礼》、《乡射仪》。

《学礼》:《学制》(载家塾党庠序遂乡学礼,见设教导民之法)、《学义》(言教法之义)、《弟子职》、《少仪》、《曲礼》、《臣礼》、《钟律》、《钟律义》、《诗乐》、《礼乐记》、《书数》(此五篇补礼、乐、书、数六艺之缺)、《学记》、《大学》、《中庸》、《保傅》、《践祚》、《五学》(言天子视学及养老)(按:《学制》、《学义》、《臣礼》、《钟律》、《钟律义》、《诗乐》、《礼乐记》、《书数》、《五学》此九篇为朱子自创之目)。

《邦国礼》:《燕礼》、《燕义》、《大射仪》、《大射义》、《聘礼》、《聘义》、《公食大夫礼》、《公食大夫义》(刘敞补)、《诸侯相朝礼》、《诸侯相朝义》(此以上三篇朱子自设目)。

---

① 朱熹:《文集》卷五十九《答杨子顺》第三书云"《仪礼》此间所编已略定,便遽,未暇详报,亦恨贤者未能勇于自拔,不能一来共加刊订耳。"(第2829页)卷六十一《答曾景建》第五书庆元三年云"礼书已略定,但惜无人录得,亦有在黄直卿处者,闻吉父在彼,必能传其梗概。然此间后来又有续修处,及更欲附以《释文》《正义》,卒未得便断手耳。"又云:"蔡元通行,曾奉数字报"(第2977页)。蔡元定道州编管在庆元三年,故知《礼书》初稿成于庆元三年。

② 朱熹:《仪礼经传通解篇第目录序题》(《朱子全书·仪礼经传通解》,第30—40页)。按:《五学》以后为笔者据今本目录加。又按《答李季章》第四书云"其书(礼书)大要以《仪礼》为本,分章附疏,而以《小戴》诸义各缀其后。其见于它篇或它书可相发明者,或附于经,或附于义。又其外如《弟子职》、《保傅传》之属,又自别为篇,以附其类。其目有家礼、有乡礼、有学礼、有邦国礼、有王朝礼、有丧礼、有祭礼、有大传、有外传。今其大体已具者盖十七八矣。"书中明言"熹明年七十"(第1709页),所以此信写于庆元四年。此时《仪礼经传通解》纲目早定,但较今本《仪礼经传通解》多出《大传》、《外传》两类,可知今本仍是未完本,或者纲目有修订。

③ 朱熹:《文集》卷十四《乞修三礼札子》,第688页。

《王朝礼》:《觐礼》、《朝事义》、《历数》、《卜筮》(缺)、《夏小正》、《月令》、《乐制》、《乐记》、《王制》(分土、制国、王礼、王事、设官、建侯、名器、师田、刑辟。按:不同于《礼记·王制》)(《朝事义》、《历数》、《卜筮》、《乐制》四篇朱子自设目)。

《丧礼》:《丧服》、《士丧礼》、《士虞礼》、《丧大记》、《卒哭祔练禫祥记七吉祭忌日附》(补丧礼之缺)。按:此以下十篇朱子自设目。《补服》(论五服之丧、心丧、吊服)、《丧服变除》(丧服变礼)、《丧服制度》、《丧服义》、《丧通礼》、《丧变礼》(奔丧、闻丧、并有丧、道有丧、因吉有凶、因凶有吉)、《吊礼》(吊丧、赠丧、执事、会葬)、《丧礼义》、《丧服图式目录》)。

《祭礼》:《特牲馈食礼》、《少牢馈食礼》、《有司彻》、《诸侯迁庙》、《诸侯衅庙》、《祭法》、《天神》、《地示》、《百神》、《宗庙》、《因事之祭》、《祭统》、《祭物》、《祭义》(按:《天神》、《地示》、《百神》、《宗庙》、《因事之祭》、《祭物》六篇朱子自设目)。

朱子对这一体系非常满意,他在《答应仁仲》第四书中不无得意地说:"前贤常患《仪礼》难读,以今观之,只是经不分章,记不随经,而注疏各为一书,故使读者不能遽晓。今定此本,尽去此诸弊,恨不得令韩文公见之也。"[1]这种以传附经,经传相互发明,确实带来了理解的方便,朱子认为可以解决《仪礼》难读的问题。朱子修礼无疑是一种重要的文化建设活动。但毋庸讳言的是,这一新礼制相当庞杂,并没能引起广泛的社会反响,远不如他简洁的《家礼》对后世影响大。

朱子晚年孜孜于修礼,既有文化建设的目的,又有思想政治斗争的需要。朱子《答李季章》第三书明确阐述了他要以修礼反击反道学者的这一主旨,云:"累年欲修《仪礼》一书,厘析章句而附以传记,近方了得十许篇,似颇可观。……元来典礼淆讹处古人都已说了,只是其书衮作一片,不成段落,使人难看。故人不曾看,便为恌人舞文弄法,迷国误朝。若梳洗得此书头面出来,令人易看,则此辈无所匿其奸矣,于世亦非小助也。勿广此说,恐召坑焚之祸。"[2]此

---

[1]　朱熹:《文集》卷五十四,第2550页。

[2]　朱熹:《文集》卷三十八,第1708页。按:孝宗崩,宁宗用漆纱浅黄之服听朝,朱子上《乞讨论丧服札子》认为"上违礼律,无以风示天下",要求"朝衣朝冠皆以大布"并尊孝宗所为服三年通丧(《文集》卷十四,第686页)。又当时迁僖、宣二祖,又强析太祖、太宗各为一世。朱子上《祧庙议状并图》《面奏祧庙札子并图》(《文集》卷十五)认为僖祖为始祖,祭于初室,百世不迁。太祖、太宗兄弟当为一世。当以周宗法昭、穆制位诸帝神主。但朱子的建议没得到人的反映,并因此留下话柄。黄榦《行状》云"一时异议之徒,忌其轧己,权奸遂从而乘之。"(《朱子全书·附录》,第557页)当时礼官"一有大议,率用耳学臆断而已。"(朱熹:《文集》卷十四《乞修三礼札子》,第687页)

外,朱子修礼更有改造社会的深远思考。朱子自设礼目三十五条(按:《丧礼》、《祭礼》在朱子卒后由弟子黄榦、杨复相继修成),几乎占七十八目之半,这样大幅度的改动其目的就根本不是解经,而是制作,是以《三礼》为依托要重新确立当时社会需要的礼乐制度,要通过礼制的改革来建立合理的社会。这是一个"回向三代"礼乐教化制度的礼制,反映的是宋代士大夫在"三代"理想号召下,"对文化、政治和社会进行大规模革新的要求"。①《学礼》中《学制》补家塾、党庠、序遂乡学礼,《礼记》云:"古之教者,家有塾,党有庠,术有序"(按:"术,遂也。"),②这是周代乡学制度。《钟律》、《钟律义》、《诗乐》、《礼乐记》、《书数》此五篇乃补礼、乐、射、御、书、数"六艺"之礼、乐之缺,《周礼·大司徒》云:"以乡三物教万民而宾兴之……三曰六艺:礼、乐、射、御、书、数"。③"六艺"之教亦周制。《家礼》特设《内治》载人君内治之法,为内戚设防。设《五宗》载宗子之法以治族人,推重周代宗法制。朱子以《仪礼》为核心的礼制是对理想中周代礼乐教化的"当代"重构。但《中庸》曰:"非天子,不议礼,不制度,不考文。……虽有其位,苟无其德,不敢作礼乐焉;虽有其德,苟无其位,亦不敢作礼乐焉。"④朱子以私家修礼有悖古训,所以他时刻谨小慎微,对弟子谆谆告诫。

朱子晚岁修礼成为了他学术的主要工作⑤,又占据了他可以支配的最优秀的人力资源,因而《尚书》的集注工作迟迟不能开展。参与修礼的有黄榦、吴必大、吕祖俭、李如圭、应恕、余吉甫、赵师恭、赵师夏、陈文蔚、巩丰、刘砺、刘砥、辅广、蔡元定、路德章、潘友恭、詹体仁、叶贺孙、杨楫、杨方、杨简、廖德明、杨复、刘光祖、刘起晦、孙枝等。修礼也成为朱子最后的精神寄托,卷三十八

① 余英时:《朱子的历史世界——宋代士大夫政治文化的研究》(上),第 195 页。按:余先生对宋代士大夫回向三代的理想有精深的论述,详参该书第一章。
② 孙希旦:《礼记集解》卷三十六《学记集解》,中华书局 1989 年版,第 957 页。
③ 孔颖达:《周礼注疏》,阮元校勘《十三经注疏》,中华书局 1998 年版,第 707 页。
④ 朱熹:《四书章句集注》,第 54 页。
⑤ 朱熹:《文集》卷五十五《答李时可》第七书(丁巳戊午间)云:"《书说》缘此间《礼书》未了,日逐更无余功可及他事,只略看得《禹贡》。"(第 2614 页)《续集》卷一《答黄直卿》书又云"《仪礼》疏义已附得《冠义》一篇,今附去看。《家》、《乡》、《邦》、《国》四类已付明州诸人,依此编入。其《丧祭礼》可便依此抄节看入。只《觐礼》一篇在此,须自理会。《祭礼》亦草编得数纸,不知所编如何?可并附去,可更斟酌。如已别有规模,则亦不须用此也。可早为之,趁今年秋冬前了却,从头点对,并写得十数本分朋友,藏在名山,即此身便是无事人。不妨闭门静坐,作粥饭僧,过此残年也。"(第 4651—4652 页)

《答李季章》第三书云："累年欲修《仪礼》一书,厘析章句而附以传记,近方了得十许篇,似颇可观。其余度亦岁前可了。若得前此别无魔障,即自此之后便可块然兀坐,以毕余生,不复有世间念矣。"①庆元四年(1198 年),朱子《答李季章》第四书云："所以未免惜此余日,正为所编礼传已略见端绪而未能卒就,若更得年余间未死,且与了却,亦可以瞑目矣。"②《续集》卷一《答黄直卿》亦云："礼书须直卿与二刘到此并手料理,方有汗青之日。老拙衰病日甚于前,目前外事悉已弃置,只此事未了为念。"③晚岁心思,念兹在兹。临终绝笔犹以礼书为念,庆元六年三月八日,朱子致书黄榦嘱托完成修礼工作,辞云："礼书今为用之、履之不来,亦不济事,无人商量耳。可使报之,可且就直卿处折衷。如向来《丧礼》,详略皆已得中矣。《臣礼》一篇兼旧本,今先附案,一面整理。其它并望参考条例,以次修成。就诸处借来。可校作两样本,行道大小并附去。"④可见朱子精神所系,殷勤之托。

三、庆元党禁与朱子晚年学术

　　庆元元年奸臣韩侂胄为争权夺利发起了一场政治斗争,矛头直指宰相赵汝愚及其身边正直的道学之士,史称"庆元党禁"。党禁不仅深深改变了此后的政治局面,也深深影响了朱子的学术活动。本欲专一学术的朱子不得不随党禁沉浮,同道的贬谪与亡故,生徒星散对他精神都是一种沉重的打击。

　　党禁之初,朱子犹以道自任,讲论学问,亲旧劝解散生徒以避风头,朱子却云："朋旧多劝谢客省事者,亦尝试之,似难勉强。又拣别取舍,却恐反生怨怒,不若坦怀待之。若合须过岭,此亦何可避也"。⑤ 庆元二年,风色渐紧,生徒避祸自去。⑥ 黄榦所作《朱先生行状》详载了当时情状,曰:

①　朱熹:《文集》卷三十八,第 1708 页。
②　朱熹:《文集》卷三十八,第 1708 页。
③　朱熹:《文集·续集》卷一,第 4666 页。
④　朱熹:《文集》卷二十九《与黄直卿书》,第 1286 页。
⑤　朱熹:《文集》卷六十一《答林德久》第八书,第 2947 页。陈来:《朱子书信编年考证》定在庆元二年(第 410 页)。
⑥　朱熹:《文集》卷六十《答潘子善》第四书云:"比日秋冷……此间朋友去多来少,早晚亦且讲论如常,但精力愈衰,愧无警切之功耳。"(第 2906 页)陈来:《朱子书信编年考证》定在庆元二年(第 410 页)。

科举取士稍涉经训者，悉见排黜；文章议论根于理义者，并行除毁，《六经》、《语》、《孟》悉为世之大禁。猾胥贱隶，顽钝无耻之徒，往往引用以至卿相。绳趋尺步、稍以儒名者，无所容其身。从游之士，特立不顾者，屏伏丘壑；依阿巽懦者，更名他师，过门不入，甚至变易衣冠，狎游市肆，以自别其非党。①

描绘了政治打压下的士人百态。随着打击面加宽，庆元三年春，蔡元定无罪而编管道州，夏秋间，朱子沧州精舍学子一空，这位老师宿儒陷入了无徒可授、无学可讲的凄凉境地，最后连自己也不得不避祸山间。朱子此时已无党禁初起时的从容，而更担心生徒无辜受累，对他们多了一分同情的了解，在与吕祖俭通信中更为生徒散去感到庆幸，辞云："风色愈劲，精舍诸生方幸各散去。"②而不是指责他们"至临小利害，便靠不得"。③ 朱子在党禁的阴冷气氛中度过了近两年最艰难岁月，④这种巨大的精神折磨是可想而知的。

生徒避祸不敢前来，使朱子失去了丰富的人力资源，连抄书稿的人都难以物色，官府亦怕伪学污染，不敢私借书吏。朱子书信中多次论及此窘境，他《答孙敬甫》第五书云：

《易传》初以未成书，故不敢出。近觉衰耄不能复有所进，颇欲传之于人，而私居无人写得，只有一本，不敢远寄。俟旦夕抄得，却附便奉寄。但近缘伪学禁严，不敢从人借书吏，故颇费力耳。⑤

《答刘季章》第二十二书亦言及此事，云：

《礼书》此数日来方得下手，已整顿得十余篇，但无人抄写为挠。盖可借人处皆畏"伪学"之污染而不肯借，其力可以相助者，又皆在远而不

---

① 《朱子全书》第 27 册《附录》，第 558 页。
② 朱熹：《文集》卷四十八《答吕子约》第四十七书，第 2243—2244 页。
③ 朱熹：《文集·续集》卷一《答黄直卿》，第 4646 页。
④ 按：庆元三年夏至四年。《文集》卷五十九《答辅汉卿》第三书"此间今岁（庆元四年）绝无人来，只所招上饶某人早晚讲论耳"（第 2839 页）。
⑤ 朱熹：《文集》卷六十三，第 3016 页。

副近急,不免雇人写,但资用不饶,无以奉此费耳。①

直到庆元六年,党禁稍弛,这种局面才得以改观,朱子致信巩丰曰:"《礼书》半稿略可写净,且夕寄直卿处,仍就使厅借笔吏数人抄过一本。王元石亦要抄一本,仍更为写一本,当俟彼中写了,却寄莆中也。"②由此亦可推知朱子常借官府书吏抄写书稿,朱子著书盖颇得公家之助。

生徒四散阻断了朱子思想的活水源头,无以相发明者,朱子致信黄榦不无伤感地说:"此间朋友间有一个半个,然不甚济事。但不意其敢来,亦可怜耳"。③ 朱子失去了可与讲论、教学相长的优秀人才。他与辅广书亦云:"此间年来应接差简……又无朋友共讲,间有一二,则其钝者既难凑泊,敏者又不耐烦,有话无分付处,甚思贤者相聚之乐也。"④从朱子一生的学术活动来看,其著述无一不是与学侣门人的讨论中完成的,他们无疑是朱子思想的活水源头,启迪着朱子不断地走向完善境地。

生徒星散与立足不稳,留给这位纯儒的更有"天丧斯文"道统不续的深远忧患,他与黄榦第六书云:"此道之传不绝如线,深使人忧惧也。……及至临小利害,便靠不得,此则尤可虑也。"⑤朱子欲兴起废绝,开来世之太平,以传道为己任,生徒无所倚靠,不能不使他忧恐道学将坠。朱子与黄榦第六十八书又云:"古之禅宿有虑其学之不传而至于感泣流涕者,不谓今日乃亲见此境界也。"⑥真实描绘了当时心境。庆元二年,朱子致信方谊云:"时论咄咄逼人,一身利害不足言,政恐坑焚之祸遂及吾党耳"。⑦ 对时局深表忧虑,害怕道学之士遭坑焚而道统失坠。反道学之徒不仅迫害道学之士,还对道学读物焚书毁板,这位风烛残年的哲人对此深怀忧恐,他与黄榦第二十五书云:

---

① 朱熹:《文集》卷五十三,第 2502 页。
② 朱熹:《文集》卷六十四《答巩仲至》第二十书,第 3113 页。信中言及"《聚星图》此间已先令人画",《年谱》谓庆元六年春正月作《聚星亭赞》。
③ 朱熹:《文集·续集》卷一《黄直卿》第四十六,第 4659 页。
④ 朱熹:《文集》卷五十九《答辅汉卿》第四书,第 2840 页。按:信中云"柴中行闻报漕司考校之语,其词甚壮,亦闻之否?"事在庆元三年。
⑤ 朱熹:《文集·续集》卷一,第 4646 页。
⑥ 朱熹:《文集·续集》卷一,第 4664 页。
⑦ 朱熹:《文集》卷五十六《答方宾王》第十四书,第 2670 页。

《礼书》如何？……急欲了此书，及未盲间读得一过，粗偿平生心愿也。得曾致虚书云，江东漕司行下南康毁《语》、《孟》板，刘四哥却云被学官回申不可，遂已。此其势决难久存。只此礼书，传者未广，若被索去烧了，便成枉费许多工夫，亦不可多向人前说着也。①

朱子晚年修礼书，时怀履冰之忧，庆元三年与《黄直卿书》第二十一书云："礼书缘迁徙扰扰……盖衰老疾病旦暮不可保，而罪戾之踪又未知所税驾。兼亦弄了多时，人人知有此书，若被此曹切害，胡写两句取去烧了，则前功俱废，终为千载之恨矣。"②庆元四年《答詹子厚》第二书亦云："此间《礼书》渐可脱稿，若得二公一来订之尤佳，然不可语人，恐速煨烬之灾也。"③在党禁的风暴中，天下之公器的学术也成为反道学者打击道学之士可以利用的资源。他精心经营而托以传道的沧洲精舍亦荒芜了，庆元四年朱子与郑子上书言及此事，云："病中不敢出门已累月，精舍亦鞠为茂草。块坐无晤语，偶便附此，临风依然"，④语极沉痛悲凉。

党禁不仅严重限制了朱子的学术活动，而且还严重摧残着朱子的身体心灵。党祸初起，赵汝愚罢政，正直的道学之士为救赵氏相继罢去，朱子忧愤成疾数月，一目几盲。庆元二年赵氏屈死衡阳，朱子《答王枢使》第一书云"此间亲旧有自干越会葬而归者，亦得其长子书，闻其动息颇详。然亦无可言者，但令人陨涕而已。"⑤朱子本欲结纳道学多士与之革故鼎新，未想如此匆匆成为梦影。反道学之徒摧折正直之士无所不用其极，朱子与留正一书记载了当时情况，云："不谓熹之无状，偶自获罪于世，而讹误连染，上累斯道，下及众贤，例得诡伪之名，诋以不道之法，至有初不相识而横罹其祸者。杜门循习，私窃负愧，虽欲悔之，而厥路无繇矣。"⑥门人故旧编管，每得一信，未尝不为之丧

---

① 朱熹：《文集·续集》卷一，第4652—4653页。

② 按：该书云"吉州王岷书中有数句颇甚简当，今漫录去，可以示甘吉父也。岷乃乡来子约所馆之家，因子约来通问也。"吕祖俭庆元三年馆于王岷家（朱熹：《文集·续集》卷一，第4649—4650页）。

③ 朱熹：《文集》卷五十六，页2647。

④ 朱熹：《文集》卷五十六《答郑子上》第十七书，第2692页。陈来先生定在庆元四年春，束景南先生定在四年八九月。

⑤ 朱熹：《文集·续集》卷七，第4775页。

⑥ 朱熹：《文集》卷二十九《与留丞相书》，第1280—1281页。

魂。庆元三年，蔡元定编管道州，朱子致书曾极，嘱其维护，曰："熹以台评，蒙恩镌免，尚为轻典，感幸深矣。而所连及，反罹重坐，令人愧惕。今因其行，草草附此，恐其在涂有合料理事，得为垂念幸甚。"①对蔡氏无辜深感愧疚。不久周朴贬谪岭南，朱子致书潘时举曰："纯仁可念，此间方为季通远谪作恶，忽又闻此，其祸乃更甚于季通，使人不能忘怀。"②庆元五年，刘光祖谪房陵，朱子致信林湜云："德修（刘光祖）崎岖远谪，令人动心。"③朱子与书黄灏最真实地流露了他对亲旧门人无辜受累的愧疚之情，云"某竟以无状自致人言，上累师傅，下及朋友，愧负忧惕，如何可言！传闻贤者亦有里巷侵侮之虞，不知云何？今日惟可凡事省缩，岂复更与此辈争是非、较曲直也。"④在党禁的高压中，连替自己辩诬的机会也被剥夺了，人生之凄凉莫此为甚。

更沉重的打击是郑湜、黄艾、吴必大、吕祖俭、蔡元定、赵彦肃等亲旧相继亡故，更让这位哲人倍感孤苦。庆元四年，朱子致信李壁云："亲旧凋零，如蔡季通、吕子约皆死贬所，令人痛心。益无生意，绝不能复支久矣。"⑤尤其是蔡元定因朱子而无辜受此奇祸，又蔡氏乃朱子托以传道者，蔡氏云亡对朱子乃致命一击。朱子与晏渊书亦云："熹……明年便七十矣。区区伪学，亦觉随分得力，但文字不能得了，恐为千载之恨耳。蔡季通、吕子约、吴伯丰相继沦谢，深可伤叹。眼中朋友，未见有十分可望者"。⑥个人是非得失已无所挂怀，而念念不忘的是著述与传道，深悼永叹，使人情伤。

党禁中，朱子可谓谨小慎微，读书著述无不三思而后行，朱子语赵蕃云："罪戾之余，物色未已，不知何以见恶如此之深？甚可笑也。近读经书不得，却看些古文章，识得古人用意处。然亦觉转喉触讳，不敢下笔注解，但时发一笑耳。"⑦与郑可学书云："病中不敢劳心看经书，闲取《楚词》遮眼，亦便有无限合整理处。但恐犯忌，不敢形纸墨耳。因思古人是费多少心思做下此文字，

① 朱熹：《文集》卷六十一《答曾景建》第三书，第 2976 页。
② 朱熹：《文集》卷六十《答潘子善》第五书，第 2907 页。
③ 朱熹：《文集》卷三十八《答林正夫湜》第一书，第 1720 页。
④ 朱熹：《文集·别集》卷六《黄商伯》第四十四书，第 4964 页。
⑤ 朱熹：《文集》卷三十八《答李季章》第四书，第 1708—1709 页。信中明言"熹明年七十"，知作于庆元四年。
⑥ 朱熹：《文集》卷六十三《与晏亚夫》第三书，第 3050 页。
⑦ 朱熹：《文集·续集》卷六《与赵昌甫》第一书，第 4753 页。

只隔一手,便无人理会得,深可叹息也。"①这种学术禁锢几至令人窒息,党禁无疑限制了朱子学术的自由,动辄得咎的氛围使他三缄其口,未免授人口实,是以朱子不敢轻易注经。

党禁严重限制了朱子学术研究的正常进行,动辄得咎并牵连门生故旧,迫使他不得不放弃一些正常的学术活动,而把所有的精力放在整顿现实人生的礼学上。《书集传》未能完成与党禁密切相关。

---

① 朱熹:《文集》卷五十六《答郑子上》第十七书,第2692页。

参考文献

B

班固:《汉书》,中华书局 1962 年版。

C

蔡根祥:《宋代尚书学案》,潘美月、杜洁祥主编:《古典文献研究辑刊》三编,花木兰出版社 2006 年版。

蔡絛:《铁围山丛谈》,中华书局 1983 年版。

蔡沈:《朱文公订正门人蔡九峰书集传》,宋淳祐十年吕遇龙上饶郡学刻本,中华再造善本。

蔡沈:《洪范皇极内篇》,影印文渊阁《四库全书》本。

蔡鲲辑、(清)蔡重增辑:《蔡氏九儒书》(《四库存目丛书》),齐鲁书社 1997 年版。

蔡方鹿:《朱熹经学与中国经学》,人民出版社 2004 年版。

晁公武著,孙猛校证:《郡斋读书志校证》,上海古籍出版社 1990 年版。

陈亮:《陈亮集》,中华书局 1974 年版。

陈师道:《后山谈丛》,《宋元笔记小说大观》(二),上海古籍出版社 2001 年版。

陈善:《扪虱新话》,文渊阁《四库全书》本。

陈骙:《南宋馆阁录》佚名《续录》,中华书局 1998 年版。

陈振孙:《直斋书录解题》,上海古籍出版社 2005 年版。

陈文蔚:《克斋集》,文渊阁《四库全书》本。

陈大猷:《书集传》《书集传或问》,国家图书馆藏元刊本。

陈栎:《书集传纂疏》(文渊阁《四库全书》)。

陈柱:《尚书论略》,商务印书馆 1924 年版。

陈梦家:《尚书通论》(增订本),中华书局 1985 年版。

陈荣捷:《朱子门人》,台湾学生书局 1982 年版。

陈荣捷:《朱子新探索》,台湾学生书局 1988 年版。

陈来:《朱子书信编年考证》,上海人民出版社 1989 年版。《朱子哲学研究》,华东师范大学出版社 2000 年版。《宋明理学》,华东师范大学出版社 2004 年版。《中国近世思想史研究》,商务印书馆 2003 年版。

程颢、程颐:《二程集》,中华书局 1981 年版。

程元敏:《三经新义辑考汇评———尚书新义》,台湾"国立"编译馆 1986 年版。《尚书学史》,台湾五南图书出版有限公司 2011 年第 2 版。

崔述:《崔东壁遗书》(顾颉刚编订),中华书局 1983 年版。

F

方彦寿:《朱熹书院门人考》,华东师范大学 2000 年版。

G

葛兆光:《中国思想史》,复旦大学出版社 2001 年版。

顾颉刚:《顾颉刚读书笔记》,台湾联经出版事业公司 1990 年版。

顾颉刚:《古史辨》一、二册,上海古籍出版社 1982 年版。

顾永新:《欧阳修学术研究》,人民文学出版社 2003 年版。

H

韩愈:《韩昌黎全集》,中国书店 1991 年版。

洪迈:《容斋随笔》,上海古籍出版社 1996 年版。

黄度:《尚书说》,《通志堂经解》本。

黄宗羲著,全祖望补:《宋元学案》,中华书局 1986 年版。

黄俊杰:《中国孟学诠释史论》,中国社会科学出版社 2004 年版。

胡瑗:《洪范口义》,文渊阁《四库全书》本。

J

蒋善国:《尚书综述》,上海古籍出版社 1988 年版。

姜广辉:《经学思想史》一、二册,中国社会科学出版社 2003 年版。

(韩国)金永植著,潘文国译:《朱熹的自然哲学》,华东师范大学 2003 年版。

伽达默尔著,洪汉鼎译:《真理与方法》,上海译文出版社 2004 年版。

《经书浅谈》(文史知识编辑部编),中华书局 1984 年版。

K

孔颖达:《尚书正义》(《四部要集注疏丛刊》),中华书局 1998 年版。

L

李学勤主编:《清华大学藏战国竹简》(一),上海文艺出版集团中西书局 2010 年版。

李民、王健:《尚书译注》,上海古籍出版社 2000 年版。

李焘:《续资治通鉴长编》,中华书局 2004 年第 2 版。

李心传:《建炎以来系年要录》,中华书局 1988 年版。

梁启超:《梁启超国学讲录二种》(陈引驰编校),中国社会科学出版社 1992 年版。

刘知几:《史通》,中华书局 1978 年版。

刘敞:《公是先生七经小传》,《通志堂经解》本。

刘人鹏:《阎若璩与古文尚书辨伪——一个学术史的个案研究》,潘美月、杜洁祥主编:《古典文献研究辑刊》初编,台湾花木兰出版社 2005 年版。

刘师培著,陈居渊注:《经学教科书》,上海古籍出版社 2006 年版。

刘起釪:《尚书学史》,中华书局 1989 年版。

刘起釪:《古史续辨》,中国社会科学出版社 1991 年版。

刘起釪:《尚书源流及传本考》,辽宁大学出版社 1997 年版。

刘起釪:《日本的尚书学与其文献》,商务印书馆 1997 年版。

刘起釪:《尚书校释译论》,中华书局 2005 年版。

柳开:《河东先生集》,《四部丛刊》本。

林庆彰:《明代经学研究论集》,台湾文史哲出版社 1994 年版。

林之奇:《尚书全解》,《通志堂经解》本。

陆德明:《经典释文·尚书》,中华书局 1983 年版。

陆九渊:《象山语录》,上海古籍出版社2000年版。

吕祖谦:《东莱集》,文渊阁《四库全书》本。

M

马端临:《文献通考》,中华书局1986年版。

马雍:《尚书史话》(《古代要集概述》),中华书局1987年版。

《闽中理学渊源考》,影印文渊阁《四库全书》本。

牟宗三:《宋明理学的问题与发展》,华东师范大学出版社2004年版。

O

欧阳修:《欧阳修全集》,中国书店1986年版。

欧阳修、宋祁等:《新唐书》,中华书局1975年版。

P

皮锡瑞:《今文尚书考证》,中华书局1963年版。

皮锡瑞:《经学历史》(周予同注),中华书局2004年版。

皮锡瑞:《经学通论》,中华书局1989年版。

Q

钱基博:《经学通志》(含于《近百年湖南学风》),中国人民大学出版社2004年版。

钱穆:《朱子学提纲》、《宋代理学三书随劄》,生活·读书·新知三联书店2002年版。

钱穆:《朱子新学案》,巴蜀书社1986年版。

钱宗武:《今文尚书语法研究》,商务印书馆2004年版。

钱宗武、杜纯梓:《尚书新笺与上古文明》,北京大学出版社2004年版。

S

司马迁:《史记》,中华书局1982年版。

石介:《徂徕石先生文集》,中华书局1984年版。

史浩:《尚书讲义》,文渊阁《四库全书》本。

时澜:《增修东莱书说》,《通志堂经解》本。

苏轼:《东坡书传》,《丛书集成》初编本。

苏轼:《苏轼文集》,中华书局 1986 年版。

苏辙:《栾城集》,《四部丛刊》本。

苏过著,舒大刚、蒋宗许等校注:《斜川集校注》,巴蜀书社 1995 年版。

孙星衍:《尚书今古文注疏》,中华书局 1986 年版。

束景南:《朱熹年谱编年长编》,华东师范大学出版社 2001 年版。

束景南:《朱子大传》,商务印书馆 2003 年版。

T

脱脱:《宋史》,中华书局 1985 年版。

脱脱:《金史》,中华书局 1975 年版。

唐君毅:《中国哲学原论》(导论篇、原性篇),中国社会科学出版社 2005 年版。

W

王充:《论衡》,《四部丛刊》初编。

王安石:《王文公文集》,上海人民出版社 1974 年版。

王十朋:《梅溪先生文集》,《四部丛刊》本。

王柏:《书疑》,《通志堂经解》本。

王应麟撰集,孙星衍补集:《古文尚书》(马融郑玄注),《丛书集成》初编本。

王应麟著,翁元圻等注:《困学纪闻》,上海古籍出版社 2008 年版。

(元)吴澄:《书纂言》,文渊阁《四库全书》。

王引之:《经义述闻·尚书》,江苏古籍出版社 1985 年版。

王懋竑:《朱子年谱》,台湾商务印书馆 1982 年版。

王闿运:《尚书大传补注》,商务印书馆 1937 年版。

王国维:《观堂集林》,中华书局 1959 年版。

王国维:《古史新证》,清华大学出版社 1994 年版。

王铁:《宋代易学》,上海古籍出版社 2005 年版。

吴福熙:《敦煌残卷古文尚书校注》,甘肃人民出版社 1992 年版。

X

夏僎:《尚书详解》,文渊阁《四库全书》。

徐松:《宋会要辑稿》,中华书局 1957 年版。

徐复观:《中国经学史的基础》、《中国思想史论集》,上海书店出版社 2005 年版。

徐复观:《中国思想史论集》,上海书店出版社 2005 年版。

徐复观:《两汉思想史》,华东师大出版社 2001 年版。

徐复观:《中国人性论史》,华东师大出版社 2005 年版。

许华峰:《董鼎书传辑录纂注研究》,"国立中央"大学 2000 年博士论文。

Y

阎若璩:《古文尚书疏证》(《四部要集注疏丛刊》),中华书局 1998 年版。

杨简:《五诰解》,文渊阁《四库全书》本。

杨万里:《诚斋集》,《四部丛刊》本。

杨向奎:《宗周社会与礼乐文明》(修订本),人民出版社 1997 年版。

叶绍翁:《四朝闻见录》,中华书局 1989 年版。

袁仁:《尚书蔡注考误》(《丛书集成》初编),中华书局 1991 年版。

永瑢等:《四库全书总目提要》,中华书局 1965 年版。

杨树达:《积微居读书记·尚书》,中华书局 2006 年版。

于省吾:《双剑誃群经新证·尚书新证》,上海书店 1999 年版。

余英时:《朱熹的历史世界》,生活·读书·新知三联书店 2004 年版。

游唤民:《尚书思想研究》,湖南教育出版社 2001 年版。

Z

赵铭丰:《惠栋〈古文尚书考〉研究》,潘美月、杜洁祥主编:《古典文献研究辑刊》第七编,台湾花木兰出版社 2008 年版。

赵峰:《朱熹的终极关怀》,华东师范大学 2004 年版。

张载:《张子正蒙》,上海古籍出版社 2000 年版。

张西堂:《尚书引论》,陕西人民出版社 1958 年版。

张立文:《朱熹思想研究》,中国社会科学出版社 2001 年版。

章学诚:《文史通义》,中华书局1956年版。

章太炎:《中国近三百年学术史论》(与刘师培论著合订),上海古籍出版社2006年版。

周敦颐:《周子通书》,上海古籍出版社2000年版。

朱震:《汉上易传》,影印文渊阁《四库全书》。

朱熹:《晦庵先生朱文公文集》《朱子语类》《四书章句集注》《四书或问》《论孟精义》《易学启蒙》《太极图说解》《西铭解》《通书注》《延平答问》《伊洛渊源录》《小学》《附录》,朱杰人、严佐之、刘永翔等主编:《朱子全书》,上海古籍出版社、安徽教育出版社2002年版。

朱彝尊:《经义考》,中华书局1998年版。

朱彝尊:《曝书亭集》,《四部丛刊》本。

朱右曾:《逸周书集训校释》,商务印书馆1937年版。

朱自清:《经典常谈》,中华书局2003年版。

朱维铮编:《周予同经学史论著选集》,上海人民出版社1983年版。

真德秀:《西山先生真文忠公文集》,《四部丛刊》初编。

郑樵:《通志》,中华书局1995年版。

周秉钧:《尚书易解》,岳麓书社1984年版。

曾敏行著,朱杰人点校:《独醒杂志》,上海古籍出版社1986年版。

曾运乾:《尚书正读》,中华书局1964年版。

后　记

本书是笔者博士论文修订而成,修订时对文章结构内容进行了重新调整,随着读书量的增多和新材料的发现,对原文中的一些内容进行了订正。《朱子〈尚书〉学研究》无疑是一个艰难的课题,由于朱子没有《尚书》专著,这就必须从朱子《文集》和《语类》中辑录其有关《尚书》的论说。朱子是中国文化转型的关键人物,对他庞大精致的思想体系的粗略了解需要大量的时间,缺少哲学与思想史训练的我常常迷失在理学家形而上学之天道与人性的辩论之中。《尚书》文本的艰深与历代解说的歧异,要于纷纭中梳理出其演变之脉络实属不易。丽娃河畔拂岸的垂柳,粼粼的波光,婉约的亭台总给我宁静与沉思。把论文整理出版,算是对那一段艰涩而充实的人生作一个总结,也是在回顾中展望未来,梳理出一条自己的学术之路。

在华东师范大学古籍所,三年侍读于朱杰人先生之门,先生谆谆诲我,规我以治学之途,警我以上达之学,先生之德山高水长。先生居则言其学力不及师辈之百一,学生辈又不及其百一,每下愈况,常有文脉飘坠之叹,感慨良多。仆资禀愚鲁,虽孜孜以求,而犹未及先生之堂奥,愧负良多。就馆重庆师范大学以来,蛰居一隅,先生常资鞭策,期以兴废起绝。"天行健,君子以自强不息",其敢不勉!

博士后合作导师、《尚书》研究专家扬州大学钱宗武教授对书稿提出了许多批评意见,先生以严谨的学术精神和宽厚的师者情怀一直督促着我修改提升,学力所限,未善之处先生是正。

论文写作中,四川师范大学蔡方鹿教授给予了我许多建议和鼓励。工作以来,每当困顿之时,懈怠之际,先生常促我奋进。先生古道热肠,奖掖之风,后学没齿敢忘。

进入华东师范大学古籍所,幸得聆于当代博学鸿儒。三年来,黄珅、严佐之、王铁、严文儒、刘永翔诸师在学业上给予了我莫大的帮助,谨致谢忱。感谢朱子学专家答辩主席浙江大学束景南教授对晚学的帮助与激励。感谢答辩老师复旦大学陈正宏教授、华东师范大学刘永翔教授、严佐之教授、吴宣德研究员对我论文提出的宝贵批评及修改意见。

在攻读博士的艰难旅途中，我要感谢亲人质朴无私的默默奉献。逝者如斯，弹指数载，蓼莪之悲长萦心怀，是欤？非欤？昊天罔极！子桑之歌哭，恸何如哉！

责任编辑:于宏雷
封面设计:肖　辉

图书在版编目(CIP)数据

朱子《尚书》学研究/陈良中 著. -北京:人民出版社,2013.3
ISBN 978－7－01－011283－1

Ⅰ.①朱…　Ⅱ.①陈…　Ⅲ.①中国历史-商周时代②《尚书》-研究
　Ⅳ.①K221.04

中国版本图书馆 CIP 数据核字(2012)第 233166 号

朱子《尚书》学研究
ZHUZI SHANGSHUXUE YANJIU

陈良中　著

人民出版社 出版发行
(100706　北京市东城区隆福寺街 99 号)

北京市文林印务有限公司　新华书店经销

2013 年 3 月第 1 版　2013 年 3 月北京第 1 次印刷
开本:710 毫米×1000 毫米 1/16　字数:315 千字　印张:19.25

ISBN 978－7－01－011283－1　定价:42.00 元

邮购地址 100706　北京市东城区隆福寺街 99 号
人民东方图书销售中心　电话 (010)65250042　65289539